Elis Wadstein

Kleinere altsächsische Sprachdenkmäler : mit Anmerkungen und Glossar

Elis Wadstein

Kleinere altsächsische Sprachdenkmäler : mit Anmerkungen und Glossar

ISBN/EAN: 9783742895943

Hergestellt in Europa, USA, Kanada, Australien, Japan

Cover: Foto ©ninafisch / pixelio.de

Manufactured and distributed by brebook publishing software (www.brebook.com)

Elis Wadstein

Kleinere altsächsische Sprachdenkmäler : mit Anmerkungen und Glossar

Inhalt.

	Seite
Vorwort	V
Prinzipien bei der ausgabe der denkmäler	VI
Zu den anmerkungen	VIII
Bemerkungen zum glossar	VIII
Erklärung der abkürzungen	XII
Nachträge und berichtigungen	XIV
Die denkmäler.	
Texte.	
I Taufgelöbnis	3
II Stücke einer psalmenauslegung	4
III Beichtspiegel	16
IV Bruchstück einer homilie Bedas	18
V Segensformeln	19
VI Abecedarium nordmannicum	20
VII Essener heberegister	21
VIII Aus dem ältesten Werdener heberegister	23
IX Freckenhorster heberegister	24
Glossen.	
X Eltener glossen zu Matthaeus	46
XI Essener evangeliarglossen	48
XII Glossen zu homilien Gregors des grossen	62
XIII Indiculus superstitionum et paganiarum	66
XIV Lamspringer glossen	67
XV Leidener Vegetiusglossen	68
XVI Merseburger glossen	69
XVII St. Petrier Bibel- und mischglossen	73
XVIII Prudentiusglossen in einer Pariser handschrift	88
XIX Prudentiusglossen in einer Werdener handschrift	89
XX Prudentiusglossen in einem Werdener fragment	105
XXI Strassburger glossen	106
XXII Vergilglossen in einer Oxforder handschrift	XIV u. 109
XXIII Vergilglossen in einer Wiener handschrift	115
XXIV Gandersheimer glossen	VI
Anmerkungen	119
Glossare.	
Eigennamen	157
Uebrige wörter	166

Der zweck dieses buches ist, eine handliche ausgabe der kleineren altsächsischen sprachdenkmäler mit kurzgefassten anmerkungen und ausführlichem formenglossar zu liefern. Die vor wenigen jahren (1896) erschienene edition dieser denkmäler von Gallée leidet bekanntlich an wesentlichen mängeln. Durch seine später hinzugefügte "Collation" (die ich erst bekam als die texte und der grösste teil der glossen meiner ausgabe schon gedruckt waren) sind allerdings eine menge fehler seiner ausgabe berichtigt worden; viele sind aber noch geblieben. In der that sind von Gallée's werke nur die anmerkungen (jedoch mit gewissen ausnahmen) und die facsimilesammlung, die alle anerkennung verdient, zu gebrauchen. Unter diesen umständen dürfte eine neuausgabe der genannten denkmäler nicht überflüssig sein. Durch das hinzufügen des glossars, das einen wesentlichen teil des altsächsischen sprachschatzes der sprachwissenschaft zum ersten mal bequem zugänglich macht, wird die brauchbarkeit der arbeit hoffentlich erhöht werden.

Von den in Gallée's ausgabe aufgenommenen sprachresten sind aus der meinigen die namen von hörigen aus Corvey, die Hamburger glossen, das runenalphabet und die buchstabennamen, die Brüsseler Prudentiusglossen und die Werdener fragmente ausgeschlossen worden, da diese (vgl. schon Steinmeyer in seiner kritik von Gallée's arbeit, Anzeiger für deutsches altertum 22, 267 ff.) entweder keine altsächsischen characteristica aufweisen oder nur namen enthalten. Auch hinsichtlich einiger anderen denkmäler (das taufgelöbnis, das abecedarium nordmannicum, der indiculus und die Merseburger glossen) könnte man unsicher sein, ob sie wirklich in eine sammlung altsächsischer sprachdenkmäler gehören. Da diese aber allgemein zum sächsischen gerechnet werden, und ich nicht beweisen kann, dass sie eher anderswohin zu stellen sind, habe ich es nicht für angemessen gehalten, dieselben auszuschliessen. Ausser solchen denkmälern, die sich bei Gallée finden, sind in meine ausgabe auch ein stück aus dem (sonst lateinisch abgefassten) ältesten Werdener heberegister, die Leidener Vegetiusglossen (bemerke die unter diesen befindlichen formen [midol, vvanngerof] und die Wiener Vergilglossen (bemerke das i in grundian, handium) mit aufgenommen worden. Ferner gehören noch hierher, worauf Steinmeyer in den Althochdeutschen glossen IV, 374, fussnote, aufmerksam gemacht hat, einige interlinearglossen eines verzeichnisses des Gandersheimer kirchenschatzes in einem jetzt zu Koburg befindlichen plenarium aus dem zwölften jahrhunderte. Da

diese glossen mir unbekannt waren, als der erste teil meiner ausgabe
gedruckt wurde — teil IV der Althochdeutschen glossen war damals
noch nicht erschienen — mögen sie hier nach dem abdruck Steinmeyers
a. a. o. (der auf eine mitteilung von Wattenbach im Anzeiger des
germanischen museums 1873 sp. 347 gegründet ist) angeführt werden:
Oriola, idest opperuanan ("gemeint wol Oralia", Steinmeyer). Cru-
mena, budil. Sericia, pelleles. Plumaria [uelamina], ibocade.

Von den 24 denkmälern meiner ausgabe sind 17 neu verglichen
worden: die nummern II, III, IV, VII, IX, XI, XII, XIV, XVI,
XVII, XIX, XX u. XXII (s. s. XIV) von mir selbst, I u. XIII vom Herrn
Dr. K. H. Karlsson, hilfsbibliothekar an der K. bibliothek zu Stockholm,
VIII vom Herrn Dr. R. Kötzschke, Leipzig, XVIII von Mr. Th. Cart.
agrégé de l'Université de France, und (zweifelhafte stellen in) XXII
vom Herrn Prof. Napier, Oxford. Die stücke V und VI sind nach
facsimilien abgedruckt. Es sind also bloss die nummern X, XV, XXI,
XXIII und XXIV, die nur auf grund älterer ausgaben gedruckt
worden sind. Von diesen ist die handschrift von XXI (die Strass-
burger glossen) nicht mehr vorhanden; sie ging im kriege 1870 durch
feuer verloren. Die übrigen nummern, die nicht verglichen worden sind,
gehören alle zu den wenig umfangreichen denkmälern, und für drei von
denselben konnte ich ausgaben von Steinmeyer zu grunde legen, mit
welchen übrigens, was X und XV betrifft, die editionen von bzw. Gallée
und Lang — von arlazenarv 46.₂₈₋₂₉ gegen Gallée's arlazenaru abge-
sehen — vollständig übereinstimmen; (über den grund, weshalb die hand-
schrift von X nicht untersucht werden konnte, s. unten s. 138).

Bei dem abdruck der denkmäler bin ich, was die texte und die
deutschen glossen betrifft, so diplomatarisch wie möglich zu wege ge-
gangen. Auch diejenigen schreibungen, welche ohne jeden zweifel fehler-
haft sind, werden treu wiedergegeben; verbesserungen solcher stellen sind
in die fussnoten verwiesen worden. Hinsichtlich des gebrauches von
grossen und kleinen anfangsbuchstaben bin ich den handschriften voll-
ständig gefolgt. Korrekturen und rasuren in den handschriften werden
auch mitgeteilt. Undeutliche buchstaben oder wörter werden dadurch
hervorgehoben, dass sie im abdruck zwischen runde klammern gestellt
worden sind; solche buchstaben sind, wie sonst die texte und glossen,
mit antiqua gedruckt. Kursiv zwischen runden klammern bezeichnet
dagegen auf konjektur beruhende ausfüllungen erloschener stellen. Mit
kursiv ohne klammern sind auflösungen von abkürzungen kenntlich ge-
macht worden (im stück XXI, das nur ein abdruck einer älteren aus-
gabe ist — die handschrift existiert, wie oben erwähnt, nicht mehr —
giebt kursiv indessen in übereinstimmung mit der vorlage an, dass die
betreffenden buchstaben undeutlich oder unrichtig sind). Die interpunk-
tion der handschriften ist beibehalten worden. Nach den punkten, die
den heut zu tage gebräuchlichen kommata oder semikola entsprechen,
habe ich nur eine kürzere leere stelle gelassen, nach denjenigen indessen,
welche einen satz abschliessen, eine grössere, wodurch hoffentlich die

übersichtlichkeit erleichtert wird. Der übersichtlichkeit wegen habe ich auch oft absätze gemacht, wozu die handschriften nichts entsprechendes haben. Da aber in meiner ausgabe der schluss der zeilen in den handschriften durch | und das ende der seiten durch ‖ angegeben wird, ist in jedem falle leicht zu ersehen, ob der absatz nur vom herausgeber herrührt oder schon in der handschrift vorhanden ist. Ebenso sind aus praktischen gründen die zusammensetzungen immer als ein wort gedruckt und auch sonst werden buchstaben zusammengerückt, die in den handschriften etwa getrennt geschrieben worden sind, aber zu demselben worte gehören. Unbedeutende verschiedenheiten der buchstabenformen sind indessen — z. t. schon aus typographischen rücksichten — nicht hervorgehoben worden. Es sind für a und ɑ der handschriften nur a, für d und ð nur d, für r und ꝛ nur r, für y und ẏ nur y gedruckt worden; ebenso hat meine ausgabe für das handschriftliche ı (ohne tüpfel) — auch bei römischen zahlen — i.

Bei der wiedergabe der lateinischen wörter habe ich jedoch ein weniger diplomatarisches verfahren für angemessen gehalten. Grosse anfangsbuchstaben sind zuweilen durch kleine wiedergegeben worden. Korrekturen in den handschriften werden nur verzeichnet, wenn dieselben für die beurteilung einer deutschen glosse von interesse sind. Abkürzungen in lateinischen wörtern werden nur hervorgehoben, wenn besondere gründe dazu vorlagen (s. z. b. s. 70.10). Die interpunktion ist hier freier behandelt worden.

In den abdrücken der glossen bezeichnet, wenn nichts andres bemerkt wird (wie z. b. s. 94 note 11), ein kolon vor einer glosse, dass diese über dem vorher angeführten lateinischen worte steht (zuweilen, besonders wenn die glosse mehrere wörter enthält, ragt sie über die an der seite dieses lateinischen wortes geschriebenen wörter heraus). Wenn auf dieses kolon noch ein kolon folgt, bezeichnet dieses den schluss der glosse; was nachher kommt, ist die fortsetzung des lateinischen textes. Findet sich vor der glosse kein kolon, steht sie in der handschrift auf der zeile oder, was dann gewöhnlich besonders angegeben wird, am rande. Hinsichtlich des platzes der glossen kann ich indessen nur für die angaben über diejenigen handschriften einstehen, welche von mir selbst untersucht worden sind. Für ein paar handschriften, die ich nicht selbst untersucht habe, ist der platz der glossen nicht angegeben worden.

Lateinische glossen sind nur in dem falle mit aufgenommen worden, wo sie zur beleuchtung deutscher glossen dienen können.

Aus den von mir selbst untersuchten glossenhandschriften habe ich an vielen stellen grössere auszüge der lateinischen texte mitgeteilt als bis jetzt in den ausgaben gebräuchlich gewesen ist, damit die bedeutung und form des glossierten wortes — und somit diejenige der glosse — deutlich werde. Wenn lateinische textwörter in eckige klammern gesetzt worden sind, wird dadurch bezeichnet, dass die betreffenden wörter in meiner vorlage nicht stehen, sondern den in den resp. fällen citierten editionen entnommen sind (die klammern des stückes XXII, das hauptsächlich nach den Althochdeutschen glossen abgedruckt ist, stehen indessen schon in diesen).

Die in meiner ausgabe am rande stehenden, fett gedruckten ziffern bezeichnen die seitennummern der handschriften.

Bei den angaben der rubriken der lateinischen texte von glossenhandschriften, welche dazu dienen sollen, eine vergleichung mit den citierten editionen dieser texte zu erleichtern, habe ich aus praktischen gründen zuweilen normalisierungen oder andere änderungen vorgenommen. Die kursivierten ziffern am anfang der spaltenzeilen beziehen sich auf diese editionen. Wo an wenigen stellen ein kursiviertes fragezeichen steht, habe ich die stelle in der von mir benutzten edition nicht wiederfinden können. Lesarten der editionen, welche von denjenigen der glossenhandschriften abweichen, sind in die fussnoten aufgenommen worden, gewöhnlich aber nur dann, wenn sie zur beleuchtung der glossierten wörter dienen können.

Um ausdrücklich hervorzuheben, dass die deutschen formen meiner ausgabe, welche von denjenigen einer früheren abweichen, nicht etwa auf lese- oder druckfehlern beruhen, habe ich die unrichtigen lesarten dieser ausgabe in den fussnoten erwähnt. In der regel habe ich höchstens zwei frühere ausgaben verglichen. Dabei habe ich verschiedenheiten in bezug auf interpunktion, grosse und kleine anfangsbuchstaben und accente zu verzeichnen nicht für nötig erachtet. Der platz der accente ist übrigens nicht immer ganz sicher zu ersehen, da es zuweilen schwierig ist, bestimmt zu entscheiden, ob ein accent zu dem einen oder dem anderen von zwei neben einander stehenden buchstaben gehört. Fehlerhafte lateinische formen der ausgabe Gallée's sind nur erwähnt worden, wenn das betreffende wort für die beurteilung einer deutschen glosse von wichtigkeit ist.

Die anmerkungen meiner ausgabe (s. 119 ff.) enthalten handschriftbeschreibungen (in kurzgefasster form), erörterungen über alter, heimat, sprache und quellen der denkmäler, sofern sich darüber etwas besonderes sagen liess, und ferner litteraturangaben. Für die beschreibungen derjenigen handschriften, die nicht von mir selbst untersucht worden sind, habe ich mich an die im druck schon zugänglichen beschreibungen halten müssen. Ebenso bin ich in diesen anmerkungen, da mir die nötige litteratur nicht zugänglich war, an einigen stellen genötigt gewesen, arbeiten aus zweiter hand zu citieren. In beiden fällen sind meine quellen natürlich genannt worden.

Was das glossar betrifft, ist folgendes zu bemerken. Unter die eigennamen sind fremde namen nicht aufgenommen worden, wenn sie lateinische endungen haben, deutsche namen aber auch in dem falle, dass sie in lateinischer weise flektiert sind. Ein bindezeichen zwischen den zusammensetzungsgliedern von eigennamen bezeichnet, dass in den handschriften die glieder getrennt geschrieben vorkommen (nicht aber, dass sie an allen stellen so geschrieben sind); dies wird jedoch nur bei der zuerst angeführten form eines namens angegeben.

Eine besondere schwierigkeit bei der herstellung des glossars lag darin, die sächsischen formen von anderen deutschen formen zu scheiden. Finden sich ja in nicht wenigen denkmälern — namentlich unter den glossen — sächsische und hochdeutsche wörter durch einander. Oft zeigt ja die form gar nicht, ob man es mit einem sächsischen oder einem hochdeutschen worte zu tun hat. Bei solchen wörtern, die sicher hochdeutsch sind, habe ich die stichwörter zwischen klammern gestellt. Um den raum zu sparen, sind zuweilen hochdeutsche formen, von eckigen klammern umgeben, unter das entsprechende altsächsische stichwort gesetzt. Unter den als hochdeutsch bezeichneten glossen finden sich auch einige, welche der form nach ebenso gut altsächsisch sein könnten, die aber deshalb gewiss hochdeutsch sind, weil sie in enger verbindung mit sicher hochdeutschen formen stehen. Nach denjenigen wörtern, die den verdacht hochdeutschen ursprungs erregten, ohne dass ich dies sicher bestätigen konnte, ist "hd.?" gesetzt worden. Ueber hochdeutschen oder sächsischen ursprung mehrerer formen lässt sich überhaupt gar nichts sagen, da sie ebenso gut den einen wie den anderen haben können. Bei vielen wörtern indessen, die der form nach sowohl hochdeutsch wie sächsisch sein können, ist es aber ganz sicher, dass sie altsächsisch sind, da sie in denkmälern stehen, die von hochdeutschen bestandteilen überhaupt frei sind. Solche denkmäler sind: B, Bs, Fh, Fh, G, Gh, I, L, LV, M, PP, Pa, PWf, VW und Wh (über diese abkürzungen s. unten s. XII ff.).

Ein stern (*) vor einem stichworte deutet an, dass dieses vielleicht nicht ganz sicher angesetzt ist (an einigen stellen steht, wie ich jetzt glaube, dieses zeichen ziemlich unnötig). Ein fragezeichen nach einem stichworte macht darauf aufmerksam, dass es unsicher ist, ob das wort in den denkmälern wirklich vorkommt. Um die faktisch vorkommenden formen und schreibungen zu finden, hat man für alle fälle die angeführten belege nachzusehen.

Obgleich das wörterbuch in erster linie ein formenglossar sein will, habe ich ausser den glossierten lateinischen wörtern (welche im wörterbuche, wo es nötig schien, der deutlichkeit wegen normalisiert und korrigiert worden sind) auch die deutschen bedeutungen kurz, aber wie ich hoffe, dennoch vollständig hinzugefügt. Zuweilen ergänzen sich die angaben der bedeutungen und diejenigen der glossierten lateinischen wörter (z. b. bei röst, das "rost" übersetzt wird, wo aber aus dem lat. "craticula" zu ersehen ist, von welcher art von rost hier die rede ist). Es ist nicht immer die absicht, dass die deutsche übersetzung gerade den sinn des lateinischen wortes an der betreffenden stelle wiedergeben soll. Zuweilen hat ein glossator nämlich ein wort insofern unrichtig glossiert, als er zwar eine mögliche bedeutung dieses wortes angegeben hat, nicht aber diejenige, welche dasselbe an der fraglichen stelle hat. Einen ähnlichen fehler haben auch spätere erklärer altsächsischer glossen mitunter begangen, indem sie die bedeutung nur nach dem gewöhnlichsten sinne der glossierten lateinischen wörter angesetzt haben, ohne näher zu untersuchen, welche bedeutungen die wörter gerade an den betreffenden stellen haben. Ich habe diese untersuchung nicht unterlassen und dadurch mehrere irrtümer früherer übersetzer altsächsischer glossen verbessern können.

Für diejenigen hochdeutschen wörter, welche schon in dem allgemein zugänglichen Altdeutschen wörterbuche von Schade zu finden sind, habe ich es für unnötig gehalten, die bedeutungen deutsch anzugeben. Ich habe diese formen nur ganz kurz, mit angabe des glossierten lateinischen wortes, verzeichnet.

Wenn in meinem glossar der ganze glossierte lateinische ausdruck zwischen klammern steht, wird dadurch hervorgehoben, dass das latein entweder der bedeutung oder der form nach dem jeweiligen deutschen worte gar nicht, oder wenigstens nicht vollständig, entspricht. Stehen angaben über flexion oder genus zwischen klammern, so wird dadurch angedeutet, dass dieselben nicht ganz sicher sind.

Zum schluss erübrigt mir, meinen verbindlichsten dank allen denjenigen auszusprechen, welche meine arbeit in irgend einer art gefördert haben. In erster linie ist dabei die universitätsbibliothek zu Leipzig zu nennen, wo ich bei gastlichster aufnahme eine anzahl der handschriften, welche durch die gütige vermittlung des Herrn Direktors Prof. Dr. O. v. Gebhardt für meine rechnung dorthin verliehen wurden, untersuchen konnte. Die vorstände der folgenden bibliotheken oder archive: der K. bibliothek zu Berlin, der K. landesbibliothek zu Düsseldorf, der Grossherzogl. hof- und landesbibliothek zu Karlsruhe, der bibliothek des domkapitels zu Merseburg, der K. bibliothek zu München und des K. staatsarchivs zu Münster, welche die betreffenden handschriften zu verleihen die güte hatten, bitte ich auch meinen dank entgegenzunehmen. Dass mir das fragment einer psalmenauslegung (stück II) zugänglich gemacht wurde, verdanke ich dem Herrn Geh. Archivrat Prof. Dr. F. Kindscher, durch dessen liebenswürdigkeit ich dies denkmal während dreimal wiederholter besuche in dem Herzogl. archive zu Zerbst untersuchen konnte. Ebenso bin ich dem Herrn Oberbibliothekar Dr. O. v. Heinemann und dem Herrn Pastor A. Reyners, Pfarrer an der münsterkirche zu Essen, für das mir während meiner handschriftenstudien in Wolfenbüttel und Essen erwiesene wohlwollen verbunden. Ferner bin ich den oben s. VI genannten gelehrten, Mr. Th. Cart, Dr. K. H. Karlsson, Dr. R. Kötzschke, und Prof. A. Napier, welche so freundlich waren, handschriften, die mir selbst nicht zugänglich waren, für meine ausgabe zu vergleichen, zum lebhaftesten danke verpflichtet. Auch die Herren Geh. Archivrat Dr. W. Harless, Düsseldorf, Archivar Dr. Th. Ilgen, Münster, und Prof. Dr. E. Sievers, Leipzig, sind wegen mir gütigst mitgeteilter aufschlüsse hier dankbar zu erwähnen. Zuletzt, aber nicht am wenigsten, gebührt mein dank dem freunde Prof. Dr. F. Holthausen, Gotenburg, der mich in vielfacher weise zu dieser arbeit ermuntert hat und auch so freundlich gewesen ist, die zweite korrektur derselben zu lesen, wobei er mir eine beträchtliche anzahl guter ratschläge und verbesserungen (im folgenden mit Uh. bezeichnet) mitgeteilt hat. — Möge diese arbeit eine kleine abschlagszahlung von der grossen schuld sein, in der ich der grossen deutschen sprachwissenschaft gegenüber stehe!

Uppsala, den 14. Juni 1899.

Elis Wadstein.

Erklärung der abkürzungen.

a = accusativ.
A = Abecedarium nordmannicum.
a. a. = angeführte arbeit.
a. a. o. = am angeführten orte.
A. Gl. = Die althochdeutschen glossen, herausgeg. von Steinmeyer u. Sievers.
ahd. = althochdeutsch.
als. = altsächsisch.
Anz. = Anzeiger.
as. = altsächsisch.
b. = bestimmte (schwache) form des adjektivs.
B = Bruchstück einer homilie Bedas.
Bezz. = Bezzenberger.
bl. = blatt.
B^s = Beichtspiegel.
Cass. = Cassiodor.
Cath. = Cathemerinon.
Clm., s. s. 122,24.
corr. = correktur, corrigiert.
Crec. = Crecelius.
Diut. = Diutiska.
d = dativ.
Dressel = Prudentius ed. Dressel.
E = Elten er glossen.
ed. = edition.
E^e = Essener evangeliarglossen.
E^h = Essener heberegister.
f., f. = femininum.
F^h = Freckenhorster heberegister.
Fried. = Friedlaender.
g = genitiv.

G = Glossen zu homilien Gregors des grossen.
Gl. = Gallée, Altsächsische sprachdenkmäler.
ger = gerundium.
Germ. = Germania.
G^h = Gandersheimer glossen.
Gloss. = Glossar.
Gr. = Grammatik.
Graff = Graff, Althochdeutscher sprachschatz.
H. = Heyne, Kleinere altniederdeutsche denkmäler.
hd. = hochdeutsch.
hds. = handschrift.
Hh. = Holthausen.
Hieron. = Hieronymus.
i = indikativ, instrumental.
I = Indiculus superstitionum et paganiarum.
if = infinitiv.
instr. = instrumental.
ip = imperativ.
jh. = jahrhundert.
k = konjunktiv.
Kl. = Kluge.
komp. = komparativ.
kp = "   "
L = Lamspringer glossen.
L., l. = lies.
lat. = lateinisch.
L^v = Leidener Vegetiusglossen.
m., m = masculinum.

M = *Merseburger glossen.*
n = *nominativ.*
n., n = *neutrum.*
o. = *ortsname.*
Op. = *Opera.*
p = *plural.*
p. = *personenname.*
P = *St. Petrier Bibel- und mischglossen.*
P = *Peristephanon.*
pe = *particip.*
pl. = *plural.*
Pᵖ = *Prudentiusglossen in einer Pariser handschrift.*
Pᵃ = *Stücke einer psalmenauslegung.*
pt = *präteritum.*
pt-pr. = *präterito-präsens.*
Pʷ = *Prudentiusglossen in einer Werdener handschrift.*
Pʷᵗ = *Prudentiusglossen in einem Werdener fragment.*
red. = *reduplicierend.*
s = *singular.*
s. = *seite, sieh.*
S = *Strassburger glossen.*
S. = *Scherer (in Müllenhoffs und Scherers Denkmälern).*
sb. = *substantiv.*

Schlüter Unt. = *Untersuchungen zur geschichte der altsächsischen sprache von W. Schlüter.*
Sᵗ = *Segensformeln.*
sp. = *spalte.*
st. = *stark-.*
St. = *Steinmeyer.*
sup = *superlativ.*
sw. = *schwach-.*
T = *Taufgelöbnis.*
u. = *und.*
unr. = *unrichtig.*
urspr. = *ursprünglich.*
v. = *verb, vers.*
Verg. = *Vergilius.*
vgl. = *vergleiche.*
v. H. = *von Heinemann.*
Vᵒ = *Vergilglossen in einer Oxforder handschrift.*
v. u. = *von unten.*
Vulg. = *Vulgata.*
Vʷ = *Vergilglossen in einer Wiener handschrift.*
Wʰ = *Werdener heberegister.*
z. = *zeile.*
z. b. = *zum beispiel.*
z. t. = *zum teil.*

Zusammenstellungen von gewissen abkürzungen dürften ohne weiteres verständlich sein. Hier nur einige beispiele von solchen:

apm = *accusativ pluralis masculini.*
as = *accusativ singularis.*
b, ap = *bestimmter (schwacher) accusativ pluralis.*
b, asn =   „   „   „   *singularis neutrius.*
dsn = *dativ singularis neutrius.*
gp = *genitiv pluralis.*
is = *instrumental singularis.*
nsn = *nominativ singularis neutrius.*
1spi = *1:ste person singularis präsentis indikativi.*
1spti = *1:ste person singularis präteriti indikativi.*
2sip = *2:te   „   „   imperativi.*
2spk = *2:te   „   „   präsentis konjunktivi.*

Sonstige abkürzungen zu erklären, dürfte nicht nötig sein.

Nachträge und berichtigungen.

S. 3.₁₄ *Das facsimile hat* alamehtigau. — *9 note 3 l. ein statt einen.* — *12*.₂₆ *l. IV*.₉. — *16*.₁₅ *l.* uithargot. — *21*.₁₄ *G. unr.* geston. — *24 ff. In dem abdruck Gallée's von IX u. XI kommen noch einige fälle von unr. u statt v oder umgekehrt vor.* — *33 Tilge die anm. 5.* — *35*.₃,₃₁ te *vor* alemouſnou *u.* uiſchkapa *zu ergänzen (Hh.).* — *37*.₁₄ en kó *der hds. in* ena kó *zu bessern.* — *42*.₁₃, ₁₅, ₁₆, ₁₈, ₁₉, ₂₀ *l.* in te gaude. — *46*.₁₃ *l.* tesamnabrahti. — *48*.₃₁ *l. verweisungs- statt hinweis-.* — *49*.₂₄ *l.* ga *statt* ga¹⁴. — *60*.₂₇ *l. (14*.₂*) statt 14*.₂. — *64*.₁₁ *l.* nullum. — *70*.₂₂ *l.* militibuſ chriſti ſtipendiarię. — *71*.₁₉ *l.* uileſ tantum. — *77*.₁₁₋₁₂ *l.* medelſcaffon. — *80*.₂₁ *l. 672 statt 692.* — *82*.₁₈ *l. Versus sequentiæ (vgl. die A. Gl. IV.*₃₄₀ *angeführte edition).* — *83*.₄ *Vor* Spata *l. 36.* — *83*.₅ *Vor* Fideiuſſor *l. 32.* — *92*.₄ *l.* théſamo. — *98*.₂₀ *l.* gódoráſtun. — *S. 109—114: vgl. s. 152. Im Juli—Aug. 1899 hatte ich gelegenheit, die Oxforder hds. der Vergilglossen selbst zu untersuchen, wobei ich die folgenden, bis jetzt übersehenen, glossen fand: s. 8*ᵃ*, Georg. 3*.₃₆₆ Stiria: cakeli *(k aus corr.?).* 73ᵇ *Georg. 3*.₃₈₃ renoneſ : curſiuę. 87ᵇ *Georg. 1*.₁₆₆ Miſtica *(ed.* mustica). quaſi mundantur palea. a frumento cum uuanna. 111ᵇ *Aen. 1*.₇₃₉ proluit : big(a)t. 117ᵃ *Aen. 2*.₈₀₁ lucifer : dagſterra *(zwischen g und ſ hat vielleicht ein buchstabe gestanden?).* 119ᵇ *Aen. 3*.₂₁₇. *Statt* ſordiſ *steht über* geſſ- *(in* geſſcod) forthſ, *d. h.* forthſcod. *Ueber* e *in* geſſcod *steht ein kleines* i. 121ᵇ *Aen. 3*.₄₄₄ notaſ . . mandat *(randglosse;)* ſcribit | notun. 131ᵇ *Aen. 5*.₁₀₆ Famaque finitimoſ et clari uomen aceſtę | imarida *(am rande)* excierat. 132ᵇ *Aen. 5*.₂₀₈ contoſ ſt(a n)ge *(randglosse; davor etwas verwischt).* 134ᵇ *Aen. 5*.₃₇₉ ceſtuſ coluan *(randgl.)* 159ᵃ *Aen. 8*.₄₀₉ colo *(am rande:)* coluſ : uuakka. *8*.₄₁₂ penſo *(am rande:)* dif(e)ne. 167ᵃ *9*.₄₈₉ tela *(randgl.)* ſpin. — *S. 109*.₁₆ *Hds.* drana. — *110*.₁; *Tilge 84*ᵃ. — *110*.₃₂ *Hds.* huliſ. — *110*.₂₁ *Hds. s. 89*ᵃ *(nicht 90*ᵃ*)* rufcuſ. ramnuſ. — *110*.₂₉ *Hds.* chrampho. — *111*.₂₀ *Hds.* rumphuſla. — *111*.₂₁ amer *u.* nauuger *stehen s.* 104ᵇ. — *111, note 5 u. 112 note 1 Tilge "Wahrscheinlich — hand".* — *112*.₃₃ murbraca *steht s.* 116ᵇ. — *114*.₂₆ *l.* factiſ. — *127 Ueber die hds. von V vgl. jetzt auch A. Gl. IV. 636.* — *129 Vgl. über die hds. von VI auch A. Gl. IV. 455.* — *138 Vgl. jetzt über die hds. von X und die geschichte derselben A. Gl. IV. 486 f.* — *139 Ueber die hds. von XI vgl. jetzt A. Gl. IV. 430.* — *140*.₂₈ *Die Essener evangeliarglossen sind jetzt im IV. teile der A. Gl. s. 286 ff., 294 f., 296 ff. u. 301 ff. erschienen.* — *141*.₂ *l.* eingeschaltet; *zeile 8 v. u.: d. h. i. j. 1898, wo dieses gedruckt wurde.* — *145 Ueber die hds. von XV s. auch A. Gl. IV. 477 f.* — *147 Die blätter 62—100 der hds. stammen nach A. Gl. IV. 409 aus dem 11. jh.* — *148 z. 8 v. u. Versus sequentiæ jetzt in A. Gl. IV. 340 u. Glosae de diversis auctoribus in A. Gl. IV. 242 gedruckt.* — *148. 2 v. u. Nach A. Gl. IV. 599 stammt der teil der hds., worin die Prudentiusglossen stehen, aus dem 11. jh.* — *149*.₁₃ *In A. Gl. IV. 419 wird die hds. in das 11. jh. gesetzt.* — *150 Zu XX: Diese glossen sind* *jetzt auch in A. Gl. IV. 345 gedruckt worden.* — *151 Zu* XXII: *Ueber die hds. s. jetzt auch A. Gl. IV. 588.* — *151 z. 16 v. u.: Statt "im zehnten jahrhunderte" l. "im anfang des 11. jh."* — *151 z. 10 v. u. Der schreiber nennt sich, wie ich jetzt in der hds. gesehen habe, weder* Tiberius, *wie G. angiebt, noch* Tibericuf, *wie in den A. Gl. IV. 588 mitgeteilt wird, sondern* Tibericuf. — *151 z. 4 v. u. Füge hinzu: sie stehen nämlich im contexte.* — *152 z. 4 v. u. Die* Varia glosemata *sind jetzt A. Gl. IV. 245 gedruckt worden.* — *161 Füge hinzu:* cristen *a 15.23.* — *171 l.* "bên *st. u."* — *172* bigihto — *"gelübde" (s. Jostes, Zschr. f. d. alt. 40.136). Statt* bikērian *l. [*bikēren]. birōpian *pc, pt* — *"verfilzt".* — *175* brahti *konj. prät.?* — *176* buliz = *"hülse, schote".* — *181 Statt* evan-hlōteri *l.* evan-hlōteri. *L.* "garva *(sw.) f."* — *185* gi-samwardon, *vielleicht eher* gi-sam-wordon *(IIh.).* — *186.27 l. streitsucht.* — *187.24 A. Gl. IV. 297.26, 27 geben* gihuuitscepia *an.* — *189.6 l. st. (n.).* — *190 Statt* he *l.* hē. — *191* herd *hd.?* — *192 l.* himillik, -o. *Vor* hiop-bramio *ist ein * hinzuzufügen. Statt* -hnēhian *l.* -huēgian. — *195 l.* "hrōpan *red. v." L.* hullidōk. — *196* h(u)úi(lic) *cuius(modi) gehört gewiss zu* hwilik *pron.* — *197 l.* inmēdou. — *201 z. 7 v u. l.* gicōpid. — *203 l.* "lavil *st. (m.)".* — *205 l.* "lūra *(sw.) f." L.* lūthara *(IIh.)* — *212.19 In A. Gl. IV. 299.33: nohno :: .* — *212 l.* ōk. — *222 l.* "smero *st. (n.)."* — *228.28 l.* ubar-t. — *235 l.* unfrā. — *241.17 l.* forinizzi; *z. 31 l.* forthbraht. — *243 z. 14 v. u. l.* 113.5; *z. 2 v. u. l.* gihuuahfana. — *246.11 l.* 12.19; *v. 16 l.* 103.25; *z. 21 unaf* 113.9 *steht in* V⁰. — *247.30 l.* uuirrifta; *z. 1 v. u. l.* uuif(tl)icæ. — *249.11 l.* zeanfalt; *z. 32 l.* 81.14; *z. 34 l.* 51.14, 16.

Erster teil.

Die denkmäler.

———

Kleinere altsächsische sprachdenkmäler.

I.

Taufgelöbnis.

(Abrenuntiatio diaboli.[1])

Forſaichiſtu[2] diobolae.
et reſp*ondeat.* ec forſacho diabolae 5

    end allum diobolgelde
reſp*ondeat.* end ec forſacho allum diobolgeldae.

    end allum diobolef uuercum
reſp*ondeat.* end ec forſacho allum diobolef uuercum and uuordum thunaer | ende uuoden[3] 10
ende ſaxnote ende allvm[4] them unholdum
the hira genotaſ | ſint

(Professio fidei.[1])

gelobiſtu In got alamehtigax[5] fadaer
  ec gelobo in got alamehtigax[5] fa|daer 15
gelobiſtu in criſt godef ſuno
  ec gelobo in criſt gotef ſuno.
gelobiſtu in halogan gaſt.
  ec gelobo In halogan gaſt.

---

[1]) *Am rande von neuerer hand.* — [2]) *Hds.* Forſachiſtu, *das zeichen oben ist gewiss ein* i; *MSD* Forſachiſtu *mit der bemerkung:* „zwischen a und c ein zeichen, das Pertz und Wackernagel leseb. (1859) s. 19 für einen accent nehmen"; *H.* forsáchistu; *G.* Forsachistu, *ohne bemerkung.* — [3]) *Hds.* en dennoden *statt* ende uuoden. — [4]) *Hds.* allem; *G. ungenau* allêm. — [5]) *In der handschrift ist das zweite* a *über* m *geschrieben*; *G. nur.* alamehtigun.

II.

Stücke einer psalmenauslegung.

A. Die bruchstücke des textes nach der handschrift.

```
 1            ¹                                          1ᴬ
 2  vuetef. en     uiᶻ
 3  vuiruid  tote  them.³(t)⁴         (h)ar⁵b(e)⁶
                  endi
 4  thed  an iro  githankon            fleh^f eli(k)
 5  di thia the  (har)⁷ niauuiht  gi(m)ani ⁸
 6  an thero  genuft^s amidu⁹  thero  g(e)u¹⁰
 7  the thar  gifulda findun mid t(h) n¹¹ (v)u¹²
```

¹) Ueber dem ersten e (nicht über u wie bei G.) von vuetef, zeile 2, sieht man einen buchstabenrest von der grösse eines punktes; über dem t dieses wortes befindet sich ein etwas grösserer rest (bei weitem nicht so gross wie bei G.) eines nicht sicher bestimmbaren buchstabens (vielleicht eines g, wie G. annimmt.) — ²) Dieses ui steht auf einem fetzen, der bei dem aufkleben der bruchstücke etwas zu weit nach rechts und verkehrt: Ξ. gesetzt worden ist. Diese verkehrten buchstaben lasen H. und S. als g. Nach ui giebt G. f i an; diese buchstaben soll er, wie mir Herr Geh. Archivrat Dr. Kindscher (K.) mitteilte, auf einem fetzen gelesen haben, der bei dem aufkleben unmittelbar nach en in der hier fraglichen zeile gesetzt worden ist; da habe ich aber keine reste von buchstaben, sondern nur ein paar vertiefungen im pergamente erblicken können. — ³) Nicht them wie bei G. — ⁴) Nicht bei H. und S. — ⁵) H. und S. ar. — ⁶) H., S. u. G. (ohne bemerkung) be. — ⁷) H. ther, S. thar; der vor dem (r) sichtbare rest eines buchstabens gehört ganz sicher einem a, nicht einem e an. — ⁸) H. u. S. ginamun, G. genamu(n). Nach dem a steht aber ganz sicher ni, nicht m, und nach dem g ist ein punkt (vgl. bei G. s. 225.₈), den ich für den rest des ersten striches von m halte; nach gi(m)ani kein u, wie G. angiebt, sondern nur der rest eines buchstabens, der zu g passt (vgl. meine ergänzung unten s. 12.₇). K. zeigte mir, nachdem ich ihm meine lesung mitgeteilt hatte, eine notiz, nach welcher er bei einer früheren untersuchung der stelle auch ginani gelesen hatte. — ⁹) S. nur. genuftsamidi. — ¹⁰) H. giu, S. gi u; G. mit ergänzung gi(f)u(liithu). Die drei buchstaben folgen unmittelbar hinter einander (u steht doch auf einem besonderen fetzen, weshalb es immerhin möglich ist, dass dasselbe bei dem aufkleben versetzt worden ist, wie S. und G. wohl angenommen haben) und links von u ist ein horizontaler strich, wodurch der schreiber der handschrift diesen buchstaben nicht mit einem vorhergehenden i, wohl aber mit einem vorhergehenden e zu verbinden pflegt. Zwischen (e) und u ist oberhalb allerdings der rest eines buchstabens zu sehen (der zu einem f gehören könnte); dieser rest befindet sich aber auf einem besonderen fetzchen, das für sich allein auf dem wachspapier angebracht ist und bei dem aufkleben wahrscheinlich einen unrichtigen platz bekommen hat. — ¹¹) H., S. u. G. then. — ¹²) H. nichts; S. u. G. v; u steht auf einem fetzen, der bei dem aufkleben schräg nach oben verschoben worden ist; es wird dieses schräg stehende u sein, das S. für spuren von ld hielt.

8 likon d dion. endi t¹   (k)
9 lk feal fela(p)a (n)² endi re tia(n)³ an themo⁴ freth⁵
10 ther an n'ana vuifa⁶   euuandlod⁷ vuerthan
11 endithen⁸ the then erhtlikon dadion ang
12 vuertha   ⁹ mag . neuan the vuirthid imo gige
13 ua geuuiffo (h)e thar tuovuardig. endi ungi
14 rimend¹⁰   (f)¹¹guodlica rafta vuirthid

---

¹) H. u. S. nichts. G. will hier den rest eines f gesehen haben; es ist aber ein deutliches t: unten ist eine krümmung nach rechts, die ein f nicht hat, und oberhalb des querstriches ist keine fortsetzung des vertikalen striches wie bei G. Die nach diesem buchstaben stehenden reste sind bei G. nicht richtig wiedergegeben. G:s facsimile stimmt hier, wie auch an verschiedenen anderen stellen, wovon ich im folgenden die besonders wichtigen erwähne, mehr zu seinen ergänzungen als zu dem wirklichen bestand der hds. Was den hier oberhalb der zeile befindlichen rest eines vierten buchstabens betrifft, steht derselbe in der hds. erst vier oder fünf typenbreiten hinter dem ersten. Jener rest befindet sich auf einem ganz kleinen fetzen, der für sich allein auf das wachspapier geklebt ist, weshalb es gar nicht sicher ist, dass derselbe ursprünglich hierher gehört hat. Ferner ist zu bemerken, dass der darauf folgende rest eines k (bei H. u. S. nicht erwähnt) in einer entfernung von etwa 12 buchstaben hinter endi steht, nicht etwa von 8, wie G:s ergänzung Hehselikemo voraussetzt. — ²) v. H. felapan. — Mit ' bezeichne ich die stellen, wo die grenze zwischen den beiden zertrennten blatteilen ist. Wenn dieses zeichen in einer zeile zweimal steht, fehlt zwischen diesen stellen das pergament ganz. Von den buchstaben der vorhergehenden zeile stehen en und (k) auf sich nach oben erstreckenden zipfeln des rechten blatteiles. — ³) v. H. reftian; so wie das bruchstück jetzt aufgeklebt ist, ist zwischen e und t kein f, das v. H. hier las, zu sehen, sondern t folgt unmittelbar auf e. Nach e ist aber ein riss vorhanden und der teil des pergaments, worauf das f früher zu sehen war, ist offenbar bei dem aufkleben unter das stück, worauf t steht, geschoben worden, sodass dadurch das f ganz verdeckt wurde. Dass dem so ist, zeigt auch der umstand, dass die linie hier gekrümmt ist. — ⁴) H., S. u. G. nur emo statt an themo. Die vorhergehenden buchstaben th in der v. H. hier lus, sind indessen noch auf der rückseite des blattes sichtbar (in der ersten zeile; die schrift geht etwas schräg), indem der fetzen, worauf sie stehen, zurückgeklappt worden ist. — ⁵) G. frieth(u) mit der bemerkung, dass der i-strich undeutlich sei. Für ein i ist überhaupt gar kein platz da; der linke teil des e ist nur von dem anderen durch einen riss getrennt worden, so dass jener wie ein i aussieht. — ⁶) H. unr. vui fa. — ⁷) H. u. S. iennandlod (H. „das i unsicher"). Vor e steht allerdings ein zunächst wie ein i aussehender buchstabe; wenn man denselben aber näher untersucht, bemerkt man, dass die vermeintliche i aus zwei teilen besteht: oben ein schräg von links oben nach rechts unten gehender gekrümmter strich, ganz wie der oberste rechte teil der krümmung eines b, wie v. H. hier gelesen hat, und unten ein strich mit einer krümmung nach rechts (der der unterste linke teil eines b sein kann). Ferner sieht man, dass zwischen diesen resten ein riss ist, und dass der erste rest etwas höher liegt als der andere. Dieser riss hängt mit dem bei dem f der vorhergehenden zeile befindlichen risse zusammen, und als hier bei dem aufkleben ein stück des pergaments über das andere geschoben wurde (vgl. note 3 oben) ist offenbar ebenso wie jenes f auch der grösste teil des von v. H. hier gelesenen b verdeckt worden. G. liest hier reste von v und über dem folgenden e giebt er reste von r an, was nur auf vermutungen beruhen kann. — ⁸) Nach then ist ein strich, der kaum, wie G. meint, nur ein punkt ist; derselbe passt zu einem a, das v. H. hier las. — ⁹) S. ne; es ist aber weder ein e da, noch ein stück pergament, worauf es stehen könnte. — ¹⁰) G. giebt nach d sparen eines a an; diese reste können ebenso gut zu einem e, wie v. H. hier las, gehören. — ¹¹) H. u. S. nichts; kein punkt nach (f) wie bei G.

				1b
15			di the frithu the ther	
16			(u)uandlondelik¹ if.	
17			emo uuorde². ik	
18			³ (th t⁴) ik an themo	
1			uman.⁵ th(ia)⁶	
2		ef he⁷	. B ere(ht)on⁸ (an)fahid⁹	
3	¹⁰	(f)a(m)nu (g)¹¹	erui. tha that euuiga	
4			¹² then nerio(do)n¹³ crist. Thef	
5		erui.	ther an (th)emo¹⁴ anaginne	
6	¹⁵	uerth	n¹⁶ an themo¹⁷ endi th(e)¹⁸	
7	¹⁹		(t)hat²⁰ ²¹ hadd(un)²²	
8		an²³	an themo²⁴	
9		Verba mea. T	eli(ga)²⁵ (fam!n)unga²⁶ bid(id)²⁷	
10		(he)fon²⁸ vu(o)r(do)²⁹. th	f(al)m (a) ga³⁰ (mu)³¹	

¹) H. uuandlondelik, S. uandlondelik. — ²) G. uur. vuorde. — ³) Hier steht der rest eines f oder (?). — ⁴) H. hat hier nur ein paar striche; S. that (a ergänzung). — ⁵) Den punkt nach uman hat G. (wie H. u. S.) übersehen und infolge dessen die stelle in einer unmöglichen weise ergänzt. — ⁶) H., S. u. G. thia. — ⁷) H. uur. e The statt ef he. — ⁸) B fast drei buchstabenbreiten vor erehton, nicht unmittelbar vorher, wie G. angiebt; zwischen e und o las auch v. H. ht. Vor B befinden sich ein paar wie punkte aussehende reste von buchstaben (nicht deutliches un wie bei (i.). — ⁹) v. H. las ebenfalls an vor fahid. — ¹⁰) Vor f steht kein u wie G. angiebt; da ist nur das leere wachspapier zu sehen. — ¹¹) H. f arnu (kein solcher zwischenraum in der hds. zwischen den beiden ersten buchstaben!), S. farmu g. — ¹²) G. giebt unmittelbar vor dem folgenden then das wort thuru an; dort habe ich nur reste von ganz unbestimmbaren buchstaben erblicken können. — ¹³) H. neriondou, S. neriondou (kursiv bezeichnet bei ihnen ergänzungen). — ¹⁴) H., S. u. G. themo. — ¹⁵) Hier geben H. u. S. ein n an; die buchstabenreste, die man hier sieht, kann ich nicht sicher entziffern (vielleicht rechte striche eines n und eines a?) — ¹⁶) G. uur. m; H. liest etwas vor diesem n noch ein u. — ¹⁷) Das an, das G. über den anfang von themo angiebt, konnte ich nicht erblicken. — ¹⁸) H. th, S. th, G. ther., das er thero ergänzt; was G. für einen teil eines r gehalten hat, schien mir nur ein horizontaler strich zu sein, womit das e oben rechts in der handschr. versehen ist. — ¹⁹) G. liest hier spuren von that. Ich sehe nur einige reste von buchstaben, die schräg von rechts unten nach links oben gehen und die auf einem besonderen fetzen zu stehen scheinen, der bei dem aufkleben über das andere pergament gesetzt worden ist. — ²⁰) H. u. S. that. Die grenze zwischen den zertrennten blatteilen geht mitten durch das (t). — ²¹) H. u. S. haben hier t gelesen; vielleicht scheinen hier nur striche der anderen seite durch. — ²²) H. hadd . u, S. had :: n. — ²³) S. nichts, H. a th, G. an und (spuren von) themo; an steht ungefähr über dem r von Verba der folgenden zeile, nicht über dem V, wie G. angiebt. Nach an ist eine stelle, wo das pergament weniger durchsichtig ist, was daher rührt, dass es hier doppelt ist; ein fetzen, worauf das zu der rückseite gehörende an th (s. s. 5, note 4) etwas schräg steht, ist bei dem aufkleben zurückgeklappt worden. Es werden diese buchstaben sein, die G. als themo gelesen hat. — ²⁴) H. r o, S. o u. G. u o vor an themo. — ²⁵) H. uur. ~ ali, S. heliga. — ²⁶) H. uur. f unga, S. mit einer ergänzung, für die nicht platz genug da ist, famanunga. — ²⁷) S. bidid, H. bid d . .; nach bid nur für zwei buchstaben platz. — ²⁸) H. fofon, S. bofon, G. lefan. Vor f ist ein klecks, und der platz zwischen f und dem vorhergehenden langstrich ist für o oder e allein zu gross; der buchstabe vor n ist ein durchaus deutliches o und nicht a, wie G. angiebt. — ²⁹) H. vuerthe (th ergänzung), S. vuertha (th ergänzung). Nicht nur die letzten, sondern auch der dritte buchstabe ist undeutlich und zwischen dem r und dem (o) ist nur für einen buchstaben

```
                                                       (n)
11    (t)¹ giho(r) d² uuerth(e)³   fang d e           (t)⁴ fan imo
12    (f)er noma⁵ vu(e)⁶              uil o⁷       ⁸  hurugthige⁹
13    n(o)¹⁰ herto¹¹    he¹²alla¹³t¹¹·                  (i)d¹⁵ mid¹⁶ thex¹⁷
14    oron.  neuan  mid   the(n)¹⁸
15    Thu bist min go(d)¹⁹
16    vuan thu bist m(i)²⁰
17    an (the)ff(a)²¹
 1                      (vu)orkid.²² (v an)²³ the t(h)at²⁴ (u)²⁵
 2                      (f)elahid²⁶   (n)(th)o²⁷ finef (e)l²⁸
```

---

platz; nach dem letzten buchstabenreste ist, wie S. bemerkt, „ein strich, der so nicht wieder vorkommt, abkürzung für n?" (der strich sieht wie der erste strich eines n aus). — ³⁰) Statt f(al)n (a) ga H. u. S. fum ga. Der strich vor m ist zu lang, als dass er der rechte teil eines u wäre; er ist offenbar der untere teil eines nach oben verwischten l. Der strich nach dem f, den H. u. S. für den linken teil eines u hielten, passt zu dem rechten teile eines a. G. liest hier uur. ftimna. — Ueber ga steht etwas, das H. u. S. mit einem fragezeichen als emdil angeben; auch ich kann die stelle nicht sicher lesen (nach den buchstaben ist ein klecks oder ein aufgeklebter pergamentfetzen, wodurch vielleicht ein teil des wortes verdeckt wird); jedenfalls steht aber hier nicht endi, wie G. angiebt. — ³¹) H. u. S. nichts; G. uur. ge.

¹) H. u. S. nichts; das t schien mir aber fast ganz sicher. G. liest hier und ergänzt ferege; es ist nicht für so viele buchstaben platz. — ²) H., S. u. G. gihorid. Nach dem d, das eine unregelmässige form hat, steht aber auch etwas; vermutlich sind die beiden letzten buchstaben aus etwas corr. — ³) Die reste des o und des u von H. u. S. nicht bemerkt; G. uuerthe. — ⁴) H. u. S. nichts; S. ergänzt, wo e (t) steht, endi und G. giebt hier sogar e . . di an. Das t vor fan ist aber fast ganz sicher und was G. wohl für den schrägen strich eines d gehalten hat, ist nur der rand eines fetzens, der hier auf das pergament geklebt worden ist. — ⁵) Das f von H. u. S. nicht bemerkt; über dem a keine buchstabenspuren, wie G. angiebt, zu sehen. — ⁶) H. u. S. vu. — ⁷) H., S. u. G. uilo; uil ist aber von o durch einen zwischenraum von einer buchstabenbreite getrennt. — ⁸) Das hier fehlende stück pergament hat eine breite von etwa vier buchstaben gehabt. — ⁹) H. u. S. geben vor hurein T an; dieses habe ich ebenso wenig wie G. erblicken können. — ¹⁰) H., S. u. G. no. Nach dem u sind ganz deutliche spuren von zwei buchstaben zu sehen, die zu on passen. — ¹¹) H., S. u. G. uur. herro. Herr Professor Steinmeyer hat in scharfsinniger weise, MSD² II. 374, die richtige lesung geahnt: der vierte buchstabe ist ganz deutlich ein t und kein r. Vor dem folgenden he ist gut platz für zwei buchstaben. — ¹²) H. u. S. the. — ¹³) So auch von H. u. S. gelesen, und diese buchstaben sind ebenso wie das vorhergehende he ganz deutlich. G. liest trotzdem und ergänzt teilweise zwischen "herro" und mid: here thu mik an. — ¹⁴) Ganz sicher so; H. u. S. nichts (G. vgl. die vorhergehende note). — ¹⁵) H. u. S. nichts. — ¹⁶) H. u. S. d. — ¹⁷) H. u. S. nichts; G. uur. thinon. — ¹⁸) H. u. S. ther. Am ende dieser zeile will G. spuren von thera gode erblicken haben. Es ist aber kein pergament da, worauf dies stehen könnte. — ¹⁹) H., S. u. G. god. — ²⁰) H. u. S. m, G. min; (kein n sichtbar). — ²¹) H. an f, S. an f; G. liest und ergänzt teilweise angefuhlt. Ich kann nach u keine spur von dem unteren teile eines g erblicken; im gegenteil sieht man oberhalb der zeile einen langstrich, der zu einem h passt; vor diesem buchstabenreste, die zu einem t passen. — ²²) H., S. u. G. vuorkid. H. liest und ergänzt dacor das wort unrcht; G. will einen teil des h gesehen haben. Ich habe wie S. von dem worte gar nichts sehen können; was man hier sicht, scheint nur von der anderen seite durch. — ²³) H. v; S. vuan "ziemlich deutlich." — ²⁴) H., S. u. G. that. — ²⁵) H. u. S. nichts; G. will nach dem u ein deutliches u gesehen haben; ich konnte dieses nicht erblicken. — ²⁶) H. u. S. felahid; id überaus deutlich und nicht verwischt wie in G:s facsimile. — ²⁷) e. H. las hier rtho, H. u. S. nichts; das tho ist noch zum grössten teil

```
3    ia(l)¹              ²thia lugina ther  fprekad.   fia gifela         (2ª)
4    hed a   o           ngan man. fo fia thia lugina  anbre(n)³
5    The if man⁴         bluod .  the thar be uuollan  vuir
6    t(h)i⁵ (m)id⁶ (e)nniffecmo⁷blu d(o)⁸. endi the⁹tha(r)¹⁰(io)¹¹
                                      band
7    vu(id)¹²th (a)¹³(f)rem(i)tha¹⁴  flitid¹⁵t  ia ferv  (r)d(i)¹⁶t(e)¹⁷
```

ſichtbar; zwischen (ſ)clahid und (nth)o ſpuren von buchstaben, die bei dem auf-
kleben z. t. über die linie hinauf verschoben worden sind; H. las hier nur. ein k,
indem er ſtriche, die von der rückseite durchscheinen, mit ein paar von diesen
ſpuren zusammenbrachte; dod neuan, das G. zwischen (ſ)clahid und ſineſ ergänzt,
wovon er auch ſpuren geſehen haben will, ist unrichtig. — ²ᵃ) Statt ſineſ (e)l liest
S. (dem G. folgt) und ergänzt teilweise ſine fialan; H. richtiger ſineſ . l ..; das
zweite ſ steht unmittelbar nach dem e; vor l ſieht man den unteren teil eines e
und zwischen diesem und dem vorhergehenden ſ ist eine leere stelle, die etwas
grösser als eine buchstabenbreite ist. Am ende der zeile befindet sich oben ein rest
eines buchstabens, der zu einem ſ passt.
   ¹) H., S. u. G. haben hier au gelesen; zuerst steht aber der rest eines buch-
stabens: ein vertikaler strich unten auf der zeile; dann ia, hierauf der untere rest
eines buchstabens, der zu l passt. — ²) Vor thia giebt H. ir und G. er an, S. aber
"ein ganz unsicheres r"; in der tat gehören die striche, die man ſieht, einem auf
der rückseite stehenden m an, das hier durchscheint. — ³) H. u. S. anbren. —
⁴) S. The ſman; das i, das r. H. vor dem ſ las, ist noch zu unterscheiden (auch
bei G. angegeben); H. Theſa man thero ("höchst undeutlich"). Am linken rande
ſteht ſa, das G. für eine ergänzung zu The hält; nach diesem ſa ſteht
indessen auch etwas (g?) und oberhalb desselben Vuä(?); unterhalb ſteht ni i(?).
— ⁵) Von r. H. so gelesen und noch wahrzunehmen. — ⁶) S. mid; -d ganz
deutlich; H. nur. mio. — ⁷) S. enniffeemo; H. nur. menſſcemo, die form
ſieht allerdings zunächst etwa so aus; bei näherem zuſchen ist aber das, was H.
als m gelesen hat, als den rest von einem e mit darauf folgendem n zu erkennen,
und darauf folgt ni; der rest dieses e (und vielleicht auch ein teil des m-) ist, wie
man auf der rückseite sehen kann, in der weise verdeckt worden, dass ein ſtück
des pergaments unter das andere geschoben worden ist. — ⁸) H. u. S. bluodo; G.
bluodu. — ⁹) H. u. S. thit; der ſtrich, den man am ende des wortes oben rechts
ſieht, deutet indess auch auf ein t, da derselbe auch ſonst in der hds. dem e an-
gefügt wird; unten ein klecks; G. ganz richtig the. — ¹⁰) H. u. S. nur. thit; tha-
durchaus deutlich und ſicher. G. liest diese buchstaben mit dem folgenden worte
zusammen als dihitod oder thihtod, was nur eine conjectur ist (über dem reſte des
vierten buchstabens ſteht kein h, wie G. angiebt; nur auf der photographie ſieht
der schatten einer falte etwa so aus). — ¹¹) H. u. S. nichts (wegen G. vgl. vorherg.
note); die buchstaben sind, wie auf der rückseite des blattes deutlicher zu erkennen
ist, bei dem aufkleben etwas in die höhe geschoben, so dass sie nicht ſicher zu lesen
sind. — ¹²) H. u. S. vu; G. liest und ergänzt hier vuo he; für dieses e giebt es
aber kaum platz. Statt d könnte man vielleicht th lesen wollen; ein horizontaler
ſtrich, der rechts an der mitte des langſtriches zu ſehen ist und der auf ein h
deuten könnte, scheint aber zur rückseite zu gehören. — ¹³) H. u. S. nichts. —
¹⁴) H. em tha; S. rem : tha. — ¹⁵) Vor flitid eine grössere leere stelle als gewöhnlich,
so dass da wohl etwas ausradiert worden ist; die ſpur eines a, die G. hier angiebt,
konnte ich nicht erblicken. — ¹⁶) Statt fer v (r)d(i) H. fer, S. fer v d. G. liest
ferev(e)l(h)e(d); weder ſteht zwischen fer und v ein e, noch ist für einen buchstaben
da platz; der zwischenraum ist nur so gross, wie ihn die hds. auch ſonst nach
präfixen hat; zwischen dem v (von dem nur der jedenfalls charakteristische anfangs-
ſtrich zu sehen ist) und dem ganz deutlichen d (das G. als undeutlich angiebt) nur
für etwa drei buchstaben platz; diese buchstaben sind von einem klecks (oder auf-
geklebtem pergamentſtück) verdeckt; vor dem d ist ein endſtrich, der zu einem e
passt, zu erkennen. — ¹⁷) H., S. u. G. to; rechts oben der rest eines horizontalen
ſtriches, den nur das e, aber nicht das o hat; rechts unten ist auch die rundung
offen, wie bei einem e.

```
 8    vuerke(nne).¹ (v)ui² fculun f rneman³ that⁴
 9       (th)ero⁵  o⁶     th⁷   he⁸  (o)giuuelik⁹ unreht
10                        (h)¹⁰  the    f fel ni¹¹   he¹²
11    n  (n)¹³   d. Th         f f       that¹⁴ ma(n)¹⁵
12    (o)¹⁶        (ri)¹⁷      at¹⁸ ge  amod.¹⁹ G
13    (e)²⁰   keri²¹ if²² ma(n)²³(th)er²⁴ bluodo. (t)²⁵
14    (g)²⁶          ef²⁷              (blu)o²⁸          no.
15  (e)nd²⁹   th³⁰ f          k³¹      anfclag(o)³²
```

¹) H., S. u. G. vuerkenne. — ²) H. u. S. uui; *der linke strich des ersten buchstabens jetzt verwischt; der rest scheint auf ein v zu deuten.* — ³) H. u. G. ferneman; *ich konnte aber nicht, ebenso wenig wie S., nach dem f einen e entdecken.* — ⁴) G. *will nach* that *spuren von* the *dro gesehen haben; die hier stehenden buchstabenreste sind aber von einem klecks oder einem pergamentstück bedeckt, so dass sie nicht mehr zu unterscheiden sind;* v. H. *las hier (vor dem aufkleben der bruchstücke)* thit if. — ⁵) H. u. S. thero *ohne bemerkung; das* th *ist aber nicht ganz sicher. Vor* thero *las H.* be, *S. aber nichts; ich kann nicht bestimmt entscheiden, was hier steht, da die stelle dadurch sehr verdorben ist, dass das pergament, wie man auf der anderen seite des blattes deutlicher sieht, hier zusammengeschoben worden ist.* — ⁶) H. *las vor* o *zwei striche; ich sehe nur einen und der platz zwischen* thero *und* o *ist bei H. (wie auch bei S.) viel zu gross.* — ⁷) H. u. G. thia; *ich sehe aber wie S. nur* th. — *Was G. in der zeile vor diesem* th *angiebt, kann nur vermutung sein.* — ⁸) H. u. S. the; G. tho(r) *(wenn vor dem folgenden* o *ein* i *zu ergänzen ist, giebt es für ein* r *hier nicht einmal platz).* — ⁹) H. u. S. ogiuuelik. v. H. *las hier* loginuelik; G. *unr.* (i)ogiuuelik. — ¹⁰) *Hier lesen H.* l r *u. S.* lr *und davor ein* e, *offenbar deshalb, weil sie striche, die von der anderen seite durchscheinen, mit gelesen haben; vor dem* h *ist allerdings der unterste rest eines buchstabens, der aber ebenso gut etwa zu einem* t *wie zu einem* e *passen könnte. Vor diesem* elr *geben H. u. S. ein* h *an; was sie als solches gelesen haben, scheint nur von der anderen seite durch.* — ¹¹) *D. h.* fekni *(vgl.* "dolosus" *im lat. commentar unten s. 14.31); zwischen dem* n *und der vorhergehenden langstrich ist gerade für die beiden rechten striche eines* k *platz.* H., S. u. G. fel ni, *mit zu grossem raum zwischen dem vermeintlichen* l *und dem folgenden* ni. — ¹²) *Was G. hinter* ni *ausser diesem* he *giebt, sind nur vermutungen.* — ¹³) H. n, S. *nichts*; G. *stellt dieses* n *zu nahe an das vorhergehende* n *und ergänzt dann zu viele buchstaben zwischen jenem* n *und dem folgenden* d. — ¹⁴) G. *unr.* ldat. — ¹⁵) H. man, S. ma; G. *giebt in unrichtiger weise nach* man *ein deutliches* og *an.* — ¹⁶) H. u. S. o *ohne bemerkung; davor ausserhalb der randlinie spuren eines buchstabens(?). H. giebt in einiger entfernung hinter dem* o *zwei striche an.* — ¹⁷) H. *nichts*. — ¹⁸) H. u. S. uat, G. (l)at; *ich kann nicht bestimmt entscheiden, welchem buchstaben die reste* cor at *angehört haben.* — ¹⁹) H. gekᵛamod; *wie S. hervorhebt, ist hier* "nur ge∷amod *sicher*"; *zwischen* ge *und* amod *sind nur über der zeile ein paar reste da (die bei dem aufkleben vielleicht z. t. einen unrichtigen platz bekommen haben); was man sonst hier sieht, scheint nur von der anderen seite durch.* — ²⁰) H. en, S. ke. — ²¹) *Dieses* keri *steht bei H. u. S. zu weit nach rechts.* — ²²) *Das* i *ist bei dem aufkleben über die zeile hinauf geschoben worden.* — ²³) H., S. n. G. man. — ²⁴) H. thero, S. u. G. thero. — ²⁵) v. H. *las hier* t. — ²⁶) H. u. S. g. *Die zeile fängt mit* g *an, nicht mit* d(a)g, *wie G. angiebt; das* g *steht sogar etwas weiter nach links als der anfang der vorhergehenden zeile.* — ²⁷) *Bei H., S. u. G. zu weit nach rechts; davor schwache buchstabenreste (nicht deutliche buchstaben, wie bei G.); vgl. v. H:s lesung s.* 14.16. — ²⁸) H. *unr.* blo, S. bl; *die reste des* u *und das* o *stehen auf dem unteren bruchstücke des blattes, das sich hier mit einem zipfel nach oben erstreckt.* — ²⁹) H. nd (*zu weit nach rechts*), S. u. G. nd.
— ³⁰) v. H. *las zwischen diesem* th *und dem folgenden* f *ein* e; *wohl statt* e *oder* i. — ³¹) H., S. u. G. *nichts; dieses* k *steht auf einem besonderen kleinen fetzen, der links oberhalb des* g *der nächsten zeile schief aufgeklebt ist, der aber in eine sich hier unten befindende lücke in dem pergament zu passen scheint.* — ³²) H. u. S.

10

```
16              isto  gi  la      ethiu an fialun (e)¹        n²
17        ³     mon⁴. Introibo⁵  ca⁶     (t)hin⁷ huf gangan.
18              ik feal bedon an th n    fo (h)to⁸ tote thi
19              (o)⁹ el gon temple.     T urug thia  mikili
20              er¹⁰  gi nathono. fo if that godef huf. that
                                                       that if
21        (f)¹¹ thiu himilika hierufal'¹² getimber d.¹³  mid

 1    then leuindigon ftenon. that
 2    minef drohtinef heligeno.¹⁴ T
 3    themo heligon temple . that if te ni¹⁵          in¹⁶
 4    ikhamon. thef heliref. mid theru manungu thero
 5    forhtu. (Dom)¹⁷ deduc me.¹⁸ Vuola thu drohtin uth
 6    ledi mik an thinemo rehte. thuru mina fi¹⁹    a.  en
 7    di gereko  minan vueg  an thinero gefihti.    vuola
 8    thu drohtin gereko min lif tuote thiner(u)²⁰ hederun
 9    gefihti.²¹ thuru thin emnifta r(e)ht.²² tote then e(u)ni²³
10           ndiflon. thuru min(a)²⁴ fianda²⁵. endi t (a)²⁶ here
11    endi thia hethinun. that if min (te)²⁷ (d)uonne²⁸
12           mina fuoti fette an thi (a)n²⁹ vueg. endi that
13           duonne  that  thu  minan gang gir  f
14 V³⁰         ueg'. ne uua (t)hin³¹ leccia³² heligero ge
15           iu vuarhe³³         hemo m' (t)he³⁴ thero
```

---

auflage, *G.* aufclagon (nach dem o fehlt aber sogar das pergament). Ueber diesem worte liest *G.* homicidi; die hier sichtbaren striche scheinen aber nur con den note 33 unten erwähnten übergeschriebenen buchstaben durch.

¹) *H.* nichts; *S.* e, v. *H.* en. — ²) *H.* giebt nach diesem n nur. ein en an. — ³) Von hier ab giebt *S.* nur einen etwas normalisierten abdruck. — ⁴) v. *H.* davor endi, was er wohl am anfang der folgenden zeile gelesen hat (vgl. s. 11.22). — ⁵) *G.* giebt nach lntroibo ein lk an, das da nicht zu sehen ist. — ⁶) *G.* feal; in der hds. nur ea erhalten. — ⁷) *S. u. G.* thin. — ⁸) *H.* forhto; *S.* forhte; r nicht sichtbar, wohl aber das t; von dem h ist der langstrich auf der anderen seite des blattes zu sehen (s. s. 11, note 4). — ⁹) *H. u. S.* nichts. — ¹⁰) *S. u. G.* ero; es ist aber keine spur von o zu bemerken. — ¹¹) v. *H.* if. — ¹²) Oder hierufal(ê)?; etwas nach dem l ist vor dem folgenden ge ein vertikaler strich, wie ihn das e in der hds. hat. — ¹³) *H.* getimberd, *S.* getimberid; zwischen dem r und dem d stand gewiss ein buchstabe. — ¹⁴) *G.* unr. heligono. — ¹⁵) *H. u. S.* m; v. *H.* vor ni ein r, das in der tat der erste strich des m (vgl. s. 15.3) gewesen sein muss. — ¹⁶) *S.* tin, unten links vom i ist ein strich, der zu t passt. — ¹⁷) *H.* dom. — ¹⁸) Das latein mit blässerer, wohl ursprünglich roter tinte. — ¹⁹) *H.* hat dieses i, das etwas verwischt, aber doch deutlich ist, nicht gesehen. — ²⁰) *H., S. u. G.* thineru. — ²¹) *S.* unr. gifihti. — ²²) v. *H.* reht. — ²³) *H.* euni, *G.* enu. — ²⁴) *H. u. S.* mina. — ²⁵) Oder frauda wie *H. u. S.* — ²⁶) *H. u. S.* nichts. — ²⁷) *H.* te (das e nach v. *H.*) — ²⁸) v. *H.* las hier das d-. — ²⁹) *H.* nan (na nach v. *H.*) — ³⁰) *H.* giebt unr. dieses V für den anfang der folgenden zeile an und ergänzt dann die beiden stellen in einer unmöglichen weise. — ³¹) *H. u. S.* thin. — ³²) *H., S. u. G.* leccia; der nach l stehende buchstabe ist indessen, obgleich derselbe oben rechts verwischt ist, durchaus sicher als ein e zu erkennen. — ³³) Ueber iu vuarhe las *H.* d nonon und e e über dem folgenden hemo; ich habe, wie *S.*, die hier stehenden reste nicht sicher deuten können. *G: s* lesungen thef druhtinef und in ore, die er doch als deutlich angiebt, sind blosse vermutungen und thef druhtinef passt nicht einmal zu den resten in der

16 h etikero. vuan thiu   (n)uffi¹ beuua(l)²
                            d
17 tono. vuan thiu   ga folgo   thena felfku(r)³
18 muodef. vu⁴   fi ne hebbed thia uuarhed
19 muthe.⁵ that if criften. vuan fia ne hebbed
20 iro herton. vuan alla thia befuikid⁶ the fi⁷
21 the he idelef herton findid.

---

hds.; (s. 229.15 hat er die selbigen über in vuarhe stehenden reste, die auf der rückseite des blattes über anfclag(o) durchscheinen, als homicidi gelesen; vgl. s. 9, note 32). — ³¹) v. H. muthe; G. giebt hier an, dass zwischen m und t spuren von un zu sehen seien. Ich erblickte vor dem t nur die zwei oberen spitzen eines buchstabens, die ebenso wohl einem u, wie einem n gehören können.
¹) H. ulli; spuren des vorhergehenden u, das v. H. hier las, noch zu sehen. — ²) H. beuual. — ³) v. H. felfkuni; nach -u steht noch ein rest, der indessen ebenso gut zu einem r, wie zu einem n gehören kann; gewiss stand hier felfkuri, worauf zuerst Heinzel aufmerksam gemacht hat (s. darüber MSD anm.). — ⁴) H., S. u. G. vuand (-an- nach v. H.); was man für ein d (b) gehalten hat, ist aber der langstrich eines zu der rückseite gehörenden h (in forhtu, s. 10, note 8); der fetzen, auf dem dieser langstrich steht, ist zurückgeklappt und schräg aufgeklebt worden (links von diesem langstrich sieht man noch den rechten endstrich des r und rechts den anfang des vertikalen striches eines h). — ⁵) Ueber u giebt G. ein zeichen an; es steht aber überhaupt nichts da. — ⁶) d aus n corr. — ⁷) H. f, S. fi; i verbleicht, aber doch zu unterscheiden.

12

B. Text mit ergänzungen.

(Zu psalm IV, v. 8.)

```
 1                    (Sia) (findun) (mid) (themo) (fruhte) (iro) 1ᵃ
 2   vuetef. en(di) (v)ui(nef)  (gifulda). (Thiu) (heliga) (famnunga)¹
 3   vuiruid  tote   them.  (thia) (the) (th)ar b(efundane) (vuer-)²
 4   thed an iro githankon³ (gerna) flehfeli(kero) (thingo) (en-)
 5   di  thia  the  (thar) niauuiht gi(m)ani(gfaldoda)  (findun)
 6   an  thero  genuftsamidu  thero  g(e)u(ono)  (neuan)  (thia)
 7   the thar gifulda findun mid t(he)n (v)u(ir/iſton) (erth-)
 8   likon  dadion.⁴   endi t(hemo)   (vueroldlikon)  (vuillion.)²
```

(Zu v. 9.)

```
 9  Ik feal fela(p)a(n) endi reftia(n) an themo frethᵘⁿ (the)²
10  ther  an  nanaˢ  vuifa  beuuandlod  vuerthan  (ne) (mag)²
11  endi  thenᵃ  the  then  erhtlikon  dadion  ang(ehafted)²
12  vuerthaⁿ (ne)² mag . neuan  the  vuirthid  imo  gige(-)
13  uan geuuiffo  (th)e  thar  tuovuardig.  endi  ungi(-)
14  rimendef (friſteſ) (if.) (Thiuſ) guodlica rafta vuirthid
15                            (en)di  the  frithu  the  ther
16                       (unbeu)uandlondelik if.
17                       (th)emo    uuorde . ik
18                       (that)  ik  an  themo
```

Psalm IV, v. 8. (Hieron.): A fructu frumenti et vini eorum repleti sunt. *Cm.:* Redit ad eof qui rebuf carnalibuf probantur intenti, illi enim non ubertate carifmatum multiplicati funt, fed peffimif terrenif actibuf et mundana uoluptate completi.

V. 9: In pace in id ipsum dormiam et requiescam. *Cass.:* Contra humanos tumultus et felicitates caducas, quas mundus æstimabat esse præcipuas, pulcherrime pacem cordis objecit, quam habere non possunt, qui secularibus actibus implicantur. "Pax" enim ista habet tranquilissimam vitam, quæ cum sua mente non litigat: sed in Domini beneficiis perseverans amœna tranquillitate perfruitur. De ipsa dicit Dominus in Evangelio: "Pacem meam do vobis, pacem meam relinquo vobis"... Sed ne pacem istam temporalem putares addidit: "In id ipsum dormiam et requiescam." "In id ipsum" quippe dicitur, quod nulla rerum vicissitudine commutatur; sed ipsum in se permanens incommutabili perennitate consistit. "Dormiam" finem vitæ vult intelligi; "requiescam" futuram beatitudinem indicare monstratur, quando jam requies dabitur sanctis, et gloriosa pausatio. *Cm.:* In pace. haec pax futura et immutabilif eft, quod oftendit fequenti uerbo cum dicit. In id ipfum. idem quod niciffitudine non mutatur. Dormiam. In fine uite. Requiefcam. id eft in futura beatitudine.

---

¹) G. ergänzt the fiond *als subjekt zu* vuiruid. *Das subjekt zu* redit, *das im lat. kommentar dem* vuiruid *entspricht, ist indessen* ecclesia *(vgl. Cass. und mit meiner ergänzung besonders Cass. sp. 47:* "Per totum psalmum verba sunt sanctæ matris Ecclesiæ; *vgl. ferner s.* 13,12 *hier unten). Im folgenden erwähne ich diejenigen von G. gemachten ergänzungen nicht, welche entweder sehr unsicher sind oder die schon durch den von mir angegebenen wortlaut der handschrift als unrichtig erwiesen werden.* — ²) *Ergänzung von G.* — ³) *Das über das ende dieses wortes hinzugeschriebene* endi *ist wohl fehlerhaft, da der text in Clm., zu dem die zeilen 2—8 sonst so gut stimmen, nichts entsprechendes hat.* — ⁴) *Mit kleiner antiqua sind buchstaben bezeichnet, die Herr Archivar von Heinemann gesehen hat, als die hds. noch in einem etwas besseren zustande war.* — ⁵) *Oder* n(i)ana; *für sechs buchstaben, wie* S:s *ergänzung* negana *verlangt, ist aber sicher nicht platz genug da.*

(Zu psalm V, v. 1.)

```
1                                                  kuman¹ . th(ia)
2            ef    he²            . B(i) (g)ere(ht)on (an)fahid
3    (thin) (heliga) (f)a(m)nu(nga) (that)³ erui. that if that euuiga
4    (lif)⁴ (thuru) (usan) (drohtin) then nerion(do)n crift. Thef
5    (euuigon) (liues) erui. (that)⁴ ther an (th)emo anaginne
6                          uerth         n an themo endi th(e-)
7    (ro) (vuerolde∫)⁴               (t)hat         hadd(un)
8                an                              an themo
9    (endi.)
```

(Zu v. 2.)

```
 9                Verba mea. T(hiu)⁵ (h)eli(ga) (samn)unga bid(id)
10   (mid) (the)fon vu(o)r(don).⁶ that the f(al)m(fan)ga(∫) (iro) (mu-)
11   (thes)⁷ giho(ri)d(e) uuerth(en) fan gᵒd(e) e(ndi) (that)⁸ fan imo
12   (f)ernoma(n)⁹ vu(erthe)¹⁰ (the) (v)uil(l)o (the∫) (t)hurugthige(-)
13   n(on) herto(n) (t)he alla t(hing) (ne) (fernimi)d¹¹ mid thes
14   oron . neuan mid the(mo) (liahte) (sinaro) (godhedie∫.)¹²
```

(Zu v. 3.)

```
15  Thu bift min go(d)
16  vuan thu bift m(in) (craft)¹³
17  an (the)f(a)
```

Psalm V, v. 1: In finem pro ea, quæ hereditatem consequitur. *Cass.:* Hæc [ecclesia] bona Domini Salvatoris adit ac possidet. *Chn.:* Rerte enim pro ecclesia quæ hereditatem hoc est uitam æternam per dominum iesum christum accipit. psalmuf iste pretitulatur. *Hieron.:* De Ecclesia, quæ in fine et consummatione mundi hæreditatem consequutura est universis nationibus Christo credentibus, Psalmus iste contexitur. *Cass.:* Hæreditatem vero ideo consequi dicitur, quia Christo resurgente ad eam bona spiritualia pervenerunt .. quarum rerum nunc tenet imagines, et in futuro est perenniter possessura virtutes.

V. 2: Verba mea auribus percipe Domine, intellege clamorem meum. *Chn.:* Hif uerbif ecclesia rogat ut eiuf orif pfalmodia a deo audiatur. et perfectuf cordif affectuf intellegatur ab eo qui non auribuf sed lumine suæ diuinitatif intellegit cuncta.

V. 3: Intende voci orationis meæ, rex meus et Deus meus. *Hieron.:* Tu es Deus meus; quia non est venter Deus meus: quia non est aurum Deus meus: quia non est libido Deus meus. Quoniam tu deus es, et ego cupio habere virtutes, propterea tu es Deus meus, hoc est, virtus mea.

---

¹) Vgl. note 5 s. 6. — ²) Der platz zwischen he und B ist für die von G. hier gemachte ergänzung heligun kirkiun bei weitem zu klein. — ³) Zwischen ga und erui nur für vier buchstaben platz, nicht für neun, wie G:s ergänzung that godes erfordert. — ⁴) Ergänzung von G. — ⁵) Ergänzung von S. — ⁶) Herr Prof. Steinmeyer hat, ohne die hds. gesehen zu haben, in MSD² I. 234 den obigen gewiss richtigen wortlaut (mid) (the)fon vu(o)r(don) geahnt. — ⁷) Ueber G:s lesung und ergänzung s. s. 7, note 1. — ⁸) S. u. G. ergänzen statt endi that nur endi, was den platz nicht ausfüllt (stimmt auch nicht zu der vor san befindlichen spur eines t). — ⁹) Das -n muss über dem a gestanden haben. — ¹⁰) G. ergänzt Intende Thu zwischen vu(erthe) und uil-; es ist aber nur platz für vier (oder höchstens fünf) buchstaben vorhanden. — ¹¹) Ueber G:s der hds. ganz widersprechende ergänzung hier s. s. 7, note 13). — ¹²) G. liest oder ergänzt nach mid: then oron thera godehedies (vgl. s. 7 note 18). — ¹³) G. ergänzt mine craft; warum mine?

(Zu v. 7.)

(Odifti.) (Thu)¹ (ha-) 2ᵃ
1 *(tof)¹ (then)¹ (that) (unreht)²* (vu)orkid. (vuan) the t(h)at (un-)
2 *(rcht)³ (vuorkid)³ (ne) (gif)*clahid¹ *(neuan)* (th)o finef *(fe)l(nef)*
3 *(f)ia(lun)⁴ (eft) (the)⁵* thia lugina ther fprekad. fia gifcla(-)
4 hed a*(l)*o³ mangan man. fo fia thia lugina anbre(n)g*(ed)²*
5 The if man thero bluod*(o)*. the thar benuollan vuir(-)⁶
6 t(h)i(d) (m)id (me)nniffemo blu(o)d(o) . endi the tha(r) (io)
7 vu(id) th(ia) (f)rem(i)tha(n) handflitid t(h)ia ferv(uur)d(i) t(e)
8 vuerke(nne). (v)ui fculun f(e)rneman that thit if
9 (th)ero o th(ia) (t)he (io)giuuelik⁷ unreht
10 (h) the if fe(k)ni the⁸
11 n (n) od. That if f(ekni) that ma(n) *(bican) (thia)*
12 *(bofa)* endi othe(rimu) *(und)*at ge(fr)amod. G*(euuiffo) (the)*
13 *(hereti)*keri if ma(n) (th)er(o) bluodo. *(the)⁹ (ther) (da-*
14 *gauuel)*ikef¹ *(fer)*g*(iutid) (that)¹* (blu)o(d) *(thero)¹ (man)*no¹.
15(e)nd(i) th(e) (i)f *(vuarli)*k(o) *(bethiu) (m)*anfclag(o) *(endi) (fekni)*
16 *(the) (if) (na)*ifto(n) gi*(fe)*la*(hid)¹ (b)*ethiu an fialun *(endi)³* an
17 *(likha)*mon³.

(Zu v. 8.)

17 Introibo *(Ik)² (f)*ea(l)² *(an)²* (t)hin huf gangan.
18 e*(ndi)³* ik fcal bedon an thinero fo(rh)to tote thi(-)
19 ⁿ*(emo)* heligon temple. Thurug thia mikili
20 (th)er*(o)³* ginathono. fo if that godef huf. that
21 i(f) thiu himilika hierufalem that if getimber(i)d . mid

V. 7: Odisti omnes qui operantur iniquitatem; perdes omnes, qui loquuntur mendacium. Virum sanguinum et dolosum abominabitur Dominus. *Hieron.*: "Qui enim operatur iniquitatem" suam tantum animam occidit: qui autem hæreticus est et loquitur mendacium, tot occidit homines, quot induxerit. *Cass.*: "Vir" quidem "fanguinum" est qui humano cruore polluitur, sed et ille qui decipit vivum... "Dolosus" autem illos significat qui scientes malum, alienum operari nituntur exitium. *Hieron.*: Hoc autem quod dicit .. intelligere possumus, quia de hæreticis dicit: "Qui enim etc. *(fortsetzung oben z. 28)*. *Clm.*: dolofuf eft. qui feienf malum. alienum operatur exitium. *Hieron.*: Vir sanguinum, omnis hæreticus est, quotidie animarum sanguinem fundit. Recte dixit dolosum: et homicida est et dolosus. *Clm.*: Vir fanguinum eft qui vel in anima vel in corpore proximum extinguit.

V. 8: Ego autem in multitudine misericordiæ tuæ introibo in domum tuam; adorabo ad sanctum templum tuum in timore tuo. *Clm.*: Intrat ecclesia domum dei. id eft cœleftem hierufalem. *Cass.*: illa futura Jerusalem lapidibus vivis sanctorum creditur multitudine construenda.. "Templum sanctum" corpus est Domini Salvatoris. *Clm.*: et adorat cum compunctione timorif templum fanctum quod eft corpuf dominicum.

¹) *Ergänzung von G.* — ²) *Ergänzung von H.* — ³) *Ergänzung von S.* — ⁴) *Das* n *stand wohl über dem* u. — ⁵) *Für S:s ergänzung* ur fo heretikeri *und* G:s ur thia heretikere *giebt es hier nicht platz genug.* — ⁶) *H. ergänzt hier* -thid, *was überflüssig ist,, da eine fortsetzung des wortes am anfang der nächsten zeile steht.* — ⁷) *Ergänzung von S.; H. ergänzt* e- *statt* i-; v. H:s *lesung* logiuuelik *deutet mehr auf ein* i-. — ⁸) *Nach* the *las v. H. noch ein* the *(an welcher stelle?).* — ⁹) *G. ergänzt statt* the ther da- *hier nur* the, *was viel zu wenig für den raum ist.*

1 then leuindigon ftenon. that if *(mid)*[1] *(theru)*[1] *(menigi)*[1]
2 minef drohtinef heligeno. Tha(r)[2] feal *(ik)*[1] *(bedon)*[1] *(te)*[1]
3 themo heligon temple. that if te (m)i*(nef)*[1] *(droht)*in*(ef)*[1]
4 *(l)*ikhamon. thef heliref. mid theru manungu thero
5 forhtu.

(Zu v. 9.)

5   (Dom)*ine* deduc me.   Vuola thu drohtin uth(-)
6 ledi mik an thinemo rehte. thuru mina fi*(and)*a. en(-)
7 di gereko minan vueg an thinero gefihti.   vuola
8 thu drohtin gereko min lif tuote thiner(u) hederun
9 gefihti. thuru thin emnifta r(e)ht. tote then e(u)ui(-)
10 gon mendiflon. thuru min(a) fianda. endi t(hia) here(-)
11 tikere. endi thia hethinun. that if min (te) (d)uonne
12 that *(ik)* mina fuoti fette an thi*n*(a)n vueg. endi that
13 if thin *(te)* duonne that thu minan gang gir*(eko)*f
14 V*(uelik)*[1] *(if)*[1] *(the)*[3]*(v)*ueg. ne uua*(ri)*[1] (t)hiu leccia heligero ge(-)
15 *(feriuo.)*[1]

(Zu v. 10.)

15   *(Th)iu*   vuarhed nif an themo m*u*(t)he thero
16 heretikero. vuan thiu idal(n)uffi beuua(ld)id iro *(he)*r(-)[5]
17 tono. vuan thiu *(t)*anga[6] folgod thena felfku(r)i thef
18 muodef. vuan fia ne hebbed thia uuarhed an iro
19 muthe. that if criften. vuan fia ne hebbed *(fia)* an
20 iro herton. vuan alla thia befuikid the fi*(and)*
21 the he idelef herton findid.

V. 9: Domine! deduc me in justitia tua; propter inimicos
meos dirige in conspectu tuo viam meam. *Cass.:* "Dirige in conspectu
tuo viam meam", id est, vitam meam perduc ad tuæ serenitatis aspectum. *Cm.:*
poftulat fe deduci ad aeterna gaudia; et propter inimicof. id eft hereticof uel paga-
nof. *Hieron.:* Meum est pedes ponere in via tua : tuum est corrigere gressus
meos... Quæ est autem ista via? Lectio Scripturarum.
   V. 10: Quoniam non est in ore corum veritas; cor eorum
vanum est. *Cm.:* In ore hereticorum non eft ueritaf fed mendatium. quia cor
eorum uanitaf pollidet. Lingua enim fequitur mentif arbitrium. *Hieron.:* Non
habent Christum veritatem in ore suo, quia nec in corde habent. "Cor eorum
vanum est." Melius habetur in Hebræo ἐπίβουλον. Vere enim insidiatur cor
hæreticorum omnibus quos decipit.

---

[1]) *Ergänzung von S.* — [2]) *v. H. That; corr. von S.* — [3]) *S. ergänzt* thesa:
dafür ist aber hier nicht platz genug. — [4]) *S. ergänzt* re; *G. liest und ergänzt*
neuuan; *zwischen* ne *und* uua *ist aber ein zwischenraum, der darauf deutet, dass
hier eine wortgrenze ist; nach Hoffmann v. Fallersleben, Germ. XI, 324, scheint
übrigens v. H. hier* ne uuari *gelesen zu haben.* — [5]) *v. H.* beuualaid iro sr, *was
gewiss, wie H. meint, eine unrichtige lesung für* beuualdid iro her *ist.* — [6]) *v. H.*
thiuuunga *statt* thiu tunga, *das gewiss, wie H. hervorgehoben hat, die richtige lesung ist.*

III.

Beichtspiegel.

Confeſſio. Ik giuhu goda alomahtigon fadar. Endi | allon finon helagon vuihethon.[1,2] Endi thi godeſ manne. | allero minero ſundiono.[3] thero the ik githahta. endi | giſprak. endi gideda. fan thiu the ik eriſt ſundia[3] | uuerkian[3] bigonſta. Ok iuhu[4] ik ſo huat ſo ik theſ gi|deda theſ vuithar mineru criſtinhedi uuari. endi | vuithar minamo gilouon uuari. endi vuithar | minemo bigihton uuari. endi uuithar minemo meſtra | uuari. endi vuithar[1] minemo herdoma uuari. endi | uuithar minemo rehta uuari.

Ik iuhu nithaſ. endi auun|ſteſ. hetiaſ. endi biſprakiaſ. Sucrianniaſ. endi liaganniaſ. | firinluſtono. endi minero gitidio farlatanero. Ouar(-)| modiaſ. endi tragi godeſ ambahtaſ. Horuuilliono. man|ſlahtono. Ouarataſ endi ouerdrankaſ.[5] endi ok untidion[6] | moſ ſehoda endi drank. Ok iuhu ik that ik giuuihid moſ | endi[7] drank nithar got. endi minaſ herdomaſ raka ſo ne | giheld ſo ik ſcolda. endi mer terida than ik ſcoldi. Ik | iu[8] giuhu[8] that ik minan fader endi moder ſo ne eroda| endi ſo ne minnioda ſo ik ſcolda. Endi ok mina brothar | endi mina ſueſtar endi mina othra nahiſton endi mina | friund. ſo ne eroda endi ſo ne minnioda ſo ik ſcolda. | Theſ giuhu ik hluttarliko. that ik arma man endi othra | elilendia ſo ne eroda. endi ſo ne minnioda ſo ik ſcolda. | Theſ iuhu ik that ik mina iungeron endi mina tilluloſ | ſo ne lerda ſo ik ſcolda. Thena helagon[9] ſunnundag[10] | endi thia helagun miſſa. ne firioda endi ne eroda ſo ik | ſcolda. Vſaſ drohtinaſ likhamon endi iſ blod mid | ſulikaru forhtu endi mid ſulikaru minniu[11] ne ant(-)| feng ſo ik ſcolda.[12] Siakoro ne uuiſoda endi im ira nod|thurti ne gaſ ſo ik ſcolda. Sera endi unfraha ne trofta | ſo ik ſcolda. Minan degmon ſo rehto ne gaſ ſo ik | ſcolda. Gaſti ſo ne antſeng ſo ik ſcolda. Ok iuhu | ik that ik thia giuuar the ik giuuerran ne ſcolda. | Endi thia ne giſonda the ik giſonan ſcolda.

---

[1]) *G. unr.* nu- *statt* vu-. — [2]) *H. u. MSD³ ergänzen* endi theson *zwischen* helagon *und* vuihethon. — [3]) *G. unr.* j *statt* i. — [4]) h *aus* g *corr.* — [5]) *G. unr.* ouardrankas. — [6]) *H. unr.* uui-tidion. — [7]) i *aus* r *corr.* — [8]) *Zusammengeschrieben; die verbalform doppelt, in verschiedener form (Gallée, As. gram. 122 anm.)?* — [9]) *G. unr.* heligon. — [10]) *G. unr.* sunnum dag. — [11]) *G. unr.* minnia. — [12]) a *aus* i *corr.*

17

Ik iuhu | unrehtaro gifihtio,[1] unrehtaro gihorithano. Endi unrehtaro | githankono. unrehtoro[2] uuordo. unrehtaro uuerko. unrehtaro | fethlo. unrehtaro ftadlo. unrehtaro gango. unrehtoro[3] legaro. | Vnrehtaf[4] cuffianniaf. Vnrehtaf[4] helfianniaf. Unrehtaf anafangaf. | Ik gihorda hethinnuffia endi[5] unhrenia fefpilon. Ik gilofda | thef ik gilouian[6] ne fcolda. Ik ftal. ik farftolan fehoda. ana[7] or lof gaf. ana orlof antfeng. Meneth fuor an vuiethon.[8] Abol ganhed endi giftridi an mi hadda. endi miftumft. endi auunft. | Ik fundioda an luggiomo givuitfcipia.[8] endi an flokanna. Mina | gitidi endi min gibed fo ne giheld endi fo ne gifulda fo ik fcolda. | Vnrehto laf. unrehto fang. ungihorfam uuaf. Mer fprak endi | mer fuigoda than ik fcoldi. endi mik[9] feluon mid uuilon uuor'don endi mid uuilon uuerkon endi mid uuilon githankon[10] | mid vuilon lufton mer unfuuroda than ik fcoldi. Ik iuhu | that ik an kirikun unrehtaf thahta. endi othra[11] merda theru | helagun lecciun. Bifcopof endi preftrof ne eroda endi ne | minnioda fo ik fcolda. 5 10 15

Ik iuhu thef allaf the ik nu binemnid | hebbiu endi binemnian ne mag. fo ik it uuitandi dadi | fo unvuitandi.[8] fo mid gilouon fo mid ungilouon. fo huat | fo ik thef gideda thef uuithar godaf uuillion uuari. fo vua kondi fo flapandi. fo an dag fo an nahta fo an huilikaru tidi | fo it uuari. fo gangu ik if allaf an thef alomahtigon godaf | mundburd. endi an fina ginatha. endi nu dōn ik if allaf | bluttarlikio minan bigihton. goda alomahtigon fadar. | endi allon finan[12] helagon. endi thi godaf manna. Gerno | an godaf uuillion te gibotianna. endi thi biddiu gibedaf.[13] | that thu mi te goda githingi vuefan vuilliaf. that ik min | lif endi minan gilouon an godaf[14] huldion giendion moti. 20 25

---

[1]) *Faſt* gifihtio; h *wird auch an anderen ſtellen dem* b *ſehr ähnlich geſchrieben*. — [2]) *G. nur*. unrehtero. — [3]) *G. nur*. unrehtaro. — [4]) *G. nur*. unrehtas. — [5]) e *aus corr*. — [6]) *G. nur*. gilovian. — [7]) *Hds*. an⁸. — [8]) *G. nur*. m *ſtatt* vu. — [9]) -k *aus* h *corr*. — [10]) *H. u. G. ergänzen hier* endi. — [11]) *In der hds. kein accent über* o, *wie bei G*. — [12]) *G. nur*. sinam. — [13]) *G. nur*. gebedas. — [14]) *G. nur*. godes.

IV.

Bruchstück einer homilie Bedas.

Vui lefed tho ſanctuſ bonifaciuſ pauoſ an roma unaſ. | that he 153ᵃ
bedi thena kiefur aduocatum. that | he imo an romō en huſ geſi. that
thia luidi¹ | unilon pantheon heton. wan thar uuor|thōn alla afgoda
inna begangana. So he | it imo tho iegiuan hadda. ſo wieda he it
an | uſeſ drohtineſ era. ende uſero fruon ſanctę² | mariun. endi allero
criſteſ martiro. te thiu | alſo thar er inna begangan vuarth thiu |
menigi thero diuuilo. that thar nu inna began'gan uuertha thiu gehugd
allero godeſ | heligono. He gibod tho that al that folk theſ | dageſ³
alſo the kalend nouember¹ auſtendit | te kerikōn quami. endi alſo
that gōdlika | thiamuſt thar al gedōn waſ.⁵ ſo wither gewarf⁶ |
manno gewilik fra endi blithi te huſ.

Endi | thanana ſo warth gewonohed that man hōdigō | ahter
allero thero waroldi beged thia gehugd | allero godeſ heligono. te
thiu ſo vuat ſo vui an | allemo themo gera uergomelofon that wi it |
al hōdigō geſullon.⁷ endi that vui thur thero | heligono gethingi
bekuman te themo ewigon ‖ liua. helpandemo uſemo drohtine.⁸   152ᵇ

Beda, Op. VII. 151: Legimus in Ecclesiasticis historiis, quod sanctus Bonifacius, qui quartus à beato Gregorio Romanæ urbis episcopatum tenebat, suis precibus à Phoca Cæsare impetraret, donari Ecclesiæ Christi templum Romæ, quod ab antiquis Pantheon antè vocabatur, quia hoc quasi simulachrum omnium videretur esse deorum: in quo eliminata omni spurcitia, fecit Ecclesiam sanctæ Dei genitricis atque omnium martyrum Christi, ut exclusa multitudine dæmonum, multitudo ibi sanctorum à fidelibus in memoria haberetur: et plebs universa in capite calendarum novembrium, sicut in die natalis Domini, ad Ecclesiam in honore omnium sanctorum consecratam conveniret, ibique missarum sollennitate à præsule sedis Apostolicæ celebrata, omnibusque rite peractis, unusquisque in sua cum gaudio remearet.

Ex hac ergo consuetudine sanctæ Romanæ Ecclesiæ, crescente religione Christiana, decretum est, ut in Ecclesiis Dei, quæ per orbem terrarum longè latèque construuntur, honor et memoria omnium sanctorum, in die qua prædiximus, haberetur: ut quicquid humana fragilitas per ignorantiam vel negligentiam, seu per occupationem rei secularis, in sollennitate sanctorum minus plenè peregisset, in hac observatione solveretur, quatenus eorum patrociniis protecti, ad superna populorum gaudia pervenire valeamus.

¹) geſi — luidi *steht nicht auf rasur, wie St. Anz. f. ä. alt. 22,269 angiebt; die rasur gehört nämlich der rückseite an.* — ²) *G. unr.* sancte. — ³) g *aus* ſ *corr.* — ⁴) *G. unr.* november. — ⁵) *Zunächst* vvaſ. — ⁶) *Hds.* gewrf. — ⁷) *G. unr.* geſullen. — ⁸) liua — drohtine *ganz unten auf der seite geschrieben und durch ein* H' *über* liua, *dem ein* D' *nach* ewigon *entspricht, hierher verwiesen.*

V.

Segensformeln.

A.

*(DE EO QVO)*D[1] SPVRIHAIZ[2] DICIMVS. |

. Si in dextero pede contigerit. fi in finiftro fanguif | minuatur.
Si in finiftro pede in dextero aure minuatur | fanguif.[3]
DE HOC | QVOD SPVRIHAZ[4] DICVNT.
PRIMVM PATER NOSTER. |
Vife flot aftar themo uuatare.
uerbruftun. fina uetherun. |
tho gihelida. ina. ufe druhtin.
the feluo druhtin. thie thena | uife gihelda.
thie gihele. that herf theru. fpurihelti. |
AMEN.

B.

CONTRA VERMES.[5] |
Gang út neffo. mid nigun. neffiklinon.
út fana themo. marge. | an that. ben.
fan themo. bene. an that. flefg[6]
ut fan themo. | flefgke. an thia hud.
ut fan thera. hud. an thefa ftrala. |
drohtin uuerthe fo.

---

[1] So in MSD ergänzt; am anfang der zeile SE, oder (wie G.) SI? — [2] G. nur SPURIHALZ (vgl. St. Anz. f. d. alt. 22,230); jedenfalls so zu verbessern. In diesem worte, wie auch sonst in dem stück V, sind V und N schwer zu unterscheiden; zunächst ist es aber N. — [3] Ueber das zwischen diesem stück und dem hier folgenden stehende latein s. teil II. — [4] L. SPVRIHALZ. — [5] AMEN z. 14 steht nach VERMES am ende der zeile. — [6] Ein klecks verdeckt den letzten buchstaben.

VI.

Abecedarium nordmannicum.[1]

feu[2] forman,[3]
ur. after,
thuris thri(tten)[4] stabu,[5]
os is th(em)o[6] oboro,[7]
rat[8] end[9] os[10] uurita(n)[11] |

chaon[12] thanne cliu(o)t[13]
hagal nau(t)[14] hab*et*,
is ar endi sol[15] |

(tiu)[16] bri(c)a[17]
endi man midi,[18]
lagu[19] the[20] leohto,
yr al bihabe*(t)*[21]

---

[1] *In der hds. die überschrift ABECEDARIVM NORD.* — [2] *Das sperren der runennamen rührt vom herausgeber her.* — [3] *Unter* forman *stehen vier ags. runen, nach v. Arx² wreaw, nach Massmann* wreal, *nach Lachmann* threal *und nach Hattemer* wreat. — [4] *v. Arx²* thr(itu), *Hattemer* thrieten, *Piper* thritten. — [5] stabu *steht unter* thri(tten). — [6] *Statt* is th(em)o *v. Arx²* ist(li)no, *Massmann* ist hi mo? keno??), *Hattemer* isthæno, *Piper* ist hemo. — [7] *Massmann* obero; oboro *steht unter* is th(em)o. — [8] *v. Arx²* ra(t), *Hattemer* rae. — [9] *Massmann* end(i?), *Hattemer* en, *Piper* en d "der buchstabe nach d ist unsicher". — [10] os uurita(n) *steht unter* rat end; *Lachmann besserte* end os *in* endos(t) (*s. MSD, anm.*). — [11] *Massmann* uurit(a?), *Hattemer* uurita, *Piper* uuritan. — [12] *v. Arx²* cha(on), *Massmann* chaen? chaon?, *Hattemer* cha. — [13] *Steht unter dem vorhergehenden; v. Arx²* d i)net, *Hattemer* dinot, *Hattemer* nichts, *Piper* cliuot. — [14] *v. Arx²* nau(t), *Hattemer* nai, *Piper* nant (i?). — [15] *Massmann* sol, *Hattemer* so. — [16] *v. Arx² u. Piper hier nur sparen dreier buchstaben (Piper: "darnach eine stelle verdorbener schrift"), Massmann* isu, *Hattemer* nichts, *Lachmann vermutete* tin *oder* tir (*vgl. MSD, anm.*). — [17] *v. Arx² u. Hattemer* brita, *Massmann* brica (brita?), *Piper* brica. — [18] *Steht unter der zeile, etwas vor* endi; *v. Arx²* (mi)di *oder* (midi, *Hattemer* mid), *Piper* "nur noch mid lesbar". — [19] *Massmann* lagu, *Hattemer* laga. — [20] *Massmann* ihe, *Hattemer* ihe. — [21] *v. Arx² u. Piper* bihabe, *Massmann* bihabet, *Hattemer* bihab, *J. Grimm und Lachmann in seinem handschriftlichen text (vgl. MSD anm.)* bihabendi, *weil sie das unter der zeile stehende* midi (*s. note 18 oben*) *als* endi *oder* ndi *lasen und fälschlich mit* bihabe *verbanden.*

VII.

Essener heberegister.

53ᵇ   Van uehuf¹ ahte ende ahtedeg mudde maltef | ende ahte brod
tuena foftra erito uiar¹ mudde | gerfton uiar uother² thioref holtef.
te thrim hoge|tidon ahtetian mudde maltef ende thriuu uother | 5
holtef. ende uiarhteg³ bikera. ende⁴ ufero herino | miffo tua crukon. |
    Van ekanfeetha   fimiliter. |
    Van rengerengthorpa   fimiliter.
    Van hukre'tha fimiliter ana that holt te then hoge|tidon.
that ne geldet thero ambahto neuue|thar.   10
    Van brokhufon. te then hogetidon | nigen mudde maltef ende
tuenteg bikera. | ende tua crukon.
    Van horlon nigen ende | uiftech mudde maltef ende tue uother |
thioref holtef. tue mudde gerfton. uiar brot. | en fufter erito. tuenteg
bikera. endi tua | crukon. nigen mudde maltef te then ho|getidon. 15
    Van nianhuf   fimiliter.
    Van | borthbeki   fimiliter.
    Van drene te ufero | herano miffo tian ember honegaf. Te
pin|cofton fiuondon haluon ember honegaf | endi ahtodoch bikera.
endi uiar crukon.⁵   20

52ᵇ   De⁶ predio eilę prepofiturę . Creia . x. fielof.⁷ |
    De nouo predio.⁸
    .v. fielos.⁹ an rohhufon.¹⁰ |

---

¹) G. nur. V- (resp. v) ftatt u-. — ²) u aus corr. — ³) h aus t (?) corr.
— ⁴) te zu ergänzen? ⁵) Die ganze seite 153ᵇ ist früher mit einem anderen texte
beschrieben gewesen, der aber ausradiert worden ist, um diesem heberegister platz
zu machen. Zu oberst ganz am rande steht mit roter tinte die federprobe: probatio
minei. — ⁶) Das folgende auf seite 152ᵇ stehende stück ist (von anderer hand) auf das
unterste drittel der seite geschrieben. Davor steht das ende der homilien Gregors.
— ⁷) Diese zeile stellt G. nur. (vgl. St. Anz. f. d. alt. 22,269) hinter hammus s. 22 s.
unten. Zwischen dieser zeile und dem folgenden sind zwei zeilen, z. t. infolge
radierung, leer. — ⁸) Die drei worte auf rasur; nach predio eine leere stelle, wo
etwa drei buchstaben ausradiert sein könnten. — ⁹) Hds. fielos.; o aus i corr. —
¹⁰) Hinter rohhufon erblickt man (fast ausradiert) .v. fielof (fielof über .v. geschrieben)
a(n) und dann noch spuren von etwa sechs buchstaben.

22

.v. ficloſ¹ an ladthorpa.²
An hamuuinkile xxx denarios.³ |
An lindenun .v. ficlof.
An berghalehtrun⁴ .iii. | ficloſ. et fex denarioſ.
5   An hupelefuuik .iii. ficlos³ et iiii denarioſ. |
An brehton xxx denarioſ.
An driuere. unum ficlum.
An | uueteringe .vi. ficlof.
An hanevuic⁵ .iiii. ficlof. et vi. denarioſ. |
10 An vunnincthorpa .iii. ficloſ.
An rinherre .iii. ficlof. |
An bekehem .ii.
I.⁶ An ahtinefberga.⁷
v. ficlof. An ftengrauon. |
15 .iiii.⁸ ficlof.⁹ An hannine. |

---

¹) Ueber .v. geschrieben. — ²) G. unr. Ladtthorpa. — ³) -s über das o geschrieben. — ⁴) Das zweite h aus corr. — ⁵) Crecelius -vuig und G. -wig, unr.; der letzte buchstabe sieht allerdings zunächst wie ein G aus; der kurze strich (punkt) an der unteren spitze des c, der den buchstaben wie ein G aussehen lässt, gehört aber nicht zu demselben, sondern ist der vor die folgende zahl gehörende punkt. — ⁶) Oder wie Crecelius ¡; G. statt bekehem .ii. I. An unr. Bekehem III An, indem er den zwischen ii und I stehenden punkt nicht beachtet hat. — ⁷) Zwischen a und h ein tklecks (?), wo man spuren eines buchstabens (t?) sieht. — ⁸) Crecelius unr. III. ⁹) Von G. übergangen.

VIII.

Aus dem ältesten Werdener heberegister.

34ᵇ An naruthi thiu kirica endi kiricland. fan almeri | te tafal(-)bergon.
　　An uuerinon thiu kirica endi al that gilendi. | 5
　　Te amuthon thiu kirica endi kiricland
　　an theru fehtu En uuérr | *fancti* liudgeri. alterum *fancti* martini.
　　Utermeri. *fancti* liudgeri totum.
　　fpilmeri *Similiter*¹ | 10
　　pulmeri half.
　　Suecfnon ubi natuf e/t fanctuf liudgeruf totum.
　　An upgoa | finun hofftadi.
　　finun uerrftadi. Te aiturnon. *fancti* liudgeri |
　　Te kinlefon. En alt giuuarki². 15

IX.

Freckenhorster heberegister.

De decimali beneficio ad belon ad prebendam .xxij. | bracia ordei |ᵃ triti .xvii. bracia filiginis. De eodem .i. bracium filiginis | viii. bracia ordei triti albi. De koke .ii. maldra caseorum .i. | bracium triti ad prebendam.[1]

Thit fint thie fculde uan thiemo urano uehufa.   1ᵇ
uan themo | houe[2] feluomo. tuulif gerftena malt. ende x. malt huetef. | ende .iiii.ᵒʳ[3] muddi ende .iiii.ᵒʳ[3] malt roggon ende ähte mud-| -di ende thruu muddi banano. ende. ueir.[4] kogii ende | thue[5] fpecfuin .quattor.[6] cofuin .iiii.ᵒʳ[3] embar fmeraf. ende alle | thie uerfcange the hirto hared otherhalf hunderod | honero thue mudde eiero thriu muddi penikaf enon | falmon. ende thero abdifcon tuulif fculdlakan. ende | thue embar hánigaf. ende en fuin feftein penniggo | uuerht. ende en fcap. ende fef muddi huetef. ende tein | fcok garuano. Ande to themo afteronhuf uif gerftena | malt gimelta. In natiuitate[2] domini. et in refurrectione domini | to then copon. ende fef muddi. ende tuentigh[7]

Hds. K. (Vgl. oben z. 7 bis s. 27.3.) Thit fint thie fculdi 156 uan the'mo urano uehufa uan the'mo houe feluomo. tuulif | gerftena malt. ende x. malt | huetef ende iiii. muddi en de iiii. malt roggon ende | ahte[8] muddi ende thru mud'di banano.[9] ende uier kogii en de[10] tue fpec fuin uier cosuin uier embar fmeraf. ende alle thie uerfcange the hirto hèred other half hunderod hanero tue muddi eiero thriu muddi penikas enon falmon tuulif feuld. lakan [ende thero abdifcon[11]] ende tue embar hanigas ende en fuin festein peninggo[12] uuerht ende en fcap ende fehs muddi huetes ende tein fcok garuano. Ande to themo afteron hus uif gerftena malt gimelta ende fehs muddi. ende tuentigh 157

---

[1] Dieses stück steht oben auf der seite; der übrige teil der seite ist unbeschrieben. — [2] G. unr. v statt u. — [3] Hds. iiii. — [4] i aus r corr. und das schluss-r hinzugeschrieben; nach ueir eine leere rasur und über ueir und dieser rasur steht quattor. — [5] Friedlaender (Fried.) und G. unr. tue. — [6] quattor ist über die zeile geschrieben; unten leere rasur, wo G. ohne bemerkung uier ansetzt. — [7] g aus h corr. — [8] G. unr. ahta. — [9] G. unr. banono. — [10] Mit diesem en- schliesst das faksimile. — [11] Steht bei Fischer als fussnote, zu lakan gestellt, mit der bemerkung: „Anmerkung des Originals."   [12] G. unr. peninngo.

muddi | gerfton. ende uiertih muddi haueron. ende fef muddi érito. | ende uier malt rokkon. ende en[1] muddi. ende en muddi huetes.[2] ende tue fpecfuin.[3] ende tue fuin iro iehuethar ahte pen'niggo wehrt.[4]

Van[5,6] lacfeton uif malt gerfti'na gimelta. ende uier malt rokkon. ende en[1] muddi. ende | tue fpecfuin. ende tue fuin iro ge(-)huethar ahte pinniggo | werht.[4,7]

Van emefaharnon[8] viertein[9] muddi gerfton. | gimelta. ende en fpecfuin. ende tue fuin iro gehuethar | ahte pinniggo werht.[4]

Van futhar=ezzehon[10] ric'braht tue malt rokkon. tue gerftina malt gimalana. | ende Iunggi[11] uuan themo feluon thorpa thrithig muddi | rokkon. ende ahtethein muddi gerftinaf maltaf. |

Van fichttharpa. .Ecelin thein muddi[12] rokkon. ende | thein muddi gerftinaf maltaf.

Van radiftharpa. | Azilin en malt rokkon.

Van uuerftarlacfeton. | Lanzo tuenthig muddi rokkon. ende en gerftin malt | gimelt.

Van thero muffa hézil tuenthig muddi | rokkon. ende en gerftin malt gimalan. Ende[13] | uan[14] themo feluon tharpa. Boio tuenthig[15]

---

muddi gerston endi uiertih muddi haueron endi sehs muddi erito. endi fier malt rokkon, ende en muddi. endi en muddi huetes ende tue fpekfuin. ende tue fuin iro ie huethar ahte penningo uuerht.

Uan lac feton uif malt gerstina gimelta ende fier malt rokkon ende en muddi ende tue fpek' fuin. ende tue fuin iro ge hunethar ahto penniggo uuerth. Uan eme fa harnon fiertein muddi gerfton gi melta ende en spek fuin ende tue fuin iro gei huue thar[16] ahto penningo uuerth. Van fchar ez zehon[17] Rikbraht tue malt rokkon tue gerftina malt gimalana. ende lunggi[18] uan themo feluon thorpa thritigh muddi rokkon ende ahte tein muddi gerstinas maltas. Van ficht tharpa Azelin tein muddi rokkon ende tein muddi gestinas maltas. Van radis thorpa azelin en malt rokkon. Van uuestar lok[19] feton Lanzo tuentich muddi rokkon. ende en gerstin malt gimelt.

8 Van thero musna hezil tuentich muddi rokkon. ende en gerstin malt gemalan. Ende uan themo feluon thorpa fforo[20] tuentich

---

[1] Ueber der zeile hinzugefügt. — [2] -s oben an der rechten seite von e angehängt. — [3] G. uur. speksuin. — [4] G. uur. un statt w. — [5] Vor Van, wie auch im folgenden oft vor diesem worte, ein stück der zeile leer. — [6] G. hier, wie auch im folgenden gewöhnlich, uur. Van statt Van (zuweilen, z. b. s. 174.13, 14, 175.23, jedoch richtig Van). — [7] Fried. uur. wehrt. — [8] Das erste a aus e corr. [9] G. uur. u statt v. — [10] So mit zwei bindestrichen. — [11] I aus i corr. — [12] Das erste d aus n corr. — [13] Nach ende ein durchgestrichenes themo am ende der zeile. — [14] G. uur. v statt u. — [15] G. uur. tuentich. — [16] Von G. übersprungen. — [17] G. hat zehon stillschweigend in zehon geändert. — [18] G. ohne bemerkung Junggi. — [19] G. uur. Loc-. — [20] So (natürlich fehlerhafte lesung für Boio), nicht foro, wie G. angiebt.

muddi rokkon. ende tuenthig muddi gerftinaf maltef. Ende[1] Tiezo | 2ª
uan thero mufna[2] en malt rokkon.
    Van graftharpa Williko tuulif muddi rokkon. ende én ger-
ftin | malt. Reinzo uan themo feluon tharpa én malt rokkon. | Ende
5 Hemoko uan[3] themo feluon tharpa tue malt rok'kon. ende en malt
gerftin gimalan.
    Van anon | Gheliko tue malt rokkon.
    Van fmithehufon. Eizo en | malt rokkon. An themo feluon
tharpa. Alzo tuenthig[4] | muddi rokkon.
10   Van hurfti. Emma tuenthig muddi | rokkon.
    Van ueltfeton. Tieziko tue malt rokkon. | Bernhard an themo
feluon tharpa tuenthig muddi rokkon. |
    Van holonfeton. Azelin en malt rokkon. Wikmund an | themo
feluon tharpa ende Dagerad ende Azeko[5] alligiliko | imo.
15   Van bocholta Tiediko tue malt rokkon.
    Van | oronbeki Kanko [en malt rokkon.
    Van fiehttharpa thiezeko tein mudi[6] rockon].[7] Raziko. an themo
feluon tharpa alfo Gat'mar uan[3] themo feluon tharpa ahtetein
muddi rockon. | Witzo thrithic muddi rockon[8] uan themo feluon
20 tharpa. |

---

muddi rokkon ende tuentich muddi gerstinas maltes. Ende Tiezo
uan thero mufna en malt rokkon. Van[9] graf thorpa Williko
tuulif muddi rokkon. ende en gerstin malt. Reinzo uan themo
feluon thorpa en malt rokkon. Ende Hemoko uan themo seluon
25 thorpa[10] tue malt rokkon ende engi malan malt gerston. Van[9]
anon leliko[11] tue malt rokkon. Van fmithehuson Eizo en malt
rokkon. An themo feluon thorpa Also tuentich muddi rokkon. Van
hurfti Emma tuentich muddi rokkon. Van uelt feton tieziko tue
malt rokkon. Bernhard an themo feluon tharpa tuentich muddi
30 rokkon.[12] Van[9] holon feton Azelin en malt rokkon. Wikmund
an themo seluon thorpa ende Dagerad ende Azeko alligiliko imo.
Van[9] bocholta Tiedico tue malt rokkon. Van[9] oronbeki Kanko
en malt rokkon. Van[9] fieht thorpa tein muddi rokkon.
    Raziko an themo feluon thorpa also. Gat mar uan themo 159
35 feluon thorpa ahtetein muddi rokkon Witzo thritich muddi rokkon
uan themo feluon thorpa.

na
  [1]) *G. unr.* endi. — [2]) *Hds.* mufn̄a, *fa unterstrichen (und von einem fleck bedeckt).* — [3]) *G. unr.* v *statt* u. — [4]) *G. unr.* tuentich. — [5]) *Ueber dem namen ein kreuz.* — [6]) *Fried. unr.* muddi. — [7]) *Die in klammern gesetzten worte sind längs des randes geschrieben und durch* h' *hinter* Kanko *verwiesen.* — [8]) thritic muddi rockon *steht im contexte, nicht am rande, wie G. angiebt.* — [9]) *G. unr.* V *statt* V. — [10]) *Dieses und die vorhergehenden acht worte von G. übersprungen.* — [11]) *So; G. ohne bemerkung* Jeliko. — [12]) *Die worte* Bernhard — rokkon *von G. übersprungen.*

27

Van grupilingi. Witzo en malt[1] rockon. Ratbraht uan | themo feluon tharpa en malt rockon. ande[2] en embar hani'gaf.
Van fciphurft. Manniko[3] fiuen muddi rockon. | ende en embar hanigaf. Iazo[3] uan themo feluon tharpa tuen thig muddi rockon. ende tue emmar hanigaf.
Van emifa hornon Meni tuenthig[4] muddi rockon.
Van fuhemifa hornon[5] Meinzo thrithic muddi rockon. ende en gerftin | malt gimalan. Habo uan themo feluon tharpa tuenthig | muddi rockon.
Van[6] dagmathon Boio en malt rockon. | Licuikin an themo feluon tharpa alfo uilo.
Van tharp hurnin kanko tuenthig muddi rockon.
Van hafwin'kila Waldiko fiftein muddi[7] rockon. Kanko an themo | feluon tharpa nigen muddi rockon. Ende an themo feluon | tharpa. Eiliko ahte muddi rockon. Huniko an themo feluon | tharpa en malt rockon. ende tue embar hanigaf.
Van || Herithe Roziko en.[8] malt rockon. Hizil an themo feluon | tharpa fiftein muddi rockon. Adbraht an themo feluon | tharpa thrutein muddi rockon. Abbiko an themo feluon | tharpa ahtetein muddi rockon.
Van mottonhem. Sizo | en malt rockon.
Van duttinghufon. Sicco tue malt | rockon.
Van kukonhem. Vbik[9] tue malt rockon.
Van | belon Witzo feftein muddi rockon. Rikheri an themo | feluon tharpa tue malt rockon.
Van nornon Sello | tue malt rockon. Mannikin[3] an themo feluon tharpa | tuenthig muddi[7] rockon.
Van fahtinhem. Hameko[3] | tue malt rockon. An themo feluon[10] tharpa. Hameko | .iii.[11] folidof. malt rockon. ende en embar hanigaf. An | themo feluon tharpa. Hoyko en malt rockon.
Van wa rantharpa Gunzo[3] tuenthig muddi[7] rockon.
Van berg'hem Eilfuith[12] ahtetein muddi rockon ende elfefta half | muddi gerftinaf maltef. An themo feluon tharpa Sizo | ahtetein muddi rockon. ende fiftehalf muddi gerftinaf | maltef. An themo feluon tharpa Witzikin[3] en malt rock*on*. |

Van[3] grupilingi[13] Vitzo en malt rokkon. Radbraht uan themo feluon tharpa en malt rokkon. ende en embar honigas. Van[3] fciphurst Manniko . . . . .

---

[1] a aus (anfang von o?) corr. — [2] G. uur. ende. — [3] Ueber dem namen steht ein kreuz. — [4] G. uur. tuenthich. — [5] L. fuhemifahornon (Fried.). — [6] Fried. uur. Von. — [7] Das erste d aus u corr. — [8] Darüber .xiii. — [9] G. uur. U statt V. — [10] G. uur. v statt u. — [11] Vor .iii. steht „ein zum zeichen des wegfalls unterstrichenes tue" (Fried.); oder gehört tue zu dem folgenden malt rockon? — [12] E aus l corr. und dacur ein E ausradiert. — [13] G. uur. Grupelingi.

Van flade Witzo en malt rockon. An themo feluon thar pa Abbiko nigentein muddi rockon.
Van themo la Boio | thru malt rockon.
Van burguuida fiftein¹ muddi | rockon.
Van iezi Raziko thru gerftina malt gima|lana.
Van liueredingtharpa Siman en gerftin malt | gimalan. ende en malt gerfton. ende tuenthig muddi ha|uoron.
Van fendinhurft uan themo deddeffconhuf | en gimalan malt gerftin. ende tuenthig muddi hauoron. |
Van luckingtharpa Ricwin tein muddi gerftinaf mal|tef. ende uier embar hanigaf.
Van berniuelde Witzil | tein muddi² gerftinaf maltef. ende thrithie muddi hauoron. |
Van Eritonon Eppiko uier embar hanigaf.
Van mufna'hurft Witzo en gerftin malt.
Van walegardon | Hitzil ende Eckerik iro gaihuuethar en gerftin malt³ | gimalan.   3ᵃ
Van Narthbergi Wirinzo tue iuenina⁴ | malt.
Vat⁵ holthufon Thiethard tue iuenina⁴ malt gi malana.
Van brocfethon Eizo fierthie muddi hauoron. |
Van Rammefhuuila Acelin xiiii mo*dio*f ordei. |
[Van themo uehufa⁶ fculon geldan⁷ med then foreuuercon⁸ Septuaginta .v. houa⁶ | uppan thena fpikare. thie geldad .xxviiii. malto gerftinaf maltef ane thena áfthóf.⁹ |

Thit¹⁰ fint thie fculdi the an thena hof geldad.
Van | walegardon haddo en malt gerfton ende tuenthig muddi | hauoron. Reingier uan uualegardon fef muddi gerfton | ende tue muddi huetef.
Hitzel uan thero mufna fif | muddi gerfton. Thiezo uan thero mufna fef muddi gerfton. |
Van Anon Ieliko en malt gerfton.
Van ueltzeton | Thiczieko en malt gerfton.
Van flade Abbiko feftein | muddi rockon.
Van fahtinhem Hoyko en malt rockon. |
Van rehei Lieuiko en malt rockon.
Van giflahurft | Lanzo en malt rockon.
Van mottonhem Sizo en malt | rockon.
Van belon Atzeko tuentihe muddi rockon | ende en malt gerfton.

---

¹) *L.* fiftein. fiftein *steht unmittelbar nach* burguuida *(G.* burguuida . . . liftein, *womit er wohl andeuten will, dass hier ein zu erwartender personenname fehlt).* — ² *Das erste* d *aus* u *corr.* — ³) *Mit diesem worte endet s.* 2ᵇ, *nicht mit* gerftin, *wie G. angiebt. Die am rande der seite* 2ᵇ *befindliche summirung für den kampthof Vehus ist unten z.* 22—24 *abgedruckt.* — ⁴) e *aus* i *oder erstem strich von* u *corr.* — ⁵) *L.* Van; *G. unr.* Vat. — ⁶) *G. unr.* v *statt* u. — ⁷) *G. unr.* geldon. — ⁸) *G. unr.* foreuuerkon. — ⁹) *Das zwischen klammern gesetzte steht am linken rande der seite* 2ᵇ *in zwei vertikal geschriebenen zeilen.* — ¹⁰) t *aus* n *corr.*

, Van meinbrahtingtharpa | hillo en gerſtin malt ende ſeſ muddi huetes.
Van | iczi Raziko tue muddi huetes ende thru muddi rockon. |
Liuppo uan themo afteruualde tue muddi hvetes.[1] | Sin nabur tein muddi cornes ende tue muddi huetes. |
Van uornon. Sello en malt gerston. |

Thit ſint thie ſculdi uan[2] themo houa[2] ſeluamo te | Aningerolo tuelif[3] gerſtina malt ende tein malt | huetes ende ſiuon muddi. ende fiertich muddi gerſton. | ende antahtoda muddi hauoron. ende ahtotein muddi | erito ende fier malt rockon. ende ahte muddi. ende fier | koíí ende fier koſuin. [ende tue[4] ſpecſuin. ende tue ſuin.[5]] the iro iehuuethar ſi ahto pen|ningo uuerth. ende thru embar ſmeraſ ende tue muddi | penikaſ ende otherhalf hunderod honero ende thie | uerſeunga[6] ende thie kieſoſ the to themmo[7] thienoſta ha|rad. ende thuulif ſculdlakan ende tue muddi eiro. | ende tue embar hanigaſ. Ende thero abdiſcon en | ſuin ſeſtein penningo uuerth ende en ſcáp. ende ſeſ muddi huetes[8]. | ende tue embar hanigaſ.

Van ſteltingtharpa fier malt rockon [diſcipuliſ[9]]. ende en muddi. ende ſif malt to then copon. ende ſeſta|half malt gerſtinaſ maltaſ. ende ſeſ muddi érito. ende thru muddi | huetes ende én.[10] ende tue ſpecſuin. ende tue ſuin. the iro ieuue|thar ſi ahto penningo uuerth.

Van boingtharpa Waltbratd | fierthic muddi hauoron. ende en gerſtin malt gimalan. ende én | embar hanigaſ. Vocko[11] uan[2] themo ſeluon tharpa tuenthic mud'di gerſton. Hameko uan[2] themo ſeluon tharpa tein muddi gerſti|naſ maltaſ. ende tuentihc[12] muddi hauoron.[13]

Van hanhurſt Ri kizo tuenthie[14] muddi[15] gerſton.

Van holttharpa tuenthic muddi | gerſton. Geli uan themo ſeluon tharpa thru gerſtina malt gimala na.

Van uohſhem. Nizo tein muddi gerſtinaſ maltes[8] gimalana. |

Van butilingtharpa. Hameko ahto muddi gerſtinaſ maltes gi(-)malanaſ. ende thrithie muddi gerſton. Witzo uan themo ſeluon | tharpa tein muddi gerſtinaſ maltes. ende tein muddi gerſton. Man|nikin uan themo ſeluon tharpa tein muddi gerſtinaſ maltes. ende | tein muddi gerſton.

Van biriſon Suithiko en gerſtin malt gi'malan. ende ſiftein muddi gerſton. Athelhard uan themo ſeluon | tharpa en gerſtin malt gimalan. ende tuenthic muddi gerſton. |

Van bikieſterron. Boſo tuenthic muddi hauoron. ende tuenthic |

---

[1] v aus a corr.; G. unr. huetes. — [2] G. unr. v ſtatt u. — [3] l aus i corr. und vor l ein f ausradiert. — [4] Ueber die zeile geſchrieben. — [5] Das zwiſchen klammern ſtehende iſt am fuſs der ſeite geſchrieben und durch h' hierher verwieſen. — [6] G. unr. verſcunga. — [7] G. unr. themo. — [8] is oben an der rechten ſeite von e angehängt. — [9] Am linken rande und durch h' hierher verwieſen. — [10] Hier iſt wohl etwas übergangen. — [11] G. unr. U ſtatt V. — [12] G. u. Fried. unr. tuenthic. — [13] G. unr. hauoron. — [14] e aus a corr. — [15] Das erſte d aus n corr.

muddi gerſtinaſ malteſ gimalanaſ. Azelin uan themo ſeluon | tharpa
en gerſtin malt gimalan. ende ahte muddi gerſton. ende | tein muddi
hauoron.
Van geſta Hoio tein muddi gerſtinaſ | malteſ gimalanaſ. ende
nigon muddi hauoron. ende ſeſ muddi rockon. | Thiezo ende. Eizo
ende Mazil an themo ſeluon tharpa alſo uilo. |
Van hamorbikie. Thiezelin tuenthic muddi gerſton.
Van | ſtenbikie Eilo tuenthic muddi gerſton.
Van Euenghuſon[1] | Lieuold tuenthic muddi gerſton.
Van uuerſteruuik Azelin | tuenthic muddi gerſton. Thieza nan
themo ſeluon tharpa tein | muddi gerſton. ende tein muddi hauoron.
Van haſleri. Hiddi kin ſeſ muddi gerſtinaſ malteſ gimalanaſ.
ende ſierthic muddi | hauoron.
Van pikonhurſt Eiliko tuenthic[2] muddi gerſton.
Van | uilomaringtharpa. Abbiko tuenthic muddi gerſton.
Van amonjhurſt Sahſſiko en malt rockon. Mannikin an themo
ſeluon tharpa ſeſ | muddi rockon.
Van heppingtharpa. Iko en gerſtin malt gimalana. |
Van eleibolton Lieuiko tuenthic muddi gerſtinaſ[3] malteſ gi-
malanaſ. |
Van enniggeralo Thiediko ende Thieziko iro ieuuethar ſiuon |
muddi gerſtinaſ malteſ gimalanaſ. Ghielo uan themo ſeluon tharpa |
ahte muddi gerſtinaſ malteſ gimalanaſ. Liuddag uan themo ſeluon |
tharpa tue malt gerſtina gimalana. Hitzil an themo ſeluon tharpa |
ahtetein muddi gerſtinaſ malteſ. gimalanaſ. Willa tue gimalana | malt
gerſtina.
Gingo uan bikieſeton tuentihe muddi gerſtinaſ malteſ | gimalanaſ.
uan themo ſeluon tharpa Hereman ſiuon ende tuentihe | muddi ger-
ſtinaſ malteſ gimalanaſ.
Van uuerlon Heppo tue | gerſtina malt gimalana.
Van linoredingtharpa Hezil ahte | muddi gerſtinaſ malteſ
gimalanaſ.
Van hotnon Lieuiko ſeſ mud'di rockon. Ratuuard[4] an themo[5]
ſeluon tharpa en malt rockon ende | tuenthic muddi gerſton. Azezil
an themo ſeluon tharpa en malt | rockon. ende ahte muddi gerſton.
Van gronhurſt Makko tein | muddi gerſtinaſ malteſ gimalanaſ.
Hemuko an themo ſeluon | tharpa ſeſ muddi rockon. tein muddi ger-

---

Hds. K. (Vgl. oben z. 33 bis s. 31.15.) Uan hot non Lieuiko 159
ſehs muddi rokkon. Raduuard an themo ſeluon thorpa en malt
rokkon ende tuentich muddi gerſton. Uan gron hurſt Makko,
tein muddi gerſtinas maltes gemalemas. Hemuko an themo ſeluon

---

[1]) G. uur. Eeunghuson. — [2]) G. uur. tuentich. — [3]) Hds. geerſtinaſ, aber
das erste e unterpunktiert. — [4]) G. uur. Raduuard. — [5]) h aus t corr.

ſtinaſ malteſ¹ gimalanaſ. | Thiezo an themo ſeluon tharpa tuentihe
muddi hauoron. Lic'uikin an themo ſeluon tharpa tein muddi gerſtinaſ
malteſ gi malanaſ. ende tein muddi hauoron.
 Van ſteltingtharpa | Boio tuentihe muddi gerſtinaſ malteſ
gimalanaſ.
 Van uriling|tharpa Abbo² trithie³ muddi hauoron. Ende⁴
themo ſel'uon tharpa tuenthic muddi hauoron. Sizo an themo ſeluon |
tharpa en gerſtin malt gimalan. ende tuenthic muddi hauoron. | Neribarn
an themo ſeluon tharpa ſeſ malt hauoron ende ahte | muddi.
Wizil an themo ſeluon tharpa en malt hueteſ.
 Eiliko | uan pikonhurſt en embar hanigaſ. |
 |Van themo houa to aningeralo ſeulon geldan .iii. ande ſiftich.
houa uppan | thena ſpikare mid⁵ themo foreuuerea.⁶|

 Thit ſint thie ſculdi the an then hof ſeluon geldad to Anin-|
geralo themo meira ſeluomo.
 Van datinghouon Haddo | tue⁷ malt hauoron ende tue muddi
hueteſ.
 Van aldonhotnon Sizo | enon ſcilling⁸ penningo uan enoro
uuoſtun houa.
 Van liuor dingtharpa⁹ Hizel ſeſ muddi gerſton. Ende uan themo
nuoſtun | landa en malt gerſton.
 Van ghronhurſ. Makko ſeſ penninga. | Ende an themo ſeluon
tharpa. Licuikin ſeſ muddi érito.
 Van | vuilingtharpa.¹⁰ Wenni ahte penninga.

---

thorpa ſehs muddi rokkon tein muddi gerſtinas maltes gimalenas.
Tiezo an themo ſeluon thorpa tuentich muddi hauoron. Licuikin
an themo ſeluon thorpa tein muddi gerſtinas maltes gimalena. ende
tein muddi hauoron. Uan ſtelting thorpa Boio tuentich muddi
gerſtinas maltes gimalenas Uan uriling⁹ thorpa Abbo¹¹ thritich
muddi hauoron Endi an themo ſeluon thorpa tuentich muddi hauoron.
Sizo an themo ſeluon thorpa en gerſtin malt gimalan. endi tuentich
muddi hauoron. Neribarn an themo ſeluon thorpa ſehs malt hauoron
ende ahte muddi. Wizil an themo ſeluon thorpa en malt huetes.
Eiliko uan pikon hurſt en embar hanigas.
 Thit ſint thie ſculdi the an then hof ſeluon geldad to Aningerola etc.

---

¹) a aus u corr. — ²) Nach Abbo ſteht ein durchgeſtrichenes Thie (anfang
eines namens?); über Abbo ein kreuz, das vielleicht zu einem am rande ſtehenden
kreuz mit dem darunter geſchriebenen namen Guniko hinweiſt. — ³) G. unr. trithich.
— ⁴) Hier fehlt ein name und an; G. ſtatt Ende unr. endi. — ⁵) Fried. unr. mit.
— ⁶) Das zwiſchen klammern geſetzte ſteht am rechten rande der ſeite in zwei
vertikalen zeilen geſchrieben. — ⁷) Av. rande vor malt hinzugeſchrieben. — ⁸) L.
ſeilling od. ſchilling (vgl. s. 32 s). — ⁹) G. unr. v (reſp. V) ſtatt u. — ¹⁰) G. unr.
U ſtatt v. — ¹¹) Als faſſade zu Abbo hat Fiſcher: "Guniko, Anmerkung des Originals..." (Guniko iſt gewiſs fehlerhaſte leſung ſtatt Guniko, das G. ohne bemerkung
als Fiſchers lesart angieht).

Te berifon Athel hard fef muddi gerfton. ende tue muddi huetef.
Ende an themo | feluon tharpa. Suitthiko tue muddi huetef.
Van butiling tharpa. Sizo feftein muddi gerfton. Ende an themo
feluon tharpa | Ilemoko tein muddi gerfton.
5 Te bogingtharpa.¹ Ifeko fif mud di huetef.
Te fohfhem. Wizikin ende Rading iro iehuethar | enon fchilling
penningo. Nizo an themo feluon tharpa tein | muddi hauoron.
Te hoththarpa. Iko en malt hauoron.
Te aftan'uelda Eppika en malt gerfton.
10 Te mudelare Eniko enon | fchilling² penningo.
Te bekifterron Bofo tein muddi hauoron. |
Te narhttharpa. Immo tuenthic penninga.
Te gundere kingfile Ilizel tein muddi gerfton ende fierthie
muddi | hauoron.³
15 Te uphufon Tetiko énon fcilling penningo.
Te | fpurko Vadiko⁴ enon fcilling penningo.
Te hamorbikie | Tiezelin tein muddi gerfton.
Te funninghufon.⁵ Bofo tuen thic muddi hauoron.
Te amorhurft Sahfiko enon fcilling | penningo.
20 Te hohurft Mannikin enon fcilling penningo. |
Te hrotmundingtharpa feftein muddi. |

Thit fint thie fculdi uan themo houa feluomo to baleharnon
tuilif gerftina malt gimalana. ende fierthic muddi gerfton. | ende fef
malt⁶ hauoron. ende ahte muddi to tegothon. ende | tein malt huetef.
25 ende fiuon muddi. ende ahtetein muddi | érito. ende fier malt rokkon.
ende ahte muddi. ende tuilif | fculdlakan. ende fif koii. ende tue
fpecfuin. ende fier ko fuin. ende tue fuin iro iauuethar fi ahte pen-
ningo uuerth. | ende thru embar gifeethanaf fmeraf. ende tue embar
hanigaf. | ende⁷ otherhalf hunderod honero. ende tue muddi eiro.

30 *Hds. K.* (*Vgl. oben z. 22 bis s. 33.19.*) Thit fint thie sculdi
uan themo houa feluomo to bale harnen tuilif gerftina malt gimalena
ende fiertich muddi gerfton. ende fehs malt hauoron ende ahte muddi
to tegothon. ende tein malt huetes ende fiuon muddi. ende ahte tein
muddi erico.⁸ ende fier malt rokken ende ahte muddi. ende tuilif
35 fculd lakan ende fif Kou⁹ ende tue fpecfuin ende fier Kofuin. ende
tue fuin iro ia huethar fi ahte penningo uuerth ende thru¹⁰ embar
hanigas ende other half hunderod honero ende tue muddi eiiero

¹) *G. uur.* Bogingtarpa. — ²) *l.* fcilling *od.* fchilling (*vgl. z. 6*). — ³) *G. uur.* v *statt* u. — ⁴) *G. uur.* U *statt* V. — ⁵) *G. uur.* Sunninghuson. — ⁶) malt über ein durchgestrichenes muddi geschrieben. — ⁷) Vor ende ein e ausradiert. — ⁸) So, G. ändert die fehlerhafte form stillschweigend in erito. — ⁹) So, G. koii. — ¹⁰) *G. uur.* thria.

5ᵃ ende feffe ende nichentein muddi faltef. ende thie ferfcanga ende | thie kafeof the to themmo¹ thienofte hared. Ende thero abdiffcon | en fuin the fi feftein penningo uuerth ende en fcáp. ende tue | embar hanigaf. ende fef muddi huetef.

Ende uan thef meiraf | hufe ende uan then hóuan the thar in hared. uan thero hóua | bi themo dica. ende uan rugikampon enan uaccam. ende tue | gerftina malt² gimalana. ende tier muddi huetef. ende tue mal'dar brodef.³ Euéninaf⁴ to Meinhardef gerafdaga.

Van fuih'tinhouile Mannikin feftahalf malt gerftina gimalana. ende | tuentihe muddi gerftan. ende tierthie muddi hanoron to te(-)| gathon. ende fef muddi érito ende tier malt rockon. ende en | muddi. ende en muddi huetef. ende tue fpecfuin. ende tue fuin | iro iauuethar ahte penningo uuerth.

Van uuediffcara. | Bunikin ende Iebo iro iauuethar tue gerftina malt gimalana. |

Van uorkonbikie Geba tue gerftina malt gimalana.

Van | rokkonhulifa Amoko thrithie muddi gerfton.

Van affchaf|berga. Winizo fiuon muddi gerftinaf maltef gimalenaf. ende | fiuontein muddi gerfton. Wiziko bi themo huninghoua⁴ tue | malt gerfton.

---

ende fehs ende nichonte⁵ muddi faltes. ende thic ferfcanga ende thie Kiefas the to themo thienofte hared. That thero Abdiffcon on⁶ fuin the fi fehs tein⁷ penningo uuerth ende en fcap. ende tue embar hanigas ende fehs muddi huetes. Ende uan thef mei ieraf huse ende uan then houan the thar in hared. uan thero hóva bithemo dica ende uan rugikampon ena kó ende tue gerstina malt gimalena ende tier muddi huetes ende tue maldar brades fueninas⁸ to mein hardes geraf daga. Uan fuihtin⁹ houile Mannikin fehsta half malt gerstina gimalena. ende tuentich mudi¹⁰ gerston. ende tiertich muddi hanoron. to tegathon. ende fehs muddi erito ende tiermalt rokkon ende en muddi. ende en muddi huetes. ende tue fpecfuin. ende tue fuin iro ia huether ahte penningo uuerth. Uan uue diffcara Bunikin ende Iebo¹¹ iro ia huethar tue gerstina malt gimalena. Uan uorkon bikie Geba tue¹² Gerstina malt gimalena.¹³ Uan rokkon hulisa Amoko thritich muddi gerston. Uan affchaf berga Wuuza¹⁴ fiuon muddi gerftinas maltes gimalenaf. ende fiuontein muddi gerfton. Wiziko bithemo hu . . . . . . .¹⁵

---

¹) *G. uur.* themo. — ²) *G. uur.* mallt. — ³) *Ueber* brodef *steht* panif. — ⁴) *G. uur.* v stall u. — ⁵) *L.* nichontein. — ⁶) *G. ändert* en *ohne bemerkung in* eu. — ⁷) *G. stat the fi fehs tein uur. thes is ebstein.* — ⁸) *L.* Eueninas. — ⁹) *G. uur.* Sihtin. — ¹⁰) *G. uur.* muddi. — ¹¹) *G. ändert dies stillschweigend in* Jebo. — ¹²) *G. uur.* tue tue. — ¹³) *G. uur.* gigimalena. — ¹⁴) *L.* Winiza. — ¹⁵) "*Hier schliesst sich das* . . Fragment" *(Fischer s. 167).*

Van ftenhurft. Hoyko thric fcillinga penningo | thero famnanga¹ to thero miffa fancte crucif.

Van hurfttharpa. | Heppo feftein penningo tue malt gerfton ende thru muddi. |

Van norfthuuila² Bunikin fiftein muddi gerfton.

Van | nuerneraholthufon. Eppo en malt³ gerfton. Lanziko an themo feluon tharpa fiertein muddi gerfton.

Van biketharpa | Sahfa tue gerftina malt gimalena.

Van panenuik Inggizo | tuena fcillinga penningo. ende tuena Azelin nan biera hurft tó uninfeatte. ende en malt gerftan gimalan up pan fpikera.

Van meclan Fizo en malt erito then gilmenon iungeron.

Van anonhuuila. Alikin thrutein | muddi gerftinaf maltef gimalenaf⁴.

Van brath. Deiko | tuentihe muddi gerfton⁴.

Van rammafhuuila Azelin | tein muddi gerfton. ende tein muddi hauoron.

Van⁵ | aftrammafhuuila. Mannikin thritihe muddi gerfton. 5ᵇ

Van | thero harth Mannikin fef muddi rockon ende nigon muddi gerfton. Liudger an themo feluon tharpa nigon muddi gerfton. |

Van fcandforda Rothhard fiertihe muddi hauoron. Bunikin | an themo feluon tharpa thritich muddi hauoron.

Van themo | Luckiffeonhuf. Fretheko en gerftin malt gimalan. ende thru | malt gerfton. ende fiuon muddi.

Van thero uuiffitha. Tiezo | tue embar hanigaf.

Van huuttingtharpa⁶ Sirik tuentich | muddi gerfton. ende fiertich muddi hauoron.

Van uneftfiudinafhuuila. Liuza⁷ en gimalan⁸ malt ende tuentich muddi gerfton. Emma an themo feluon tharpa fef muddi rockon | ende fef muddi maltef. Ibiko an themo feluon tharpa en gerftin | malt gimalan. ende en malt gerfton. Makko an themo feluon | tharpa tuentich muddi gerfton.

Van Ifingtharpa Hoyko | en gerftin malt gimalan. ende fiertich muddi hauoron.

Van | thero angela. Meinziko thritich muddi gerfton⁹.

Van éelan. Memo tuentich muddi gerfton.

Van athorpa. Ben'niko tuentich muddi gerfton.

Van gefthuuila. Meinziko | en gerftin⁸ malt gimalan. ende fiftein muddi gerfton. Ibiko | an themo feluon tharpa fiftein muddi gerfton.

Azelin an | themo feluon tharpa tein muddi gerfton.

---

¹) Vor dem worte ein durchgestrichenes fn und f in famnunga aus dem letzten striche dieses m corr. — ²) G. nur. Uorsthuuila. — ³) Darüber .xvi. modiof. — ⁴) Vor dem worte ein halb ausradiertes g. — ⁵) Die am rechten rande der seite 5ᵃ befindliche summierung für den haupthof to balchornon findet sich unten s. 35.₃₅ f. — ⁶) „Wahrscheinlich verschrieben statt Huntingtharpa" (Fried.); vgl. indessen huttingtharpa unten s. 38 ₉. — ⁷) G. nur. Linzo. — ⁸) Darüber .xiii. modiof (bei G. nicht erwähnt). — ⁹) Ueber ein durchgestrichenes hauoron geschrieben.

Van geſtlan¹ | Tiezo en gerſtin malt gimalan. Ibiko an themo feluon tharpa | en gerſtin malt gimalan. ende en malt gerſton. ende en | malt hauoron. ende en ſuin to gerſdage ſancte thiethilda ale-| monſnon² Hoyko uan themo feluon tharpa tuentich muddi | gerſton.

Van aningeralo Imikin³ fiftein muddi gerſton. | 5

Van hukillinhem. Lanzo en malt gerſton.

Van polingon | Sahſger tein muddi gerſton¹. Azelin an themo feluon⁴ | tharpa tuentich muddi gerſton.

Van thralingon. Hiko | fiftein muddi gerſton. Eppiko an themo feluon tharpa | tuentich muddi gerſton⁵. Eilger an themo feluon   10 tharpa | tuentich muddi gerſton. ende fiertein muddi gerſtinaſ⁶ | maltef gimalanaſ. Azelin an themo feluon tharpa tuentich | muddi gerſtinaſ maltef gimalenaſ.

Van utilingon⁷ Wizil | tuentich muddi gerſton. Alikin ende Tiezo an themo fel|uon tarpa⁸ iro iauuethar alfa uilo⁹. Wizo an themo   15 feluon | tharpa en malt huetef.

Van kiedeningtharpa Eilikin | tein muddi gerſtinaſ maltef gimalanaſ ende tein muddi | gerſton. Wizo ende¹⁰ Faderiko ende Mannikin. an themo | feluon tharpa iro allero gihuilik fiuontein muddi gerſti|naſ maltef gimalenaſ.   20

Van hotnon Hrodbrath ende | Reinzo iro iahuethar fiftein muddi greſton¹¹. Iziko an | themo feluon tharpa fiuontein muddi gerſtinaſ maltef gi malenaſ.

Van kiedeningtharpa Burchheri tuentich | muddi eueninaſ maltef ende tein muddi gerſtinaſ.   25

Van | hotnon Eilhard ende Hazeko iro iahuethar fiftein¹² | muddi gerſton. Efik iro gibur tuentich muddi gerſton¹³. | Ekko an themo feluon tharpa thru embar hanigaſ.

Van liuo|redingtharpa Manni en malt rockon.

Van narthliunon | Azelin tuene feilling penningo thero famnanga   30 uiſchkapa. |

Van gaſgeri Reinzo fif feilling penningo ende uan felin tuene¹⁴. |

Van kiediningtharpa Eilikin ende Wizo ende Vaderiko | ende Burchheri¹⁵ ende Mannikin iro allero gihuilik en hier|fuin.

[ſan themo ambahte to balehornon feulan kumen .xxxiiii.¹⁶ uppan   35 thene ſpieare gerſtinaſ¹⁷ | maltef. ande .ii. pund hraro gerſton .iiii.ᵒʳ¹⁸ malt¹⁹.] |de balehornon feulan uppan thena ſpikare geldan fexaginta .iiii.ᵒʳ¹⁸ houa med themo fore werea to fuihtenhuuile¹⁹.]

---

³) Vor dem worte ein g (?) ausradiert. — ²) L. alemofnon. — ³) Nach l etwas ausradiert. — ⁴) Unter feluon. — ⁵) Faſt gerſton. — ⁶) Die am linken rande der seite 5ᵇ befindliche ſummierung der höfe des amtes to balehornon iſt unten z. 37, 38 eingeschoben. — ⁷) li aus u corr. — ⁸) Fried. unr. tharpa. — ⁹) G. unr. v statt u. — ¹⁰) Fried. unr. ende. — ¹¹) Statt gerſton. — ¹²) Unterstrichen und xx darüber geschrieben. — ¹³) Ein e zwischen g und e halb ausradiert. — ¹⁴) Darüber: ad piſcef. — ¹⁵) Hds. Burhheri.   ¹⁶) Hier fehlt etwas. — ¹⁷) -s oben rechts an a angehängt. — ¹⁸) Hds. .iiii. — ¹⁹) Das zwischen den zwei ersten klammern gesetzte steht längs des randes s. 5ᵃ, das zwischen den zwei letzteren längs des randes der seite 5ᵇ.

Thit feal themo meira feluamo ieldan an then hóf. | Sin chebur Eppo tuentich muddi gerfton. ende tuentich | muddi hauoron.
Van utilingon Witzo ende Witzo | iro iahuethar tuentich muddi gerfton. Razo an themo feluon | tharpa en malt hauoron.
5   Van[1] fcarron Azo tue ende tuen tich muddi gerfton.
Van thatinghouan[2] Rothing thritich | muddi gerfton.
Van telchigi. Hozo en malt gerfton.
Van | meklan Fizo tein muddi maltef.
Van auonhuuila Alikin | fiertich muddi gerfton.
10 Van hriponfile Azelin en malt | gerfton.
Van rammefhuuila Azelin tein muddi gerfton. | Hameko an themo feluon tharpa en malt gerfton ende || tuentich muddi hauoron. Mannikin an themo feluon tharpa | tein muddi gerfton.
Van fantforda Rothhard tuentich muddi | hauoron. Hizel an
15 themo feluon tharpa fef penninga.
Van thero | harth Liudger en malt rockon.
Van Iudinafhuuila Ibiko en | malt gerfton.
Van Ifingtharpa Hoiko fiuon muddi gerfton. |
Van thero angela Makko fiertein[3] muddi gerfton. Meinzi|ko
20 ende Hoio bi thero angela iro iahuethar fef penninga. | Tiezo uppan thero[4] hetha tue malt gerfton.
Van heclan Sibrath[5] | fiftein muddi gerfton.
Van hleon Eiliko tue malt gerfton. |
Van liueredingtharpa. Hizel tuentich muddi hauoron. | Tiezo
25 bi themo dica tuentich muddi hauoron.
Van rothmun|dingtharpa Manni tuentich muddi hauoron.
Van langon huuila Azekin tuene fcillinga.
Van humbrathtinghufon. Liuzo | ende fin gebur iro iahuethar tuentich muddi faltef.
30 Van bire|fterron[6]. Razi feftein penninga.
Van Wammelon Abbilin | en malt rockon.
Van iefthuuila Abbiko enon fcilling pennin ga.
Van uuernerahotlhufon[7] Lancikin tuene fcillinga pennin|ga. Ende fin gebur fef penninga.
35 Van forthhuuile ahte muddi | gerfton.
Van ringie enon fcilling penniggo[8].
En land uan[2] mede|bikic ende othar uan[2] fuththarpa iro iahuethar ahte penninga. |
Van haringtharpa ahte penninga.
40 Van hamerethi. Vokko[9] | thrie fcillinga denariof to kietelkapa. ende uan balleuo tue | malt hauoron Vockilin[9] .i. folidum[10] cht[11] te kietelcapa[12].

---

[1] Bei Fried. übersprungen. — [2] G. unr. v statt u. — [3] Vor tein ein durchgestrichenes tich. — [4] Fried. unr. thera. — [5] G. unr. Sibraht. — [6] Das zweite r aus corr. — [7] Fried. corr. dieses in -holthuson. — [8] Fried. unr. penninggo. — [9] G. unr. U statt V. — [10] Vockilin .i. folidum über die zeile geschrieben und durch zwei punkte hinter hauoron verwiesen. — [11] e aus t corr. — [12] capa über die zeile hinzugeschrieben.

Van elmhurſt Sahſger enon | ſcilling penninga. themo bathere.

Van Liuzikon ammahte | uan bócholte. Tiediko tue malt rockon then batheron.

Van | aningeralo themo ammahte Aluerik uan[1] hótnon enon ſcil'ling penningo.

Van themo[2] ammahte te uaretharpa | Wizo uan uariti ſeſ muddi rockon. then batheron.

Van | Iecmere themo ammahte Azelimian[3] hlacbergon ſeſ muddi | rockon then batheron.

Van aningeralo themo ammahte | Vocko[4] an gronhurſt ende boio uan[1] teltingtharpa iro iahue.thar enon ſcilling penningo then muleniron.

Thit ſint thie ſculdi uan themo houa feluamo uan Iecmari ſeſ | muddi gerſtinaſ malteſ uppen ſpikeri ende en kó. ende en | koſuin ende tue ſpecſuin. ende tue ſuin iro iahuethar ahte | penningo uuerth. ende thrio an ger ſieri ande thritich kieſo. | ende thriuhalf embar ſmeraſ. eń giſcéthan ende tue huite. | ende ſieri ende thritich honero ende tue muddi eiro. Ende thero | Abdiſſcon ſie tuene uan[1] Iecmeri ende uan uaretharpe en ſuin | ſeſtein penningo uuerth. ende eń ſcáp. ende tue embar hanigaſ. | ende eń malt rockon. Ende Attiko uan uuerſt tiſ ſculdlakan | thero abdiſſcon.

Van ſmithehuſon Azeko tuentich muddi | rockon. Manniko uan themo ſeluon tharpa ſiftein muddi[5] | rockon. ende tue muddi[6] melaſ. Azelin ende Hizel an. themo | ſeluon tharpa iro iauuethar ſiftein muddi rockon ende tue | muddi melaſ. Ricbrath an themo ſeluon tharpa eń malt rockon. | Bettikin ende Tizo an themo ſeluon[1] tharpa iro iauuethar tuen.tich muddi rockon. ende tue muddi melaſ. Gerrik an themo | ſeluon tharpa tue embar hanigaſ.

Van vvclaftharpa[6] | Manniko ſiftein muddi rockon. ende tue muddi melaſ. ende | en embar hanigaſ.

Van galmeri Gelderik ſiftein muddi | rockon. ende tue muddi melaſ.

Van hgumorodingtharpa | Ibikin tuentich muddi rockon. ende [uan[1] themo ammahte | to Iecmare ſeulon geldan uppan thena ſpikare .xxx.ii. | hóua[7].|

Van maraſtharpa Fadiko ende Thiederik iro ia uuethar tuentich muddi rockon. ende tue muddi melaſ. |

[Adiſtharpa. Lieniko. tuentich muddi rockon. ende tue[8] muddi melaſ[9].]

---

[1]) *G. uur. v ſtatt u.* — [2]) *Nach themo iſt ein tharpa (nicht tharpe wie G.) ausradiert.* — [3]) *L. Azelin uan.* — [4]) *G. uur. Vokko.* — [5]) *Das erſte d aus angefangenem n (?) corr.* — [6]) *G. uur. Vuclaſtharpa.* — [7]) *Das hier in klammern ſtehende iſt auch in der hds. von klammern umſchloſſen und zudem unterſtrichen; es iſt hier fehlerhaft eingetragen worden und am rande wiederholt; vgl. s. 38.₂₆ f. unten.* — [8]) *Ueber der zeile hinzugefügt und durch einen punkt hierher verwieſen.* — [9]) *Das zwiſchen klammern ſtehende iſt am fuſs der ſeite geſchrieben und durch h' hierher verwieſen.*

Van Buniftharpa Azeko tuentich muddi rockon. ende tue | muddi melaf.
Van winikingtharpa Meinciko tuentich | muddi rockon. ende tue muddi melaf. ende tue embar hanigaf. |
Van winkila Aluerik tuentich muddi rockon. ende tue muddi | melaf.
Van glano Saleko eú malt rockon.
Van farbikie | Hoio tuentich muddi rockon.
Van katingtharpa. Liudiko | tuentich muddi rockon.
Van huttingtharpa Dudo tuentich | muddi rockon. ende tue muddi melaf. ende eú embar hanigaf[1]. ||
Van thánkilingtharpa Wizel tuentich muddi rockon. ende | tue muddi melaf. Ammoko an themo feluon tharpa fiftein | muddi rockon. ende tue muddi melaf.
Van lacbergon Athelbrath tuentich muddi rockon. Azelin[2] an themo feluon tharpa | tue malt rockon.
Van thúrnithi Reinzo en malt rockon. ende | en gerftin malt gimalan.
Van áfthlacbergon Mannikin tue | embar hanigaf.
Van bergtharpa Aldiko fiftein muddi rockon. | ende [tue muddi melaf[3].]
Van lembikie Azelin thritich muddi | hauoron. ende tein muddi gerfton.
Van popponbikie Azo thru | gerftina malt gimalena.
Van holthufon Frethiger en gerftin | malt gimalan ende fiftein muddi gerfton. |
[Fan[4] themo ambahte to iukmare feulon geldan uppan thena fpicare[5] xxx.ii.[6] houa[7,8]. |

Thit fint thie fculdi the themo meira feluamo an thena hof gel|dad.
Van fmithehufon Azeko elleuan muddi gerftinaf maltes[9]. | Bettikin an themo feluon tharpa tue muddi huetef.
Van galmere Gelderik enon fcilling penningo.
Van vveleftharpa Man'niko eleuen muddi gerftinaf maltef.
Van maraftharpa Siger | fiftein muddi rockon. Tiederik an themo feluon tharpa enon fcil.ling rockon.
Van adiftharpa Lieueko en malt gerfton.
Van | buniftharpa Sizo en malt rockon[10].
Van peingtharpa Boio fier'tein muddi rockon. ende fiertein muddi gerfton.

---

[1]) Die am rande von s. 7ª stehende summierung findet sich hier unten z. 26, 27. — [2]) G. unr. Axilin. — [3]) tue steht über einem unterstrichenen thru; muddi melaf ebenfalls unterstrichen und das oben zwischen klammern stehende auch in der hds. zwischen klammern gesetzt. — [4]) Fried. unr. Van. — [5]) G. (s. 184, 3. z. v. u.) unr. fpikare. — [6]) Kaum XXXIII wie Fried. u. G. — [7]) G. unr. v statt u. — [8]) Diese zwischen den klammern stehende summierung ist in der hds. längs des rechten randes der seite 7ª geschrieben. — [9]) -s oben rechts am -e angehängt. - [10]) G. unr. rokkon.

Van thanki lingtharpa. Wizel ende Ammoko iro iauuethar cleuan muddi | maltef.
Van katingtharpa fef muddi rockon. Willezo uan | hlacbergon Azelin tuena fcillinga penningo. ende fef muddi | rockon.
Van Weftonuelda énon fcilling penningo.
Van | alfftide Azo feftein penninga.
Van bergtharpa Aldiko cle uan muddi maltef.

Thit if thiu fcult[1] the uan[2] houa | feluamo geldid te uaretharpa[3] uppan fpikare fef muddi gerfti naf maltef gimalenaf. ende ena kó. ende en kofuin. ende en fuin. | feftein penningo uuerth. ende tue fuin iro iauuethar ahte | penningo uuerth ende thru malder kiefo. ende tuuliua[4] ende | thriuhalf embar fmeraf én gifcethan ende tue huite. ende | fieri ende thritich hónero. ende tue muddi ciro.
Van iauue thero ftida Icemare ende uan faretharpa fef fculdlakan | then Iungeron.
Van Fariti Wizo fef muddi[5] rockon. |
Van hringie Athelword tein muddi rockon. ende tue | muddi melaf.
Van aldontharpa Hizel[6] en malt rockon. | ende tue muddi melaf. Aliko an themo feluon tharpa | tue malt rockon.
Van werfetharpa[7]. Tizo en malt | rockon. ende tue muddi melaf.
Van lingeriki Vadiko[8] fif tein muddi rockon. Meinhard an themo feluon tharpa ende | Faderiko iro iauuethar tuentich muddi rockon. ende tue | muddi melaf.
Van uueftarbikie Liefheri fiftein muddi | rockon. ende eú embar hanigaf. ende an themo feluon tharpa[9] | en malt rockon.
Van hramifitha[10] Thiezo tein muddi[11] rockon. | uan[12] themo feluon tharpa. Azelin thritich muddi hauoron. |
Van Afithi Aliko thritich muddi hauoron.
Van holthufon | Ekkiko thritich muddi hauoron. Tiziko an themo feluon | tharpa eú linen lakan that fi fiftein penningo uuerth. |
Van thiediningtharpa. Abbo fiertein[13] muddi rockon. | Buno an themo feluon tharpa fiuontein muddi rockon.
Van | hékholta Gelderad fiuontein muddi rockon. ende eú am-| mahtlakan thero famnanga. Bofo an themo feluon tharpa | ahte muddi rockon.
Van affeon Lihtger tue embar hani gaf. ende eú ammahtlakan thero famnanga.
Van holla | lezo tue embar hanigaf.

---

[1] Vor fcult ein wort teilweise ausradiert, das mit f anfängt und mit t endet. — [2] G. unr. v statt u. — [3] G. unr. Varetharpa. — [4] G. unr. tuuliva; hier fehlt die angabe des objekts. — [5] Darüber i. folidum. — [6] G. unr. Hzel. — [7] G. unr. Un- statt w- (oder vv-). — [8] G. unr. V statt V. — [9] Hier oder nach dem vorhergehenden ende ein name übersprungen. — [10] h- links über dem r geschrieben. — [11] G. unr. muddi. — [12] G. unr. v statt u. — [13] Darüber xv geschrieben.

Van adiftharpa Lanzikin | tue embar hanigaf.
Van wide¹ Geliko tue embar | hanigaf.
Van grupilinga Wizel tuentich muddi | rockon uppan fpikare ende thero abdiffeon tein muddi | rockon. ende eń embar hanigaf.
Van Fariti Wizo fef | muddi rockon te mezafkapa an thie uuinfard. |

Thit fint thie fculdi the thamo meira feluamo an than | hof geldid.
Van burnuide Reinzo feftein penningo. |
Van thiedelingtharpa Abbo feftein penningo
Van | uuartera Bofo enon fcilling penningo.
Van kleikampon ʼ fef penningo.
Van mufchinon Ekkiko enon fcilling penningo. |
Van ékholta Thiedorik en fcultlakan.
Van aldontharpa. Hi'zel eń malt rockon.
Van uuerfitharpa Rotholf tiftein mud'di rockon. Williko an themo feluon tharpa nigon muddi mal'tef.
Van finegan Faftmar feftein muddi rockon.
Van uare|tharpa Alikin eń malt rockon. ende eń malt gerfton. Mein|zo an themo feluon tharpa eń malt rockon.
Van húndef arfe Odo² fier muddi rockon.
Van merfchbikie ahte penning|ga.
Van buniftharpa Azeko en malt rockon.
Van Fariti | Liudulf tiftein penninga.
Van Farethorpa Heriman fef | penninga.

An thena hóf to Iekmare³ themo meira felua mo.
Van gumorodingtharpa Ibikin en malt hauoron. |
Van huttingtharpa Dudo tein penninga.
      Explicit. |

Fan themo ammahte to faretharpa fculon geldan uppan | thena fpikare. xxiii. houa. |

Thit fint thie offigefo fan themo houa to beuarnon⁴ | thuringaf ende bauon thef helegon anandaf te nigemo | gera tue gimalena malt gerftina. ende eń gód fuin. ende | fier muddi rukkinaf bradaf. ende eht te fancte petro nellun miffa alfo uilu. Ende fef muddi huetef te thero | dachuilekon preuenda⁵. |

Thit fint thie offigefo uan then forcuuerkon.

---

¹) *Zwischen d und e ein ausgewischtes, fast wie ein o aussehendes e, das zum zeichen des wegfalls oben und unten mit strichen versehen ist.* — ²) *G. uur. Oda.* — ³) *k aus h (?) corr.* — ⁴) *Zwischen e und u ein halb verwischtes r.* — ⁵) *G. uur. v statt u.*

Van Géſt|hunila ahte gerſtina malt gimalena ende tue malt hue|teſ. ende nigon[1] ſuín.
Ende uan telgei fier gerſtina | malt gimalena. ende eń malt[2] hueteſ. ende fier goda ſuín.
Ende | uan Eliſlare tue gerſtina malt gimalena[3]. ende ſeſ | muddi 5 hueteſ. ende ena kó ende tue embar hanigaſ thit | ſcal he giuan te thero miſſa ſancti bartholomei[4]. |
Ende uan dunningtharpa tue gerſtina malt gi|malena. ende eń malt hueteſ. ende tue ſuin iro | iauuethar ſeſtein penningo uuerth.
Van berni uelda ſiſ gerſtina malt gimalena. ende ſiſtein muddi || 10
9ª hueteſ. ende ſiſ goda ſuín.
Ende uan Berga thru muddi | hueteſ. ende eń gerſtin malt gi|malen. ende eń gód ſuín.
Ende | uan Radiſtharpa tue gerſtina[5] malt gimalena. ende fier | muddi hueteſ. ende fier muddi rockon gibák[6]. ende eń gód | ſuin. 15
Ende uan[7]. Geſtlan tue gerſtina malt gimalena ende | fier[8] muddi hueteſ. ende eń ſuín. Themo timmeron fier muddi | gerſton.

Thit iſ ſan themo ambehta uan themmo uehuſa | ſiſtehalf punt rockon. ende thriutein muddi rockon.
Van | themmo[9] ambehta aningeralo. ſiuothohalf malt rockon. 20
Van | themmo[9] ambehta te balohornon. tue malt rockon.
Van themmo[9] | ambehta inkmare. tue punt rockon. ende nigen|tein muddi | rockon.
Van themo ambehta te uaretharpa. eń punt rockon. |

Theſ ſindon allaſ áhte punt. ende fiertein muddi. | Gerſtinaſ[10] 25
malteſ.

Te aningeraló Waliko ſeſtein muddi[11] | gerſtinaſ malteſ.
Te pikonhúrſt. Eliko tue muddi rockon. | ende fier muddi gerſton.
Te ſtenbikie. Eilo tue muddi hue|teſ.
Te haſleri. Hiddikin tue muddi hueteſ. | 30

Iɴ natiuitate domini .x. modioſ ordei. te themo hereſton altáre. et | xvi. modioſ auéne. Ad diuidendum ſingulis altaribuſ. Ende tharto | viiii. ruſloſ. ande ſeſ .x. ſtukkie ſleſſcaſ. de coquina. et archi preſbitero[12] en malt gerſton. et in quadrageſima .vi. modioſ ordei. | ende tue malt gerſton. themo ludere. et decimo[13] ſemel in | anno .viii. modioſ auene. 35

---

[1]) Vor nigon iſt g(o) ausradiert. — [2]) Ueber hueteſ hinzugefügt. — [3]) Vor gimalena ein g ausradiert. — [4]) Dieſe und die drei folgenden zeilen ſind nicht bis zum ende geſchrieben (der nicht beſchriebene teil durch eine linie umzogen), weil hier die ſchrift der vorhergehenden ſeite ſtark durchgedrungen iſt. — [5]) Vor gerſtina ein durchgeſtrichenes malt. — [6]) Heyne. Kl. D. ergänzt dies gibakenas. — [7]) G. uur. v ſtatt n. — [8]) G. uur. nier. — [9]) G. uur. themo. — [10]) Vor Gerſtinaſ, am ende der vorhergehenden zeile, geve (halb) ausradiert. — [11]) Zwiſchen d und i ein kleckſ, wo ein durchgeſtrichenes o zu ſtehen ſcheint. — [12]) G. uur. archipresbitero. — [13]) Ueber dem e, wie es ſcheint, ein accent ausradiert.

In uigilia natiuitate¹ domini. en malt. to | then hiuppenon². ande to themo³ ingange thero iunger(e)no⁴ en | half⁵ malt.
Ande to fancti⁶ iohannif miffa. fier modiof.
ande to octaba⁷ | domini et in epiphania⁸ domini fimiliter.
5 et in anniuerfario fancte thiedhilda | to then neppenon. ande to then almofon. ande to themo inganga | thero iungereno tue malt.
Et in cena domini. Et inuentione fancte | crucif. et in feftiuitate omnium fanctorum fimiliter.
Ande te thero | liethmiffa fier modiof maltef. te themo inganga
10 thero | iungereno.
Ande alle thie funnondage. an thero | uafton. ande te fancte marion miffa an thero uafton. Similiter.
Ande te pafchon en half malt then iungero⁹ integande. Ande | 9ᵇ te then neppinon eú ful malt.
15 Ande te thero cruceunikon. | eú malt. then iungeron integande.
Ande te pinkiefton eú | half malt integande then iungeron. ande en malt to then nep|pinon.
In feftiuitate fancti bonifacii. en half malt then iungeron inte|gande.
Ande te thero miffa fancti uiti. fier modiof then iungeron inte|gande.
20 Ande te then middenfumera. vi modiof integande. then | iungeron.
Ande te thero miffa fancti petri Similiter¹⁰.
Ande te | then miffon bethen fancte marie fimiliter.
Cofme et damiani. | fier modiof. te themo inganga. Antonii et Eonii fimiliter.
25 In feftiuitate | fancti michahelif .vi. modiof te themo inganga.
In aduentu domini fier modiof | te themo inganga.
In feftiuitate fancte¹¹ andreę. fimiliter. et in feftiuitate | fancti maximi fimiliter.
Themo koka. fier modiof gerfton.
30 Themo | bakkera¹². fimiliter.
Then maleren .vi. modiof auene. te than quer|non endi fier modiof gerfton fan themo neceffario.
Themo malte're .vi. modiof auene te than quernon. uan then fuegeron¹³. en modium gerfton Ekgon¹⁴.
35 Then kietelaren .xviii. modiof gerfton.
Te fancti Lau|rentii miffa. endi te fancti mathei miffa. vi modiof gerfton then | thieneftmannon.
Themo nuidera. en modium gerfton. te iuctamon. |

---

¹) G. ändert dies stillschweigend in natiuitatis. — ²) i oben zwischen h und u hinzugeschrieben; l. hnippenon (Heyne, Kl. D.). — ³) G. s. 366 unr. themmo. — ⁴) Das zweite e aus o corr. (?) — ⁵) l aus i oder dem ersten strich von u corr. — ⁶) Davor ein durchgestrichenes fancti. — ⁷) G. unr. octavo. — ⁸) Der strich unter e von ungewöhnlicher form. — ⁹) G. ändert dies stillschweigend in iungeron. — ¹⁰) Hds. zunächst Similtter. — ¹¹) G. ändert dies ohne bemerkung in fancti. — ¹²) Das erste k aus a corr.; vor dem worte ein b (?) ausradiert. — ¹³) Zwischen e und g ein halb ausradiertes g. — ¹⁴) Dieses wort gehört nach Fried. wahrscheinlich hinter das kurz vorher befindliche uan, wo ein name zu fehlen scheint; E. scheint aus t corr. zu sein.

Te than gimenon alemofon. te thero miffa fancte marie .vi modiof |
ende eht te fancte marion miffa fimiliter.
Thefaf allef fundon | en endi xxx malto. Fierthehalf malt rockon
.iiii.or¹ modii ane | the retton prauendi. ande .v. malt. ande .v. modii
to themo | meltetha. fi feftein penningo uuerth. |

Thit hared to thero uuinuard².
Van Lúzikon the mo ammahtmanne³ tuulif kiefof. ende tuena
penninga | ende tue muddi rukkinaf melaf. ende fier penning uuerth |
pikaf.
Van aningeralo ende uan balehornon thic am mathman⁴ iro
iauuethar alfo nilo.
Van iukmare Ilizel | ende Iezo uan faretharpa iro iauuethar
enon | penning. ende en muddi rukkinaf melaf. ende fef kiefof | Ende
10ᵃ Iezo uan faretharpa giued éno fiuon gi bunt kopanbandi ende allero
gibundo huilik hebba | fiuon bandi.

Thit if thiu afna. thiu to themo batha | hored.
De balohornon. Van elmhurft. enon feilling.
De | aningeralo. Van hotnon enon feilling.
Van themo | ammathta⁵ te iukmare. Van laebergon enon hal-
uon⁶ | feilling.
ende uan themo ammathta⁵ te uaretharpa. Van | uarete enon
haluon feilling.
De thurronbokholta. uan | themo ammathta⁵ to then uchuf .ii.
feillinga.
Van Ikicon | ammathte⁷ feal cuman xxviii. bracia ordei et xxviiii.
et | vi. modii gimeltaf maltef. ordei. |

Hee eft fumma tociuf prebende. que fingulif annif in | granario
communi. in hordeo et in auena reponitur. dum plene | perfoluitur.
Ducenta ac xxvi. bracia de ordeo. et centum ac | .iiii.or¹ bracia de
auena. et vi. modii. Fiunt ex toto .ccc. et xxx | bracia. Ex hif enim
fi unicuique menfi per decem menfef .xx. bracia | attribuuntur .cc. ad
prebendam difpenfantur .c. et lx. | ordeacea. et xl. auenina. et remanent
.c. et xxx bracia. | et vi. modii. lxx. ordeacea et lx. ac iiii. auenina
et .iiii. modii et vi. modii | de auena⁸. |

11ᵃ De imperatore soflso. Heinriko. Hebo .vi. lakan. | Natrik .v.
Vuerin⁹ .i. lakan .i. cottum¹⁰ Gero .iiij. | Hodi .iii. Imma .ij. De

---

¹) Hds. iiii. — ²) G. uur. uninvard. — ³) h aus n (?) corr. — ⁴) G. uur.
ammahtman.   ⁵) Fried. uur. ammahta. — ⁶) h uber einem halb ausradierten f.
— ⁷) Fried. uur. ammahte.   ⁸) Hds. de auena | et vi. modii. | ; die worte der
letzteren zeile werden aber durch striche vor de auena gewiesen. — Die unterste
hälfte des 10. blattes ist weggeschnitten und die seite 10ᵇ unbeschrieben.   ⁹) G. uur.
V- statt V-. — ¹⁰) Heyne u. G. uur. cot (ohne punkt dahinter).

bernhardo .v. folidof. De | nualdmoda .i. folidum .i. lakan. Thuring
et banika. | vi. folidof. Iniza .ii. folidof. Hacika .xvi. denariof.
De | abbatiffa .xx.iii. denariof. Abbiko .xviii. modiof ordei .viii. |
denariof. Attika .xviii. modiof. de fale. Helmburg .ii. folidof.
5 Meinuuord duof folidof. Meinzo .ii. folidof. Hoburg .xv. | modiof
figili¹ .xiiii. denariof. Gifla .ii. folidof. Vuiking² .xx. | denariof.
Diddo .ii. folidof. Heebrath .ii. folidof. Bettika .xvi. | denariof. Odheri
.v. denariof. Abbiko .v. folidof. Vbbo² .ij. folidof. | Geliko .iii. folidof.
Vbbi² .ij. folidof. Hibbo .vi. denariof .ij. folidof. | Aluing .iiij. folidof.
10 Boiko .ij. folidof. Abbi .i. folidum. Lanzo. | xx. denariof. Tiazo
.xvi. denariof. Hoiko fimiliter. Coding tharp .i. folidum. Tiazo
.xviij.³ denariof. Huno .iij. folidof. | Vuenni² .ii. folidof. Liudzo
.ij. folidof. Rikizo⁴ fimiliter. | Bofo .x. denariof. Boio .i. folidum.
Imiko .xviii. denariof. Adiko .i. | folidum. Razo. et⁵ .x. denariof.
15 ii. folidof. Vuecil² fimiliter. | Hillo .xvi. denariof. Tilo .i. folidum.
Eilico .x. denariof. Benno .vi. | denariof. Seger .vi. modiof ordei
.iiii. denariof. Ibiko .i. folidum. Habo. | ij. folidof. Siman .iii.
folidof. Etzo. fimiliter⁶ .iiii.or⁷ denariof. Boli. | viii. denariof. Abbo
.iii. folidof .iiii. denariof. Benno .iiii. folidof .viii. | denariof. Tidiko
20 .ii. folidof. Heribarand⁸ .i. folidum. Tiazo .i. folidum. | Vuenniko²
.i. folidum. Sicco .v. denariof. Eizo .viij. denariof. Man'niko .viij.
denariof. Vuieger² .xx. modiof ordei. Liuppo .vi. denariof. | Aliko
.vi. denariof. Hedi .i. folidum. Abbo .i. modium ordei. Liudciko
.xv. | modiof. auene⁹ .viij. denariof. Atcilin .x. denariof. Hefiko .vi.
25 modiof ordei. | Buniko .v. modiof ordei. Canco. i. denarium. Hatzico¹⁰
.v. denariof. Elikin. | x. modiof auene⁹. Lienico⁹ .xviij. denariof.
Hoiko .xxxij. modiof | ordei. Eila .iij. folidof. frater baldingi .viij.
denariof. Hillo .x. denariof. | Lieuikin .vi. denariof. Tidiko .xv.
denariof. |
30 Hoc eft totum .xvi. faga. et xxii. faga et fex libre. | 11ᵇ

De aftonuelda. Gieliko. et Linzako¹¹ .i. folidum. h'.
De marki ligtharpa¹². Hildimar .xx. modiof ordei. h'. uil'.¹³ |

De pikanhurft. Atzilin .xx. modiof ordei .i. tritici .i. mellif. |

---

¹) Oder figali, figoli (vgl. Du Cange, Gloss.); zwischen i und g ist ein u
ausradiert. G.: "soll wol heissen siliginis"; (s. 194.₁₆ läst indessen G. ohne be-
merkung dieselbe abkürzung als figili auf). — ²) G. nur. V- statt V-. — ³) Davor
ein v ausradiert. — ⁴) G. nur. Riziko. — ⁵) Auf rasur. — ⁶) Hier fehlt vielleicht
ein name. Oder ist der sinn dieser: Etzo .iii. folidof .iiii denariof? vgl. bei Abbo
nächste zeile. — ⁷) Hds .iiii. — ⁸) Hds Heribrand; das a zwischen r und n auf
rasur (und stark ausgewischt); vielleicht gehört das oben stehende a eigentlich
hierher als corr. der ursprünglich fehlerhaften schreibung, so dass also Heribrand
zu lesen wäre. — ⁹) G. nur. v statt u. — ¹⁰) G. nur. Hatziko. — ¹¹) G. nur. Linzaka.
— ¹²) Hegwe, Kl. D. bessert dieses in Markilingtharpa. — ¹³) Fried. vermutet,
dass 'uil' auf missverständnis eines ii d' (= denariof) im originale beruhe und
dass dieses ii d' durch h' an die stelle des h' der vorhergehenden zeile gewirsen wird.
— Zwischen diesem abschnitt und dem folgenden sind in der hds. zwei zeilen leer.

De hanhurft. Ifiko .xx. mod*iof* ord*ei*.
De berifon. Tieziko .xx. | mod*iof* ord*ei*.¹ |

De Liudburga. Eilhard .v. ficlof. *et* .iiii.^{or}² denariof. *et* | unum por*cum* faginat*um*. *et* xenium .iii. mod*iof* auen*ę*. Tiezo. | .iij.³ ficlof. *et* xenium .ii. mod*iof* auen*e*. [Odrad .xxx. den*ariof*. *et* xenium .ii. mod*iof* auen*ę*⁴.] Eiliko. iii. ficlof. |
De fickon⁵ .xv. mod*iof* figili.⁶

---

¹) Zwischen diesem stück und dem folgenden ist in der hds. ein unbeschriebener raum von sieben zeilen. — ²) Hds. .iiii. — ³) G. nur. II. — ⁴) Das zwischen klammern gesetzte ist quer am rande geschrieben und durch h' hierher gewiesen. — ⁵) Hds. fickoū. — ⁶) Unten etwa ein drittel der seite unbeschrieben.

X.
Eltener glossen zu Matthæus.

16ᵃ	*Præf.*¹ et a faliua quam.. imbibit: farfland		min tribuſ coniuncta erant: teſamne emerkta: credendum eſt .. perfecutionem etiam in tribum iudę perueniſſe: bikuman	
5	falſarium: irrari. lúgenari: me clamauſ			
	maledicorum: ſceldario: teſtimonio		*3.2* Poenitentiam agite: hreuod giua fundia	
16ᵇ	a librariiſ dormitantibuſ: incurioſiſ. unginnaron: aut addita ſunt aut mutata		*(2)* Congruuſ habitatori ſolitudiniſ: enſedlion: eſt cibuſ. ut non deliciaſ: ne gerodi: ciborvm ſed tantum neceſſitatem humanæ carniſ expleret. gilauodi	29ᵃ
10				
17ᵃ	codicum grecorum emendata collatione: teſamna brahti ſi quiſ de curioſiſ: ſirinnizigon: uoluerit noſſe			
15			*(10)*³ ſecuriſ de manubrio: helfia: confiſtat et ferro	
18ᵃ	recurrenſ ad principia: uuithariliandi		*(11)*³ ſed baptizauit ut: an thiu uuord: crederent	29ᵇ
26ᵇ	*(1.18)*²,³ uſque ad ioſeph numerabitur: tellian ſeal		*(4.13)*³ galilea deſerta eſt: uuarth iuuoſtid	30ᵇ
20	quia ille eam curioſiuſ: niútlikor: aliiſ ſeruauit		*(21)* reficienteſ: colligenteſ. teſamna leſandia	31ᵃ
27ᵃ	*20* coniugem tuam: thina gimehlidun		*(22)*³ Regnum cęlorum nulli pecunię poteſt comparari: giuuerthirid uuerthan: tamen tanti ualet. quantum habeſ. it mág tho giuunnan uuerthan. ſo mid minnaron ſo mid meron ſo man hauid	
25	*(25)* Nec ante nec poſtea .. eam cognoſcebat ita ut cum ea eſſet. ni uuáſ mit íro ne naletimo ſia			
28ᵃ	*(2.16)*³ et ita timore depulſo: arlazenarv³,⁴			
28ᵇ	*(18)*³ De rachel natuſ eſt beniamin .. ſed quia ivdę et beniamin		*(5.2)*³ Aperti*(o)*⁵ oriſ. longitudinem	

¹) In der hds. die überschrift: Epiſtula Hieronimi preſbiteri beato papę Damaſo. — ²) Kapitel- und vers-ziffern des evangeliums. Wenn dieselben zwischen klammern stehen, gehört die d. glosse nicht direkt zu dem evangeliumsteste, sondern zu einem worte oder passus, der in einer lat. glosse zu diesem texte vorkommt. — ³) Randglosse. — ⁴) G. arlazenaru. — ⁵) Besserung von mir; hds. Aperti.

sermonis siue manifestationem:
that he im so baro tosprak¹:
doctrinæ significat
17 soluere: brekan
(17)² quæ .. sunt .. intellegenda.
id est farnomana
18 apex: strikko
(19) si uel minimum preceptum in
lege destruerent. id est farbra-
kin
5.26 reddas: id est luas. angel-
das
33 reddes autem domino iura-
menta tua: thu scalt bi goda
suerian
38 oculum pro oculo: scilicet eice.
utstik: et dentem pro dente:
scilicet excute. utsla
(39)² ut nec illud rependas. ne
uurekas
6.16 Exterminant: id est demo-
liuntur. uuoliad
(16) Sparsis capillis ambulant et
inlotę. id est sia gangad he-
ropta. endi gebariad so
hriuliko²

---

¹) G. to sprak. — ²) Randglosse.

XI.

Essener evangeliarglossen.

Matthaeus.

31ᵃ (*1.18*) A.[1] ufque ad iofeph numer(*abitur*): tellian f(cal)[2]
(*18*) quia ille eam curiofiuſ: niutlikor[2,3] aliiſ feruauit
31ᵇ *20* coniugem: gimehlidun
(*25*) nec ante nec poft eam cognofcebat. ita ut cum ea effet: ne uuaſ mit iru. ne ualctimo fia[4]
32ᵃ (*2.16*) F.[1] et ita timore depulfo: al(et)[2,5]: . . requieuit
(*18*) K.[1] De rachel natuſ eft beniamin . . fed quia iudę et beniamin tribuſ coniunctę erant. et tefamna gimerkta[2,6] . . . credendum eft . . perfecutionem in tribum etiam iudę peruenifſe: b(e)quam[2,7]
32ᵇ *3.2* pęnitentiam agite: hreuuod iuua fundia
(*4*) O.[1] congruuſ habitatori folitudiniſ. enfetlion[2] eft cibuſ. ut non delici(a)ſ ciborum: ni geroda: fed . . necefſitatem humanę carniſ expleret: gilauodi Locuftę . . a uento raptę: uuerthad gidrivana

(*11*) T.[1] fed baptizauit vt: an thiu vuord[8]: crederent
(*4.13*) F.[1] galilea deferta eft: 33ᵇ vuard[8] giuuoftid
21 reficienteſ: colligenteſ. tefamna lefenda
(*22*) L.[1] regnum cęlorum nulli pecunię poteft comparari: ne mag giuu(er)t(he)rid uuerthan: tamen tanti ualet quantum habeſ. it[9] mág tho giuúnnian[10] uuérthan. fo mid mínneron fo mid méron.[11] fo man hauid
(*5.2*) aperienſ of fuum docebat eoſ 34ᵃ dicenſ O.[1] Apertio oriſ . . manifeftationem doctrene: that he im fo baro (t)uofprak[12]: fignif[13]
(*5*) Q.[1] per conpafſionem: erbarmunga: proximorum.
17 legem . . foluere: brekan
(*17*) A.[1] ea . . quę . . erant . . intelligenda. farnomana[14]
18 apex: ftrikko:
(*18*) B.[1] apex: ftrikk(o)[15]
(*19*) C.[1] fi uel minimum preceptum 34ᵇ in lege deftruerent. farbrakin

---

[1]) *Randgloſſe. Die buchſtaben A, F, K etc. vor der gloſſe ſind hinweiszeichen, mit denen die betreffenden randgloſſen in der hdſ. verſehen ſind.* — [2]) *Fehlt bei Crecelius (Crec.).* — [3]) *Am rechten rande.* — [4]) *Am linken rande.* — [5]) *D. h.* aletenaru?; *vgl. Elt. gloſſ. oben s. 46.29.* — [6]) *G. nur.* gimerkte. — [7]) *Nach* m *wahrſcheinlich ein paar buchſtaben verwiſcht. G.* biquamun. — [8]) *G. nur.* u *ſtatt* v. — [9]) *Crec. nur.* et. — [10]) *G. nur.* giuunian. — [11]) *Crec. nur.* méron. — [12]) *Kaum* duo ſprak *wie Crec.* — [13]) *D. h.* ſignificat. — [14]) -na *über* ma *geſchrieben.* — [15]) *Crec. u. G. nichts.*

33 non periurabif: hardo fue-
rian ni fcalt: reddef autem
domino iuramenta tua: thu
fcalt bi goda fuerian
38 oculum pro oculo: utfteca¹:
et dentem pro dente: utflaha¹
(39) M.² vt nec illud rependaf.
ni uurekaf³
40 et ei qui uult tęcum iudicio
contendere: endi thi an if
duoma bithuindan uuillia⁴
42 mutuari: léhnon
44 orate pro .. calumniantibuf:
in rebuf. fcathod: uof
(46) R.² publicani dicuntur. qui
uectigalia et publica lucra fec-
tantur. the then frono tínf
éfcodun endi toln námun
6.16 hypocritae triftef demoliun-
tur enim facief fuaf: gib(ario)d
fo⁵: fparfif capillif ambulant et
inlote. gibariod fo riuliko⁶
17 tu autem eht thu⁷
(8.12) E.² id eft: tho nenda⁸ he
12 ftridor: clapunga: dentium
(17) G.² excluderet: fardriui
18 uidenf autem iefuf turbaf
multaf circum fe huan⁹
(18) quia tantam populi multitu-
dinem: et githring: non fufti-
nere potuit
9.12 non eft opuf fanif: vuel-
mehttigon
(15) infinua*(uit):* meinda
16 commifturam: plefeilin
peior fciffura: bruki

(33) in hoc populo. an thefemo 40ᵃ
lante¹⁰
10.16 eftote ergo prudentef: 40ᵇ
glauua
(16) X.² squamaf: fluk. hud 5
17 in conciliif: thingon
22 critif odio: letha. hatilina: 41ᵃ
omnibuf
23 non confumabitif: ne far-
farad 10
23 cum autem perfequentur uof
in ciuitate ifta fugite fithon¹¹
in aliam
(26) D.² virtuf: guodi¹²
27 quod in aure: tuohrunoda¹³: 15
auditif
(27) E.² faciunt tecta ęqualia:
emnia giuuarta
29 duo pafferef: hliuningof:
affe: helflinga: ueneunt 20
37 non eft: mi(n) vuirthig: me 41ᵇ
dignuf
(33) compaffionem: erbarmun-
ga¹⁴
(42) P.² quererentur: clagodin 25
11.15 qui abet auref audiendi 42ᵃ
audiet: endi he farnemat¹⁴
that fanctuf iohannef gefti-
lico if heliaf¹⁵
21 in tyro et fydone. Z.² ciuitatef. 42ᵇ
phenicif: thef landfcepiaf
12.1 uellere: afbrekan: fpicaf
16 ne manifeftum cum facerent: 43ᵃ
ne gibarodin
(18) Q.² iefuf .. ut .. hunc mun-
dum pacificaret deo: gifuondi 35

---

¹) *Nach* -a *etwas ausradiert.* — ²) *S. note 1, s. 48.* — ³) *Crec. nichts.* —
⁴) *Randgloffe; bithuindan statt bithuingan (G.).* — ⁵) *Crec. nichts. Halb ausradiert
und mit einem zeichen überschrieben, das auf die folgenden am rande oben stehenden
worte hinweist.* — ⁶) *Von fparfif bis riuliko oben am rande.* — ⁷) *Hds.* fht thx.
— ⁸) *L.* menda. — ⁹) *Steht am rechten rande hinter* fe, *ohne irgend ein verwei-
sungszeichen, von grober hand; Crec. u. G. nichts.* — ¹⁰) *Am rande geschrieben.* —
¹¹) *Von grober hand. Unsicher, ob die glosse hierher gehört; sie steht ohne ver-
weisungszeichen am rechten rande neben dieser zeile. Unter* fithon *steht* fi ego *in einer
randgloffe zu v. 25; Crec. u. G. stellen* fithon *zu dieser glosse.* — ¹²) *Crec. u. G.*
guddi; *der langstrich rechts von* o, *den sie für den langstrich eines* d *gehalten
haben, gehört indessen zu einem* q *in der oben stehenden zeile.* — ¹³) d *aus* r *corr.*
— ¹⁴) *L.* farnema (*statt* audict *hat Vulg.* audiat). — ¹⁵) *Die glosse* (endi — heliaf)
ist in zwei zeilen auf der zweiten leeren hälfte einer zeile eingeschaltet.

50

43ᵇ   *(30)* A.¹ deſtruct. teuuirpit
44ᵃ   *38* de ſcribiſ: ſcribę buocheria
44ᵇ   *(47)* familiaritatem: ſibbia
45ᵇ   *13.25* tritici: huuetiaſ
5   *(25)* A.¹ diaboluſ foeditatem uitiorum ſuper ſemen bonę uoluntatiſ ſpargat. óſarſágia
    26 cum autem creuiſſet herba et fructum feciſſet: the huueti
10   te ſcotonnia: tunc aparuerunt et zizania: radan²
    28 uiſ imuſ et colligimuſ: utgedan vtgedan³: ea [zizania]
    (30) C.¹ admonemur. ne . . . cito
15   iuditialem ſententiam proferamuſ. ſed deo iudici terminum reſeruemuſ. that hui it ſan ni dômian néuan that huí it te gódeſ dôma latan
20   *30* alligate ea *(in)* faſciculoſ⁴: bundilinon . . congregate in horreum: kornhuſ
46ᵃ   *41* colligent . . omnia ſcandala: irriſlon
46ᵇ   *47* ſagene: themo ſegina
    (52) V.¹ comprobarent. gifaſtnodin
    (14.2) A.¹ herodeſ bene ſenſit: herodeſ he hadda it hir
30   (ge)lico⁵ farnoman
47ᵃ   *(7)* D.¹ iurauit. ut futurę occiſioni: ſleka: machinaſ prepararet
47ᵇ   *24* contrariuſ: angein: uentuſ
    26 clamauerunt: ſeriun
35   *(30)* N.¹ in profundum trahebat: ſoneta
48ᵃ   *15.2* quare diſcipuli tui tranſgrediuntur tradicionem: diſciplinam. endi. tuh't: ſeniorum

3 propter tradicionem: giſetitha
4 honora: biforgo: patrem tuum . . qui maledixerit patri uel matri: the im iro nodthur⁶ aftiuhid
(6) Q.¹ in tuoſ uſuſ: tuhti: . . quod altari erat mancipatum: bimenid
(11) R.¹ cibi qui illiſ in lege prohibiti fuerunt. biuuérida⁷. et alię genteſ liceant uti . niátanna⁷
12 phariſaei audito uerbo ſcandalizati ſunt: giuuerſoda
17 in uentrem uadit: uuerthid   48ᵇ fertheuuid⁸
(21) ⁹ illic: thar te ſtedi
(24) Y.¹ cum: ſo ſia¹⁰: illi
27 illa dixit. etiam: it iſ alſo
16.4 faciem: farauui¹¹: . . caeli   49ᵇ
(5) D.¹ per eiuſ dilectionem: liubi: non cogitabant de corporali cibo. biliuana
19 quodcumque ſolueriſ . . erit   50ᵃ ſolutum: loſ
22 non erit tibi hoc: ne giburia thi nio ſulig
23 ſcandalum mihi eſ: thu biſt mi erriſlo
(23) R.¹ tu autem tuam confideranſ: ſihiſ: voluntatem
(24) T.¹ per proximi compaſſionem. erbarmunga¹²
26 commutacionem: et retributionem. cop¹²
(26) X.¹ quam: filu m(i)kila¹³: magnum commutationem
17.4 faciamuſ . . tria tabernacula: 50ᵇ id eſt a frondibuſ. huttia¹⁴

---

¹) S. *note 1, s. 48.* — ²) *Ueber* et ziza- *etwas ausradiert.* — ³) *Nach* utgedan *etwas ausradiert;* vtgedan *steht unter* colligimuſ. — ⁴) *Aus* faſciiiſ *oder* faſciluſ *corr.* — ⁵) *ge- ziemlich unsicher;* G. gelico; *Crec. ebenfalls, jedoch mit der bemerkung, dass die buchstaben* geli *nur erraten seien.* — ⁶) L. nodthurt *(G.).* — ⁷) *Fehlt bei Crec.* — ⁸) *Crec. nur.* farthennid. — ⁹) *Randglosse mit einem verweisungszeichen, das im druck nicht wiedergegeben werden kann.* — ¹⁰) *Diese glosse fehlt bei Crec. u. G.* — ¹¹) *Auf rasur.* — ¹²) *Fehlt bei Crec.* — ¹³) *Fehlt bei Crec. u. G.* — ¹⁴) *Das von Crec. u. G. zu 17.2 angeführte* ſtendit *ist gewiss, wie G. in der note vermutet,* oſtendit *zu lesen; vor* ſtendit *sieht man die spur von* einem *buchstaben, nicht von vier.*

51

(10) B.¹ uenifti: bíſt cuman
(12) E.¹ herodes .. pilato in nece
domini conſenſit. ſamuurdig²
14 lunaticuſ: manuhtuuendig
(14) F.¹ demon obſeruanſ curſum
lune hominēſ corripit. úuitnod³
(15) G.¹ propter imbecillitatem:
uncrefti
16 paciar: fardragan ſcal
(16) H.¹ induſtriam artiſ meę in
te expendam. ſarlieſan⁴
(23) L.¹ non audent ieſum conuenire. thuingen. noten
23 qui didragma: cinſ: accipiebant: eſcodun: .. non ſoluit
didragma: ne giltit then einſ
24 preuenit: foreſprak: cum
ieſuſ dicenſ
(24) M.¹ antequam petruſ ſuggerat: giuuegi
26 ut autem non ſcandalizemuſ:
an unſ ne arſellian
18.10 ne contempnatiſ: ne giuuerſon
15 lucratuſ: gibetorodan⁵: eriſ
fratrem tuum
(16) uel duoſ: ut cum eum illō aut
corrigaſ. aut uineeſ. githuingeſ
(18) O.¹ contemptor: ouerhoi
(19.10) ſi tam graue eſt coniugium
vxorum: giſihtſcepi
20.18 ſcribiſ: bocherion
20 adoranſ et petenſ aliquid ab
eo: tuitho⁶ mi drohtin quad
ſiu
21 indignati ſunt de duobuſ fratribuſ: ſo mikilaſ thingaſ
gerodun

21.10 commota eſt uniuerſa ci 55ᵃ
uitaſ: th(a)t⁷ alla thia burg
(12) ⁸ pecuſ in templum induxe
(runt): dríuun
(17) ⁹ et ibi manſit: nám thár 55ᵇ
náhtſélitha
(29) F.¹ correxit: gibuotta 56ᵃ
(33) ⁹ genteſ .. quę antea in ea
locatę erant: giſetana uuarun
(33) ⁹ ſepiſ ſignificat murum urbiſ 10
uel auxilia angelica . thé hé
thémo fólca giſcérid hadda¹⁰
33 locauit: biſtadoda
(33) ⁸ legem implerent. leſtin
41 locabit: biſtadod¹¹ 15
(23.1) ⁹ fieret ad diſciplinam endi 57ᵇ
te zuhti¹²
5 dilatant .. philacteria: houidbandoſ
(5) ¹³ preceperat eiſ moyſeſ ut 20
in . iiii. anguliſ: lappon: palliorum .. fimbriaſ: ſiteri
15 ut faciatiſ unum proſilitum: 58ᵃ
aduenam nodago iudeiſcan:
et cum fuerit factuſ: vuerthid 25
nodago iudeiſk
(15) B.¹ quod .. talem uitam
aggreſſuſ eſt. anageing
(16) D.¹ phariſei hanc ſtropham:
unkuſt: inuenerunt .. et mox 30
in quo iurauerat cogebatur exoluere. that he ſán ſargéldan
ſcóldi that ſelua thá(r)¹⁴ hé
biſuor¹⁵
23 mentam: mintun: et ane 35
tum: dilli: et cvminum: chumin: et reliquiſtiſ .. iudicium:
ſuona

---

¹) S. note 1, s. 48.₁.— ²) Nach -g vielleicht etwas verwischt (?). — ³) Fehlt bei Crec. — ⁴) Hds. farleſan. — ⁵) L. gibeterodan wie G. — ⁶) -o aus etwas corr. Crec. unr. tiutho; er fügt aber hinzu: "es kann ebensogut tiutho wie tuitho gelesen werden". — ⁷) Oberhalb that etwas verwischt? G. stellt die glosse anderswo hin. — ⁸) Randglosse rechts. — ⁹) Randglosse links. — ¹⁰) Die glosse auf rasur. — ¹¹) -d aus n oder t corr.; locabit aus locanit corr. — ¹²) Die glosse fehlt bei Crec. — ¹³) Unten am rande. — ¹⁴) Crec. u. G. unr. that. — ¹⁵) Crec. u. G. biſnor, das G. in giſuor bessern will; gewiss ist hier aber biſuor zu lesen (ein querstrich unten am ersten buchstaben ist noch schwach erkennbar); auch St., Anz. f. d. alt. 22,251, liest biſnor.

4*

52

	24 duces caeci. excolantes: ut-
	flotiad: culicem: muggiun
	25 de foris: utana
58ᵇ	(26) H.¹ vt opera sanctificentur:
5	helaga uuerthan
	27 similes estis sepulchris deal-
	batis: gikeleton
	31 testimonio estis uobismet ip-
	sis: gi findun² giuuihton iu
10	seluon
59ᵃ	(24.5) E.¹ extremus uero ille maior
	ceteris est antichristus. he scal
	iro lesta unesan also he
	iro uuirrista uuas
15	(6) F.¹ multa prelia debent fieri
	et . . multa fuerunt: giuur-
	thun
	7 per loca; huar endi huar
	10 scandalizabuntur: gisuikad
59ᵇ	(18) D.¹ qui in agro . . non
	respiciat . . labentis uitę reti-
	nacula: gimeritha
	19 Vae autem pregnantibus:
	hahta
25	31 ad terminos: marka
	32 cum iam ramus eius tener
	fuerit: vtsprutit³
60ᵃ	(20) F.¹,⁴ Si: thit⁵: de consu-
	matione seculi intellegitur . . ne
30	otiosi torpeamus: et ne firion
61ᵇ	25.9 E.¹ qui vobis laudes suas uen-
	dere consueuerunt. et: mid
	thiu⁶: uos in errorem induxe-
	runt
62ᵃ	21 euge: Vuola. interiectio
	letantis
63ᵃ	26.2 post biduum: fon hiutu
	ufar zuena daga

(6)	D.¹ nomen pristinum habuit.
	lesta iemar the namo
(9)	F.¹ quatenus inde aliquid
	furari possit. githianodi⁷
	15 constituerunt: budun
(21)	omnes ad hoc nominat. 63ᵇ
	binemda. quatenus consciusf:
	sculdigo: se conuerterit: bi-
	thahti⁸
(25)	N.¹ principatum: herscepias
	31 uos scandalum: gisuikad:
	paciemini
(39)	S.¹ blandiendo: fleonthi⁹: 64ᵃ
	dicit
(41)	¹⁰ ne . . scandalum patie-
	mini. ne gisuikan
	41 caro . . infirma: unstark
	47 cum . . sustibus: stangun¹¹
	52 conuerte: duo¹²: gladium . . 64ᵇ
	in locum suum
	55 cum sustibus: stangun
(56)	tunc uerba christi impleta
	sunt. that sia imo gisuikan
	scoldun¹³
	64 amodo: nohuuanna 65ᵃ
(65)	E.¹ propter furorem: obult
	blasphemiam: laster
(68)	prophetiza: rad nu¹⁴
(73)	G.¹ vna queque prouincia
	aliquid habet proprietatis. de
	quo: bi thiu: loquela eius cog-
	nosci ualet
	27.1 consilium inierunt: anagen-
	gun
	4 quid ad nos: uuat scal us 65ᵇ
	the seat
	7 figuli: cines leimbildares
	in sepulturam: bigraft

---

¹) S. note 1, s. 48. — ²) G. unr. sindon. — ³) G. unr. ut sprutit. — ⁴) Das blatt 60, worauf die glosse steht, ist ein kleiner eingefügter zettel. — ⁵) Crec. nichts. — ⁶) Fehlt bei Crec. u. G. — ⁷) Nach der glosse etwas verwischt, wovon noch ein accent übrig ist. — ⁸) Die glosse fängt auf dem letzten nicht mit text beschriebenen teile der zeile an und wird auf dem rande fortgesetzt. — ⁹) Crec. u. G. unr. sleondu. — ¹⁰) Am linken rande. — ¹¹) Ueber dem u ein v, wohl deshalb hinzugeschrieben, weil das u z. t. mit dem oberen ende von b in sustibus zusammenfällt und dadurch etwas undeutlich ist. — ¹²) Fehlt bei Crec. — ¹³) Am rechten rande; durch ein kolonzeichen hinter sunt verwiesen. — ¹⁴) Die glosse fehlt bei Crec. u. G.

	10 conftituit: pemeinta	
	(12) Q.¹ ne crimen diluenf: ne antfakodi: dimitteretur	
	13 aduerfum te dicunt teftimonia: unliumenti	
	15 uinctum: hahtan	
	19 nihil tibi et iufto illi: ne uerduo thi² an thefamo guoden manna: multa enim paffa fum. hodie per uifum propter eum: filu vunderef gifah ik thuru ina	
66ª	*25* fanguif eiuf fuper nof: thia fculd finef bluotef. nemen uui ouer unfik	
	27 militef . . fufeipientef: ee fih nemente: iefum in pretorium: fprakhuf: congregauerunt . . cohortem et	
	29 . . plectentef: flehtente: coronam	
66ᵇ	*36* feruabant eum: namun if guoma	
	37 inpofuerunt fuper capud: tuohehtun thar obena	
67ª	*65* ite. cuftodite. ficut feitif: ne duon ik mih der nicht·mer ana	
67ᵇ	*(28.2)* B.¹ quod ei debuit. feuldig uuáf	
	14 fuadebimuf ei: uui radad imo. tha't iu nian feátha ni uuirthid³: et fecurof uof faciemuf	

Marcus.

3.3 furge in medium: far ford ce geinuuardi — 74ª
8 circa tyrum et fydonem: tyrio landa. endi fidunio landa
9 propter turbam: githring
(12) ne diuinitaf eiuf manifeftaretur: gibarod⁴ — 74ᵇ
4.26 et: than: dicebat . . in terram: (er)than if⁵: et dormiat — 76ª
(26) C.¹ cum quifquif defideria bona concupifcit. et bonam intentionem cordi fuo inferit. quafi femen in terram mittit. bi themo⁶ — 15
(27) D.¹ quia tunc concepta: hu⁷ fan fo uuirthi(d)⁸: uirtuf ad perfect(u)m deducitur. a(f) th⁹ fi homo — 20
28 ultro: uillindi¹⁰
28 E.¹ cum: than¹¹: quifquif recta operare incipit. quafi in herba eft — 25
29 et cum: mid thiu: produxerit: gihuahfan if: fructuf
(29) F.¹ quia: huan¹²: omnipotenf deuf — 30
(31) G.¹ hęc: thuf: euuangelica predicatio

---

¹) S. note 1, s. 48. — ²) i über das h geschrieben, weil auf dem platze hinter h schon der langschaft eines p der vorhergehenden zeile stand. — ³) Die worte that — uuirthid stehen am rechten rande, durch ein kolon-zeichen hierher verwiesen. — ⁴) Am rechten rande. — ⁵) er- ziemlich unsicher; Crec. u. G. than if, das sie hinter das folgende et stellen. — ⁶) Fehlt bei Crec. Folgt nach mittit. G. stellt die glosse zu quoniam (G. unr. quia) der nebenstehenden zeile. — ⁷) Abkürzung für huand? — ⁸) Crec. uuirthit ("das t am ende ist kaum zu lesen"); am ende des wortes erblickt man über einen langstrich, der zu d (nicht zu t) passt. G. stellt diese glosse zu et exfurgat der nebenstehenden zeile; sie steht indessen über quia . . concepta. — ⁹) Zu ergänzen af the? Nach th rasur, auf welcher jetzt unmittelbar nach th das fi geschrieben ist. G. asth, das er zu fructificat in der nebenstehenden zeile stellt; Crec. "afth oder afth". — ¹⁰) G. unr. uillendi. — ¹¹) Die glosse steht etwas links über cum. G. stellt sie zu ftatim in der nebenstehenden zeile. Crec. sagt von diesem than und von huan oben z. 29: "am rande die wörter than und huan, ohne dass man bestimmen könnte, wozu sie gehören". — ¹²) Steht über quia omnipoteuf; G. stellt die glosse — aus welchem grunde? — zu dem vier zeilen vorher stehenden ftatim. — Die glossen zu l.26—29 sind von einer hand, die in der hds. sonst selten erscheinet.

76ᵇ *(5.2)* A.¹ per .. dignitatem. heritha
(7) B.¹ tacere non potuit. endi
ne muofta
15 fane mentif: hadda if gi-
nuitti
77ᵇ *(6.5)* C.¹ ciuef .. damnabilioref
fierent. endi the fculdigerun
81ᵇ *(8.23)* A.¹ vt a uita uulgari: gi-
menion: fegregatuf
86ᵇ *(11.16)* C.¹ pertinebant ad merca-
tionem eorum. te íro cópa
20 ficum aridam factam a ra-
dicibuf: upuuardaf
21 omnia: fo uuef: quęcumque
.. petitif credite: fo: quia:
15 that: accipietif
88ᵃ *(12.28)* A.¹ cum iefuf filentium:
giftild háddi: impofuiffet fa-
duceif
20 *(32)* C.¹ oftendit .. effe contro-
uerfiam. ftríd²
88ᵇ *(44)* fe prefumebant. gibeldun
89ᵃ *13.9* uidete autem uofmet ipfof:
nemad iuuar goma
25

Lucas.

99ᵇ *(1.5)* A.¹ ille facerdotium filio fuo
daret: lefdi: et fic: fo fuor:
pontifex quifque primogenito
30 fuo et fic exftitit
quamuif omnef equalef effent
facerdotali gradu: heda
100ᵃ *7* ambo proceffiffent: gialda-
roda uuarun
100ᵇ *(17)* G.¹ ambo ueftitu inculti:
vngiofda³

(27) O.¹ maria hebraice ftella
marif. firiace domina dicitur.
et merito: unél gizámun iró
thía námun⁴: quia
(16) I.¹ tam inaudito: feltaneru: 101ᵃ
munere
2.7 et peperit filium fuum: iro 102ᵃ
egan fun vuaf he fecundum
carnem⁵
3.1 anno autem quinto decimo 103ᵇ
imperii: tho
(2) B.¹ dicit quia omne regnum
in fe ipfum diuifum defolabitur
that gihuńilik ríki the iń-
uuardaf givuróhtid⁶ fí that
it útana teftórid uúertha
5 erunt praua: fo avuun⁷
(6) et uidebit omnif caro falu-
tare dei: non. quod. that ne
givuart fo⁸. omnif homo chri-
ftum corporaliter uiderit. fed
(7) B.¹ ventura ira eft animad- 104ᵃ
uerfio: gibelg: ultionif ex-
tremę .. fugere. fith(o)n⁹
8 patrem habemuf habraham:
if¹⁰
(11) H.¹ tunica plúf neceffaria
eft ufui: ger₁..on¹¹: noftro
(15) exiftimante: fo¹⁰,¹² autem
populo
(15) K.¹ mira cecitaf iudeorum.
quod in iohanne .. credebant.
hoe: endi: in faluatore .. non
crediderunt
16 aqua: mid: baptizo
(16) ¹³ inmerito: un

---

¹) S. note 1, s. 48. — ²) Hier endet Crecelius, Nd. Jahrb. 4,53. — ³) G. uur. ungiofda. — ⁴) Die glosse wird durch zwei punkte zu merito verwiesen. — ⁵) Am linken rande, durch kolonzeichen zu fuum verwiesen. — ⁶) G. uur. giuuróhtid. — ⁷) Kaum abuun wie G. — ⁸) Steht oberhalb non quod; G. stellt die glosse zu der vorhergehenden zeile. — ⁹) Oder fithun, wie G. u. St., Anz. f. d. alt. 22,271, aber wohl o aus u corr.; die glosse steht neben der folgenden zeile, weshalb es unsicher ist, ob sie hierher gehört (sie ist von derselben hand, wie fithon s. 49.12, note 11); St. a. a. a. stellt "fithun" zu quia nunc. — ¹⁰) Nicht bei G. — ¹¹) Zwischen ger₁ und on spuren von einem buchstaben. G. "gesidon oder gerikon, unsicher"; ger und on sind ganz sicher; (stand hier geriuon oder geriuon?). — ¹²) Vor dem f ein buchstabenrest. — ¹³) Am rechten rande.

105ᵇ	*18* multa quidem et alia: thefa: exortanf	
	(*4.23*) ¹ uicini ciuf damnabilioref et the fculdigerun non eſſent	
	(*24*) fed ex(*tra*) patriam. utlendef. acceptior . . habetur quam in . . patria. landa	
	(*26*) ad mulierem uiduam: ut illa eum nutriret. neridi	
106ᵃ	*38* tenebatur magnif febribuf: fefra	
	(*39*) ² qui de febribuf refurgunt: giuuendiad: . . funt imbecillef. unkrataga	
	(*41*) ² ut ciuf diuinitaf et maieſtaf non manifeſtaretur: gimarid varthi	
107ᵃ	(*5.29*) B.³ cum . . membrif . . debilitatum. bilemidan	
107ᵇ	*6.6* ciuf dextra erat arida: lam lam⁴	
	(*7*) B.³ de imbecillitate. uncraft	
108ᵃ	*17* in loco campeſtri: gifildi	
	(*20*) L.³ mundum pro nihilo putant ciufque culmen: herduom⁵: contempnunt	
109ᵇ	(*7.12*) ⁶ peccatum quod . . ˙ non perfecit. ne gifremid: . . vt ex operibuf debet. gifculdid	
110ᵃ	(*15*) B.³ quaſi mort(u)uf federe upfitti(an)⁷ uidetur	
110ᵇ	*41* feneratori: burion	
113ᵃ	*9.5* puluerem pedum . . excutite in teſtimonium fuper illof: the(f)⁸ te g(i)huuit(f)e(e)pi⁹	
115ᵃ	*51* faciem fuam firmauit: gienoda	

	52 ut pararent illi: if notthurti	
	53 quia facief ciuf: uuaf gienod: erat euntif hierufalem	
	10.18 ficut: fo fliumo: fulgvr	116ᵃ
	11.5 commoda mihi: anlehno	117ᵃ
	8 propter inportunitatem: vngimak	
	17 regnum in fe ipfum diuifum: giuurohtid	
	(*22*) fe ipfum figuificauit: ménda	117ᵇ
	12.3 quod in aure(*m*): ruonodun¹⁰: locuti eſtif	118ᵇ
	(*3*) T.³ tecta corum non noſtro more culminibuf fublimata. fed plano feemate faciunt equalia. Iro huf fia ne uuarun vp¹¹ giuuarta. neuan fia uuarun alaemnia¹² ouana	15
	(*7*) Y.³ in actu computationif: te thero gitalu	119ᵃ 20
	18 deſtruam: tebriku: horrea mea . . . omnia que nata funt: gihuuahfana: mihi	
	(*21*) D.³ magnam te mikila: fiduciam	119ᵇ 25
	(*13.6*) A.³ mulier inclinata: cruma uuif	120ᵇ
	8 et mittam: leggia: ſtercora	121ᵃ
	(*8*) F.³ quaſi ſtercora mittantur. fo if it famo fo man thar mehf umbileggia	30
	15 non foluet: ne antfelid: bouem	
	(*23*) feculi fallentif. driagundun¹³	121ᵇ 35
	(*15.11*) ¹¹ id eſt omnibuf uirtutibuf indigebat. thárfag¹⁵ uuárd	123ᵇ

---

¹) *Unten am linken rande.* — ²) *Am rechten rande.* — ³) *S. note 1, s. 48.* — ⁴) *Das erſte lam haib verwischt; G. nur lam.* — ⁵) *G. heriduom. Was G. für ein i gehalten hat, iſt aber nur die ſpitze des langſtriches von l in culmen.* — ⁶) *Am rande.* — ⁷) *G. "an ſchwer zu unterſcheiden"; von dem a ſieht man noch den unterſten linken teil, dann iſt das pergament weggeriſſen; ein -n iſt alſo hier überhaupt nicht zu unterſcheiden.* — ⁸) *G. thei; ich glaubte die ſehr verblaſste obere krümmung des f zu erblicken.* — ⁹) *G. gihuuitsep; das i nach dem p iſt aber ſehr ſcharf und deutlich. Nach g(i)huuit(f)e(e)pi eine längere undeutliche (vielleicht nur lateiniſche) fortſetzung.* — ¹⁰) *Das zweite "o aus u" corr. (G.); vielleicht iſt es aber das abkürzungszeichen für m des nebenſtehenden aurem, auf welches das u geſchrieben worden iſt.* — ¹¹) *G. unr. up.* — ¹²) *Der erſte ſtrich von m aus f corr.* — ¹³) *Am rechten rande.* — ¹⁴) *Am linken rande.* — ¹⁵) *G. thár fag.*

(17) ¹ mercedem: lon
18 peccaui: ik faruuarta mi
21 peccaui: Ik faruuarta mi
22 anulum in manu ciuſ: id eſt
cum fide fignate. figlian²
(15.25) ³ legem exteriuſ impleue-
runt. léftun
(25) chorum: ſpil
27 frater tuuſ uenit: iſ cuman
(31) ⁴ de lege⁵ et prophetiſ et
de diuiniſ preceptiſ. the thémo
fólka bifólana uuárun
(17.3) ſic tranſgreſſor: alſo ſcul-
dig: est
6 huic arbori: mulbuoma
(8) N.⁶ ad hoc percingit ſe homo.
ne tractatuſ neſtiſ: ſuli theſ⁷
giuuadiaſ: ſe in greſſu impediat
(10) P.⁶ a ſeruo .. miniſterium:
thianuft: exigit. qui homo eſt
ut: the alſo man iſ. ſo he:
ille
(22) D.⁶ nulla tenebrarum inter-
ruptio eft. undarfard
(37) L.⁶ inſinuat. meind(a)⁸
19.13 minaſ: pund
15 iuſſit uocare ſeruoſ quibuſ
dedit pecuniam ut ſciret quan-
tum quiſque: giuuokrid. endi
giuunnian: negociatuſ eſſet
(23) M.⁶ diligentiuſ: gnodor⁹

(20.32) B.⁶ taliſ ref. thing
(36) E.⁶ ſemper: iemar
(37) F.⁶ maxime: beſt: confide-
bant
21.9 cum .. audieritiſ .. feditio-
neſ: fara
(9) T.⁶ prelia ad hoſteſ pertinent
feditioneſ: inuuardeſ¹⁰: ad ciueſ
11 terrę motuſ magni per loca:
uar endi uar¹¹
(11) X.⁶ inueniat figna multa:
filu an
21 in medio: theſ landeſ
23 vae autem prægnantibuſ:
hata findun: et nutrientibuſ:
kind ſuoginda: ... erit .. ira:
godeſ gremi
(23) A.⁶ ciuitaſ a romano exer-
citu circumdata erat. umbi
bifetan
22.1 feſtuſ azimorum. qui dicitur:
endi
6 et ſpopondit he gihet im¹²
tho thatheimalſ(o)¹³gileſti¹⁴
11 vbi eſt diuerforium: en: vbi:
thar ik
12 ibi parate: thar
14 apoſtoli: thia
(15) A.⁶ deſiderabat typicum
paſcha: id eſt agnu(m) lamb¹⁵
(22) F.⁶ ad menſam domini: that

---

¹) *Am linken rande.* — ²) *Nicht bei G.* — ³) *Am rande links.* — ⁴) *Am rechten rande.* — ⁵) *Nach G. sollte hier etwas (undeutliches?) stehen; et prophetiſ kommt indessen unmittelbar nach de lege; (vor de lege steht indeorum sed, nicht Judeis wie bei G.).* — ⁶) *S. note 1, s. 48.* — ⁷) *G. unr. sulit'hes; was G. für einen accent gehalten hat, ist das abkürzungszeichen, das nach q in neque in der vorhergehenden zeile steht.* — ⁸) *Nicht bei G.* — ⁹) *Für timeo enim 19.20 giebt G. eine randglosse ee hopada ("da verblichen") an, die ich nicht habe erblicken können. Neben der zeile befinden sich allerdings über der randglosse zu 19.23 (nicht zu 19.24 wie G. angiebt): fi inquit etc., undeutliche spuren einer schrift, deren anfang für ee ho gehalten werden könnte. Von diesen spuren sagt G. indessen an einer anderen stelle (s. note), dass sie unlesbar seien. Ich kann auch diese spuren nicht sicher lesen (stand hier et hom(inem) ...?)* — ¹⁰) *G. unr. inuuardes.* — ¹¹) *G. giebt vor uar endi uar die worte erdon uuagi an; hier steht aber nur das zu dem lateinischen texte gehörende magni, das in der zeile übersprungen worden ist; vor magni nicht einmal eine spur von buchstaben.* — ¹²) *Nach im ein o ausradiert.* — ¹³) *Halb verwischt; fehlt bei G.* — ¹⁴) *Am rechten rande; G. gileſti, indem er das abkürzungszeichen für m in illum für einen zu g gehörigen accent gehalten hat.* — ¹⁵) *Steht oberhalb agnum, von diesem durch defide- getrennt.*

if te themo alt*are* ... qui in
mente fua infidiaſ habet condi-
taſ. the the an gethefuueſ
lif radid: ... tradit: far¹.
23 quiſ: huilik: effet
24 quiſ eorum uideretur effe
maior: furifta
(24) G.² quiſ eoſ procuraret endi
thia³
26 qui maior: eldifta: eſt ..
qui preceffor: foraferdio
27 nam quiſ maior eſt qui re-
cumbit. an. qui miniſtrat? nonne
qui recumbit: furthira
30 ut .. fedeatiſ: that gi
fittian
31 fatanaſ expetiuit uoſ. ut cri-
braret ficut triticum that giu
mid iſ coftungu ſo undar-
fokian muofti alfo man
that hrenkurni duod tha(n)
man it fufrod⁴
33 qui dixit tho and. p.⁵
35 quando: thanna
36 facculum: at⁶: .. qui non
habet: the theſ naihuit⁷
(36) M.² uietui biliuan
37 adhuc: nohu(an)⁸

(42) O.² fi .. fieri poteſt .. fin
aliter: an thiu vuord
(43) Q.² orauit prolixiuſ: fo⁹
47 hoc enim fignum dederat¹⁰: 133ᵇ
thuſ tegnidda he ina im 5
49 futurum erat: uaſ: ... per-
cutiemuſ: hvui vehtad: in
gladio
51 cum tetigiffet auriculam: fo
53 cum: than ik: ... fuerim 10
(53) S.² poteftaſ ueſtra in tene-
briſ eſt. qua: mid: armamini
55 accenfo autem: thar unaſ
tho en fiur gibot¹¹: igne
circum: fatvn¹²: fedentibuſ 15
56 ad lumen: fiura
58 poſt pufillum: lucikeru
ſtundu: aliuſ: en man
de illiſ eſ. iro en¹³
60 et ait: tha¹⁴ and¹⁵ 20
61 et recordatuſ eſt petruſ uerbi 134ᵃ
domini ficut dixit: huo he
imo beforan
64 uelauerunt eum et percucie-
bant faciem ciuſ et interroga- 25
bant: ſpra¹⁶ — farodun iſ¹⁷
65 et alia multa blaſphemanteſ:
laſtar: dicebant

---

¹) *Etwa* faruuifid *zu ergänzen.* — ²) *S. note 1, s.* 48. — ³) *Die gloſſe ſteht nach* procura- (-ret *folgt in der nächſten zeile); oben nach derſelben etwas verwiſcht. Es iſt unſicher, ob die gloſſe hierher gehört; vielleicht gehört ſie zu* facta eſt autem contentio *in der nebenſtehenden zeile. G. ſtellt die gloſſe, ohne einen grund anzugeben, vor das oben erwähnte* furifta. — ⁴) *Die gloſſe ſteht am rechten rande; G. unr.* fufrod. — *Zu* fatane eſt *etc. am rande giebt G. die gloſſe* (froon proprium an*; ich leſe hier* propri proprium*; das erſte* propri *war etwas ſchlecht und undeutlich geſchrieben, weshalb der ſchreiber ein deutlicheres* proprium *hinterher ſchrieb; vgl.* lam lam *s.* 55.20,21. — ⁵) *D. h. etwa* tho andunordida petruſ (*G.* andmorda Petruſ). — ⁶) *Nicht bei G.; d. h.* at-fac? — ⁷) "*L.* ni hauit" (*G.*); vielleicht iſt eher niauiht *zu leſen (vgl.* hu *ſtatt* u *und* t *ſtatt* ht *zum beiſpiel in* nu *s.* 50.17 *und* flata "generum" *s.* 59.23). — ⁸) *Der rechte ſtrich von* a *verwiſcht, ebenſo hinter* a *etwas. G. unr.* nohio (nohu *iſt vollſtändig ſicher*). — ⁹) *Nicht bei G.* — ¹⁰) *Steht in der hds. in dem fortlaufenden lat. texte, nicht als randgloſſe, wie G. angiebt; (in der vorlage der handſchrift hat es wohl als randgloſſe geſtanden).* — ¹¹) bot (*d. h. wohl* -batid) *über* gi *am rechten rande geſchrieben.* — ¹²) *G. unr.* fatun. — ¹³) *Am rechten rande; G. ſtellt die gloſſe zu* aliuſ *quidem der folgenden zeile.* — ¹⁴) *G. unr.* tho. — ¹⁵) *D. h.* andunordida. — ¹⁶) *L.* ſpra(kun) (*G.*). — ¹⁷) farodun iſ *ſteht am rechten rande neben dieſer zeile (von G. zu* faciem ciuſ *geſtellt); vgl. die unterhalb ſtehende randgloſſe:* non ueritatem deſiderabant. ſed calumniam illi preparabant. ſi diceret ſe eſſe chriſtum calumniarentur. quod ſibi (*fortſetzung oben s.* 58.2).

58

    66 in concilium: thing
    (66) V.[1] quod ſibi inmerito arrogaret regiam poteſtatem. that he imo thia[2]
5 *68* Si autem et: hic iſ: interrogauero
    69 ex hoc: hinan forth[3]: erit
    23.2 hunc inuenimuſ ſubuertentem: farſtur[4]: gentem noſtram . .
    et dicentem ſe chriſtum iudeon(o)[5] regem eſſe
10 *3* interrogauit eum: ſprak: dicenſ
    5 inualeſcebant: hriapun ſcilicet contra eum: dicenteſ; commouit populum: giuuorran: docenſ: he[6]
15
134ᵇ *8* herodeſ autem uiſo ieſu. gauiſuſ uuarth iſ filo fra[7]
20 eſt ualde . . . ex multo tempore: filo managan dag
    9 interrogabat autem illum: grotta ina: multiſ ſermonibuſ: fi ma[8] thingo[9]
25 *(9)* V.[1] iuſtum profecto erat . . quia: that vuaſ lucilo rehtera[10] — (o) theſ vuaſ[11]
    11 obtuliſtiſ mihi hunc hominem quaſi: eude ſagdun: auertentem populum
30

    15 neque: ſelf: herodeſ
    17 unum uinctum: thero[12] hahtono[13]
    23 A.[1] ut uidebant totam accu- 135ᵃ
ſationem quam aduerſuſ dominum detulerant nihil apud pilatum prodeſſe. conuertunt ſe ad preceſ. thur thia uuraka
    25 quem: the[14]: petebant
    (28) B.[1] ideo: bi the: . . auſę ſunt oſtentare: gibaron dorſtun
    29 beatę ſterileſ: uuiſ: . . que non lactauerunt: kind
    30 montibuſ: bergon: cadite: ſallad[15]
    31 in eadem dampnatione eſ. et 135ᵇ
noſ quidem: tholod it: iuſte. nam digna factiſ recipimuſ. uuerth(lico)[16] angeld(ad)[17] unca ſundia[18]
    47 centurio: ſculthetio
    50 uir nomine: he   136ᵃ
    53 poſuit eum in monumento: that: exciſo in petra
    24.1 mente conſternatę: ſeraga: eſſent de iſto
    11 uiſa ſunt . . ſicut deliramen- 136ᵇ
tum: dununga: uerba iſta

---

[1]) S. *note 1, s. 48.* — [2]) *Steht unterhalb* poteſtatem; *von G. zu v. 68 gestellt.* — [3]) *Am rande, links oberhalb von* ex hoc. — [4]) *D. h.* farſtur(iundian). — [5]) *Am rande nach* chriſtum. *G.* iudeon; *nach* u *sieht man aber ganz deutlich den unteren linken teil eines* o *und auch der übrige teil dieses buchstabens ist (schwach) zu erblicken. G. stellt die glosse ohne grund zu der vorhergehenden zeile.* — [6]) *Von anderer hand als* giuorran, *das in der vorhergehenden zeile steht. G. stellt* he *nach* giuorran *und fasst es als abkürzung für* heuit *auf.* — [7]) *Die glosse steht, in drei zeilen geschrieben, neben* gauiſuſ *am rechten rande.* — [8]) *L.* ſi(lo) ma(nagero) *(G.).* — [9]) *Dieſe glosse von anderer hand als* grotta ina. — [10]) *Dieſe worte ſind durch eine randgloſſe von vier zeilen von* iuſtum profecto erat *getrennt; ein strich über den lateinischen worten deutet aber an, dass hierher eine glosse gehört.* — [11]) *Dieſe glosse, die oberhalb der vorigen in der rechten ecke der seite steht, fehlt bei G.* —

[12]) *Vor* thero *etwas ausradiert.* — [13]) *Hds.* hahtano. — [14]) *Nach dem* ein ſ *ausradiert.* — [15]) *Auf rasur.* — [16]) *G. mit ergänzung* uuerthid; *von dem* l *nach* th *ist noch der untere teil, der wie ein* i *aussieht, sichtbar; nach* (l) *sehr schwache spuren von zwei oder drei buchstaben.* — [17]) *G.* angeldid; *nach dem* d *steht aber kein* i, *da ist alles verwischt; dagegen spuren von dem zweiten* d *erkennbar.* — [18]) *Die glosse steht am rande, in vier zeilen geschrieben, hinter* recipimuſ.

59

Johannes.

1.13 O.¹ omnium mortalium procreatio. gifcaft
(12) H.¹ non ex merito preteritę feruitutif tanto laudif honore eum fublimauit: gieroda: fed talem laudat eum tunc in prefenti: te²
(46) I.¹ quod faluator inde erat expectanduf: uuanian fculun
(2.14) A.¹ pecuf in templum induxerunt. driuun
(15) B.¹ flagellum ex multif funibuf coniunctum. tefamna giflotan. fignificat cumulum peccatorum
(15) D.¹ aperte. barliko
16 domum negociationif: kopaf
(21) H.¹ hoc templum edificauit et . . in octo annif hoc perfecit. bibrahta
(3.8) L.¹ quali modo: huuifu³
(10) M.¹ folliciter: niutlicor
(14) Q.¹ filii ifrael ab ignea ferpente fciffi funt: giflita(n)
(29) V.⁴ fignificauit: tho meinda he
36 fed ira: godef gremi: dei manet
(4.5) Y.¹ iacob . . iofeph dedit prodium: biforan dela
(7) &.¹ Samaria dicitur cuftodia . . regionem obferuare uuaron debuerunt famaritani . . quot fuerant generum. flata
9 non enim coutuntur: nianan gimendon⁴
(18) E.¹ quinque fenfuf corporif. quibuf homo . . regitur. girihtid
(25) H.¹ tunc legitimuf: ehafto: eiuf uir uenit: cuman vuaf

(35) M.¹ fignificat: (m)enda⁵
5.2 eft probatica: felik⁶: pifcina 145ᵇ
3 expectantium aquę motum: felfuuagi
4 poft motionem aquę: felfuuagi thef uuataref 5
(6) ⁷ nifi ipfe falutem defideret fuam. gerag fi
(8) ⁷ quafi: fama: diceret. fucurre: hilp 10
19 quod: fo: uiderit patrem 146ᵃ facientem
(21) D.¹ non ut pater aliof fufcitet. aliofque filiuf. fed eofdem. neuan ena endi thia 15 feluun
(6.38) qui mifit me: et me incarnari deftituit. gimarcoda 148ᵃ
(65) X.¹ non publicauit. ne gibaroda⁸ . . terrerentur an 149ᵃ uorta uurthin 20
(69) I.¹ oftende nobif alterum 149ᵇ te. alfulikan fo thu
7.4 ipfe in palam effe: bar
(12) F.¹ vita noftra cum chrifto 150ᵃ . . et ab illo folo cognita. giuuitan⁹
(18) H.¹ fignificauit: tho menda he
19 nemo ex uobif facit: leftid: 30 legem
(20) L.¹ paluf. feni endi that mof quamdiu eft immota
24 nolite iudicare fecundum faciem: the gi hina munin 35
48 ex principibuf: furifton 151ᵃ
(49) V.¹ qui non permanferit in omnibuf uerbif legif ut faciat: gileftia: ea
51 num quid lex noftra iudicat: 40 farduomia: hominem
(8.6) Z.¹ feueritatem. grimnuffi 151ᵇ

---

¹) S. note 1, s. 48. — ²) G. . . . te; vor te ist aber nichts zu sehen. — ³) So zusammengeschrieben; nicht hu uifu wie bei G. — ⁴) Kaum gimendun; wie G. — ⁵) Der erste strich des m verwischt. — ⁶) G. . . . felik; was bedeuten die punkte vor felik? vor dem worte steht in der hds. nichts undeutliches oder radiertes. — ⁷) Am linken rande. — ⁸) o aus a corr. — ⁹) Fehlt bei G.

	(6) A.¹ in terra feribebat. thia erthun ritta
	(11) D.¹ mulier . . timuit ab eo fe puniri. angeldid uuerthan
5	*(12)* F.¹ lux. quę oriente: (o)ftana: oritur
	15 vof fecundum carnem iudicatif: uuiht thiu the gi ina mu(n)in²
153ᵃ	*(11)* X.¹ primum hominem fua maligna fuggeftione: gifpenfti: necauit
153ᵇ	*9.*8 qui uiderant: conftun: cum priuf
154ᵃ	*22* confpirauerunt: gienoda
154ᵇ	*32* a feculo: an uuoroldi: non est auditvm
	34 in peccatif: fo it. an thi fcinid: natuf ef
156ᵃ	*12.*5 quare hoc unguentum non ueniit: uuirthid fercóft³
	(6) ⁴ ad uictum: te tuhti
156ᵇ	*(20)* F.¹ gentilef qui ibi in proximo erant: naift gifetana
25	*24* nifi granum frumenti cadenf in terram mortuum fuerit: endi te kina
157ᵃ	*(31)* M.¹ illud iudicium et illa difcrecio: gifeeht
30	*(35)* N.¹ fignificauit: menda
157ᵇ	*12* multi crediderunt in eum. fed propter pharifieof non confitebantur: barlico
	(12) Q.¹ erant tam fortef: fo balda
35	
158ᵃ	*10.*22⁵ B.¹ per hiemem: uuedar
	(28) deuorat: fritid
	33 facif: metif⁶: te ipfum deum
158ᵇ	*11.*5 diligebat . . iefuf: thia thriu gifuttrithi⁷: martham et fororem eiuf mariam et lazarum
	(8) E.¹ ne et ipfi cum eo mori deberent. thortin
	12 faluuf erit: ginefid
	(31) K.¹ ut triftia: iro leht: earum lacrimif confolentur
	47 collegerunt ergo pontificef et pharifięi concilium: iro thing: et dicebant: redun
	(49) Y.¹ facerdotium daret: lefdi: . . uiciffim: herdon
	*15.*2 ⁸ omnem palmitem in me non ferentem fructum tollit: angeldid
	3 uof mundi: hrenia: eftif
	6 fi quif in me non manferit mittetur foraf: endi ofgifcidan: ficut palmef
	*13.*12 ⁸ accepit ueftimenta: te imo nam
	(18) ad ęternam beatitudinem electuf fuit. fed proditione . . perdidit: farfculda
	19 amodo: nu
	(27) Q.¹ ille cupiduf: gerag
	*14.*2 X.¹ quot diuerfa: alfo miffilica: merita funt . . tantę
	7 amodo: hinan forht
	*(17.*24*)* N.¹ uifibiliter. gifihtiglico
	*(18.*2*)* R.¹ qui obferuabat: he if hodda
	(3) S.¹ miniftrof accepit fraudif meditandę: the ina fe(ea)n(l)ico⁹ anquamin
	(10) B.¹ deum . . defendere: uurekan¹⁰
	16 difcipuluf . . introduxit petrum G.¹ that deda bi thiu

---

¹) *S. note 1, s.* 48. — ²) *G.* nugin; *der dritte buchstabe ist ausradiert; vielleicht hat da ein g gestanden.* — ³) f- *aus* u *corr.* — ⁴) *Am rechten rande.* — ⁵) *Die blätter* 158 *und* 159 *haben beim einbinden einen unrichtigen platz bekommen; sie hätten vor den blättern* 156, 157 *stehen müssen.* — ⁶) *G.* mecif, "e *oder* t"; *es steht aber ganz sicher* metif. — ⁷) *L.* gifuftrithi (*G.*). — ⁸) *Die blätter* 160 *und* 161 *sind unrichtig vor den blättern* 162 *und* 163 *eingeheftet worden.* — ⁹) *G.* fecanaco, *statt* a *gewiss* li *zu lesen; der langstrich des* l *noch (schwach) erkennbar.* — ¹⁰) *Unter* defendere *geschrieben.*

65ᵇ (28) P.¹ illiſ contaminatio erat: unſuuarnuſſi thuhta
66ᵃ (31) S.¹ quid eſt quod dixerunt: haat² mendun ſia
32 ut ſermo ieſu impleretur quem dixit. ſignificanſ: tho the he im: qua eſſet morte morituruſ
39 eſt autem conſuetudo uobiſ. ut unum: hahtan: dimittam in paſcha
(39) Y.¹ credo: it mahti giburia³: enim . . in mentem illi ueniſſe . . ſolebat eiſ unum: hahtan: dimittere
66ᵇ (19.5) non claruſ imperio: kuningduoma
(7) C.¹ neutrum ſibi ieſuſ mendaciter finxit: gieknoda⁴. neuuethar ne thena kunigduom. ne that he godaſ ſunu⁴ vuari⁵

(16) K.¹ ideo traditum illiſ dixit evangeliſta. ut eoſ crimine implicatoſ: that ſi(a) theſ menaſ filu ſculdig(a) uuarun: a quo alieni eſſe uoluerunt 5 oſtenderet
19 erat autem ſcriptum: thit: 167ᵃ ieſuſ nazarenuſ
(20) P.¹ romanoſ. multiſ ac pene omnibuſ gentibuſ imperanteſ. 10 the thar herron vuarun allero thiadono
(29) X.¹ refert. ſpongiam ſuper- 167ᵇ poſitam eſſe arundini: endi that man ſia mid yſopo bi- 15 laggi⁶
(34) B.¹ ut inde: te thiu that⁷ imo: formaretur ei coniunx
(37) C.¹ ubi: mid thiuſ: promiſſuſ eſt chriſtuſ in ea qua 20 crucifixnſ eſt carne uenturuſ
(21.15) ⁸ denouit. bihet   169ᵇ

---

¹) S. note 1, s. 48. — ²) L. huat (G.). — ³) L. giburian (G.); -a ganz am rande der seite geschrieben, wo kein platz für ein -n war. — ⁴) Auf rasur. — ⁵) Die glosse nenuethar — vuari steht unter finxit und wird durch ein kolonzeichen hinter dieses wort verwiesen. — ⁶) L. bilagdi (G.). — ⁷) G. bad ("bad oder that? undeutlich"); sicher aber that; G. stellt die glosse zu indei . . rogauerunt pilatum. Sie steht aber oberhalb der mit B. bezeichneten randglosse, und über inde in dieser randglosse findet man ein aus zwei punkten bestehendes verweisungszeichen, wodurch die glosse gewiss hierker verwiesen wird. — ⁸) Die glosse steht rechts von anno te auf einer nicht mit text beschriebenen stelle und wird durch ein kolonzeichen an diese stelle gewiesen.

XII.

Glossen zu homilien Gregors des grossen.

26ᵃ 1554¹ Quęrendum nobiſ eſt: te ſo-
(cinn)a²: quid eſt quod ſpiritum
5   ſanctum dominuſ noſter .. dedit
28ᵃ 1555 Sepe ſit ut erga quemlibet
proximum odio uel gratia mo-
neatur paſtor .. Cauſę ergo
penſandę ſunt: (gihik)³: et tunc
10 ligandi atque ſoluendi poteſtaſ
exer(c)enda
57ᵇ 1581 ſolem .. uidere non poſſu-
muſ inluſtratoſ monteſ claritate
illiuſ uideamuſ: (ſ)unno⁴
98ᵇ 1626 Si⁵ conſideremuſ⁵: of uui
alla thia⁶: quae et quanta

ſunt quae nobiſ promittuntur
in caęliſ
Terrena namque ſubſtantia ſu-
pernae felicitati comparata:
(u)uithar⁷: ponduſ eſt non ſub-
ſidium
1627 non poteſt niſi per: anna:⁷,⁸
magnoſ laboreſ
1628 propinquoſ: naiſton⁷: ..
odiſſe: haton⁷
Sed ſi .. perpendimuſ: niudli⁷,⁹
1629 Quiſ enim: (a)uer⁷,¹⁰
1630 aedificium .. conſtruitur:
uuat⁷,¹¹

---

¹) Die kursivierten ziffern beziehen sich auf die ausgabe von Gregorii opera, tom. I, Paris 1705. — Die glossen, die G. zu den seiten 7ᵃ, 7ᵇ, 8ᵃ, 8ᵇ, 9ᵃ, 10ᵃ, 10ᵇ, 16ᵃ und 23ᵃ giebt, konnte ich nicht wiederfinden; s. 7ᵇ sieht man einen reagensfleck, an den anderen stellen keine spur von glossen (vgl. teil II). — ²) Hds. te ſo (cinn)a Die glosse ist mit sechs feinen kreuzen durchgestrichen, was die lesung erschwert. Die buchstaben sind gross und nachlässig geschrieben und die von dieser hand herrührenden glossen sind überhaupt schwer zu entziffern und deshalb unsicher. G. liest hier te forsōcounia oder forsōcontha; von for- ist in der hds. weder eine spur zu sehen noch ist dafür raum vorhanden; -co- hat G. wohl in der weise bekommen, dass er das etwas hinter ſo jetzt zu sehende c als den rest eines o aufgefasst und zwischen ſo und diesem (o) ein c ergänzt hat. — ³) Am rande eingekratzt; G. nichts; gih in gihu zu ergänzen? — Wo G. auf derselben seite ferlatan liest, sind vielleicht spuren einer (jedenfalls unleserlichen) glosse vorhanden. Die von G. zu den seiten 31ᵇ, 45ᵃ und 55ᵇ gegebenen glossen konnte ich nicht erblicken. S. 43ᵃ (G. unr. 42ᵃ) steht über dicat, das aus dicamuſ corrigiert worden ist, ausser einem deutlichen audiamuſ ein fast ausgewischtes aud, aber kein domia. — ⁴) Randglosse von derselben hand wie die s. 122ᵇ; fehlt bei G. Die von G. für die seiten 61ᵃ, 63ᵇ, 67ᵇ, 71ᵇ, 76ᵇ (G. unr. 78ᵇ), 79ᵃ, 80ᵇ, 81ᵃ und 81ᵇ angegebenen glossen konnte ich nicht wiederfinden; (63ᵇ ist ein reagensfleck zu sehen). — ⁵) In der hds. mit majuskeln (anfang einer homilie). — ⁶) Von grober hand. — ⁷) Von der nachlässigen, in der note 2 erwähnten hand. — ⁸) G. ne huanna; ich konnte keine spur von ne hu erblicken; möglicherweise so zu ergänzen. — ⁹) D. h. wohl niudli(co). G. niudlec und darnach ein "eingekratztes wegin", das ich nicht wahrnehmen konnte. — ¹⁰) Unter enim geschrieben; unter (a)uer steht aedificare. — ¹¹) G. buuat, "b verblichen"; vielleicht so zu ergänzen.

03ᵇ   maiora: gota(r)¹,²: penſentur
05ᵃ   *1631* Multoſ: (So)¹: ut arbitror
05ᵇ   Multi: (So)¹ ueſtrum
22ᵇ   *1634* quippe iuſtorum: giuuiſſo rehtero³
23ᵃ   *1635* Quando deum ante: (t)hemo enda therro⁴,⁵: ſecula fieri uoluit. hominem in fine ſeculorum
24ᵃ   *1636*⁶ Illi autem neglexerunt⁷: Sia ni namon⁸ iſ tho niam⁹
       1637 Homicidaſ perdidit⁵: tho far¹⁰
       illorum non ſolum animæ. ſed caro quoque⁷: thuo niet¹¹ ekir iro ſelon neuen¹² ok
       Miſſiſ uero exercitibuſ⁷: He ſendt(e)¹³ ut
24ᵇ   Cuiuſ uindictę potentiam tunc noſtri patreſ: forthe¹⁴: audie-

bant⁷: tòvuarda¹⁵: noſ autem iam cernimuſ
Permixta quippe eſt diuerſitate 125ᵃ filiorum⁵: thiu mŏda(r)¹⁶
alii uero per maliciam uendi- 125ᵇ toreſ fratriſ fuerunt⁷,¹⁷ thia othera vur|thu(n) | thoſ | menaſ | ſculdige | that ſia | (i)ro b(ro)thar | fer¹⁸
1638 qui probaret: mit them¹⁹ 10 ergo⁷,¹⁷: bi thiu ne m²⁰: . .
nec mali eſſe . . poſſunt . .
Ante acta⁷,¹⁷: thenkad ia | itaque tempora . . ad mentem reducite   15
Sicut⁷: Sulik ſ(o)th²¹: lilium 126ᵃ inter ſpinaſ. ſic amica mea inter filia²²
1639 Et certe fratreſ ſi quiſ | ad 126ᵇ carnaleſ nuptiaſ eſſet inuitatuſ⁷: 20

---

¹) *Von der nachlässigen, s. 62, note 2 erwähnten hand.* — ²) *Oder* gotaſ; *G.* grotara, *und so ist die glosse wohl zu ergänzen, wenn sie wirklich zu* maiora *hingehört; sie steht indessen nicht über, sondern unter* maiora; *unter der glosse steht* quiſ rex. — *Die von derselben undeutlichen hand geschriebene glosse zu* cunque *din* teneretur *s. 105ᵃ, die G. als* faen *liest, konnte ich nicht entziffern; statt* ſ- *scheint jedenfalls* S- *zu stehen.* — ³) *Randglosse, von grober hand.* — *Auf seite 122ᵇ liest G. noch zwei längere glossen, von welchen ich keinen buchstaben unterscheiden konnte; (die stellen sind von reagensflecken bedeckt).* — ⁴) *Vor* (t)hemo *ist ein langer reagensfleck und nach* therro *ein anderer; auch über worten dreier vorhergehender zeilen und auf der folgenden seite sind dergleichen flecke; was G. da las, vermochte ich nicht zu unterscheiden.* — ⁵) *Die glosse ist mit tinte von derselben hand geschrieben, die viele glossen einfach eingekratzt hat.* — ⁶) *G. liest s. 124ᵃ eine "eingekratzte" glosse* sam' *über* per hoc *in folgendem zusammenhang:* "deus . . adiungit exempla. ut omne quod impoſſibile credimus. tanto nobis ad ſperandum fiat facilius quanto per hoc tranſiſſe iam et alios andimus"; *ich lese hier* Scim' (*d. h.* Scimuſ). — ⁷) *Die ganze glosse ist eingekratzt.* — ⁸) *G. unr.* namun. — ⁹) *D. h.* niam(an); illi autem neglexerunt *stammt aus Muth. 22,3, wo von den zur hochzeit geladenen die frage ist, von welchen keiner der einladung folge leistete. G. unr.* unara *statt* niam; unara *ist jedenfalls nach* niam(an) *zu ergänzen.* — ¹⁰) *D. h. etwa* far(ileda). — ¹¹) *G. ni* "die folgenden zwei oder drei buchstaben undeutlich"; *niet sah ich ganz deutlich.* — ¹²) *G. unr.* neuan. — ¹³) *Oder* ſendti; *G. unr.* ſenda. — ¹⁴) *D. h.* forthe(ron); *G. liest so, ich konnte aber kein* on *erblicken.* — ¹⁵) *G. unr.* . . . wareden. — ¹⁶) *Nach* mŏda(r), *das über* quippe *steht, ein reagensfleck, der sich bis über* lilio- *hinaus erstreckt, und wo ich nichts lesen konnte; vgl. G.* — ¹⁷) *Diese glosse fehlt bei G.* — ¹⁸) *Die glosse fängt über* alii *an und geht dann in neun zeilen am rechten rande fort;* ſer *ist etwa* ſer(kuſtun) *zu ergänzen.* — ¹⁹) *G. unr.* mid themn ("n *unsicher*"); *die (von einem reagensfleck bedeckte) glosse von grober hand.* — ²⁰) *D. h.* m(agan). — ²¹) *D. h.* ſo th(iu). *G.* ſath; *was er für den rechten strich eines* a *gehalten hat, ist eine linie, die längs der ganzen seite und rechts neben* o *geht.* — ²²) *Ueber* quia honut *auf derselben seite &* Scitiſ *eingekratzt.*

amen dico uobiſ ſo vuilik[1]
iuv(u)ar[2] ſo te vueroldlikon
brudlohton gibed(e)n[3] vu(a-
r)i[1]
Sciendum uero eſt: (ui)tah iſ
uſ[5]: quia ficut[6]: alſo aller(o)
. u(u)[7]

127ᵃ *1640* Noſ ſumuſ qui . . qui . . qui
. . qui[8]: *endi* the thar[9]: . .
gaudemuſ.
1641 ſi iam contra nullam[10]:
nian[11] (othere)[8,11] odium ha-
betiſ. ſi . . nulla uoſ in-[8,10]:
afonſtig (ni)d: | -uidiç face
ſuccenditiſ. ſi per occultam ma-
litiam nemini[8]: nian othe-
remo d(e)[12]: nocere feſtinatiſ.
Ecce rex ad nuptiaſ ingreditur:
than gen ſo thi[13]
atque ei quem[14]: *endi* tehn[15]
the: caritate ueſtitum[8,10] ana
thia gi(vu)a[16]: non inuenit
quod hunc: ſo[6]: et amicum
uocat et reprobat[17]
increpationiſ: riſpſinga[18]
Quippe quia foriſ increpat: thi[14]
(hri)pſod uſ than filo bar-
liko[19]: qui: the[20]: teſtiſ con-
ſcien|ciç intuſ animum accuſat:
allero uſero[20] dagolnuſſ(ie)[21]
[22] quia ipſe quoque ſpem nobiſ |
per *(pſal)*miſtam tribuit dicenſ:
tho vuel[23] troſtid uſ alla
thar he[24]
in conſolatione[8]: them te
troſta[25]: habentiſ et infirmantiſ
a bono opere[8]: vuan ſia ſel-
uon tho vuillan[10]: iam ligatç
ſunt ex uoluntate
in quo uidelicet omne malorum

---

¹) *G. unr.* uhilik; *was G. für den langstrich des h gehalten hat, ist eine linie, die längs der seite läuft und durch den linken strich des u geht. —* ²) *G. unr.* mau. — ³) *G.* gibedan. — ⁴) *G.* uari. — *Ueber* feſta celebranteſ *in einer der folgenden zeilen eine lat. glosse* (ſponſa et ſponſo?). — ⁵) *G.* iu tahiſ uſ. *Von grober hand.* — ⁶) *S. note 5, s. 63.* — ⁷) *Dann ein langer reagensfleck und über der folgenden zeile und der letzten zeile der seite auch dergleichen flecke, wo ich nichts unterscheiden konnte; vgl. G. — S. 127ᵃ oben ein reagensfleck, wo G. eine glosse angiebt.* — ⁸) *S. note 7, s. 63.* — ⁹) *Hds. &* the thar, *G. unr.* unihethian; *die glosse steht am rande über* qui *und nicht über dem mitten in der zeile stehenden worten* ſcripturæ ſacræ, *zu welchen G. seine unr. lesung stellt. — Ueber* æccleſiam *auf derselben seite* chriſti ſponſa uocata eſt *eingekratzt. In der folgenden zeile liest G.* bithanki; *wegen des hier befindlichen reagensfleckes konnte ich nur einzelne striche unterscheiden. —* ¹⁰) *Diese glosse fehlt bei G. —* ¹¹) *D. h.* nian(emo) (otheremo)? *(statt* nullam *z. 11 hat die ed.* nullum). *Die glosse fängt über* iam *an. —* ¹²) *G. liest die glosse als* uvilo thero modo, *was sich schon auf den ersten blick als unrichtig erwies, weil zwischen dem vierten und dem fünften und zwischen dem zwölften und dem dreizehnten buchstaben eine deutliche worttrennung ist. —* ¹³) *Von grober hand; d. h.* than gen(gid) ſo thi (cuning); *G. geng und dazu ein* an, *das da nicht zu sehen ist (so kommt unmittelbar nach* gen). *G. führt* ſo thi *nur in einer fussnote an und weiss nicht, wohin die glosse gehört. —* ¹⁴) *Die glosse von grober hand. —* ¹⁵) *h aus* n *corr., l.* then. — ¹⁶) *D. h.* gi(vu)a(di). — ¹⁷) *Ueber* uocat *und* et reprobat *reagensflecke; vgl. G. —* ¹⁸) *Von grober hand; l.* riſpunga *oder* riſpinga. — ¹⁹) barliko *eingekratzt;* (hri)pſod — filo *von derselben hand mit tinte geschrieben. —* ²⁰) *Nach* the *ein reagensfleck, der sich über das ende der zeile hinaus erstreckt; the* und allero uſero *von der note 19 erwähnten hand mit tinte geschrieben. —* ²¹) *Von grober hand; G.* dagolnuſſæ. — ²²) *Zu* deſperare de uenia *auf derselben seite giebt G. eine glosse* garehtueſſe *an, die ich nicht wahrnehmen konnte. —* ²³) tho vuel *eingekratzt* (e *aus* l *corr.); G. unr.* tho uuilik. — ²⁴) troſtid — he *mit tinte von derselben hand wie* tho vuel *geschrieben. Nach* he *giebt G. eine unsichere eingekratzte glosse* ſprikit an, *die ich nicht erblicken konnte, und über* uidenunt *in derselben zeile liest G. die eingekratzte glosse* anſehan, *wo ich nur natürliche risse im pergamente sah. —* ²⁵) *G. unr.* an themo troſta.

corpuſ: thuro¹ that to ſig-
natum eſt: exprimitur
neceſſe eſt ut unuſquiſque no-
ſtrum in humilitate ſe deprimat:
um iſ ſelvaſ² dadi³
1642 nonnulli vuan³: enim
ſed quia nonnumquam³: nevan⁴
bi thiu huan (that) the⁵:
menteſ audientium pluſ exempla
fidelium. quam docentium uerba
conuertunt
treſ . . Quarum una⁶: en het:
tharfilla . . dicebatur
vno omneſ ardore⁶: ſia vua-
run alla thria: conuerſę
ſat contra Gordianæ animuſ
cœpit a calore amoriſ intimi . .
tepeſcere et pauliſper ad huiuſ
ſæculi amorem redire⁷]³: thar
vuithar⁸ bigonſta Gordia-
nan mod te ther(a) vue-
rol(d(a)ſ⁹ (m)in (nea) (vui-
thar) | (cum)an¹⁰
uideo⁶: ſo ſ(ihu)¹¹

ualde oneroſa³: filo leth¹²: erat **129ᵃ**
multi uiri ac femine⁶: thar
quam tho filo manno endi¹³
vuivo endi¹³: eiuſ lectulum
circumſteterunt 5
cumque in eum intenderet: in-
terea dominum (ſo) (ſah) m¹⁴:
quem uidebat. ſancta illa anima
carne ſoluta eſt
ieſuſ uenit . . Tantaque ſubito 10
flaglantia¹⁵ miri odoriſ⁶: thar
quam tho geliko ſulik
ſtank¹⁶: aſperſa eſt ut
1643 Gordiana autem: ſo uidit³: **129ᵇ**
mox ut . . repperit 15
oblita pudoriſ et reuerentiæ³:
vui(h)hedaſ¹⁷: oblita conſe-
crationiſ
1645 omneſ in ſola diuina miſeri-
cordia gaudeantur³: (an) uſaſ 20
drohtinaſ|gi(n)a(th)on ſe(n-
lun) (vui) vſ alla ſa(r)latan¹⁸
dignatuſ eſt ſuſcipere: an(ag)e-
(ni)man¹⁹: naturam noſtram

---

¹) *G. unr.* thuru. — ²) *G. unr.* feluan. — ³) *S. note 7, s. 63.* — ⁴) *G. unr.
ne uan, "vor u . . x?"* — ⁵) *Statt* (that) *the hat G.* mann than *und dann noch
othar, indessen mit der bemerkung, dass die drei worte unsicher seien. Nach* the
am rande spuren von etwa 7 buchstaben (die letzten: niſ?); *dann wird die glosse
am rande fortgesetzt (* gi vu(en)dad | an | gi | |?). — ⁶) *S. note 5,
s. 63.* — ⁷) *Das zwischen den klammern stehende ist in dem lat. texte der hds.
übergangen worden und der ed. entnommen. Die alts. worte stehen teils über* coe-
perunt cottidianiſ incrementiſ in amorem *und teils am rechten rande.* — ⁸) *G. unr.*
uuethar. — ⁹) *G.* vueroldes. — ¹⁰) *G.* minnea brinnan, *wohl durch ergänzung;*
brinnan *passt nicht zu der vorhergehenden prep. tc.* — ¹¹) *Nach dem zweiten, etwas
verwischten* ſ *ein reagensfleck, wo ich nichts lesen konnte; G.* ſo ſe mik *oder* ſo
ſe nu ik. — ¹²) *G.* filu leth unaſ. — ¹³) *Hds. &, das an der zweiten stelle von
G. unr. als.* in *gelesen worden ist.* — ¹⁴) *Diese glosse nicht bei G.;* m = m(ortua
eſt)? — ¹⁵) *Ed.* fragrantia. — ¹⁶) *ſulik aus etwas corr. (St. Anz. f. d. alt. 22,327)
ſulik aus* ſo filo *[statt* filo] *corr.) und* k *in* ſtank *über die zeile hinzugeschrieben;
zuerst ist* ſtanknuſſ *geschrieben worden,* -nuſſ *aber nachher durchgestrichen. G.
statt* ſulik ſtank *unr.* ſalih ruk. — *Ueber* cumque corpuſ *s. 129ᵃ ein reagensfleck;
vgl. G.* — ¹⁷) (h) *scheint aus* t *corr. zu sein; G.* vuilthedaſ. — ¹⁸) *Am rande; die ganze
glosse ist von einem reagensfleck bedeckt. Vor* uſaſ *ist für zwei oder drei buch-
staben platz vorhanden und am rande der seite sieht man im reagensflecke spuren
von weiteren vier oder fünf zeilen. G., der die glosse grösstenteils falsch gelesen
hat, stellt dieselbe unr. zu der vorhergehenden zeile; die von ihm in der note er-
wähnte, (z. t.) über* trepident *stehende glosse, "woron nur . . aber einigermassen zu
entziffern war," ist in der tat das wort* drohtinaſ, *oben z. 21.* — ¹⁹) *Nicht bei G.;
die glosse ist von einem reagensfleck bedeckt.* — *S. 134ᵇ, wo G. eine glosse angibt,
konnte ich nur unregelmässige vertiefungen oder falten im pergament sehen. Die
von G. zu s. 136ᵃ u. s. 146ᵇ gegebenen glossen konnte ich nicht wiederfinden.*

XIII.

Indiculus superstitionum et paganiarum.

  De facrilegio ad fepulchra mortuorum.   7ᵃ
  De facrilegio fuper defunctos id eft dadfifaf.
5 De fpurcalibuf in februario.
  De cafulif id eft fafif.
  De facrilegiif per aecclefiaf.
  De facrif filuarum quae nimidaf uocant.
  De hiif quae faciunt fuper petraf
10 De facrif. mercurii. uel. iouif
  De facrificio quod alicui fanctorum
  De filacteriif et ligaturif
  De fontibuf facrificiorum
  De incantationibuf
15 De auguriif uel auium uel equorum uel bouum ftercora uel fternutationef
  De diuinif uel fortilegif
  De igne fricato de ligno id eft nodfyr.
  Det fbro[1] aximalium
20 De obferuatione paganorum in foco uel in incoatione rei alicuiuf
  De Incertif locif quae colunt pro fanctif.
  De petendo quod boni uocant fanctae mariae
  De feriif quae faciunt ioui uel mercurio
  De lunae defectione quod dicunt uincelusa   7ᵇ
25 De tempeftatibuf et cornibuf et cocleif
  De fulcif circa uillaf
  De pagano curfu quem yriaf nominant fcifif paxnif uel calciamentif
  De eo quod fibi fanctof fingunt quoflibet mortuof
  De fimulacro de confparfa farina
30 De fimulacrif de pannif factif
  De fimulacro quod per campof portant
  De ligneif pedibuf uel manibuf pagano ritu
  De eo quod credunt quia femine lunam comendet quod poffint corda hominum tollere iuxta paganof

---

[1] L. De cerebro.

XIV.
Lamspringer glossen.

	Poetae Saxonis vita Caroli.	231 vidiffet templo ferre follempnefque palumbef: ringelduffe	77ᵇ
7ᵇ	233¹ nouiomagum: niumagan²		5
6ᵃ	242 fequefter. grieduuard	463 proueniant hominum prepulchra indagine: fp(urin)gu¹²	82ᵃ
7ᵃ	243 circumfeffum bifetenne fore fefe confpicienf obfef gifl³	487 quof et iordanif dirimit ftagnante: ftathientimu¹³: fluento	82ᵇ
1ᵇ	247 cum nox omnigenif animantibuf alta quietem. fuggereret⁴ feunde coeptif crudelibuf effera coniunx		10
		698 nec tamen in proprio tignum: lattan¹⁴: confiftere fentif	87ᵃ
3ᵃ	249 regina id eft reinefburg.. in urbe	2.2 nox cerula: grebl(i)ne¹⁵	89ᵃ
2ᵇ	257 northmanni.. pyrate afhmen⁵	15 vulpibuf in faltu rupef excifa: an theru rotherftidiu: latebram prebet	89ᵇ 15
	*Passio Sancti Adalberti.*⁶	70 ruunt.. fubulci: fuenaf	90ᵇ
9ᵃ	180⁷ ueronam: id eft bunna⁸	3.63 et lance: feutalan: inferri. prefentia munera pofcit	107ᵃ
4ᵃ	183 teftacia⁹ thaine uafa.. portaret		
		241 pharifei. farra¹⁶	110ᵇ
0ᵇ	186 decapitabimini: gihafdade uuerthath iohanni canapario¹⁰: faduleric	466 Quicquid erit lefi tingit quod corda mariti et nimeg|nenem¹⁷	115ᵃ
		555 et fua tum inffit cultu uineta poliri. grauan	117ᵃ
	Juvenci historia evangelica.	648 Ipfum percontant. inurragant¹⁶,¹⁸	118ᵇ
3ᵇ	1.13¹¹ iam tune uergentibuf: ginegindun: annif		

---

¹) Seitenziffern der ed. in Mon. Germ. I. — ²) ni auf ausgewifchtem nim. — ³) i aus l corrieft. — ⁴) Aus furgeret corr.; feunde mit derfelben tinte wie furgeret. — ⁵) af etwas verwifcht. — ⁶) Die zur Paffio Adalberti gehörenden gloffen find bei G. übergangen. — ⁷) Seitenziffern der ed. in Acta sanctorum, Aprilis tom. III. — ⁸) Durchgeftrichen; von den früheren herausgebern nicht aufgenommen. — ⁹) Ed. testea. — ¹⁰) Ed. Campanario. — ¹¹) S. Migne, Patrol. lat. XIX. — ¹²) Ausradiert oder verwifcht. — ¹³) Hds. ftathientemu. — ¹⁴) Hds. latan. — ¹⁵) i aus etwas (a oder e?) corr. (A. Gl. "das wort ist nicht ganz sicher"). — ¹⁶) Fehlt bei G. — ¹⁷) Die gloffe steht in zwei zeilen dicht am rechten rande der seite (nach meg höchstens für einen buchstaben platz, nach nenem für etwa drei); sie ist mir, wie den früheren herausgebern, ganz unbegreiflich. Statt tingit ed. tangit. Vor diesem vers gehen die beiden verse: Ecce pharifei temptantef querere pergunt Coningif an liceat reiectum feindere ninclum. — ¹⁸) So nach einer gütigen collation von v. H.; l. inuragant. St. Anz. f. d. a. 22,356? inuragant oder unuragant.

XV.

Leidener Vegetiusglossen.

4ᵇ	9.2 ¹ Caufetur laftro	Carpentariof vvanngerof²	
5ᵇ	11.4 Fabrof tymbron	15.12 Clauaf fuinga³	9ᵃ
5	Ferrariof fmidof	44.15 Sagmarii Sagmarii fomari⁴	26ᵃ

---

¹) Vgl. die edition von Lang, Lipsiae 1885 (2. aufl.). — ²) Hds. vvann͡g erof.
— ³) Die dann von Lang zu 25,24 angeführte gl. Qualos corbos (f. 16ᵃ) rührt aus
dem 14 jh. her und ist lateinisch (A. Gl.). — ⁴) Sagmarii fomari am rande.

XVI.

Merseburger glossen.

	De exorcistis[1]		ERPGERD[7]	67[b]
4[b1]	433 quaecumque fuiſſent uexata genuegid[2] in aedificatione templi		Liuthard[8]	
			geronimuſ preſbiter	76[b1]
			liudgerd[9]	82[b1]
	redigit apud ſe totiuſ poſſeſſioniſ inſtrumenta originalia eriſtlica[3]		E(d)ediram(ua)nRorotfeld[10]	96[b]
			CXV. Quod canonica inſtitutio evangelica et apostolica auctoritate fulta ceteris superemineat institucionibus.[11]	10
4[b2]	donum quod illi eſt ab ſpiritu ſancto conceſſum f(o)rgeſen[4]			
5[a]	adalger diaconuſ[5]		? in cauendiſ uitiiſ:....ardian(un)[12]	103[b1]
9[a]	Herim[6]			

[1]) Diese überschrift in der hds. mit majuskeln. Die kursivierten ziffern beziehen sich auf Isidori opera, Romae 1797—1803, tom. VI. — [2]) Früher nur von G. bemerkt. In der hds. ist gid unter genue geschrieben; nach genue ist ein loch im pergament und darunter steht mit schwächerer schrift gi: der schreiber hat offenbar zuerst die fortsetzung von genue- hier schreiben wollen, wegen des loches aber vorgezogen, -gid direkt unter genue- zu setzen. — [3]) G., der diese glosse zuerst bemerkt hat, giebt dieselbe nur, als erstlica an. — [4]) Die glosse zuerst von G. gelesen; sie steht zwischen den spalten, ſen unter ſorge geschrieben. — [5]) Federprobe zwischen den spalten; früher nur bei G. — [6]) Federprobe zwischen den spalten, von früheren herausgebern nicht erwähnt; wohl der anfang eines namens, etwa Heriman. — Zu s. 21[b] giebt G. die glosse amſcini. Das hier stehende sieht zunächst wie amſtm aus. Ueber das rechts davon stehende latein s. G. Links steht [ſed einſ animum uoluntate] luxoriae. ſine ulla repug[nationiſ ſtimulo delectatur]. Ob hier eine glosse wirklich gemeint ist, weiss ich nicht sicher; vielleicht sind die buchstaben nur federproben; vgl. die wie es scheint von derselben hand herrührende federprobe auf f s. 95[a]. — Unten auf derselben seite sparen einer glosse, von einem reagensfleck bedeckt; vgl. G. — [7]) Zwischen den spalten; ERP steht über GERD. Von früheren herausgebern nicht erwähnt; nicht bei H. u. Bezz. — Unter Liuthard steht & HA GR(ô) & (X). — S. 75[b1] lest G. eine glosse; ich sah da nur einen reagensfleck. Statt manna, wie G. für s. 78[a] angiebt, scheinen wir nur momi(n) zu stehen, der anfang von in nomine domini, eine federprobe, die sich an einer menge stellen in der hds. findet; unten steht auch eine federprobe. — [8]) Am linken rande; früher nur von G. vermerkt. — [10]) Verwischt; d. h. Ediram uan Rotfeld; von früheren herausgebern nicht verzeichnet. — Zu s. 99[b1] giebt G. die glosse lonestsap. Das h ist unsicher; es kann hier auch li oder n stehen; wahrscheinlich hat man es hier nur mit einer federprobe zu tun. — [11]) Die überschr. in der hds. mit majuskeln. — [12]) Leyser ...enn uardianum, H....nennuardianum, Bezz. ennuardianum "unzweifelhaft ist nur ardianum, davor wahrscheinlich un", G. unuardianum. Bezz. vermutungsweise "in cavendis — en wardiandum".

diſtare uromſtan[1]
diſtractiſ forſaldun[2] atquę re-
nuntiatiſ ende[3] forſekenun[2]
patrimoniiſ
5 ſumptibuſ: botun: dominiciſ
ſuſtententur.: a(ſ)[4] : quatinuſ:
thet ſe ti then thingun[5]: ad
ea quę contempſerunt. minime
redire . . conpellantur
103 manifeſtum eſt illoſ copioſioribuſ:
manigeru(n)[6]: eccleſie ſump-
tibuſ: bot(un): quam canonicoſ
qui ſuiſ et eccleſie licite utun-
tur: nietath: rebuſ indigere:
15 bithu(rſan)[7]

CXVI. Qvod ſint res eccleſie[8].

104 pro temporum oportunitate:
20 hibarilicuru[9]
Ergo res aecleſię. pauperibuſ
104 et militibuſ..ſtipendiarię:uuiſ(t-
l)ica[10]: debent intellegi
pauperes ſoueant: uuliſtien[11]

Ineffabiliter: untellica   104

CXVII. Quod diligenter munienda sint claustra canonicorum.[8]

ne lupuſ inuiſibiliſ aditum
inueniat. quo ouile domini In-
ſoſo gd[12] -gredi. et aliquam
ouium ſubripere ualeat
inſtantiſſime: onſtondanlica[13]
hęc quę premiſſa[14] ſunt: ile-   104
tene
ſubpetit: iuul(eſtit)[15]

CXVIII. (Qu)i in congregan-dis canonicis modus actionis sit tenendus.[16]

Cauendum ſummopere: allera
meſt: . . eſt
nec ceteriſ eccleſię neceſſitatibuſ 105
. . ualeant adminiculari iuul-
l(i)ſtian[17]
nec animae nec corporiſ cur|ant
ſolatia exhibere | uulluſt[18]
Gulę: kielirithi[19]: . . dediti   105

---

[1]) Hds. uromſt, zwischen den spalten neben diſtare; H., Bezz. u. G. uram-
ſtatt uram-. — [2]) Zwischen den spalten neben diſtrac-, (-tiſ am anfang der folgenden
zeile). — [3]) Hds. end. — [4]) Nach a(ſ) acht bis zehn unleserliche buchstaben, durch
reagentien verdorben; G. (iht) buotet inerdin „beinah unlesbar"; mir wie Bezz.
schien ganz sicher zuerst ein a zu stehen und dann wahrscheinlich ſ. — [5]) G.
stellt die glosse uur. nach ſuſtententur. — [6]) Von -n nur noch der erste strich zu
sehen. — [7]) G. bithurſan. — [8]) Die überschr. mit majuskeln. — [9]) Ueber vigilanter und
[perpen]denda s. 104a1 reagensflecke mit spuren von glossen. — [10]) Hds. uuiſtieu (t ist
— wegen des engen raumes — auf dem oberen teile von l nachgetragen worden);
das kleine t von früheren herausgebern nicht bemerkt. — [11]) Hds. uulſtien. —
[12]) Zwischen den spalten; so auch H. u. Bezz.; G. unr. so sagd "das a ist sichtbar,
wenn man das pergament vor das licht hält" (ich konnte auch in diesem falle nur
o hier lesen) und nach G. sollte der durch das d gehende strich einem buchstaben
gehören, der über einem d gestanden habe (die spur eines solchen buchstabens konnte
ich nicht erblicken). Wie gd aufzulösen sei, weiss ich nicht. In dem in der neben-
stehenden zeile befindlichen worte ouile ist eine correctur vorgenommen worden und
vielleicht bezieht sich die glosse auf diese. — [13]) Hds. onſtandanlica (das o über a
ist ebenso gross wie dieses; -ā- der früheren herausgeber also ungenau und irre-
führend). — [14]) Hds. pmiſſa aus Pmiſſa (= permiſſa) corr. — [15]) Ergänzung von
Bezz., nach inul ein reagensfleck; G. inulestit. — [16]) Die überschr. in der hds. mit
majuskeln. — [17]) H. u. Bezz. iuulliſtian, G. iuulleſtian "e oder i nicht sicher". —
[18]) Am inneren rande neben dieser zeile. — [19]) Hds. kiel irithi, Bezz. u. G. kie-
lirithi (das zweite "i nicht deutlich" G.); ich bemerkte zwischen kiel und irithi
einen kurzen etwas schrägen strich, der aber bei näherem zusehen nur ein durch
das pergament gehender stich ist.

CXVIIII. De his qui in congregatione sibi commissa solummodo ex familia ecclesiae clericos aggregant.[1]
aliquid incommodum: unimeteſ
nihil querimoniẹ: cláge: contra
ſe obicere: dúuan
ſeueriſſimiſ uerberibuſ affician-
tur: iuuegde nuerthan
aut humane ſeruituti denuo:
ſon: crudeliter addicantur:
idomde | uuerden
praeſertim: ti thurfle(d)ti²: cum
apud deum non ſit perſonarum:
ſelfedia: acceptio: ſed potiuſ
ut propter quam Intulimuſ occa-
ſionem: ſc (o)t³: nulluſ prela-
torum ſecluſiſ: utbiſlotenun:
nobilibuſ uileſtantum in ſua
congregatione ad mittat perſonaſ
CXX. Qui clerici in congre-
gatione canonica constituti eccle-
siastica accipere debeantstipendia.[1]
nec ref ecclefiarum inofficioſe

unforthianadl(u)ca⁴. accipere
debere non ab re putauimuſ:
ni atela at͜tedun⁵: nonnulla
capitula libri proſperi ad me-
dium exempli cauſa deducere   5
ea quibuſ opuſ: thẹrua⁶: non   106ᵃ¹
habent
exigunt: æſchiad
operoſa deuotio: uuerklic ịer-
nihed⁶   10
uitare: mithan⁷
CXXI. Ut in congregatione
canonica equaliter cibus et potus
accipiatur.
falce iuſtitiẹ reſecetur: ſa   8   107ᵃ¹
CXXII. De mensura cibi et
potus
hærdrad⁹   109ᵃ
CXXIII. Quod a prelatis ge-
mina pastio sit subditis in-   20
pendenda[1]
intremendi examiniſ: an themu 110ᵇ²
dege⁶ (t)¹⁰ fvrhtuuerthan
gſe(u) . . . . .¹¹: die

---

¹) Die überschrift in der hds. mit majuskeln. — ²) Oder ti thurfletti mit einem zwischen den beiden t stehenden zum zeichen des wegfalls durchgestrichenen langschaft? G. "tithurſleḍti oder -ſlethi nicht sicher"; ein -h- vor dem -i zu lesen ist nicht möglich, weil der nach dem langstrich stehende kurze strich einen haken nach rechts hat, was bei dem h der hds. nicht der fall ist. — ³) Vor ſe ein paar undeutliche buchstaben und nach t vielleicht die spur eines buchstabens. H.¹ . . ſeat, H.² u. Bezz. . . ſtat, G. gaſeopun (-pun ist entschieden falsch; G. hat zum teil striche, die von der anderen seite des blattes durchscheinen, mit gelesen). — ⁴) Am rande; Bezz. unforthianadliica, "zweifelhaft könnte man sein, ob nadliica oder nadliica". — ⁵) H. ni . . . . . tedum "vielleicht ni idel ahtedun", Sievers las hier (nach gütiger mitteilung) 1872 niateli attedun, Bezz. nuteli attedun (nu- ist nicht gut möglich); G. niatela attedun. — ⁶) G. unr. e statt ẹ. — ⁷) Zwischen den spalten. — ⁸) G. ſau . . ., "ſan schwer lesbar"; ſa ist ganz deutlich, die fortsetzung von einem reagensfleck bedeckt; nach ſa glaubte ich ga wahrzunehmen. Dieser rest einer glosse von den anderen herausgebern nicht erwähnt. — S. 107ᵃ² am rande liest G. theſma neben pulmeſtum in folgendem zusammenhange: panem et pulmeſtum et elimoſinarum partef equaliter canonici accipiant. Mir schien vielmehr (th)e ſp(i) (d. h. the ſpiſa?) da zu stehen. — ⁹) So zwischen den spalten von den früheren herausgebern gelesen, Sievers las (nach gütiger mitteilung) 1872 darüber ſiē bara; Bezz. darüber ſ. . n . . . und G. ſsīv. Ich konnte von hærdrad nur ein (unsicheres) d wahrnehmen (die stelle ist von einem dunklen reagensfleck bedeckt). H. stellt das wort zu dem nebenstehenden neceſſaria pulmenta und erklärt es als "was fur den herd dient, kochspeise, gemäse". Bezz. sagt: "zu welchem worte die glosse gehore, lässt sich nicht unbedingt angeben". Vielleicht hat man es hier, wie oben s. 69 z.4,6 etc. nur mit einem mit dem text in keinem zusammenhange stehenden eingekritzelten namen zu tun. — ¹⁰) Leyser und H. lesen das hier stehende zeichen zunächst als t. Bezz. sagt, es sei "einer kritischen klammer ähnlich" und vermutet,

Qualis cellerarius sit constituendus[1]

121ᵇ² Debet procurare praelatuſ ut fratribuſ cellerarium non uinolentum ꝸon ſuperbum ꝸon tardum ꝸon prodigum ſed moribuſ honeſtum ac deum timentem conſtituat qui et ſtipendia — bifeffe[2] — fratrum fideliter ſeruet et diligenti cura adminiſtret

---

dass der glossator damit habe andeuten wollen, dass die durch d (con intremendi) getrennten degg und fyrthuuerthan zusammengehören. Wenn es ein t ist, steht es wohl als abkürzung des artikels eines dem lat. examiniſ entsprechenden substantics. — ¹ᵇ) Nach gſe(n), wo jetzt nur ein dunkler reagensfleck zu sehen ist, las Rezz. -lũ diuran und über diuran ein uſ..; G. liest gsculãdi und Sievers las (nach gütiger mitteilung) (1872) „gsculũ di ur?" — G. führt s. 242 note 3 eine glosse neegle on, fügt indessen hinzu, "ob neglegentia zu lesen". In der tat gehören diese buchstaben zu der rechts stehenden textzeile, an deren ende ein verweisungszeichen derselben art wie vor neegle (neegle-?) steht; da ist nämlich eine zerfetzte stelle, wo gerade negle- gestanden hat: am ende der zeile sieht man noch das -e und am anfang der folgenden zeile folgt -genter; der zusammenhang ist: aut alio quolibet modo neglegenter niuendo.

¹) Die überschrift in der hds. mit majuskeln. — ². Steht zwischen den spalten und über dem anfang von conſtituat; die mit conſtituat beginnende zeile endet mit ſtipendia.

XVII.

St. Petrier Bibel- und mischglossen.

62,31 *Glosae divinorvm librorvm.*[1]
Genesis.[2]
Prol. fuggillatio[3]. fuffocationem[4].
erthempunga
2.5 Virgultum: fumerlode[5]: agri
3.7 Perizomata: quefta
24 [gladium[6]] Verfatilem. id eft
uibrabilem: quekilik
4.7 Sub te erit appetituf: giritha:
ciuf peccati
6.14 [de lignif] Leuigatif: githi-
genon

62,32 Bitumen[7] eft feruentiffimum et
uiolentiffimum gluten: uaftofto
lim
16 In cubito. d.[8] Cubituf. elina.
quę fit dimidii brachii exten-
fione. ulna uero extenfif ambo-
buf efficitur
14.6 Campeftria pharan. giuildi
23 fuhtemen[9]. Vucual
24.20 in canalibuf en nohin uel
in drogin
25.29 Pulmentum: uel fuual:
cibuf rufuf lentif

62,b1 32.22 Vadum. uórd

37.3 Polimita — n.[8] Imclot. uel
decorata. fliht — tunica[10]. id
eft multi colorif 5
38.14 teriftrum — o[8]. uuimpal
id eft hullidok — pallium
fubtiliffimum. quo in ęftate
mulieref utuntur
17 Arrabo[11] p[8]. Pant. uel 10
uueddi
18 Armillę[12]: armborg[13]: pro-
prie uirorum funt collatę uic-
torię caufa. ob armorum uirtu-
temque et uirilię a uulgo dice- 15
bantur
27 Obftetrix: noftmoder
Coccinum q[8]. godeuuebbi.
quod fericum uocatur
40.1 Pincerna f[8]. butticlari 20
Piftor t[8]. bradbaccari
16 Caniftrum[14]: zeinna
22 Coniector[15]: interpref: u[8].
Antpreft
43.11 Amigdalum[16]: mandale 25
47.14 [in] Aerarium: trefecamere
49.17: Coluber: flango[17]
Ceraftef: hornuurm

---

[1]) *Diese uberschrift in der hds. mit majuskeln.* — [2]) *Vgl. A. Gl. I. 318.* —
[3]) *Vulg.* suggillationem. — [4]) *Ueber* fuggilatio *geschrieben.* — [5]) *r auf rasur.* —
[6]) *Das zwischen eckigen klammern gesetzte steht nicht is der hds., sondern ist der Vul-
gata entnommen.* — [7]) *Vulg.* bitumine. — [8]) *Randglosse*; *d, n etc, verweisungszeichen.*
— [9]) *Vulg.* subtegminis. — [10]) *Vulg.* tunicam polymitam. — [11]) *Vulg.* archabonem.
— [12]) *Vulg.* armillam. — [13]) *"l.* armborg" *(A. Gl.).* — [14]) *Vulg.* canistra. —
[15]) *Vulg.* coniectoris. — [16]) *Vulg.* amygdalarum. — [17]) *g aus d corr.*

Exodus[1].

2.3 Fifcellam fcirpeam x[2]. Coruilin. binizzin in carecto: en binizze: in loco palustri. ubi carix habundat
3.2 Bubuf: bramalbufc
5.7 Ad conficiendof lateref: tieglan
8.10 fcinifef: knellizze: mufce. minutiffime aculeif permolefte
11.5 [non] muttiet: ni gellot: |canif]
9.31 Folliculuf[3]. balg. in quo granum eft
16.11 Pilum[4]: ftamp
31 Coriandrum[5]: kullundar
21.6 Subula. fiula
21.19 inpenfa[6]: annona: ftipf[7]: gitiuht[8]
22.13 Comeftum: uretan
23.28 Scabro[9]: hurniz
25.31 Sciphi[10]: nappaf
Sperulaf[11]: fciuan
26.1 Cortine[12]: ummihank
11 Fibula[13]: nufgia
17 incaftrature tabularum. id eft compaginationes: giuogithan
27.4 Craticula[14]: hurd: a crate: harft
10 Celatura. eft fculptura eminentior. a celo: grafhifarn[15]: uocata quod eft genuf ferramenti
16 Opere plumario[16]. in modum plume: gibokod[17]
19 Paxilluf[18]: bil. pal. pin: paruuf paluf

28.4 Cidarim: huuan: interpretatur pilleum. galea. ex biffo rotunda quafi fpera media caput tegenf facerdotale et in occipicio: hauidloca: uitta conftricta
19 Liguriuf uocatur quod fiat ex urina: migge
32 Capicium: id eft houidloc
42 Feminalia: brog
29.2 Azima[19]: therp: panif fine fermento.
Cruftula .. panif oleo confperfuf: giknedan: in medio concauuf et tortuf: ringiling
29.13 Reticulum: netti: iecorif: leberon
30.13 obolof: hállingaf
18 Labrum: bekkin[20]
20.25 Culter[21]: id eft uuafanfahf
Leviticus[22].
1.7 Struef[23]: huffo
17 Afcellaf: ohhafe
2.4 Lagana [azyma]: therui
5 Sartago[24]: panne
3.4 Renunculi[25]: lumbala
11.16 Noctua[26]: Vuuila: .. eadem et nocticorax: nahtram
17 Bubo[27]: huuuo
merchuf[28]: ducari
18 Onocratalon[29]: onocratuluf. horodumil
19 Vpupam: nuidohoppa
29 corcodrilluf. Migale: nichhuf[30]
30 Stelio: mol
Lacerta: euuidehfa
Talpa: muuuerf
23.40 Spatule[31]: fuerdulon: id

---

[1]) Vgl. A. Gl. I. 338 f. — [2]) S. note 8, seite 73. — [3]) Vulg. folliculos. — [4]) Vulg. pilo. — [5]) Vulg. coriandri. — [6]) Vulg. impensas. — [7]) ftipf glosse zu impensa. — [8]) [8]= gizine" (vgl. A. Gl. I. 338.5) "entstanden aus gitiuhc" (A. Gl.). — [9]) Vulg. crabrones. — [10]) Vulg. scyphos. — [11]) Vulg. sphaerulas. — [12]) Vulg. cortinas. — [13]) Vulg. fibulas. — [14]) Vulg. craticulam. — [15]) L. grafhifarn. — [16]) Vulg. plumarii. — [17]) "L. gilokod?" (A. Gl.) — [18]) Vulg. paxillos. — [19]) Vulg. azymos. — [20]) c faft wie o. — [21]) Vulg. cultrum. — [22]) Vgl. A. Gl. I. 355. — [23]) Vulg. strue. — [24]) Vulg. sartagine. — [25]) Vulg. renunculis. — [26]) Vulg. noctuam. — [27]) Vulg. bubonem. — [28]) Vulg. mergnium. — [29]) Vulg. onocrotalum. — [30]) Die glosse fälschlich über Migale (Vulg. mygale) statt über corcodrilluf gestellt (A. Gl.). — [31]) Vulg. spatulas.

est elatę. folia palmarum. eo quod erectę et spatis: id est gladiis: sint similes[1].
21.20 Herniosus: haladi
Numeri[2].
5.14 Zelotipię: siriuuiz genus id est suspiciens[3]
6.4 Acinum: lura: quasi aquidum. ab aqua qua lauantur uuę in torcula post expressum uinum. est enim uilis potus

64[b1] *11.5* Pepo[4]: pedena
25.7 Pugio gladius . . Idem et clunabulum dictum. quod religetur. ad clunes: huffin
24.24 Trieris[5]: kiol
Deuteronomium[6].

64[b2] *28.27* Scabies[7]. asperitas cutis cum pruritu: mid ruden
Josua[8].
Prol. Sirénę[9]: meriminnon

65[a1] *23.13* Sudes. stipites: stekcon
Judicum[10].
4.21 malleus[11]: hamar
8.24 Inaures: oringa

65[a2] *14.12* Problema: radisli [sindones] Anoboladium: saban: amictorium. lineum sęminarum quo humeri operiuntur. quod . . sindonem uocant
Ruth[12].
3.2 Area[13]: Denni
Regum I[14].
Prol. Coniectorem: id est ratiri

65[b1] *2.11* Cacabus[15] et cucuma: cohema

Fuscinula: crauuuil
20 Fenus[16]. vueddi
5.9 extales: grozdarm
9.7 Sistartię[17]. proprię sunt nautarum. dictę quod sint sutę. 5 malaha uel dasga
13.20 Sarculum. gétisarn
21 Tridens[18]: greise
15.12 Fornix[19]: suiboga
17.4 Cubitus[20]. clasdra 10 Palmus[21]. munt
6 Ocrea[22]. beinbirga
7 Liectorium[23]: mittul
18 Formella[24]: sorinizzi[25]: casei 15
Reg. II: 16.1 Alligaturis: han- 65[b2] gilla: uuę
Reg. I: 6.8 Capsella[26]. capsilin
Regum II[27]
15.31 Insatua. bidumbili 66[a1]
17.19 Psthipsanę[28]: spriu
28 Stratoria: beddiuuadi
20.1 Gemineus[29]: gizuinclo
Regum III[30]. 66[a2]
6.7 De dolatis lapidibus. gimez- 25 zoten steinon[31]
5.15 latomi[32]. mezzon
6.18 Cęlatura[33]: irgrabida
36 lapidis politi[34]. gimeztzot
7.17 reciacula: nuzzi[35]: id est 30 retinacula
24 lstriatarum[36]: Vnieron
26 Grossitudo: thikki
Luter[37]: label
30 Axis[38]: absa 35
Humeruli: luni: qui in extre-

---

[1]) Die von G. dann angeführte glosse penna ist lateinisch (St. Anz. f. d. alt. 22, 277). — [2]) Vgl. A. Gl. I. 361 f — [3]) Hds. siriuniz gen á suspiciens, was in A. Gl. mit einem fragezeichen zu siriunix-germi. suspicionis gebessert wird. — [4]) Vulg. pepones. — [5]) Vulg. trieribus. — [6]) Vgl. A. Gl. I. 374. — [7]) Vulg. scabie. — [8]) Vgl. A. Gl. I. 376. — [9]) Vulg. Sirenarum. — [10]) Vgl. A. Gl. I. 381. — [11]) Vulg. malleum. — [12]) Vgl. A. Gl. I. 391. — [13]) Vulg. aream. — [14]) Vgl. A. Gl. I. 407. — [15]) Vulg. cacabum. — [16]) Vulg. foenore. — [17]) Vulg. sitareis. — [18]) Vulg. tridentum. — [19]) Vulg. fornicem. — [20]) Vulg. cubitorum. — [21]) Vulg. palmi. — [22]) Vulg. ocreas. — [23]) Vulg. liciatorium. — [24]) Vulg. formellas. — [25]) Graff, 3,4295 schlägt sorinizzi vor. — [26]) Vulg. capsellam. — [27]) Vgl. A. Gl. I. 425. — [28]) Vulg. ptisanas. — [29]) Vulg. Jemineus. — [30]) Vgl. A. Gl. I. 446. — [31]) steinon über gimezzoten geschrieben. — [32]) Vulg. latomorum. — [33]) Vulg. caelaturas. — [34]) Vulg. lapidum politorum. — [35]) "l. nezzi" (A. Gl.). — [36]) Vulg. striatarum. — [37]) Vulg. luteris. — [38]) Vulg. axes.

mitatibuſ axiſ fiunt. ne de eo
rota labatur.
33 Radii: ſpeichun
medioli¹: nabun
10 Scutrę²: bahuueigon:
eedem et cucumę uaſa aenea
aequalia in fundo. et ore de-
ſuper cooperta. in quibuſ cale-
faciunt quod uolunt
49 Forcipeſ: cluuni
50 Fuſcinula³: crouuil
Mortariola: morſari
8.19 Reneſ⁴: lendil⁵
Reg. II: 20.8 Ilia. lanca
Reg. III: 10.11 Thina⁶ ligna. de
tilia: linda
17.12 Lechitum⁷: amballa
19.10 Zelatuſ ſum: andoda
20.11 Pediſſequuſ⁸. pedeſtriſ. néndo
43 Furibunduſ. Vuadender
Regum IV.⁹
3.25 Fictileſ muri. id eſt thahine
Fundibularii. cum funda: ſlen-
gira: iacienteſ
4.39 Coloquintida¹⁰ .. ſimiliter ut
cucurbita: curbiz: per terram
flagella tendit
6.25 Cabi ſtircoriſ¹¹ [columbarum]:
croph. columbarum¹²
9.35 Caluaria¹³: gibilla
13.7 Tritura: flegilunga
19.28 camum: chain¹⁴
21.6 Ariolatuſ eſt: gaugeleda
22.11 In ſecunda hieruſalem¹⁵: an
themu uorcburgi: intra exte-
riorem murum. qui ad augen-
dam ciuitatem factuſ eſt

23.11 Exedra¹⁶ cum circulo facta
thuerehhuſ¹⁷
25.14 Trullę¹⁸: drugula
Tridenſ¹⁹: greiſa
Esaias.²⁰
1.8 tugurium: huttia
[cucumerario] Cucumereſ a terra
ſunt ortę ad ſimilitudinem pe-
ponum. id eſt melonum. pede-
non
18 Coccinum: gelan. kruago
22 Scoria²¹: ſinder
3.20 Olfactoriola: diſoma
7.4 Ticio²²: brant²³
25 Sarculum²⁴: ſpado
19.6 Iuncuſ: binuz
28.25 Vicia²⁵. uuicca
Milium: hirſi: milli
27.3 Propinabo: ſcenkio²⁶: potum
adminiſtro uel do
28.25 Gith et ciminum: ſmalſad:
infirmiora ſunt ſemina
33.21 Trieriſ. dureo. nauiſ magna.
id eſt kiol
34.13 Vrticę: nezzilon²⁷
Paliuruſ: thiſtil
14 Lamiaſ²⁸: agengunt
38.21 [cataplaſmarent] Cataplaſma:
id eſt plaſtar
41.19 Buxuſ²⁹: buhſboum
44.13 Circinuſ³⁰: circil
Runcina. ieda
Ezechiel.³¹
27.12 Nundinem³²: iarmarkat:
mercimoniam
Daniel.³³
14.32 Intriuerat: inſtungeta

---

¹) *Vulg.* modioli. — ²) *Vulg.* seutras. — ³) *Vulg.* fuscinulas. — ⁴) *Vulg.*
renibus. — ⁵) "*l.* lendin *wie codex S. Gall.* 292" (G.J.). — ⁶) *Vulg.* thyina. —
⁷) *Vulg.* lecytho. — ⁸) *Vulg.* pedissequos. — ⁷) *Vgl. A. Gl. I.* 458 f. — ¹⁰) *Vulg.*
colocynthidas. — ¹¹) *Vulg.* stercoris. — ¹²) *Hds.* col'.; *vgl. A. Gl. I.* 458 z. 61 *und
note* 23; *G. löst die abkürzung als* collum *auf.* — ¹³) *Vulg.* calvariam. — ¹⁴) *l.*
cham *(A. Gl.).* — ¹⁵) *Vulg.* in Jerusalem in Secunda. — ¹⁶) *Vulg.* exedram. —
¹⁷) *Am rechten rande.* — ¹⁸) *Vulg.* trullas. — ¹⁹) *Vulg.* tridentes. — ²⁰) *Vgl. A.
Gl. I.* 617. — ²¹) *Vulg.* scoriam. — ²²) *Vulg.* titionum. — ²³) r *aus* 1 *corr.* —
²⁴) *Vulg.* sarculo. — ²⁵) *Vulg.* viciam. — ²⁶) *A. Gl. u. G. nur.* skenkio. — ²²) *G.
nur.* nezzilun. — ²⁸) *Vulg.* lamia. — ²⁹) *Vulg.* buxum. — ³⁰) *Vulg.* circino. —
³¹) *Vgl. A. Gl. I.* 653. — ³²) *Vulg.* nundinas. — ³³) *Vgl. A. Gl. I.* 665.

Oseas.[1]
9.6 Lappa: kleddo
Johel.[2]
3.10 Ligonef: fch
Micheas.[3]
70[a1] 7.4 Paliuruf: diftil
Sophonias.[4]
2.14 Onocrotaluf: horodubil
3.18 Nugax[5]: bofiling
Zacharias.[6]
3.5 Cidarif[7]: huat
70[a2] 9.15 Funda[8]: flengira
Job.[9]
70[b1] 3.18 Exactor[10]: fuachit: qui ref exigit
70[b2] 8.11 Scirpuf: binuz
Carix[11]: faherai
15.27 Aruina: fmero
18.10 Decipula: falla
71[a1] 8 Macula[12]: mafgo
8.16 Humectuf[13]: fuhtinunga
19.23 Librum[14]: rinda
15 Inquilini: inknehda
21.33 Glarea[15]: grioz
28.15 Obrizum: gifmelcit
71[a2] 36.30 Cardo[16]: ango
40.13 Cartilaginef[17]: bruftbeini
71[b1] 19 Hamuf[18]: angul
28 Fruftrabitur: bidrogan uuerthit
41.9 Sternutatio: ruzzunga
15 Incuf: anabolz
Psalmorum.[19]
72[a1] 34.4 Reuereantur: interet uuerdon

40.8 [susurrabant] Sufurratio: 72[a2]
runizunga
41.3 Quando ueniam: uuanne hic quome
43.6 Ventilabimuf: uuineuuere 5
fetemef[20]
13 Commutatio[21]: uuehfal
25 [Conglutinatuf] Glutinum: lim
51.4 Nouacula: fcarafcah[22] 10
54.24 Non dimidiabunt: ni medel 72[b1]
fcaffon
57.10 Ramnuf[23]: agalthorn: eft. fpinarum genuf permoleftum. quod priuf in herbam mollissi- 15
mam: agaleia: pubefcit
68.20 Reucrentia[24]: inderunga 72[b2]
77.46 Erugo[25]: milidou 73[a1]
101.7 Pellicanuf[26]: fifegomo 73[b1]
104.40 Coturnicef[27]: quattulon 74[a1]
105.28 Iniciati funt: heilizidun
106.34 Salfugo[28] Sulza[29]
108.11 Fenerator: bifolihari 74[a2]
117.13 Inpulfuf. anagiftozaner
127.3 Nouella[30]: nuuilendi 74[b1]
140.4 Ad excufandaf excufationef. 74[b2]
zi urfagenne
Esaias 38.12 dum adhuc ordirer. 75[a2]
girauuit vuurti
?[31] Aculeuf. ango. acerbitaf mortif 30
Parabolae Salomonis.[32]
Prol. Prelum[33]: preffiri
7.6 Cancelluf[34]: piliri 75[b1]
10.5 Stertit: ruzzet
19.24 [sub] Afcella: ochafan 35

---

[1] *Vgl. A. Gl. I. 668.* — [2] *Vgl. A. Gl. I. 670.* — [3] *Vgl. A. Gl. I. 679.* — [4] *Vgl. A. Gl. I. 683.* — [5] *Vulg.* nugas. — [6] *Vgl. A. Gl. I. 687.* — [7] *Vulg.* cidarim. — [8] *Vulg.* fundae. — [9] *Vgl. A. Gl. I. 509.* — [10] *Vulg.* exactoris. — [11] *Vulg.* carectum. — [12] *Vulg.* maculis. — [13] *Vgl. A. Gl. I. 509* note 8. — [14] *Vulg.* libro; *vgl. A. Gl. I. 509* note 9. — [15] *Vulg.* glareis. — [16] *Vulg.* cardines. — [17] *Vulg.* cartilago. — [18] *Vulg.* hamo. — [19] *Vgl. A. Gl. I. 524.* — [20] *G. unr.* fetemus. *L.* uuintuuerefetomel (*A. Gl.*). — [21] *Vulg.* commutationibus. — [22] *L.* fcarafah. — [23] *Vulg.* rhamnum. — [24] *Vulg.* reverentiam. — [25] *Vulg.* aerugini. — [26] *Vulg.* pellicano. — [27] *Vulg.* coturnix. — [28] *Vulg.* salsuginem. — [29] *Am linken rande.* — [30] *Vulg.* novellae. — [31] *Wohin diese glosse gehört kann ich nicht angeben. — Diese und die vorhergehende glosse stehen in dem den Psalmen angehängten Canticum Ezechiae; vgl. A. Gl. I. 624.* — [32] *Vgl. A. Gl. I. 540.* — [33] *Vulg.* praelo. — [34] *Vulg.* cancellos.

	20.16 Fideiuſſor: burigo	*14.3* [homini] Liuido: blauuemo
75ᵇ²	*23.31* Clauuſ¹: colbo: eſt. quo regitur: clauum nagal: nauiſ	*22.21* [sine] Inpenſa: ſpendunga
	25.8 Dehoneſtauerif: interet	*24.19* Platanuſ: ahorn
5	uuerdiſ	*25.24* Sacculˡ⁹. hairra
	27.22 Ptiſanę²: fucuſ prirorum³ uel uuirz	*27.5* In pertuſſura²⁰ cribri: riterunga
	30.15 Sanguiſſuga⁴: egela⁵	*29.29* Aſſereſ²¹: firſtſcindelun	77ᵃ¹
	33 Emungor⁶: uzſnuzo: inde	*Paralipomenon.*²²
10	emunctorium: ſnuzunga	*Prol.* Cornix²³: craa
	31.22 Stragula⁷: giplumor⁸	*Esther.*²⁴
	*Ecclesiastes.*⁹	*2.1* Differbuerat²⁵: firebbita	77ᵇ²
	10.18 Contignatio: ubartimbri	*3.8* Infoleſcat: ergeile
	*Canticum Canticorum.*¹⁰	*8.10* Veredarii²⁶: barafridara
76ᵃ¹	*1.10* Vermiculata¹¹: giuuormot	*10.3*²⁷ Obélo id eſt ueru: ſpiz
76ᵃ²	*3.9* Ferculum. lectum: uel rienſo¹²: eſt. quod portari ſolet reclinatorium	*Tobias.*²⁸
		1.7 Profelitiſ: hagaſtalt
		2.19 Textrinum: dunc: opuſ	78ᵃ¹
		6.4 Brantia²⁹: kio
	4.4 Propugnacula¹³: bruſtuuer	*8.2* De caſſidi³⁰: burſſa: de facello. uel ſacciperio: kiula
20	*L. Sapientiæ.*¹⁴	*Judith.*³¹
76ᵇ¹	*5.21* Turbedo¹⁵ uenti. gidruabida	*10.3* Dextraliola. armilon
	12.21 conuentioneſ: gizamunga	*5* Aſcopa³²: flaſga
	14.11 Muſcipulum¹⁶: muſſalla	Lapateſ³³: brocco: ollę minoreſ
	16.2 Ortigometra. dux ortigarum.	*19* Conopeum³⁴: flugnezi
25	id eſt coturnicum: quattula	*Matthæus.*³⁵
	19.11 Reſpectuſ . . a reſpicio. reſpicceriſ: firſio	*5.31* Repudium³⁶: firdribunga	78ᵇ²
		23.5 Philacteria: bleho	79ᵃ¹
	*Ecclesiasticus.*¹⁷	*25* Paraſſiſ³⁷. gebita
	5.13 [dedecuſ] Decuſ turpe: honitha	*Marcus.*³⁸
30		*7.34* Effeta id eſt adaperire: indan uuird	79ᵇ¹
	5.16 Suſurro: runizari	*Lucas.*³⁹
	8.4 Struef¹⁸. congerieſ: huffo	
76ᵇ²	*11.32* Perdix. rephuan	*15.16* Siliqua⁴⁰ folliculum: uel boletuſ. buliz: leguminiſ	79ᵇ²
	12.10 Eruginat. erroſtet	
35	*13.3* Cacabuſ: cohma	

---

¹) *Vulg.* clavo. — ²) *Vulg.* ptiſanaſ. — ³) *L.* pirorum *und vgl. gr.* πτισάνη, πτίνη? — ⁴) *Vulg.* sanguisugae. — ⁵) g *aus* l *corr.* — ⁶) *Vulg.* emungit. — ⁷) *Vulg.* stragulatam. — ⁸) *L.* giplumot (A. Gl.). — ⁹) *Vgl. A. Gl. I.* 546. — ¹⁰) *Vgl. A. Gl. I.* 552. — ¹¹) *Vulg.* vermiculataſ. — ¹²) "dies übergeschriebene angeblich deutsche wort ist vielleicht nur mensa" (A. Gl.)? — ¹³) *Vulg.* propugnaculis. — ¹⁴) *Vgl. A. Gl. I.* 559. — ¹⁵) *Vulg.* turbo. — ¹⁶) *Vulg.* muscipulam. — ¹⁷) *Vgl. A. Gl. I.* 583 f. — ¹⁸) ſtrues *ist in* Vulg. verbum. — ¹⁹) *Vulg.* saccum. — ²⁰) *Vulg.* percussura. — ²¹) *Vulg.* asserum. — ²²) *Vgl. A. Gl. I.* 463. — ²³) *Vulg.* cornicum. — ²⁴) *Vgl. A. Gl. I.* 495. — ²⁵) *Vulg.* deferbuerat. — ²⁶) *Vulg.* veredarios. — ²⁷) *Bemerkung des Hieronymus.* — ²⁸) *Vgl. A. Gl. I.* 475. — ²⁹) *Vulg.* branchiam. — ³⁰) *Vulg.* de cassidili. — ³¹) *Vgl. A. Gl. I.* 486. — ³²) *Vulg.* ascoperam. — ³³) *Vulg.* palathas. — ³⁴) *Vulg.* conopeo. — ³⁵) *Vgl. A. Gl. I.* 721. — ³⁶) *Vulg.* repudii. — ³⁷) *Vulg.* paropsidis. — ³⁸) *Vgl. A. Gl. I.* 724. — ³⁹) *Vgl. A. Gl. I.* 728. — ⁴⁰) *Vulg.* siliquis.

30^a1 16.1 Diffamatuſ; biſprohhan
30^a1 22.31 Cribrarent[1]: riderodin
   Johannes.[2]
 2.14 Nummulariiſ. a nummiſ. Tra-
  pezeta: munizzari
30^a2 19.5 [purpureum] Purpura. dein-
  dihet follo[3] uariatum
   Epistola Petri I.[4]
31^a2 2.18 Diſcoliſ[5]: miſſituhtige: in-
  diſciplinatiſ
 4.9 Hoſpitaleſ: gaſluome[6]
   Epistola ad Cor. I.[7]
31^b1 4.15 Pedagoguſ[8]. pedeſtriſ. uendo
 12.3 Anathema: firuuazniſſi
31^b2 15.8 Auortiuum[9]: uruuerpf
   Epistola ad Cor. II.[10]
 13.2 Parcam. borgen
   Epistola ad Ephes.[11]
32^a1 4.8 Captiuitatem: clilentida
  captiuam: elilenda

  De virtutibus apostolorum.[12]
32^a2 403[13] Peluiſ[14]. label
 406 Baſiſ[15]. ſtollo. ſcinka
 408 Dorcaſ: nomen: interpretatur
  ſimia: affo
 411 Comparare: couffan
 415 Scortator[16]: huuarari
  Affentatio[17]. gehengida
 419 Falx[18]. ſichila
  Decuplo: zeanfalt

 425 Stipſ[19]: pruanta
 440 Sarcofaguſ[20]: corb
 444 Squama[21]: ſcuobba
 448 Sarmentum[22]: ſpah
 637[23] apoſtaticuſ[24]: abdrun- 5
  niger
 639 Predituſ[25]: gioder
 642 Preſtrigium[26]: zoubar
  Congelauero[27]: zifamene gi.[28]
 650 Deliro[29]. auuitzon 10
 651 Giro[30]: umbikeru
 652 Therebintuſ. arbor gerenſ re-
  ſinam preſtantiſſimam. reſina
  eſt fliod. et ſciffa et harza
 465 Infeſtatio[31]: biuuillida 15
 468 maritima[32]: ſelih
 472 Triſtigium[33]: ſolari
  Stirpuſ[34]: binuz
 473 Pauimentum[35]: eſdrih
 474 Theatrum: ſpilehuſ 83^a1
 477 Carruca[36]. carruh
 497 Piſcina. uuihiri[37]
 519 Formica[38]: ameizza
 520 Zaberna[39]: malaha
 ? Sponsio. erborgida 25
 562 Mica[40]. broſma
 566 Incutio[41]. Anafmidon
 567 Fiſcale[42]. fiſclih
 577 Rubeta. bofo. krota. rana
  inquieta. 30
  Sphalangiuſ[43]. muſca: fliega:

---

[1]) *Vulg.* cribraret. — [2]) *Vgl. A. Gl. I. 740.* — [3]) "*L.* fello; *in deindihet steckt wohl ein particip*" (A. Gl.). *Oder ist deindihet aus clein(i)liher entstellt?* — [4]) *Vgl. A. Gl. I. 790.* — [5]) *Vulg.* dyscolis. — [6]) *D. h.* gaſtluome (A. Gl.). — [7]) *Vgl. A. Gl. I. 763.* — [8]) *Vulg.* paedagogorum. — [9]) *Vulg.* abortivo. — [10]) *Vgl. A. Gl. I. 767.* — [11]) *Vgl A. Gl. I. 771.* — [12]) *Diese überschrift — in majuskeln — in der hds. Vgl. Abdiae Acta apostolorum, A. Gl. II. 738 ff.* — [13]) *Diese zahlen beziehen sich auf die seitennummern der edition von Fabricius: Codex apocryphus novi testamenti, tom. II, Hamburgi 1719.* — [14]) *Ed.* peluim. — [15]) *Ed.* baſes. — [16]) *Ed.* ſcortatores. — [17]) *Ed.* affentationibus. — [18]) *Ed.* falcem. — [19]) *Ed.* ſtipem. — [20]) *Ed.* ſarcophago. — [21]) *Ed.* ſquame. — [22]) *Ed.* ſarmentorum. — [23]) *Diese und die folgenden fünf kursivierten ziffern beziehen sich auf tom. III von Fabricius, Cod. apocr.* — [24]) *Fehlt Ed.; gehört nach* ſceleratum *p. 637, z. 1 (A. Gl.).* — [25]) *Ed.* preditum. — [26]) *Ed.* praeſtigio. — [27]) *Ed.* congelaverat. — [28]) *D. h.* gireuuo; *vgl. die variante A. Gl. II. 738,43.* — [29]) *Ed.* deliraut. — [30]) *Ed.* girate. — [31]) *Ed.* infeſtatione. — [32]) *Ed.* maritimam. — [33]) *Ed.* triſtega. — [34]) *Ed.* ſcirpus. — [35]) *Ed.* pavimento. — [36]) *Ed.* carrucam. — [37]) *G. uur.* uuiheri. — [38]) *Ed.* formicam. — [39]) *Ed.* Zabarias; zabernas *der abdruck bei Mombritius II, 19^b (s. A. Gl.).* — [40]) *Ed.* micas. — [41]) *Ed.* incutiunt. — [42]) *Ed.* fiſcalia. — [43]) *Ed.* phalangius.

		uenenofa			Fifcuf. lim	
		Terebro¹. boron		618	Conflictuf²⁶. baga	
	582	Pulli². huaner		620	capfa²⁷. Capf. keffa	
	584	Ferio³. feriaf. uiron			De sancto Martino.²⁸	
83ᵃ²	?	Conciono. af. digon⁴		109	Detrimentum²⁹. ungifuari	
		Hydropf. uuazarkalb		111	Pannonii³⁰: huni	
		Verenda. heidrofi		122	Vertigo³¹. fuindilud uiun-	83ᵇ²
		Thuffif. huafto			tef³² brut	
	690	Citerior⁵. gendra		125	Cultro. fahfe	
10	692	l'incerna. fcenko		128	Peniculum³³: duach	
	697	Cementum⁶. balftar		127	Parifiuf³⁴. perif	
	702	Sugillo⁷. erdempfu		129	Pateram. poculare uaf: ken-	
	714	Lanx⁸. bahueiga			nih	
	715	Therma⁹. bad¹⁰		133	Conicere. radiffon	
15	?	Lentum. horo. tuf¹¹ per partef		134	Calceif. fcoon	
		mollituf: ginuichiter		136	Incude³⁵. anabolz	
	717	Arteria¹². fenadra		140	Secretarium³⁶. figindri	
	719	Matrona. idif			Pefculum³⁷. grindil	
	732	Nummulariuf¹³. munizari		142	Toga. felecho	
20	671	Colobium¹⁴. godeuuebbi		146	Tolofe: tul	
	692	Scandalia¹⁵. girumi		156	tugurium: hutta	
		Amentum¹⁶. laz		158	Difcrimen. detrimentum: un-	
	674	Lunaticuf¹⁷. manuduuiliger			gifuri	
	681	Troclea¹⁸. rota. per quam		172	Carica³⁸: figon	84ᵃ¹
25		funef trahuntur. kurba. uel		174	Byrrum. kottuf: kotzo	
		furca		183	Fifcalif reda. dominicalif equi-	
	683	Fuligo¹⁹. ruaz			tatuf. bára	
	?	Stipf²⁰. bifancter²¹ ftoc		189	Ritádula³⁹: fitelofa: ferua	
	642	Ablactatuf. intuueniter			fine ritu	
83ᵇ¹	610	Fantafia²². drugida		201	Peffuli. grindila: fcubila	
	613	Profectio²³: fuara		207	Efox⁴⁰: falmo	
	614	Pannofuf²⁴. pannif: loderon:		216	Eulogio⁴¹: ofelene⁴²: bene-	84ᵃ²
		plenuf			dictione	
	616	Fifcuf²⁵. fife camera.		43	Abfif. capf	

¹) Ed. terebrantur. — ²) Ed. pullorum. — ³) Ed. feriari. — ⁴) L. dingon. — ⁵) Ed. citerioris. — ⁶) Ed. cæmento. — ⁷) Ed. sugillavi. — ⁸) Ed. lances. — ⁹) Ed. thermarum. — ¹⁰) Darnach das unverständliche age binige. — ¹¹) D. h. (Leu)tuf. — ¹²) Ed. arterias. — ¹³) Ed. nummulariis. — ¹⁴) Ed. colobio. — ¹⁵) Ed. fandalia. — ¹⁶) Ed. amentis. — ¹⁷) Ed. lunaticam. — ¹⁸) Ed. trochleas. — ¹⁹) Ed. fuligine. — ²⁰) Nach A. Gl. statt hystrix der ed. s. 683. — ²¹) G. uur. bisanet.; uber dem t steht ein abkürzungsstrich. — ²²) Ed. phantafiam. — ²³) Ed. profectionem. — ²⁴) Ed. pannofi. — ²⁵) Ed. fifci. — ²⁶) Ed. conflictum. — ²⁷) Ed. capfas. — ²⁸) Vgl. A. Gl. II. 759 f. und die edition des Vita Martini in Corpus scriptorum ecclesiasticorum latinorum I, Vindobonæ 1866, s. 107 ff. — ²⁹) Ed. detrimento. — ³⁰) Ed. Pannoniarum. — ³¹) Ed. uertiginem. — ³²) L. uuintef. — ³³) Ed. penicillo, var. peniculo. — ³⁴) Ed. Parisios. — ³⁵) Ed. incudem. — ³⁶) Ed. secretario. — ³⁷) Ed. pessulo. — ³⁸) Ed. caricis. — ³⁹) Ed. nitidulam. — ⁴⁰) Ed. esocem. — ⁴¹) Ed. elogio. — ⁴²) L. ofeleie? — ⁴³) "Absida kommt mehrfach vor in den Miracula Martini bei Baluze Miscell. 7, 169 sqq." (A. Gl. II. 760 note 6).

De sancto Sebastiano.[1]
268 primuſ ſcriniuſ[2]: camerari
278 Súerent[3]. ſiuuidin
    Vncuſ[4]. ungula: nagal
    De sancto Dionisio[5]
224[b1] Queſtuſ[6] ſum. klageta
228[a1] Cataſta[7]. genuſ pęnę aculeo
    ſimile in rámon
229[a2] Sequana[8]. ſigana
? Campana[9]. glogga
    De Pastorali[10].
3 Queritur. arguit. klagot
4 Mola aſinaria. mola aſinę: mu-
    linſten
5 Cellaſ. cameraſ. luhhir
7 Pertinax: einſtridih
11 Gybbuſ. houaradi
    Lippuſ. bodanbrauui[11]
    Impetigo[12]. zitdruaſ
    Ponderoſuſ. holiter
    Hebeteſ. inutileſ. dumbę[13]
12 Pupillę: afful
    Palpebra[14]. ſlegibraua
    Groſſeſcunt. grozzent
15 armum. buag
    Biſ tincto cocco. zuiro gidun-
    cot
16 Coccuſ. uermiculuſ: uuormo
18 Mala punica. affricana: ephili[15]
19 Boui trituranti. riderendemo

20 In libriſ moralibuſ. ſidelichen
31 Laterem: ziegelon
32 Frixura: roſtunga
39 obtrectatio[16]: biſprachida
    Derogant. biſprehhent   5
41 Faſcinauit. bizouberata
43 Oſtentare. ruaman
45 ſerio[17]: ſkirno   85[a2]
47 Duplicitaſ[18]: zinuſgili[19]
    ericiuſ: igil   10
52 Pila. ſtok
    Piluſ[20]. ſtamfiri
    Tipſana[21]: hirſiſprin[22]
    Stagnum[23]: ein
    plumbum: bli   15
58 Digeſtum[24] uinum: ſidenuit[25]
61 repo[26]: ſlichu
65 Venaliſ[27]: kouflik
68 Sacculum: ſeckil: pertuſum:
    biftozzan   20
    Deſipiſco[28]. intuuizo
71 terit pede: ziſpizit
72 Diffenſio. ungizunt[29]
    Galaad. aceruuſteſtimonii. huffo
73 Debrico[30]: ordrenko   25
76 Tignuſ[31]: ſparro
81 Refarcio[32]. uidarſiuui
85 Conglutinata eſt: ziſamenc-
    giran
    Dilinio[33]: gilindizu   30

---

[1]) *Vgl. A. Gl. II. 763. Die kursivierten ziffern beziehen sich auf die edition von Acta Sebastiani in Acta sanctorum jan. tom. II. 265 ff. —* [2]) *Ed.* Primiſerinii. — [3]) *Ed.* ſigerent, *var.* fuerent. — [4]) *Ed.* gompho, *var.* vnco. — [5]) *Vgl. A. Gl. II. 744. Die kursivierten ziffern beziehen sich auf Passio Dionysii in Mombritii Sanctuarium tom. I. — G.* führt von p. 84[a2] an: "Bitalas ſimore. talalliſ (m o r e)" *als wäre* more *eine deutsche glosse. In der tat ist* more *aus in* ore *entstellt (die* ed. hat, p. 221[b2], Bitaliſi in ore). — [6]) *Ed.* Queſtuſq;. — [7]) *Ed.* T cataſtiſ. — [8]) *Ed.* Segone. — [9]) *In der ed. der Passio Dionysii ist dieses wort nicht wiederzufinden, ebenso wenig wie das in der hds. folgende wort* Sacculi. *In A. Gl. wird* Campana *für eine variante von* capſula, *ed.* 229[b1], *gehalten.* — [10]) *Vgl. A. Gl. II. 211; die kursivierten ziffern beziehen sich auf die ed. der* Cura pastoralis *in Gregorii Opera, tom. II, Parisiis 1705.* — [11]) *L.* brehanbrauui *(A. Gl.); vgl. indessen s.* 82,30 *unten*. — [12]) *Ed.* impetiginem. — [13]) *G. nur.* dumbe. — [14]) *Ed.* palpebrae. — [15]) *G. nur.* epheli. [16]) *Ed.* obtrectationis. — [17]) *Entstellt aus* ſtrio, *nebenform von* histrio *(vgl. A. Gl.); Ed.* hiſtrionum. — [18]) *Ed.* duplicitatis. — [19]) *L.* zunuſgili. — [20]) *Ed.* pilo. — [21]) *Ed.* ptiſanas. — [22]) *G. nur.* hirsi. sprin *(kein punkt zwischen den wörtern in der hds.)*. — [23]) *Ed.* ſtannum, *var.* ſtagnum. — [24]) *Ed.* digesto. — [25]) *L.* ſirdenuit *(A. Gl.).* — [26]) *Ed.* repes. — [27]) *Ed.* venalem. — [28]) *Ed.* deſipiſcunt. — [29]) *L.* ungizunſt *(A. Gl.).* — [30]) *Ed.* debriat. — [31]) *Ed.* tignorum. — [32]) *Ed.* resarciant. — [33]) *Ed.* delinivit.

86 Volutabrum[1]: vualzunga
92 Culix[2]: mugga
　Menta[3]: minza
　Anetum: dilli
5 96 Propino[4]: ftenko[5]
97 Paleftra[6]. luctor. ringo
100 Animaduerfio[7]: drauua
　De regula s. Benedicti[8].
85[bis] 11 Temperiuf: gizitor
10 23 Contumax: frazorer
40 Apoftatare: narrizan
51 Edax. deuorator: fraz
55 cuculla[9]. offena
　Pedulef: fuazduocha
15 64 Obftinatuf: abfturniger
　Zelotipuf: bizihtiger
　fufpiciofuf: firiuuizgerner
65 Abfurdum. contrarium: ab-
　fcelli
20 　　De Dialogo[10].
157 Calicula[11]: foc
168 Capiftrum[12]: halefdra
180 Plelum[13]: ftampf
? Camifa[14]. hemithi
25 213 Merola[15]. amafla
216 Tortitudo: krumbi
217 Siliquaf. eichelon. buliza
233 Curialif: fpragman
　Sago. filz. lachan
30 237 Spatariuf. armiger. fuer-
　drago
261 Tripedica[16] ftual. ubi uafa
　ponuntur

272 Conicere: radiffon
292 Difparco[17]. euaneo: uar-
　fuindu
304 In pofterum[18]. hindirin
　Vuanga[19]: houuua
320 Ofcito[20]. gefkon
357 Clauuf[21]: nagal
　Clauif: fluzzil
401 Mauron[22] id eft nigrum. inde
　mauruf: mor
412 Armentariuf: fueigeri
413 Vulgar[23]. popularif. bulgari
433 Latercula[24]. feindela
　Tegula. latta
452 Caffari. ne gagan[25]
464 Sábana. faban
464 Eunuchizare[26]. furen
　　Versus seqventes[27].
Craticula. roft
Lippitudo. bodunbrauue
Rimula: runcilo
Armilla. armboug
Pufio. zeizo
Vagienf. uneindi
　　Capitula Legis Ribuariæ.[28]
15 Ramo. rife: aftę[29]
17 Dilatura[30]. quod longe eft: uel
　totidem: quod non perfoluitur:
　laifcat[31]
18 Soneftif[32]. ftuatrura. fua-
　nuf[33]
　Scrofa[34]. fu. cum uerre. ber
30 Feftuca. halm

---

[1]) Ed. volutabro. — [2]) Ed. culicem. — [3]) Ed. mentham. — [4]) Ed. propinatur. — [5]) L. feenko (Holder, Germ. 22,309). — [6]) Ed. paleftrarum. — [7]) Ed. animaduerfione. — [8]) Vgl. A. Gl. II. 53. Die kursivierten ziffern beziehen sich auf die nummern der capita; s. die ed. in Migne, Patrol. lat. LXVI s. 215 ff. — [9]) Ed. cucullam — [10]) Vgl. A. Gl. II. 260; die kursivierten ziffern beziehen sich auf die ed. in Gregorii Opera tom. II, Parisiis 1705. — [11]) Ed. caligulam. — [12]) Ed. capiftro. — [13]) Ed. praelo. — [14]) Wohl glosse zu linea p. 189 (A. Gl.). — [15]) Ed. merula. — [16]) Ed. tripedicam. — [17]) Ed. difparuit. — [18]) Ed. impoftorem. — [19]) Ed. vangas. — [20]) Ed. oscitavit. — [21]) Ed. clavi. — [22]) Ed. Mauri. — [23]) Ed. Bulgar. — [24]) Ed. laterculis. — [25]) L. ne hagan?? — [26]) Ed. eunuchizari. — [27]) So met uuajusketu in der hds.; die quelle mir unbekannt. — [28]) Vgl. A. Gl. II. 253. Die kursivierten ziffern beziehen sich auf die nummern der tituli in Leges Francorum Salicae et Ripvariorum, ed. J. G. Eccardus, Francf. et Lipsiae 1720, p. 207 ff. — [29]) A. Gl. a. G. uor. aste. — [30]) Ed. delaturam. — [31]) L. laistat? (A. Gl.). — [32]) Ed. fonesti. — [33]) G. bessert fuanuf in fuanur. — [34]) Ed. ferovas.

32 Mammire[1]: menan: bannan [ad][2] Strudem. diftructionem: ci giftertanne
Spata. cum fcogilo. mahal
Fideiuffor[3]. burigo
33 (p. 231) Beneficium[4]: lehan (p. 216) Interciauit: anafangeda
36 Conmorfum: gibeizdan
37 Inconuulfum: uncruuendit
42 Truitif[5]: druhin[6]
43 Retorta[7]: uuid
Cappulauerit: firhouuuid
Cambortuf[8]: etar
Traucuf[9]: ftigilla
47 Scrutinium: huffuacha
58 Vicariuf[10]. uicedommuf. uel uogat
Conuca[11]. quenela
59 Idonea: giuuaroda
Multa[12]: glet[13]
60 Arte. roth[14]
Butina[15]. lach
Mutilifacte[16]. marefteina
62 Lituf[17]. laz
65 Emunitaf. hantfefte
70 Balifta[18]. flengira
71 Lacina: uuegeuuahda
76 Lacata[19]: ftandente
Fiffa. gifpaltan
72 Decorticatum[20]. bifcindit
77 Inclida[21]. bifcilbit
86 Excorticauerit. bifcindit
49 Affatimire. xi gifadimanne
Ars Donati[24].
395 Vadatur. erborgeda

400 Catacrefif. fecundum iudicium. 87[b1] id eft andari
401 Torrere bachan
Teftudo[23]. fcerdifedera
373 Nepof. neuo 88[a1]
Arief. animal quadrupedum. et fignum in celo et petherari
374 Palpo. greifari 88[a2]
375 Porrum: porro
Cephaf dicitur caput. inde cepe. 10 furio
Forum. marcat
376 Sinapi: finaf 88[b1]
Pomilio namuf. giduerg
382 Sorbillo: fuffo 88[b2]
Sugillo: fugo
Vacillo. uagor: uuauco: membrif
388 Tunica[21] dicitur a tuendo: 89[a1] feirmento[25] 20
389 Expreffo[26]: erracto
Prudentius.[27]
Hymn. a. cibum (Cath. III).
26 Ederaf. ebachi 89[b1]
53 Pampinuf[28]: blat 25
Palmef[29]. thona
63 Siliqua. fefa
66 Mulctra. melcubilin
94 caueam: keuion
Hymn. ad incens. luc. (Cath. V). 30
73 percitata[30]: erhauenerit
Hymn. ante somn. (Cath. VI).
27 Feriatum: gifirat 89[b2]
Hymn. ieiun. (Cath. VII).
63 Seta[31]. burfta 35
Lanugo[32]: afcorunga

[1] *Ducor fährt G. auf:* Tangano. ducatum (comitatum), *als wäre* Tangano *eine deutsche glosse zu* ducatum. *Ueber* nilt, tangamum *vgl.* Du Cange, Gloss.
[2] ad *der ed. entnommen.* — [3] *Ed.* fideiuffores. — [4] *Ed.* beneficio. — [5] *Ed.* truitis. — [6] *Hds.* druin. — [7] *Ed.* retortas. — [8] *Ed.* cambortas. — [9] *Ed.* traugum. — [10] *Ed.* Vicario. — [11] *Ed.* comuula. — [12] *Ed.* multam. — [13] *L.* gelt *(A. Gl.)*. — [14] *L.* roch? — [15] *Ed.* butinæ. — [16] *Ed.* mutuli facte. — [17] *Ed.* litum. — [18] *Ed.* baliftam. — [19] *Ed.* locata. — [20] *Ed.* decorticato. — [21] *Ed.* in elida. — [22] *Diese überschrift steht erst sp.* 87[b1]; *vgl.* Grammatici latini, *ed.* Keil, tom. IV *und* A. Gl. II. 158. — [23] *Ed.* testudine. — [24] *Ed.* tunicatus. — [25] *Hds.* feirmũto. — [26] *Ed.* expreffe. — [27] *Vgl.* A. Gl. II. 494 f. *und die ed. der* Carmina Prudentii *von* Dressel, *Lipsiæ* 1860. *Die kursivierten ziffern bezeichnen die versnummern. Die überschriften der gesänge sind diejenigen der ed.* — [28] *Ed.* pampineo. — [29] *Ed.* palmite. — [30] *Ed.* percita. — [31] *Ed.* setis. — [32] *Ed.* lanugine.

73 notaſ: hizihti[1]
79 Metallum[2]. zimbar
119 Molareſ: kinnizeni
153 Inpexa: ungiſtralit
157 Lena[3]. pallium. indumentum: lahchan[4]
165 Papilla[5]: bruſt
Hymn. post ieiun. (Cath. VIII).
42 Lappa[6]: kleddo
43 Sudeſ[7]: ſtekken
44 Carduuſ: diſtil
59 Cratem: hurt
Hymn. omn. horæ (Cath. IX).
65 Obſtacula: ingegenſtanunga
74 Obice: grindil
102 Glutinum[8]. lim
Epilogus.
15 Scyphuſ: urcil
18 Parapſiſ: izinari
Dittochaeon.
3 Tinxit: zeheta
4 perizomata[9]: queſta
134 Lanx[10]. unaga
Apoth. præf. II.
9 Diuortium[11]: thanakerunga
18 Pruriat. iukke
24 plectileſ[12]. giſlohtan
26 Verſipelli [astutiae]: uuandalhuti: uerſutię: glauui
54 Recrementum: ſpriu
56 Lolium[13]. radan
Apotheosis.
145 Thiara[14]: hunit[15]
162 Obſeſ[16]. gifal
199 Mola[17]: quirn
343 Surculuſ: zuig[18]

464 Culter[19]: mezzereſ
484 Fruſtrator[20]: bidrugit
523 Fornix[21]: ſuibogo
592 Puſio nondum nominatuſ inſanſ dicitur. puſilin
686 ſcatebraſ: quellon
719 Reſudat: ſuizta
Cruduſ: rauner
725 Ruder[22]: aruzz
812 Linia[23]: linna
822 Oblita: biklenan
841 Flabrum[24]: uuinda: inde flabrali frigore
913 Ingenita macula[25]. naturaliſ: anagiboran
1035 Quorſum: uuaraſun
1041 Deſtituit: zifazza[26]
1083 Inſictoſ[27] caſuſ. anaſehtende[28]
Præf. Hamart.
16 Sarculum[29]: getiſan. uel celo.
Hamartigenia.
82 Coniectare: radiſſon
97 Examina: ſuarma
138 Neruoſ: ſeneuuon
140 Plagiſ. masgon[30]
144 Auſractibuſ. curuiſ circuitionibuſ: zibrochidon
207 Suppellex: gizauua
216 Culta: gilenti
228 Brucuſ: keuera
233 Cicuta[31]: ſcerning
404 Incerat: uuahſit
267 Iacinthiſ[32]: iachenton girigeton[33]: ſutilibuſ
271 Concharu[34] [calculus albens].

[1]) Nicht lnzihti wie A. Gl. oder inzihti wie G.; l. bizihti. — [2]) Ed. metalli. — [3]) Ed. laenam. — [4]) Hds. lachan. — [5]) Ed. papillae. — [6]) Ed. lappis. — [7]) Ed. sudibus. — [8]) Ed. glutino. — [9]) Glosse zu tegmina (A. Gl.). — [10]) Ed. lance. — [11]) Ed. divortia. — [12]) Hds. plectil. — [13]) Glosse zu zizaniorum (A. Gl.). [14]) Ed. tiaras. — [15]) l. huna oder huat (A. Gl.)? — [16]) Ed. obside. — [17]) Ed. molam. — [18]) Nachher führt G. Gete (hds. Getę) (Gothi) auf; Gothi ist doch keine us. form. — [19]) Ed. cultro. — [20]) Ed. fruſtrator. — [21]) Ed. fornice. — [22]) Ed. rudere. — [23]) Ed. linea. — [24]) Ed. flabrali. — [25]) Ed. ingenita .. maculus. — [26]) l. zifazta (A. Gl.). — [27]) Ed. inflictos. — [28]) In der hds. so: anaſeh-tende. — [29]) Ed. sarculo. — [30]) Hds. magon. — [31]) Ed. cicutas. — [32]) Ed. hyacinthis. — [33]) Hds. giriget (G. ungenügend: giriget). — [34]) Ed. concharum.

qui fumitur a conchif: mufcu-
lon in mari.
293 Plectitur[1]: gikemmit
294 Verficolor[2]: miffiuaro
295 Indumenta plumea: giplumet
296 Peregrino puluere: hifemo[3]
298 Vegetamina: fouronga
303 Fotibuf. nutrimentif: boun-
gan
305 Dotef: predia eigana
308 Pupula. papilla: feha
322 Ganeo[4]: flinto: glutto: fraz
368 Profcenia. a fcena: ueftibulum.
furikelli
397 Obtrectatio: bifprachida
410 Caffide: helme
433 Limef[5]: mareften
434 Manica[6]: menichilo
444 Limat: filot
465 Limo: ziegelon
477 Botria[7]: drubo: uel botruf
480 Lutiuf[8]: ludihorn
489 Arief[9]. peterari
492 Propugnacula: uuihhuf
502 Charon: ferio
634 Vendat: fircoufe
636 Fornix[10]. fuibogo
667 Argumentum: urthanca
748 Menta: kinni
760 Forum. mercatum: uel angar
761 Propolaf: hutten
810 Tortę fetę. funna. mafga
848 compef: thruth[11]
869 Specculum[12]: feha
Concreta: girunnida: coangula
oculorum
872 palpebralibuf: fleibrauuon

873 fetif. háron
874 Pupula. feha
942 Luxuf[13]. id eft luxuria: ge-
tilofi
950 Specubuf: holon   91[b1]
957 Caftrata: erfurit[14]
Psychomach. præf.
31 Buculaf: cuauui
Psychomachia.
66 Matrona: idif   10
79 Gluten[15]. lim
126 Torax[16]: bruftroch   91[b2]
137 Capulum: helza
140 Caffif: helm
148 Pudendi décorif. fconi   15
167 Cicatrix[17]: animali[18]: ulcela[19]
186 carbafea: fegelahti
191 Lapatum[20]. kammindil
216 Ridiculum: gamanlih
231 Friuola: bofa   20
249 Stipula[21]: halm
255 Vmbo[22]: rand
311 Prodiga: ferliefa
316 Marcida: nuelku
323 Alex[23]. arundo: zein   25
324 Xerunm[24]: fineuua
325 Amentum[25]: lazo
336 Axif[26]: naba
337 Radiorum: fpeicheno
339 Electrum[27]: queefilbar: obri-   30
zum. ubarguldi
348 Genearum[28]: fcortorum: de-
uoratricum: haziffo: uel gul-
di[29]
355 Vernantef: gruanente   35
358 Mitra: huat
369 Cyatuf[30]: ftouf

---

[1]) *Ed.* pectitur. — [2]) *Ed.* versicolorum. — [3]) *L.* hifemo (*Holder, Germ. 22.401*). — [4]) *Ed.* gauconis. — [5]) *Ed.* limite. — [6]) *Ed.* manicis. — [7]) *Ed.* botryonis. — [8]) *Ed.* lituis. — [9]) *Ed.* arietat. — [10]) *Ed.* fornice. — [11]) *A. Gl. und G. unr.* truth; *l.* thruch (*A. Gl.*). — [12]) *Ed.* specculum. — [13]) *Ed.* luxu. — [14]) *Darnach hat G.:* exhalent (anhebent); anhebent *ist nur aus* anhelent *entstellt* (*A. Gl.*). — [15]) *Ed.* glutinat. — [16]) *Ed.* thoraca. — [17]) *Ed.* cicatricum. — [18]) *L.* anamali? (*G.*) — [19]) *L.* ulcera? *G. hält* ulcela *für ein as. wort.* — [20]) *Ed.* lupatis. — [21]) *Ed.* stipularum. — [22]) *Ed.* umbonis. — [23]) *Ed.* ales. — [24]) *Ed.* nervo. — [25]) *Ed.* amento. — [26]) *Ed.* axem. — [27]) *Ed.* electri. — [28]) *Ed.* gauearum. — [29]) "Dies ist wol nur aus anlass des vorhergehenden ubarguldi hieher geraten" (*A. Gl.*).
[30]) *Ed.* cyathis.

377 Crapula: ubarazzi
426 Offa[1]: bizzo
435 Siſtrum[2]: ludihorn
440 l'eplum[3]: oral
5 448 Crinaliſ: ſpinela: acuſ
449 Fibula: nuſca
    Strofium. reuerſio: uuindila
92[a1] 459 cruminiſ: ſekilou
460 Fiſcoſ: ſekki
10 463 Vngueſ: krouuila
526 Moneta[4]: muniza
532 Parapſiſ[5]: ſulzkar
540 Anathema. alienatio. perditio: firuuazan
15 567 Maniciſ: handruhin
582 Loculuſ[6]: ekkil[7]
583 Foenore: erlehnunga
594 l'alpitat: zabelota
620 Venalibuſ: ſircoflingen
20 645 Victriceſ aquilaſ. ſigna: guntfanon
653 Calx[8]: calc
658 Plectrum[9]: zidarpin
665 Caſtrenſiſ: herehereliſ[10]: porte
25 728 Stationeſ[11]: heriberga
744 Vela[12]. carbaſa: ſegela
745 Stertenſ: ruzzenti
92[a2] 826 Harundo. pertica: rouda
30 835 Dolata[13]: erholot
92[b1] 872 Concha[14]. label
    Contra Symmachum I.
16 Tabentiſ: eittergiu: uulneriſ
92[b2] 63 Olor[15]: elbiz
35 65 Peſſuluſ: grindil
66 cuneuſ[16]: uueggi
97 Incantare: bigouggolan

115 [ramo] peniſ: gimath
126 Proluit. profudit: bigoz
130 Celindroſ[17]. uirgulaſ de palmite: uuinton
137 Functiſ. defunctiſ: ginuzziden
204 unguento: ſmalzze 93[a]
259 Vitricuſ: ſtiffader 93[a]
260 Priuignuſ[18]: ſtieffun
269 Venuſtaſ[19]: kuſgi
310 Sol[20] eſt unum ſiduſ .vii. planetarum que in aera pendent. uel natant: ſuebont
349 Trabea[21]: gigaruuui
    Sella curuliſ[22]: ſprahhuf
421 Hebetat: bitunkulat 93[b]
426 nimboſa: bitunkulat: elementa
433 nugaſ: boſa
438 Lamniſ eniſ. aeneiſ lamminiſ: blekkot
439 Lima: fila
440 Scabra. erugo: lahhahti[23] roſt
467 Tranſmiſſiſ alpibuſ. elboli[24]
480 Suſpiria: ſuftunga
514 Foſſiſ: grabon
574 nugiſ: boſon 93[b]
630 Mimica ſollemnia: ſcernunga
    De Sedulio[25]
Dedicat. p. 539. Irrecituſ[26]: binazter
Prol. v. 3 Supercilium. ſuperbia: uuintbra auia[27]
I.22 Niliaciſ bibliſ. niluſ fluuiuſ egipti. ipſe eſt. et geon in quo naſcitur paffur
45 Labruſca[28]: haneberi

---

[1]) *Ed.* offas. — [2]) *Ed.* sistro. — [3]) *Ed.* peplo. — [4]) *Ed.* monetae. — [5]) *Ed.* parabside. — [6]) *Ed.* loculos. — [7]) L. ſekkil, *wie die parallelhds. (s. A. Gl. II. 199,54) hat; das ſ war wohl in der vorlage auf den oberen teil des l. von Loculus geschrieben und dadurch undeutlich geworden.* — [8]) *Ed.* calcis. — [9]) *Ed.* plectro. — [10]) L. hereherelih *(Holder, Germania 22,402).* — [11]) *Ed.* statione. — [12]) *Ed.* velis. — [13]) *Ed.* forata dolatu. — [14]) *Ed.* conchae. — [15]) *Ed.* oloris. — [16]) *Ed.* cuneis. — [17]) *Ed.* chelydros. — [18]) *Ed.* privigni. — [19]) *Ed.* venustatis. — [20]) *Ed.* Solem. — [21]) *Ed.* trabeas. — [22]) *Ed.* sellamque curulem. — [23]) *G. ändert dies stillschweigend in* lahhanti. — [24]) *Die parallelhds. hat* elbon *(s. A. Gl. II. 501,3).* — [25]) *Vgl. Sedulii Carmen paschale in Migne, Patrol. lat. XIX. 533 ff. und A. Gl. II. 619.* — [26]) *Ed.* irretitus. [27]) L. uuintbrauuia? — [28]) *Ed.* Labruscam.

180 Obrita[1]: uuaganleifa[2]
279 Paliuruf: diftil
285 Tholuf[3]: rouhhuf
II.127 Lanio: mezelari
 182 arifta[4]: chir
 210 pinna[5]: uuintberga
III.47 Cimba[6]: flat feip
 98 Scapula[7]: fcultira
 183 mancuf[8]. manube[9]: lamer
 235 uitreof: glefinę
 277 Lichnuf: carz
IV.179 Turgida. tumida: ziquebit[10]
V.24 Linteolum[11]: faban
 41 Pactuf. mercatuf: uuinifcaffender
 43 Nomifma[12]: muniza
 63 Sudef[13]: ftekko
 138 apoftata: abdruniger
 156 Falx: fegefna: Falcicula: fichila
 165 Coccuf[14]: krilago[15]
 215 Setiger. fetaf gerenf: bruftun
 371 Abuftuf[16]: gibratan
  Sedulius de Greca[17].
 Scaturire: quellan
 Sponda: boetibret[18]
 Ocrea: beinberga
 Vdonef: focka: pedela[19]
 Braga: broah
 patella: panna

Fruftellum: ftukkilin
Lucanice. lupini: figbonun
Analogium. ambonem: pulpitum. lector
Norma: rigilftap 5
Creta: crida
Lardum: fpek
Taberna: tauerna[20]
Sacrarium: figitari
Liquamen: fmarz 10
Gobio: creffo
Anguilla: al
Tructa: forchna
Caulof. Brafica: koli
Nuclcuf: kerno 15
cuba: budin: et doleum
Forpex: fcara
Poplef: kniredo
librauf: ufuuanizenti[21]
cambota: krucka 20
cunif. cunabulif: uuaga
Scotica: geifla
Licia: fizza
 Glosae de diversis auctoribus[22]. 25
Curia. fprekhuf. inde curulef 95[a2]
dicuntur: faldiftolaf
Curiofitaf: fiuuizkerni[23,24] 99[a2]
fatiffacienf: kenagonie[25,25]
liqueor: offan bin[23] 30
naufeo: mir uuillot[23]
fereno: rachifon[23]

---

[1]) *Ed.* orbita. — [2]) *Die glossen zu v. 258, 279* Violaria: *ubi uiolę funt herbi.* lara *und* Cardu(us): cardo *scheinen nicht deutsch (A. Gl.).* — [3]) *Ed.* tholis. — [4]) *Ed.* aristis. — [5]) *Ed.* pinnae. — [6]) *Ed.* cymbae. — [7]) *Ed.* scapulis. — [8]) *Ed.* mancum. — [9]) = ?. — [10]) h aus h corr. — [11]) *Ed.* linteolo. — [12]) *Ed.* nummismata. — [13]) *Ed.* sudibus. — [14]) *Ed.* cocci. — [15]) *L.* kruago, *wie die parallelhds.* (s. A. Gl. II. 619,43) *hat.* — [16]) *Ed.* obusti. — [17]) *Die überschrift so, mit majuskeln; sonst unbekannte schrift; vgl. A. Gl. II. 623.* — [18]) *L.* bettibret. — [19]) *Nach G. ist* pedela *deutsch.* — [20]) u aus b corr. — [21]) *Die parallelhds. hat* ufuuarazenti (s. A. Gl.). — [22]) *G. vermutet auf grund einer randglosse s.* 95[a], *wo* Boetius *erwähnt wird, dass die glossen zu diesem verfasser gehören. Der erste teil, hauptsächlich nur lateinische glossen enthaltend, bezieht sich in der tat auf Boethii Consolat. philosophiae; von den hier oben angeführten worten gehört nur* Curia *hierher (das wort findet sich s. 30,19 in der ed. von Peiper wieder).* [23]) *Die kursivierten buchstaben sind in der hds. mit dem auf einen jeden im alfabet folgenden buchstaben bezeichnet, also* i *mit* k, e *mit* f, u *mit* x *etc.* [24]) *L.* firuuizkerni (*G.*). — [25]) *L.* kenagonte (*vgl. St., Anz. f. d. alt. 22,275*); *G. statt* kfubgpnif uur, kfubgpnis.

XVIII.

Prudentiusglossen in einer Pariser handschrift.

Psychomachia.[1]

142[a]	48 tedaf Facla[2]		470 fuluif brunrad[4] ceraunif	
143[b]	95 rotet eduuinde[2]		477 ciuilif fueflic	155[b]
	106 fcabrofa forde ruft		485 nec oppofitum nul[4,5] baculo temptare periclum	
151[a]	327 calathof fenkiphatu[2,3]		541 mefta clagunga[2,10]	157[a]
	335 crepitantia lora fel[4]		553 uirtuf fiebat et non fre(h tc)[11]	
	337 radiorum fpeca		567 manicif hodfcohc[12]	157[b]
151[b]	343 ganearum flinderi		587 fatefcat giftillide[2]	158[b]
	358 cefariem loci[4]		611 recreet gilaua[13]	159[b]
152[b]	403 confpirare gifomuuard[2,5]		661 fubfiftente houerhilind[14] procella	160[b]
153[a]	411 formidine fufi biuongene[2]			
153[b]	426 offaf muhtbita[2,6]		667 inopina thiu unaruuonian- dilike[2,15]	161[a]
154[b]	449 fibula nufke flammeolum kappe ftrophium halfphano		688 oftentauf feftif refpondet laeta coreif mot fandium[2,4,16]	161[b]
155[a]	460 tifcof Male. uel bulge[2]		697 fedaffe giftillian[2]	162[a]
	466 Eumenidif[7] Uunhiurlihca[2,8]			

---

[1]) *Vgl. die edition von Dressel, Lipsiae 1860.* — [2]) *Randglosse.* — [3]) So G.; nicht in A. Gl.; l. feenkiphatu (G.). — [4]) So G.; nicht in A. Gl. — [5]) D. h. gifomuuardon; A. Gl. (fussnote) gisomuuard oder giforouuard "unverständlich", G. gifomuuard. — [6]) L. muthbita (A. Gl.). — Zu v. 135 giebt G. eine glosse Hillabant "vielleicht irridebant" an; die letztere möglichkeit ist gewiss die richtigere, vgl. St. Anz. f. d. alt. 22,277. — [7]) Ueber das letzte i von anderer hand ein e geschrieben. — [8]) "kaum mehr zu lesen" (A. Gl.); G. Vuunhiurlika. — [9]) "L. mit," G. — [10]) Zu haurit v. 511 giebt G. die glosse achar; dieses wort ist das nom. propr. Achar, vgl. v. 537. — [11]) fiebat — frehte am rande; frehte sehr zweifelhaft, kann auch frehat oder frebat sein (A. Gl.). — [12]) "= handscuoh" A. Gl. — [13]) Das dann von Graff aus f. 160[b] zu v. 630 angeführte (Inficiatrix) lastura ist höchst wahrscheinlich lasciua zu lesen (A. Gl.). — [14]) D. h. etra houerhilindenuu. — [15]) G. unaruuoniandilike. — [16]) L. motfandium.

XIX.

Prudentiusglossen in einer Werdener handschrift.

1ᵃ¹ *De hist. illustr. vir.*¹
inuitatorium: ſpanandelica²:
. . librum
Praefatio.
1ᵇ¹ 39 contra hereſeſ: erriflon
42 denoueat: Intheize³
44 o utinam: vuola vuenk
45 utinam . . emicem . . quo tulerit: ſcilicet me dara dar(a)⁴
Hymn. ad galli cant. (Cath. I).
6 ſoporoſ: zagilichon⁵
13 ſtrepunt: kracnt³
1ᵇ² 28 ſtertere: hrutan
89 ſunt friuola: giboſi³: . . que
. . egimuſ
2ᵃ¹ *Hymn. matut. (Cath. II).*
21 uerſuta: uuitheruuerdiga³:
frauſ et callida: tumiga³
32 nugator: boſeri³
33 ſeuerum: aduerbium. crudeliter. grimlico³
34 nemo temptat ludicrum: ſpót⁶

35 inepta: (u)ngi(ſ)ogitha⁶,⁷:
nunc omneſ ſua uultu colo-
36 rant ſerio: nuttimo   5
41 forenſiſ: thinclic⁸: gloria
53 lucramur: ſcazz(emeſ)ˢ,⁹   2ᵃ²
81 nutabat: niuhtaˢ,¹⁰
99 nihil loquamur ſubdolum:
fehno⁸   10
Hymn. a. cibum (Cath. III).   2ᵇ¹
42 inlaqueat uolucreſ aut pediciſ:
be(t) ſtricchin⁸: aut maculiſ:
maſcon⁸
43 inlita: bechlemanˢ,¹¹: glutine: 15
chleibe. Limeˢ,¹²: . . uimina
plumigeram ſeriem impediunt
48 calamum: angul⁸
51 fundit opeſ: hic¹³   2ᵇ²
68 per . . coagola: quagulˢ,¹¹   20
girvnunon⁸
72 nectare: ſeme⁸
74 mella . . apiſ . . liquat . .
thimo: biniſuga. uurzˢ,¹⁵

---

¹) Vgl. teil II; die kursivierten ziffern am linken rande der spalten beziehen sich auf die versnummern der edition von Dressel. — ²) Fehlt A. Gl. u. G. — ³) Von feiner hand. — ⁴) A. Gl. s. ire dara. G. ter clara; vgl. die glosse zu derselben stelle in einer anderen Prud.-handschrift, A. Gl. II: 413,35: Quo: dara. — Das zweite dar(a), mit sehr schwacher tinte geschrieben, von A. Gl. u. G. nicht bemerkt. ⁵) Auf rasur; gehoert vielleicht zum folgenden deſides, über dem mollet steht (A. Gl.). — ⁶) Randglosse. — ⁷) (u)ngi über (ſ)ogitha geschrieben; G. ungivogitha. — ⁸) Von feiner hand. — ⁹) G. unricht. scatt . . — ¹⁰) Oder uuihta, was die richtige form ist; vgl. die parallelglossen, A. Gl. II: 444,26: Nvtabat: vuihta u. II: 552,1: Nutabat: vuichta; G.s correctur (s. 366) uuihta also unrichtig. —
¹¹) Hds. bechleman; l. bechleman (A. Gl.). — ¹²) Lime aber chleibe geschrieben. — ¹³) Fehlt A. Gl. — ¹⁴) Fehlt A. Gl. u. G.; unter girvnunon geschrieben. — ¹⁵) uurz aber ſuga geschrieben.

76 nemorif: boungardes[1,2]
79 deciduo: nideruell(egemo)[1,3]: imbre
94 caueam: holi[4]
3[b,2]   *Hymn. p. cibum (Cath. IV).*
41 dicarant: bemeindon[1]
45 hauftibuf: fluutin[1,4]: uorandum
51 praedam rictibuf: bizzin[1]: ambit incruentif
4[a,1]   95 metunt: arnont[1]
Hymn. ad incens. luc. (Cath. V).
3 ingruit: ana (r)uit[1,5]
14 igniculif quof . . madentibuf lichenif: quertharon: aut fa-
15   cibuf: faelon: pafcimuf
15 fila: thradi: fanif: bibrod: feyrpea: binitinun: . . conlita fingimuf
18 caua teftula fucum linteolo:
20   liniminta. charze[b,6]: fuggerit
19 alimoniam: zundra[1]
20 ftuppa: tou: ceram bibit
4[a,2]   59 hofpita: gaft[1]: refederat
4[b,1]   70 pubef . . irritata: arbelgid
25   92 axe: celi. haluun[1,7]:
4[b,2]   123 fonantibuf modulif: leichin[1]
126 ferie: uire[1]
142 lumina . . fubfixa: ufgeflegeno(n)[1,8]: micant per laquearia: himilizzi[1,9]
30   aria: himilizzi[1,9]
143 de . . natatibuf: id eft olei fluzzen[1]
Hymn. ante somn. (Cath. VI).
5[a,2]   45 plerumque: meftig

68 famem futuram claufif cauere acernif: hufon[1]
115 fpiritu fagaci: bit cleuemo   5[b,1]
giuuizze[1]
146 liquefce: id eft euanefce. uerfuint[1,10]
Hymn. iciun. (Cath. VII).
9 aruina: fpind: . . ne . . inge-   5[b,2]
nium premat
24 flatu . . fpirituf: adumzufti[1]
49 corrigenf difpendia: frefon   6[a,1]
53 conftruenf iter deo . . confragofa: fteculun[11]: ut lenibuf conuerterentur
63 hifpida: mid vuaffarv: | lanugine: mit unaffero ruuni[1,12]
74 defecauerat: andbermida
87 nequiter: bofli(cho)[1,13]   6[a,2]
100 dicta: bemeinda[1]: fubftitit fententia
142 palpitat: an(t)flagada[1]   6[b,1]
148 glaucof amictuf induit monilibuf: Vuipgegaridion: matrona demptif
152 fetaf: harun
157 lenam: lothon
158 lapillof futilef: chirigenon[1]
165 fucum papille: tuttili[1]:   6[b,2]
parca: frechin fregchin[1,14]: nutrix denegat
191 limum tabidum: befcenten[1]
Hymn. post ieiun. (Cath. VIII).
27 luteuf: rubicundus uel croceuf: 7[a,2]
gela..[1]: . . color

---

[1] *Von feiner hand.* — [2] *G. unricht.* boaugardes. — [3] *G.* nideruellagemo.
[4] *Steht über dem auf* hauftibuf *folgenden* uorandum; *der platz über* hauftibuf *mit der glosse* torhitioniluf *beschrieben.* — [5] *G. nichts; A. Gl.* "anabatut: deutsch?"
Allerdings zunächst wie anabatut *zu lesen; von dem* b *ist aber infolge radierens nur der oberste teil des stabes sichtbar und von dem folgenden buchstaben nur wenig und nicht so viel, dass man denselben sicher unterscheiden kann. Die letzten drei buchstaben können ebenso gut* uit *wie* tut *gelesen werden. Hat der schreiber zuerst etwa* anabrikit *schreiben wollen, sich aber dann für* ana ruit *entschieden (weshalb er das schon geschriebene* b *wegradierte), damit der leser einsehe, dass* ingruit *mit dem bekannten* ruo *zusammengesetzt ist?* — [6] *Ueber* liniminta *geschrieben.* — [7] *Ueber* celi *geschrieben.* — [8] *Ueber* fub(-) *am ende der zeile geschrieben.* — [9] *G. unricht.* himilizzi. — [10] *Fehlt A. Gl. u. G.* — [11] *Randglosse;* ftecu *über* hun *geschrieben.* — [12] *G. unricht.* mid uuaffaro ruuni. — [13] *A. Gl.* boflicho; *nach dem worte spuren von einem oder zwei buchstaben.* — [14] *Ueber die vorhergehende glosse geschrieben.*

	42 uibrat: ftihiht[1,2]: inpexif ubi nulla lappif: id eft cletton[1]: fpina
	Hymn. omn. hore. (Cath. IX).
8[a1]	44 funerabat: reoda[1]
	54 profilit: huzfericta[1,3]
8[b1]	112 litorum crepidinef: ftegi-
	113 li[1]: . . pruina: hripo: filua et aura . . te concelebrent
	Hymn. ad exeq. defunct. (Cath. X).
8[b2]	74 cyathof: fceinkiuaz[1]
9[a1]	108 luct: indgildit[1]
	118 fufpendite: inthauent[1]
9[a2]	141 cariofa: uunrmbetid[5,1]: uetuftaf
	144 pugilli: fuftilinef[1]
	164 ademerat: benam[1]
9[b1]	*Hymn. VIII kal. Jan. (Cath. XI).*
	34 neniaf: feffpilon[5]
	39 mancipatam: kifcalcten[6]: uitam
	113 fulmen: vvraka: crucif . . fentief
	Hymn. epiph. (Cath. XII).
10[a1]	15 obire: in fethal gau[7]
10[a2]	104 pusio: buficho[8]
	105 fufpecta: anuortid. anauuani[1] ift[5,9]: . . frauf
	107 fubtrahat: uerthinfe[1]
	116 ingulo: briaft: . . maior pugio eft
	121 palpitauf: zauolunde[1]: infauf
	123 fubter artif: (e)ngen[1]: faucibuf
	124 fingultat: fu(eflizzod(a)[1]

Apoth. praf. I.	10[b2]
1 est tria fumma: principalia furifti[1]: Deus	
Apoth. praf. II.	
1 est ucra fecta: bigengítha[10]	5
2 rectamne: ofthé: feruamuf tidem	
4 et: éndi	
9 obliqua fefe conferunt diuortia: kera[1] unégefcéth	10
18 pruriat: kitilód[11]	11[a1]
19 laceffunt: ftuckent[1]	
22 ut quifquif[12] lingua eft nequior: fó fórth fó íru énig if vnréhtára if[13] an if tvngvn[14]	15
24 filogifmof plectilef: gíbógiándélievn[15]	
27 nodof tenacef: zahe[1]	
28 infefta differtantibuf: peruerfe loquentibus cleino rethinonden[1]	20
30 mundi ftulta delegit deuf ut concidant fophiftica: thía vvifun[16]	
39 fax: fácla[1]	25
46 aucnaf: durht[1]	11[a2]
49 culmum: hálm: . . fpiceum: áárinón	
50 internecet: áflaha	
53 det uentilabro: vvindfeúflún: lecta [frumenta] horreif	30
54 urat recrementum: fpríu[1]	
Apotheosis.	
2 ne . . dogmata . . maculent male prodita: fórthbráhta: linguam	35

---

[1]) Von feiner hand. — [2]) l. ftihhit. — [3]) G. anricht. huzericta. — [4]) m über v gefchrieben; l. unurmbetich; vgl. die parallelgloffe vurmpcizigiu A. Gl. II. 421 ss. — [5]) Randgloffe; feffpi aber von gefchrieben. — [6]) Randgloffe; die beiden erften buchftaben etwas undeutlich, aber ficher ki; G. liest iscaleten, indem er den erften buchftaben mit unrecht für abkürzung von fcilicet hält. — [7]) Randgloffe. — [8]) Oder butieho; G. nichts. [9]) anauuani ist weiter hinauf als annortid und zum teil über das letztere gefchrieben. — [10]) Auf rasur. — [11]) Nach pruriat am ende der zeile gefchrieben. [12]) quif vom gloffator übergefchrieben; nach -quif- rasur (von q[?] Dreffel quisque). — [13]) "Dies oder das vorhergehende if zu ftreichen" (A. Gl.); vielleicht könnte doch das erste if in der bedeutung "deswegen" hier stehen. — [14]) G. anricht tvngvn. Die wörter von fó fórth bis tvngvn find an dem rande (auf sechs zeilen) gefchrieben. [15]) Auf rasur. — [16]) Auf rasur; vgl. I. Kor. I,27: Sed que stulta sunt mundi, elegit Deus, ut confundat sapientes.

	3 ille: fúm		245 pater: hé	13[a2]
	14 temperat: tempérod		249 ridiculum: hoilik: eft	
11[b1]	17 uif: kraht: intacta		248 fiue af ít thó fó uuári[7]	
	30 hofpef: vuird[1]		253 ex hoc: thé famo	
11[b2]	62 fuco: fóá		255 tamen: ók	
	74 genitor: thé		256 unde in utroque operif forma	
12[a1]	93 natura .. quae non facta manu nec .. patrio ructata: forthbraht: profundo		indifcreta: huuanana huuari heccor an iro iogiuuetharamo in patre et filio indifcreta forma	
10	95 alapif: orflecon			
12[a2]	129 fare age: fprik vvólnv		263 eminet: ofardripid	
	131 inaduftif: vn: fratribuf: thém		313 ni refugif: né vvári thát thú fía gifliahaf	13[b2]
	144 tranfcurrit: níd[2]		317 fi foluf: ófthé hé óc éno[8]: pater	
12[b1]	145 metuit: tíd[3]		319 armatam: fía: iram	
	tiaraf: hódof		320 pater .. filius .. funt unum fulmen: vvráka éndi giuuáld: utraque	
	146 obfordefeat: ríd[4]			
	148 fambucaf: holondarpipan		331 per enigmata: radíflon	
	161 confortem: éuanhlótéri		341 cortice: húd	14[a1]
20	161 adfuefceret: giuuénidi		343 furculuf: gifprót	
	162 fuum: if		349 cæditur: vvárth	
	163 confanguineo: fibbíon: accedere chrifto		353 fimilaginif: hrénion mélaf[9]	
12[b2]	186 in idolio: án thémo áfgódohúfa		381 tu fcriba: feríuo	14[a2]
25			388 cafta chelyf: vuel gifvrvid[10] mufa	
	194 genf .. ftolida: dúmb			
	199 manibuf rimetur .. exta: thérmi		390 aemula: fía: paftorum quod reddunt uocibuf antra	
	200 confule .. deliramenta: dunúnga: platonif		392 fidibuf: fnárion:	
30			399 negat .. elementa .. nuntia: fía[11]: intrare	14[b1]
	207 ad normam: hrihtángu			
13[a1]	210 fphera: feíva[5] mobilif		424 audiit: thé[12]	
	216 femifer et cottuf[6]: thé liud. the halfdiarigo cothuf.[7]		456 foleaf: fólvn .. ima pedum	14[b2]
35	cane: hónauuárde		473 uerbena: id eft ifyrna[13]	15[a1]
	219 nof .. quique: éndi huuí		501 cohorf domini: hérron	15[a2]

---

[1]) Zu ipse dator legif diuine v. 32 giebt G. eine randglosse domed an. Als randglosse zu v. 32 steht aber .. moyfe und neben dem 31. vers, wo G. dieses domed gelesen hat, steht vielmehr iacob mit einem vorhergehenden verweisungszeichen, das G. für den langstrich des d gehalten hat; (der 31. vers enthält auch das wort iacob: vgl. dass neben dem 28. verse, der das wort abram enthält, am rande abraham mit einem ähnlichen verweisungszeichen steht). — [2]) D. h. riuuid. — [3]) D. h. forhtid. — [4]) D. h. huvid aus °hurwian zu horo "sordes" (??). — [5]) Auf rasur von rin(ga). — [6]) Vor e ein buchstabe (f? vgl. Ed. Scotus, ear. Scottus, cottus, gothus etc.) ausradiert. — [7]) Randglosse. — [8]) Die glosse untergeschrieben. — [9]) Auf rasur. — [10]) G. aur. gifvrvid; vrvid auf rasur. — [11]) Fehlt A. Gl. — [12]) Fehlt A. Gl. u. G.; vgl. über quem v. 425 die glosse ille andiit. — [13]) Von feiner hand; die glosse steht über dem folgenden coronae.

	507 fibi: imo	*439* ambitionif: Scazgirithu²	23ᵇ²
16ᵃ¹	*609* laucibuf: mid baevuaion:.. fercula: feuzilon¹: offert	*538* medicato id eft illito. gilubbidemo²: uulnere	24ᵇ¹
16ᵃ²	*619* manco: mid gihauideru: ordine	*796* ditibuf: id eft rihelichen²: ornaret pomif	26ᵇ¹ 5
16ᵇ¹	*663* uerrunt: kerrent²	*Psychom. praef.*	
	664 per uada glauca: ualun	*31* liberat..gregef: ftuot²: equarum..buculaf: id eft Sueiga²	28ᵃ²
17ᵃ¹	*725* rudere a(ru)ze² maffam: id eft mina. ariz²	*33* colla attrita bacif⁸: al' bogif id eft halfthruin⁹,⁹	10
17ᵃ²	*764* fictilif uluae: id eft genuf (h)erbę. ru(t)gr(a)s³	*Psychomachia.*	
	765 gleba: vváfo: traxit..coloref	*31* labefactat: bigledda	28ᵇ²
18ᵃ¹	*860* uola: fuft²	*34* animamque malignam fracta intercepti commertia: athumtuhti: gutturif artant	15
19ᵇ¹	*1051* et fantafma dei eft: than if he ok dei fantafma⁴		
	1058 et redit: et of he thuf	*37* animarat: gibelda¹⁰	
19ᵇ²	*1064* quod credimuf hoc eft: it if. alfo vui credimuf	*45* fubfundere: bithempan¹¹: fumo	29ᵃ¹
	1074 fidem: treuua	*137* ad capulum: hilte	29ᵇ¹
	Hamartig. praefat.	*336* axem: Rath. rath¹²	31ᵃ²
20ᵃ¹	*16* colla frangit farculo: fpadon	*337* radiorum: fpec(u)no¹³ fpecono¹⁴	
	30 deputanf raftrif: fpadon	*339* quam..rotarum flexura: velga:..continet orbe	
	Hamartigenia.		
21ᵃ²	*114* anguino medicanf noua femina fuco: lubbe²	*414* uertigo: uelga: rotarum	31ᵇ²
21ᵇ¹	*140* animalia..inretire plagif: id eft maculif id eft mafcon²	*415* axem: raht¹⁵	
		435 refono meditantef uulnera fiftro: heribocan	32ᵃ¹
21ᵇ²	*174* fubtacitam: uegniun⁵..fectam	*448* iacent..redimicula: gifagiritha: vittae..flammeo	30
22ᵃ²	*230* medicante: lubbiandemo: neneno	*449* lum: rifil¹¹	
	233 cicutaf: fcerningof	*Contra Symmachum I.*	
22ᵇ¹	*271* calculuf: merigrioz². perula⁶	*8* togaf: thrembilof	36ᵇ¹
		17 pure: gund	
22ᵇ²	*297* puluere id eft mufcuf def&mo²·⁷	*50* procudam: gifcerpiu: chalybem: ftehli	37ᵃ¹

¹) *Von feiner hand; o aus u corr.* — ²) *Von feiner hand.* — ³) *Steht nach ulue am ende der zeile.* — ⁴) *A. Gl. u. G. ergänzen filius statt fantafma.* — ⁵) *Eingekratzte glosse; A. Gl. nichts; G. uur. gegniun.* — ⁶) *Ueber merigrioz von grober hand geschrieben.* — ⁷) *L. bifamo (A. Gl.); vgl. die parallelglosse bisamo Ahd. Gl. II: 387,43, 390,4 u. s. w.* — ⁸) *Hds. bąoif (o aus e corr.), also corr. (vom glossator) in boiif.* — ⁹) *L. halfthruin.* — ¹⁰) *Auf sp. 28ᵇ¹,2 kommen viele rasuren vor.* — ¹¹) *Auf rasur.* — ¹²) *Die zweite glosse nicht in A. Gl. u. G.; sie ist nach* axem *am ende der zeile von einer hand geschrieben, die derjenigen des schreibers des lateinischen textes sehr ähnlich ist.* — ¹³) *Oder* fpecono; *stark verwischt.* — ¹⁴) *Die zweite glosse steht am ende der zeile nach* radiorum; *sie ist von derselben hand wie die unter note 12 erwähnte geschrieben.* — ¹⁵) *Nach* axem *am ende der zeile geschrieben.*

	58 adhinuiuit: tohnethida¹
	67 per tectum . . ymbricibuſ: uuoluon: ruptis . . infundenſ pluuiam
5	70 compreſſu inmundo miſerum adticienſ catamitvm: giſlapon:
	71 pellice: kieuiſ vuenſanderu²: iam puero
	77 cygnum: ſuan
37ᵃ²	107 inter . . ſalieta: them uuilgion
37ᵇ¹	114 hic deuſ . . feruat uineta: (vu)inſtedi³
	115 pudeat: ioginuena³
15	117 herculeuſ . . ardor et in tranſtriſ: an then thuerſtolon⁴: iactata efferbuit argo: ſcipikina
	126 proluit: begót
38ᵃ¹	195 penatum: hemgodo
	196 feruauit terror aſylum: fluhthuſ
	203 ceriſ: uuahſon
38ᵃ²	222 adolentur: vuertha⁵
39ᵃ¹	302 cyaneaſ: uuatar: nymphaſ
	303 driadaſ: ekmagadi: napheaſ: bergpuellaſ
39ᵇ²	395 incaſſum: ungimedon
	399 egeſtum: utgiuurungana: . . cruorem
30	
41ᵇ²	654 lateriſ ſinuamine: vuancha³
	Contra Symm. II praef.
	4 ueſper: aventſterro
	Contra Symmachum II.
45ᵃ¹	364 cerniſ ut antiqui . . ueſtigia moriſ . . titubaſſe probentur aſciſcendo: giuuinnandi: deoſ maioribuſ incompertoſ
45ᵃ²	383 riget: fuhtia

	399 culminibuſ firſtion:
	1077 obtendere flammea: riſil⁶: 50ᵇ¹
	caniſ
	Passio Rom. (P. X). 51ᵃ¹
	12 balbutit: ſtámárod
	53 uenire in armiſ perduelleſ: 51ᵃ²
	vuichman: nunciat
	56 foederatuſ: getriuvuid: grex
	63 peruicaci: enſtridige..⁷: audacia
	64 obſtinate: frauilico⁸
	110 unciſ: crampon⁹: uinculiſque 51ᵇ¹
	creſcere
	111 apparitoreſ: inknéhtoſ: . . ſuggerunt: vádartáldún
	117 extuberet: tvber dicitur máfur¹⁰ 51ᵇ²
	147 farre: mid mela: pulloſ: volon: paſcitiſ
	152 iaceatiſ: liggiad
	156 lapiſ nigelluſ: agat¹¹
	159 calceiſ: ſcóon
	182 amaſionum: friuthíló 52ᵃ¹
	184 pellicem: kéviſ
	200 ſpado: vrſúr
	233 quid uult ſigillum: afguod 52ᵃ²
	235 leno: himakírin¹²
	239 fuſoſ rotantem: ſpínnilvn¹³ thráandian
	242 ſamoſ: flétton
	ſiſtolarum: pipano
	245 diuinitatiſ: ira 52ᵇ¹
	in algiſ: ſeón. merigraſon¹⁴
	249 ineptiaſ: dumphedi
	256 ſymiam: ápon
	257 ſacratuſ aſpiſ: nádrá
	260 uenerare acerbum caepe: hallóe: mordax allium: clvflóe
	261 fuliginoſi: rókagún¹⁵: lareſ

---

¹) e aus corr. — ²) l. vueſandero. — ³) Von feiner hand. — ⁴) -n über n geschrieben. — ⁵) l. vuerthaſ. — ⁶) Von einer hand, die derjenigen des schreibers des lat. textes ähnlich ist. — ⁷) Randglosse; nach e sieht man den rest eines buchstabens; am ende des wortes könnte bei dem beschneiden des buches, was auch sonst vorkommt, etwas entfernt worden sein. — ⁸) Randglosse. — ⁹) cram auf rasur. — ¹⁰) extuberet steht auf der ersten zeile der seite und diese drei wörter darüber, weiter hinauf oben am rande. — ¹¹) Ueber lapiſ geschrieben. — ¹²) -kirin auf rasur. — ¹³) Auf rasur.   ¹⁴) Ueber ſeón mit blasser tinte. — ¹⁵) k aus corr.

264 in hortif farculatif: gigedenon
269 forcepf: tanga: .. malleuf: hámur
270 celituf[1] himiliko
274 corimbof: thrúfón: liberi: vvíngódaf
280 ferire thyrfo: fténgila
285 clana: cólvón: minari
290 feuera: githiganámo: fronte: ftena[2]
297 non erubefcif .. te tanta perdidiffe obfonia: biliuan[3]
298 ineptuf: dumbo[4]
299 diif .. quof trulla: thrufla: peluif: lauil: cantharuf: béckin[5]: fartaginef: fcápon: fracta et liquata contulerunt uafcula
303 circulator: maleri
307 perpenfa: vvégana: uite quof gubernat regula: ríhti
329 una uirtuf condidit caelum .. feptentrionef vvagnof: ....
331 prerupta: ftéculi: .. plana
332 montium conuallia feraf: vvildia: uolucref .. pecudef fubiudia
333 galef: táma nótilv[6]: beluaf: mér
372 nationum: héthínano
381 fupplicare: bédon
382 uerris: béraf
383 bubulif: mid hríthérinón
391 differente: réthinánthémo: martyre
392 iram fubdolam: feknia
394 bilem: gallun
356 pro: áh
399 perorat: loquitur, réthinod

414 aufpicato: helfamo
415 quod roma pollet .. loui .. debet: thếf if. tế thancónna. fív fcúldig[7]   53[b1]
419 fauftuf .. procinctuf: vvíggígéri   5
421 accingere: vvirth
428 fide[8] thémo
436 pupilla: féo: .. perfpicit
441 imperator .. tuuf menfque: min. endi thin kiáfur. if hế   10
445 feruiam: thíanon
449 nec .. rimamini: nế fókiad
452 mucrone hiulco: ginánthémo[9]: penfilif: hángóthión[10] latuf uiri   15
453 tractim: fégno
467 de catafta: hárpon[11]   53[b2]
487 febrif: rido: .. uenaf exedit: frítid   20
489 papulaf: bládárvn
490 cremari .. cauteribuf: bólzón
494 offa clamant diuidi: tédélid vvérthán   25
495 artefif: membrorum contractio. crámpón
500 cruor fcalpella: thía gráfifárn[12] tinguit dum putredo abraditur: thán thiu fúlithá ófgifcórran vvírthíd   30
514 aruinam: hrúfli
517 concide: fníht: carpe: ófnít[13]: fomitem: bánút
522 hoc: thát: perdo folum: éna   35
524 fenatorum: cúmóno
536 quandoque celum: nóhhúnan fo thế himil: plicabitur

---

[1]) *d aus corr.; Ed.* caelitum. — [2]) *Die form* statt fterna?, *vgl. und.* stern. *u.ſ "stirn" beruht wohl auf einfluss des vor feuera stehenden* lapif. — [3]) *In der hds. paukte oder kurze striche unter* b, l, u u. a. — [4]) d *aus corr.* — [5]) e *aus corr.* — [6]) nót *auf rasur. Die glosse steht über* fubingalef; *aber dem vorhergehenden* def *worte war kein platz da, weil die hds. hier* peru *hat (nach* pecu- *ist ein buchstabe ausradiert; vgl. Ed.* pecna. *A. Gl. u. G. stellen die glosse zu* fubingalef beluaf. — [7]) fiv fculdig *mit bleicherer tinte über den vorhergehenden worten.* — [8]) *Am ende etwas ausradiert, Ed.* fidele. — [9]) *Randglosse.* — [10]) *L.* haugonthion. — [11]) rp *auf rasur;* o *aus corr.* [12]) *Das erste* r *aus a corr.* - [13]) *Auf rasur.*

54ᵃ²
 538 ſperam: ſcívvn¹
 550 fidiculaſ: ſnári
 552 featurrienteſ: vnémmán-
  thivn:.. perdat loquacitaſ ſer-
 5 *555* moniſ auraſ perforatiſ folli-
  buſ: vvángon
 557 charaxat: erázóda: unguliſ
  ſcribentibuſ: hrítaúthion
  erámpon: genaſ
 10 *579* dolorum ſpiculiſ: ſcérpíon
  éndi huúeſſion: victum
 582 obcalluit: gífuilóda²
54ᵇ¹ *593* remouete lumen: dvád that
  liaht hínan
 15 *617* possum .. ſi ſit otium: óſ
  mi mýota iſ
54ᵇ² *632* antiquitaſ: éldi
 645 in illud: án thát
 652 confólamuſ proxima: hvví
  rádfrágon iſ thía thé ír
 20 naíſt ſíndvn
 659 recenſ infantia: kíndvóm
 663 lacte depulſum: gíſpándan
 668 die quid: théſ: uidetur eſſe
 25 uerum
55ᵃ¹ *670* conprecari: bédon
 690 corrupit: vvérſóda
 695 membra carpant ungulę:
  erámpon
 30 *697* manu pulſent nateſ: arſ-
  belli
 700 pluſ inde lactiſ quam cruoriſ
  defluat: thát thár mér vt-
  fliáta milúkaſ thán bluódaſ
 35 *703* falix: vvílgia
 704 rubebant .. nimina: gérdivn³
 709 coronam: ſámni: plebium
55ᵃ² *713* corde: thémo
 744 excepit: vtaſcéht
 40 *746* docenti: mi leránthérv
 747 garrulorum: huúſitolón-
  thion
 753 uiri: thégnoſ¹

 759 fartago: ſcápo   55ᵇ
 762 nuda teſta: ginillia:.. teg-
  mine: fán:.. dehoneſtaret caput
 778 fideliſ lingua .. inclyta: ſtóri
 782 menſe biſ quino: án túio
  víſſóldámo mánutha
 784 ſi crepundia: ornamenta.
  lúthárun. ſcilicet erant
 786 uiuere: qúikón
 797 exarabant: ríttun
 800 ignauoſ: trága   55ᵇ
 822 compliceſ ſectę: bígéngíthu
 845 adplicauit: thúedád   56ᵃ
 846 pyram: 6d
 848 fęni: hógiaſ: ſtruem: hóp
 863 uerſare torreſ: brándoſ
 878 criminoſuſ: ménfúlligo
 881 libet experiri lerna: nádára:
  utrum renatiſ pullulaſcat artubuſ
 889 medetur: lácnó   56ᵇ
 899 tractat: hándloda
 902 ſcalpellum: gráfíſarn: inſer-
  tanſ
 907 ſanguiſ .. defluit featurienſ:
  vvémmánthi
 918 reponit .. abdomina: ámbón
 934 dentium de pectine: fán thé-   56
  mo tánstúthlía
 949 quam: huín: diſpar
 957: parum fidelia: lueik gilóſ-
  fáma: rebare
 967 quo: (huu)arod   56
 969 medicum .. nundinatum:
  g(ém)eddan
 980 echo: gálm: extat non oratio:
  réthi
 983 pollicem: thú(mon)
 984 hauſtuſ: flúndoſ⁵:.. inſpice
 991 fiat periculum: ſócnunga¹:
  .. cuiuſmodi: h(u)úi(líe)⁶: edat
 992 querelam quadrupeſ lingua
  eruta: vt(a)lóſdar(u)⁷ tun-
  gu(n)⁸

¹) Auf rasur. — ²) gifuil auf rasur. — ³) G. uur. gérdinn. — ⁴) hega auf
rasur. — ⁵) -f aus n corr. — ⁶) G. hvúi(lie). — ⁷) A. Gl. vt alósdaru: das erste a
zweifelhaft; G. vt alósdaru ohne bemerkung. — ⁸) A. Gl. u. G. tungun ohne bemerkung.

994 porca .. cui: fúgv
7ᵃ¹ 1007 meuſ iſte ſanguiſ .. eſt non bubuli¹: hrithaſ
1014 ſacerdoſ .. repexuſ: gikémbid²
1015 cinctu: mid thémo gúrdiſla
1016 texunt pulpita: thia thili
1025 inficit: bevuillid
1034 ſacerdoſ .. ſubiectauſ: v́ndaruuérpánthi
1036 ſupinat: vpuuendid
1038 perluit: thuruſlotid
1042 retraxerint: vvíthartiáhád
7ᵃ² 1047 piaculi: renúnga
1053 reſtagnat: vuithardvváid³
1056 macellum: marcſtada: .. puluinarium: gódobéddi: .. criminor
1058 euiſcerata: vtgeinnathridimo éndi v́tgíſcu(rſtímo)⁴: carne
1063 rotari: givvéruid vvérthan
1066 dedicat genitalia: mahti
1075 inberbeſ ſibi parat miniſtroſ lenibuſ nouaculiſ: ſeérſáhſſón⁵
1076 fragitidaſ⁶: precúnga
1078 acuſ .. hiſ: náthlón
7ᵇ¹ 1092 tyrannide: grimnúffi
1094 ſinatiſ: látád
1103 ſtrangulatrix: vvrgarin
1104 oriſ garruli: ſtróthoódion
1105 tubam: guttur. ſtrótun

1113 tragoedię: ſpellunga. fabulationiſ
1115 refert .. cartuliſ uinacibuſ: lango⁷ vuarónthion
1117 uligo: ſelſſuhtitha
1133 olim: nóhvván
1139 tranſer⁸: bévvéndi
    Pass. Calagurr. (P. I).
6 hoſpeſ: vvérd
19 ſonte: gíſpringa
12 deſugaſ: ſlúhtigún⁹ endi ſréthivu
44 ungulaſ: eránpon¹⁰
46 illigata boiſ: hálſthévon¹¹
48 ueritaſ crimen: ſevíd: putatur: vvárth giáhtód¹²
53 ſodalitaſ: ſélſcipi¹³
55 ad bipennem publicam: té¹⁴ théro ſrono acuſ
56 cataſtaſ: cat(aſtaſ). há(rpon)¹⁵
65 aureoſ torqueſ: halſgold
68 infameſ deos: thía miſſliumiandigón go(da)¹⁶
72 calipſ: iſárn
74 extinguitur: vuárth
85 illiuſ: théſ énaſ
    Pass. Vincent. (P. V.)
54 age: vuólnu
62 ſtridenſ .. lamina: blád¹⁷
66 o .. ſeitum: giſétitha
70 cauiſ: hólon: recocta et ſollibuſ: bálgon
73 ſumptuoſa: geziukháftún¹⁸

5
57ᵇ²

58ᵃ¹

58ᵃ²

15

20

25
58ᵇ¹

59ᵃ¹

30

---

¹) *Aus bubulus (so die ed.) corr.* — ²) *Auf rasur.* — ³) *vváid auf rasur; das d hätte wohl auch ausradiert werden müssen; vgl.* restagnat: vuithármiaid, *unten s.* 105; (St., Anz. f. d. alt. IV. 135 *vermutet zusammenhang mit ahd.* dwádian). — ⁴) *Die ergänzung nach A. Gl.: vgl. die parallelglosse* gseurphtema, *A. Gl. II: 1558: die fehlenden buchstaben sind bei dem beschneiden der handschrift entfernt worden.* — ⁵) *Das letzte ſ aus corr.* — ⁶) *Ed.* sphragitidas. —
⁷) *Hds.* lago. — ⁸) *Ed.* transfer. — ⁹) *Der strich bei ú sehr kurz und breit; vielleicht nur ein punkt.* — ¹⁰) *L.* crámpon; crán- *auf fehlerhafter auflösung eines* erá- *beruhend?* — ¹¹) *A. Gl. (druckf.)* halſthí von. — ¹²) *Ueber o ein sehr kurzer und breiter strich (punkt?).* — ¹³) *Der strich über i sehr kurz und fast wie ein punkt.* — ¹⁴) *Der accent sehr kurz und breit.* — ¹⁵) *Oder mit A. Gl.* catasta hárpa *zu ergänzen; cat und hu stehen am rande (há unter cat und das fehlende ist bei dem beschneiden der handschrift entfernt worden; eine andere möglichkeit wäre, dass hier* hárſton *resp.* hárſta *gestanden hätte.* — ¹⁶) *Die ergänzung nach A. Gl.; da bei dem beschneiden entfernt.* — ¹⁷) *Mit rasur corr. aus* bléh *(A. Gl.).* —

　　　　　　　105 contumax: fráuólo
　　　　　　　106 calcentur: vvérthan
　　　　　　　108 fenatum: cumifki
　　　　　　　112 crepet: bréfta
59ᵃ² 120 intraret .. ungula: krámpo
　　　　　　　124 torof: vvrénon¹
　　　　　　　129 quif vultuf ifte: huat if
　　　　　　　　　thiuf gibaritha²: pro pudor:
　　　　　　　　　áh. léf³
　10　112 cicatrix: líknáro
　　　　　　　150 imof receffuf: dogalnúffi⁴
　　　　　　　155 membra .. obnoxia: fevldiga:
　　　　　　　　　interfecif
　　　　　　　163 ual eft .. fictile: thái
　15　174 laniatur: vvarth: uneif: há-
　　　　　　　　　con
　　　　　　　177 callum: fvíl: .. predurat ob-
　　　　　　　178 ftinatio: énftridii
　　　　　　　179 puluinar .. noftrum: vfáro
　20　180 gódo ráftun .. abhominerif:
　　　　　　　　　vtlethitiof: tangere
59ᵇ¹ 183 fecta: ériflo: .. feminanf
　　　　　　　186 mifticif: thém: minarif literif
　　　　　　　198 fuligo: hròt: quem: thic:
　25　199 fulphurif bitumen: hárt: et
　　　　　　　　　.. implicabunt
　　　　　　　206 decernit: gimarcoda
　　　　　　　207 lamminif: bládon
　　　　　　　208 exerceatur: vvrthi
　30　217 ferrata: vváffo: lectum re-
　　　　　　　218 gula: tén: .. dente infrequenti
　　　　　　　　　filo⁵: exafperat: gifcerpta
　　　　　　　219 multa .. ftruef: hóp
　　　　　　　220 uaporat: thómda
　35　225 fupter: thár vódar
　　　　　　　226 fcintillat: rafkitóda: excuffuf:
　　　　　　　　　thiu feúddinga
　　　　　　　227 punctif: ftikion: .. ftridulis:
　　　　　　　　　ytiándion

230 cauterem: bolz
232 liquitur: fmált
240 altum: hóan: fpiritum
243 fornicif: fúibogon
244 ftrangulant: bethýngun
252 diuaricatif cruribuf: mid⁶
　　giferáncodon⁷ bénon
254 crucif: quélmiunga
255 poenam .. cognitam: cúth
256 retro: thár béfóran
257 teftarum: haúanfeéruino
258 angulif: órdon
259 fragmenta .. acuminata: thia
　　gifcerptvn⁸: informia vábi-
260 lithúngá: fternerent: vt-
　　ftréidin⁹
263 fubtuf: thár úndar
264 mucrone: vvéffi
268 commenta: lugina: chriftuf
　　destruit
269 carceralif cecitaf: thiu cár-
　　cárlíca blindi
271 ftipitif: ftokkef
278 teftularum: haúanfeéruino
280 nectar: thía dulcedinem
283 unuf .. auguftior: kiafár-
　　lícára
285 inclite: ó ftório
287 almif: thém: cetibuf ad-
288 dere: vvírth tógiduán
290 poenę minacif: théf filo
298 compenfat: vuítharvvígid
299 collegam: théna¹⁰ focivm
307 per rimaf: kiniflón
　　nitor: feimo
308 proditur: vvárth
312 ferale¹¹: that hrélíka: domum
316 conclaue reddit concauum:
　　thiu hóla kámára

¹⁸) um *auf rasur*; i *oben zwischen* z *und* n *geschrieben*. *Vielleicht mit* A. Gl. u. G.
gezukhaftum *zu lesen*; *vgl. die parallelglossen* A. Gl. II: 426,ss,ᵤ: giziuchhaphtiv,
giziuchaftvn.
　　　¹) r *aus* corr. — ²) *Randglosse, in zwei zeilen geschrieben*. — ³) Hds.
leʃ; *die punkte über* e *waren vielleicht schon da, bevor* leʃ *geschrieben wurde*; *es
stehen nämlich auch andere punkte in der nähe*: *zwei links und zwei rechts oben*.
— ⁴) *Auf rasur*. — ⁵) A. Gl. u. G. *nichts*; *vgl.* valde frequenti *in der note
der ed*. — ⁶) d *auf rasur*. — ⁷) gi *über* fe *geschrieben*. — ⁸) gi *übergeschrieben*.
— ⁹) G. *unricht*. vt ftreidun. — ¹⁰) na *auf rasur*. — ¹¹) Ed. feralem.

322 ftramenta: thia ftréúnga: nidet
323 nexibuf: bendion
326 pretorif: fprákmánnaf
328 uoluit .. dedecuf: hónitha
329 exemptuf: áftógán
332 ut .. refectuf prebeat: thát hé giláuod¹
342 ftillante: míd dríapánthémo: .. fanguine
362 mentem .. erutam: álófdan²
366 reiccit auleif: úmbihángoó: caput
380 hoftem coquebant irrita fellif uenena et liuidum cor efferata: eúdi fía³ exafperata: exufferant
396 inter caricef: vndar themo hríadgrafa
406 portitor: drágári : hoc :
407 thia: munuf implet
409 coruuf .. proximuf⁴: naifto:
410 infeftuf: ungimak
412 exegit: fárdréf
415 congredi: famanféhtan⁵
418 uolatu: flugía
419 fugerat: fló
420 cuftodif inbellif: thef unvviclicon vvárdaf⁶: minif: fan thém thrégon
423 fpiculif: fcerpion: figebat .. dolor
435 clemencia: thiu ginátha
439 ignoscit: gináthód
443 feretur: feal
445 fub fragofif: ludónthion: rupibuf
446 fcabri: thi fearpún: muricef
447 inter receffuf: dogalnuffion
449 ftrenne: hórfeó

451 rudente: fegalfela: et carbafo: felgallákana⁷
453 paluftri cefpite: an thémo 60ᵇ¹
 fenilicon túrua
455 lembulo: feípa   5
457 fparteuf: gerdin⁸: .. culleuf
469 funale: hrélica: textum conferit
495 labi: glidan: .. leniter: líhto
496 aeftu: ebbiungv   10
498 fafelo: cvm fcipílina
503 pulfa: thát fárdríuána: ..
504 carina: fcip: portum tangeret
506 receffuf: dogalnuffi: ille
515 altar: áltari: quietem ..   15
 preftat
524 proximum: naan   60ᵇ²
547 efficax orator: frémméri. éndi fníumí bédari
552 carceralem ftipitem: kíp   20
 Poss. Laurent. (P. II).
18 fidef .. prodiga: fpíldi   61ᵃ¹
20 inpendit: gevván
38 proximi: náiftun
41 clauftrif facrorum pręerat: 25
 ille erat figirífto coftárári
43 clauibuf: flútilon
48 exactor: fóeneri
49 ui: cráhta
54 exquirit: hé éfcoda   30
56 monetę: théru muníta
57 conqueri: clágon
59 cum: thán
61 atrotioribuf: thém: .. motibuf
67 difciplinam: léra: foederif: 35
 tréunua⁹
69 cyfif¹⁰: nappon
72 fixof: (gigar)únua¹¹ féfta: 61ᵃ²
 cercof: kierzivn¹²

¹. G. unricht. gilavod. — ²) Nach f ein i ausradiert. — ³) G. unricht. sia. — ⁴) Ed. proximis. ⁵) f auf rasur. — ⁶) G. unricht. vvárdes. — ⁷) L. fegallákana. ⁸) dm aus corr. — ⁹. G. tréunua; das v-zeichen ist aber unten schmäler als der hier stehende buchstabe. ¹⁰) Ed. scyphis. — ¹¹) féfta uber (gigar)únua; A. Gl. gi ... únua mit der bemerkung, dass cor g vielleicht ein und nach gi zwei bis drei buchstaben erloschen seien; mir schienen sie ausradiert worden zu sein. G. gigerúnua ohne bemerkung. Ich habe gigarúnua ergänzt, weil ich in der mitte zwischen i und u den rechten schrägen strich eines a zu erblicken glaubte. Die glosse kann darauf beruhen, dass der glossator zuerst fixof fur partv, von tingo gehalten hat. ¹²) G. unricht. kierzinn.

73 tum: thán
74 vt: fófó
75 fundif: egánon: netitis¹: ferkopton
77 addicta: thia: anorum predia
78 foedif: hónlicon: fub auervidio: gemit
79 tionibuf fucceffor exheref: antervidio: gemit
81 hęc: théfa: occuluntur
84 nudare: báron
90 hoc pofcit .. aerarium: tráfahúf
91 ftipendiif: thém hériftivrion
94 fuum quibufque: givvilikemo: reddito
95 fuum nomifma nummif inditum: if múnita them² denariuf angiduána
101 aureof: mancufi:.. philippof³
104 a marfuppio: fán thémo fékila
105 fidem: trévvva
111 paratuf: gárv
115 opnm: vuelono⁴
116 nec quifquam .. dicior: vvélágára: eft
117 if: thé
122 minif: an púnd(a)n
126 induciarum: dagéthingo
127 efficaciuf: érnvftlicor
132 fubnotanda eft fummula: tala
139 fponfor: méldári
155 arenf: giha͏́vid: dextera
165 prefcriptuf: thé: ... dief
176 ftructof: gimágóda: ordinef: thia
190 aurum .. effoffa gignunt rudera: árutof. vudvs mift⁵
192 exendit: vtbliuunid

195 aurum .. quod terrulentum: erthagat: .. flammif neceffe eft decoqui
197 pudor: cufkítha
203 fi querif aurum ueriuf: vvárára⁶
208 menf infolefcat: úuilo giuuénnia: turgida: ovármódigo⁷
209 cum: thán
211 membrif .. fortibuf: vvéfánthion: vif fauciatur fenfuum
216 fi feruor effetuf malif elumbe: thát unftarka: uiruf: éttar
219 malim .. fragmenta: thia lémi: membrorum pati
227 uenufti: frónifka
231 mancum: curue. giháuidlico: claudicat: háltod
236 pauperum: thruhtigeno
243 unguibuf: naglon
245 iftum: fúman
246 per fcorta: hórhuf
247 cloacif: lánguinon: inquinat
248 fpurca: thia: mendicat ftupra
249 quid ille: húat than., éht fúm: feruenf ambitu: rikidófúm:
251 ma⁸:.. anhelat febribuf: rídon
254 prurit: iukid éndi kitilód
255 fcalpit: hé fcáuid
256 fcabiem: rhúthon éndi fcáuathon
258 ftrumaf: bulun⁹ kélachof
259 retexam .. purulenta: éttárága: et liuida: blauuon: .. uulnera
264 morbo laboraf regio: thíu gélafúht
269 cum: thán

¹) ueti auf rasur; wohl änderung eines neuditif, wie die ed. hat und wie die gloffe vorausfetzt. — ²) Hds. the͏͏ͫ. — ³) Eine münzforte; der gloffator hat aureof als felbftändig stehend gefasst, indem er, wie die über philippof gesetzte gloffe ad zeigt, diefes wort für einen ortsnamen hielt. — ⁴) G. unricht. vvelono. — ⁵) Hds. Rudvs und darüber mift, zwischen den spalten geschrieben. — ⁶) Das zweite v aus anfatz von a corr. — ⁷) Ueber infolefcat zwischen diefem worte und der gloffe deffelben geschrieben. — ⁸) Die vier erften buchftaben aus corr. — ⁹) Hds. bulu͏ͩ; von anderer hand als kélachof.

62ᵃ¹ 277 tunc: thán
281 pannif: án háthilínon: uideref: than: obfítof et mudron: uuidum: fúhtan
282 culentif: róttagón: naribuf
283 mentum: kín: faliuif: fpecáldron: uuidum: fúhtan
288 olet: fuéuid
290 infligitur: biheftid
301 cernef: ók
302 mirarif: ók
313 ridemur: fíndun¹
315 ludimur: fíndun
317 furcifer: furcam fí(u)rg(ar)d² ferenf
318 cauillo mimico: míd feérnlíkemo hófea
321 concinna: gilúmplik:.. urbanitaf
322 tractare: haûdlon.. ludicrif: fpótvvórdon
324 acroma: hófe
325 adeone: fo forth:.. ceufura: béthvvnganuffi: nulla eft
334 mortif citae: fniumon
337 differam: fpáron
342 nimif: fílo
343 occupet: gefahe
62ᵃ² 353 confcende conftructum: gemakad: rogum: fáchéri
354 decumbe: geligi
355 tunc.. difputa: áhto than
358 tortoref: vuitnera: parant
359 nudare amictu: genuede: martyrem
362 fulgor: fcimo
368 detorfit: thana kierta
381 egyptię plagę: harmfearo: in modum

383 ebreif: them
390 afficit: he vvítnod³
398 decoxit: gebred
399 e catafta: hárftvn
402 conuerte partem.. crematam: gebrand: iugiter: lango   5
403 fae periclum: fóenúnga
405 prefectuf inuerti: bikiert uuerthan: iubet
408 fit crudum an affum: gebradan: fuaniuf   10
409 ludibunduf: fpilenter
410 fufpicit: upfah
419 quirinali togę: romanifcon 62ᵇ¹ drémbila   15
432 vno: mit: alligaref uinculo
446 curiam: fprachuf
447 error.. ueneratur: erot:..
448 penatef: hemgoda
457 tenemuf obfidef: gíflof   20
474 quandoque: nouuanne
493 indolef: ánavváni: afflarat 62ᵇ²
494 coegerat: nódda
496 nugaf: gibófi
497 refrixit: ácáldóda   25
500 curritur: thár vvárth tho girúnnán
505 dum: thó
507 demon.. perfoffus: thurfftechan   30
517 fenatuf: gúmifkiaf
518 luperci: preftera. panaf bifcopof⁴
521 uidemuf illuftref: mária: domuf   35
523 offerre pignera: vvéddi
525 uittatuf: unittoto ginéftilód¹

¹) Die gloffe etwas verwifcht, fehlt bei G. — ²) Oder fi(u)rg(ar)d(o); was nach d fteht ist aber wahrfcheinlich nur ein punkt. G. nichts. A. Gl.: "uber furcifer c. 317 fteht furcam ferens und darüber ist etwas ausrauiert, das wie furga edo ausficht." Nach fi sind fpuren von u wahrzunehmen (der platz zwischen f und r ift auch für u allein zu gross); vor d ein etwas ausgewifchtes v, das beim erften blick als e ausficht. Die gloffe fteht über furcam und dem anfang von ferenf. furcifer bedeutet hier nicht etwa „gabelträger", fondern fteht als fchimpfwort (Georges wörterb. „galgenftrick"), was die ausraulierung erklärt. — ³) Auf rafur. — ⁴) Die beiden gloffen von verfchiedenen händen; die zweite über die andere gefchrieben.

102

529 o ter quaterque et fepcief
beatuf: uuola thu filu lango
530 faligo: urbif incola: land-
ŏuo¹
5   537 uafco: thé fpánio liud
540 pyrenaf ninguidof: fnegigun
543 urbanum: búrklíca: folum
floreat
63ᵃ¹ 554 allectuf .. municepf: múnd-
10 bóro
557 uideor uidere: mi thúnkíd
thát ik gifíahá
566 fert impetratum: geuuinnit
579 fed per patronof: auxiliatoref.
15 neuan thúru thía hélpán-
thivn: martyref poteft: pecca-
580 tor thé únvvérthigo: mede-
lam confequi
Pass. Hippolyti (P. XI).
20 3 tumulif: thém
63ᵃ² 30 fugite fcifmata: fkíethúnga
37 anfractibuf: vmbiférdion
40 oftia: gimundi: per
63ᵇ¹ 55 lorea: litharina²: flagra ftri-
25 dere
65 iftum: fúman
63ᵇ² 91 cogunt animalia .. non blan-
diue manu palpata: githá-
kólóda
30 97 temonif: thíflun: uice funif
100 ineft .. protendenf: thív
thífla
102 fequitur orbita: vvágán-
líafa
64ᵃ¹ 118 fragofa: ftécula: petunt
119 minutatim: kléno
frufta: ftúkki: carpit
128 uepribuf: an thém híabrá-
mion³
40 129 uiridef: fía grónia: .. du-
mof: thia thornof
130 rofcolam: rófoli: faniem

140 crurum: beno
153 procul .. uallo: gráuon   64ᵃ²
156 per amfractuf: vmbiférdi
164 texant .. receffuf arta: thia:
.. atria
166 fornice: fúibógón
167 fubter terranea: vádar théru
érthbrúfti
179 letor: blithon: reditu: an
théru vvítharvérdi
184 aedicula: thát if thé fáre⁴
186 nitet fpeculum: fpiágal   64ᵇ¹
189 adorat: thár
193 perfpicuo: thérv preclaro:
metallo
206 indigena: thé inbúrdigo.
livd⁵: et picenf: thé líud
207 concurrit famnitif: thé livd.
a fámnia
218 maieftate: héri
221 adduntur gracilef: clénia: 64ᵇ²
.. receffuf
222 exfinuent: vtbófmént
228 plena .. domuf .. artaque:
plena endi nárv⁵
231 fi bene commemini: óf ik ít
vvél gihúggív
232 uocat: fágíd
235 uenerantibuf: thém
239 fic: alfo thú vvilliaf
241 fic: alfo thu vvilliaf
242 agua: évvi: minuat
244 me .. egrotam: mik: ouem
Pass. Cypriani (P. XIII).
5 obire: ftérvan   65ᵃ¹
7 liber: bŏc
12 ut liquor ambrofiuf: fáma fó
gódevunniklic flúti: .. irrigat
palatum: gágal
14 fic: fó te thémo fída⁶
16 executor: fócneri
18 uoluminibuf: thém bŏkion

---

¹) *A. Gl. unricht.* hantŏno. — ²) *Hds.* litharin. — ³) *G. unricht.* hiaᵃbrámion; *keine spur von einem t zwischen a und b*; *links von b oben nur der ganz deutlich markierte unterste teil eines in der oberen zeile stehenden* p. — ⁴) *Steht links neben dem lat. worte auf zwei zeilen zwischen den spalten.* — ⁵) *Das letzte wort steht unter den vorigen.* — ⁶) *Die drei letzten wörter auf rasur.*

18 facundua .. quæ .. famulata: thianónthi
20 quo mage .. noffent .. myftica: bétécniándélicun
28 nitorif: fcimón
31 modefta: méthértiklika[1]: loqui
31 regulam: rihtúnga
43 mercede: mid thémo cópa: dolorif emi: gicóp[2] vvérthan: fpem luminif et diem perennem
45 nil graue quod peragi finif facit et quiete donat: éndi fo huŭat fó that vv(a)ri that (t)h(iu) rafta..[3]
46 pulchrę necif: thef ma(r)*tyrii* fuáraf[4]
52 antra latent .. abdicata: fía vvíthqunéthána endi feparata: foli
62 fi.. expiafti uife: fó givvífo[5]
66 mitefcere: vvérthan
75 tueri: befeermian
77 calce: cálca
78 nineuf .. puluif: thát if thé cále
81 falif .. micam: grívfniuu

81 fuif: théf fuinaf
84 liquor ariduf: théf cálcáf
85 fundo .. imo: dívpi
86 candor: thé cále
88 thafciuf: cyprianuf thé cáclereri
89 furori: théru
97 affrica .. cultior: öflikara
101 differit: rékíd
102 ufque in ortum: óftar: folif
103 et ufque obitum: vvéftar
104 ultimif: thém: hiberif: fpánion
106 patronuf: bífcérmiri[6]

Pass. Petri et Pauli (P. XII).

17 uerfuf: hé givvéndit[7]
21 ut: fo[8]: orbif iter .. percucurrit anni .. nero iubet
26[9] refoluor: bívn télófid

Pass. Eulaliae (P. III).

159 obitum: dóth
188 colonia .. quam: that
215 Eulalia .. propiciata: fiv gináthig gidván

Pass. Fruct. (P. VI).

2 attolit: gih(é)vid
5 quandoquidem: hvvanthiv

---

[1]) *A. Gl.* méthértiklika (unr. -ca statt -ka) *mit der bemerkung:* "ist mét = hd. mez *oder lateinisch und gehört zum vorhergehenden* ipse?" *Die erste möglichkeit wird die richtige sein, da* hértiklika *allein nicht* "modesta" *ausdrücken kann; vgl. ahd.* mez-haft *"modestus".* — [2]) *L.* gicópod *oder* gicópt; *Heyne Kl. D. ergänzt* gicopid; *eine derartige bildung ist aber nicht belegt (Gallées angabe, Gram. § 309, dass in den Prud.-glossen die form* gicopid *vorkomme, ist unrichtig).* — [3]) *Zu oberst über* et quiete donat *steht in einer reihe* éndi fo huŭat fó: (t)h(iu) rafta .. (die beiden letzten worte am rande); noch rafta befindet sich ein klecks (am äussersten rande des blattes), in dessen anfang ich ein g zu erblicken glaubte. Zwischen dieser glossen-zeile und dem lat. texte steht:* that vv(a)ri that; *durch die drei voran stehenden punkte scheint diese zeile auf den platz hinter fó verwiesen zu sein, wo wenigstens zwei punkte (:) noch sichtbar sind.* — [4]) *Diese glosse steht am rande, auf zwei zeilen geschrieben, unter dem in der vorhergehenden note erwähnten* (t)h(iu) rafta *und A. Gl. (wo hier* ma .. suaras „suaras unsicher" — *gelesen wird) und G. (oder man .. nar liest) haben jene als fortsetzung dieser glosse aufgefasst. Ich will nicht bestimmt behaupten, dass diese meinung unrichtig sei. Ueber* pulchrę necif *steht aber ein verweisungszeichen* (:.)*, auf grund dessen es wahrscheinlich ist, dass die glosse hierher gehört. Die ganze lat. zeile lautet:* se fore principium pulchrę necif et ducem cruorif *(über* cruorif *steht ebenfalls die glosse* martyrii*). d. h. (Cyprianus erklärte):* "er *mecede der erste, der den schönen (mär-tyrer)tod erleide, und ihr fahrer zum martyrium sein." —* [5]) *Oder* givvifo *wie G. hat.* — [6]) *Steht in dem platze zwischen den spalten;* bíscér- *über* -miri. — [7]) hé *y auf rasur.* — [8]) *A. Gl. und G. nichts.* — [9]) *Fortsetzung der glossen zu Pass. Petri et Pauli auf blatt 68, das bei dem einheften einen unrichtigen platz bekommen hat.*

8 superbum: g(vo)dlicon
21 calore: fán
66^b1 40 damnes si sapias: óf thv́ thí¹ fárvvístis thán farmunidís thv́
5 48 iam suisti: thát vvari thiv² ív
66^b2 124³ filiolę monens herili: théro hérrilevn⁴
67^a1 157 olim: nóhhvván
10 Pass. Quirini (P. VII).
4 moenia .. sibi: írv⁵
20 fluctu quolibet: fán só hvvilicarv vthivn só it si
21 pontis: brv́ggívn
67^a2 36 ut eminens: also he vp-capé(nth)i
49 saxoque: thémo: et laqueo: thémo: et viro: thémo
65 seimus .. petrum .. subiecisse
20 salum solo: is slacvn
67 tortis vorticibus⁶: gibógdón thém svólgón
Pass. Cassiani (P. IX).
67^b1 12 punctis: stikion
25 15 pugillares: vvéhsitáslun: .. percurrere ceras
16 annotantes: bréviánthía: scripserant
17 edituus: thé durvvvárderi
30 17 hospes: ó gáft
24 punctis: nóton: dicta prepetibus sequi
25 nonnumquam: vvél ohto
27 ephebo: iv́nglínga

50 curuc tumens pagina: id est inordinate. gi(bó)g(an)⁷
78 flexas catenis inpedire: u(a)ldon⁸: uirgulas   67^b
Pass. Petri et Pauli (P. XII).⁹
36 colymbo: gisuémmia   68^a
40 muscí: gímúsídvn gláfu
41 cyaneus: grvóni viridis: latex
48 lusit: id est ornauit. smithoda
53 hialo: glasa
61 pontis: brúgkivn
Pass. Ccs. August. (P. IV).
47 coegit: nódda   68^a
55 uerticem: (ge)bill¹⁰
78 clerus hinc:¹¹ thít gípáphi   68^b
82 tremefecit: bínon gídéda
94 cespes: vuáso endi túrs¹²: suus: égan
98 passus: thólónthi
105 celebres: bégángándélievn:
106 .. partas: gára: .. palmas: victorias
115 morti propriae: thinemo eganon dotha
125 minus: minnéra:.. precium: vvérth:.. est
129 longum: langsamo
147 conscriptum: gibréuid: ..   68^b
senatum: gúsmiki¹³
159 uiuax: that lango vveronthia:.. laus: lós
173 recolet: gihuddigon seál¹⁴
180 sons: gispring
183 prouenit: béqúam

---

¹) *Oben zwischen* thv́ *und* fár- *geschrieben.* — ²) *L.* thv. — ³) *Zu v. 90 giebt G.* vestia pura:.. gimáda an*; gi steht aber über ia in dem fehlerhaften* vestia *und ist da einzuschalten, wodurch man die hier in den anderen Prud.-handschriften stehende form* vestigia *bekommt; über* pura *steht die ganz deutliche (lat.) glosse* nv́da, *nicht* nada. *Das von G. angegebene* gimáda *ist also (vgl. schon St. Anz. f. d. alt. 22,30) zu streichen.* — ⁴) *Die glosse steht über* filiolę monens; *l.* hérrilevn *(A. Gl.) oder* hérrlievn. — ⁵) *G. nichts.* — ⁶) *o aus corr., wohl aus* e; *vgl. die ed.* verticibus. — ⁷) *Nach* (-an) *sind vielleicht ein oder zwei buchstaben verschwunden. A. Gl. u. G. stellen* gibógan *zu* curuc. — ⁸) *Eingekratzte glosse, A. Gl. nichts.* — ⁹) *Fortsetzung von sp. 65^b²; s. oben s. 103, note 9.* — ¹⁰) *Randglosse;* (ge-) *über* -bill *ist ein klecks; l. gebilla (A. Gl.).* — ¹¹) *Ed. hic, wozu die glosse stimmt.* — ¹²) *Kaum* tv́rf *wie G.* — ¹³) *L.* gúmifki *(A. Gl.).* — ¹⁴) -n *aus corr.;* -u *seal von anderer hand.*

XX.

Prudentius-glossen in einem Werdener fragment.

	Passio Romani (P. X).		902 fcalpellum: gŕafífánr[1]	2ᵇ
1ᵃ	797 exarabant: ŕittún		918 reponit .. abdomina: ámbón	
	800 ignauof: tŕagá		1034[2] fubiectanf: undaruuer-	3ᵃ
1ᵇ	822 complicef fectę: bigéngithú		pant(hí)	
2ᵃ	878 criminofuf: menfúlligó		1053 reftagnat: uúitháruúaid	3ᵇ
	889 medetur: láknó		1066 dedicat genitalia: mahti	
	899 tractat: hándlódá		1139 tranffer: biuuendi	4ᵃ

---

[1] l. gŕafífánr — [2] Die seite ist zum teil ganz verwischt, da sie an dem einband der handschrift, in der diese blatter gefunden warden, angeklebt war.

XXI.

Strassburger glossen.

Isidori Etymologiarum[1]
Lib. XI. C. I. De femine nomine.
140 menftrua monohtlic
C. II. De aetatibus hominis.
27 delirant donod[2]
C. III. De portentis.
7 bicapitef thuihobdiga trimanum thrihendiga
10 cani grifa
De gigantibus.
18 labro fubteriore nithiromo
21 aduncif naribuf crumbon
C. IV. De transformatis.
1 de illa maga famofiffima mariftun
2 fceleratorum fundigara
3 [fcarabei] crabronef hornoberon
Lib. XII. C. I. De pecoribus.
18 dictamnum ftafuúrt
20 armof boi
29 color fuluuf faln
38 Afinus. Animal quippe tardum — fo lat — et nulla ratione renitenf ftatim ut voluit fibi homo fubftrauit[3]
29 pernicitaf tálhéd pilif in contrarium [verfif] ftruua
39 zelant ándod

45 vivacitaf quiched
58 [Iacob contra naturam colorum fimilitudinef procurauit. Nam talef foetuf ouef illiuf concipiebant] qualef umbraf arietum defuper afcendentium in aquarum fpeculo [contemplabantur] fulic fo the fcimo unaf thero unetharo an themo unatara. fo bli uurthon thia fciep
59 generofof athilarion .. equof
61 burdo ex equo et afina pruz
C. II. De beftiis.
10 parduf lohf
34 per compita femitarum unegfeeh[2,3]
C. IV. De serpentibus.
4 draco .. criftatuf coppodi
6 olfactu ftunka
20 tractu corporif circulato hringodi
22 obturgefcunt fuellad
34 lacertuf egithaffa
C. V. De minutis vermibus.
10 t(e)redonaf greci vocant lignorum vermef matho
15 tarmuf [vermis .. lardi] matho
C. VI. De piscibus.
16 ferratam criftam fcarpam[5] camb

---

[1]. Vgl. *Isidorus, Opera ed. Arevalus, tom. IV.* — [2] So Mone, fehlt bei Graff. — [3] Nach Mone sollte die glosse zu ftatim gehören. G. dürfte indessen im recht sein, da er dieselbe zu tardum stellt. — [4] D. h. unegfeeth; Schmeller, Gloss. Saxon. s. 24, unegfeeth. — [5] L. fcarpan.

21 cauda tortuofa strúua
24 ingeniofum glauuuon
45 preualidof ftarea
  quamlibet ad curfum velocef
  alligari pedef traga uoti
48 conchae fealun
  incremento nuafdoma lunae
  [membra] turgefcunt nuaffad
  humorem blod
49 tradunt telliad
51 [carnibuf] vivunt nietat
  erodit enagit
59 negant quidam canef latrare
  quibuf carnif in offa rana viva
  detur genuelid[1]
    C. VII. De avibus.
12 prepetef fniumia volatuf
14 gruef kraru[2]
16 cornicef krainn
18 collum .. inflexum ingebog-
  don
37 lufcinia nahtigala
  acredula nahtigala
39 bubo huc[3]
  avif feralif eiflic
43 [corvuf] hic prior in cada-
  veribuf oculum petit kanagit
44 cornix annofa old
46 pice agaftriun
  poetice fcoplico
  difcrimine feetha [vocif]
50 auro liquefcenti gemalanamo[4]
52 deprehenfuf eft beuundan
  uuarht
54 aurarum unedaro figna
57 falconem falx vel fegifua
61 [columbae dictae] quod earum
  colla ad fingulaf converfionef
  untent colorcf fo fin umbi-
  locod[4] fo unandlod fin ira-
  bli
  avef .. veneriaf herlica

65 ortigometra ueldhón
  femina venenorum famon het-
  taruurtia[5]
  vetuerunt uarbudun
  caducum morbum uallandia 5
  fuht
66 criftif ftralon
70 garula fericondi avif
  follertiffima clenliftig
28 fulice meridier   10
24 ave vel chore[6] hel uuef
  inftitutione uan lernunga
22 rogum háp
81 ovorum autem tantam vim effe
  dicunt ut lignum eif perfufum 15
  non ardeat ac ne veftif quidem
  contacta aduratur hold lefeid
  nan eia. uuadi ne brennid
  admixta quoque calce men-
  gidamo eia et caloa[7] glu- 20
  tinare feruntur vitri fragmenta
  rennian tibrokan glef te
  hopa
    C. VIII. De minutis anima-
      libus.   25
2 fuci drani
6 cicendela golduuiuil
8 papilionef niuoldaran
  maluif pappillan
13 culex muggia   30
15 oeftrum bremmia
16 bibionef uninuurmi
17 gurgulio hamuftra[8]
  Lib. XIII. C. I. De mundo.
8 cardinef mundi .. in ipfif uuér- 35
  uon[9]
    C. VII. De aere.
1 aer .. fubtilif the hluttaro ..
  commotuf genuagit
  gelantibuf caldondiou nu- 40
  bilif
  turbulentiuf gefuorkan

[1]) G. auerht, gi- ftatt ge-. — [2]) l. krani (Hh.). — [3]) l. huo (s. Heyne, Kl. D.). — [4]) So Mone, Graff umbilocod. — [5]) So Mone, Graff famun heftar-uurtio. — [6]) Ed. Nziзz. — [7]) So Mone, l. calca; Graff calca. — [8]) So Mone, Graff hamuftra = hamuftrai, G. uer. hamuftra. — [9]) So Mone, fehlt bei Graff.

C. VIII. [De tonitruo.]
2 uesicula blasa¹
    displosa testotan¹
C. XXI. De IV. fluminibus.
5 7 incremento anfluzi [suae exundationis]
    limum lemon
9 [post] multos circuitus umbiuérbi
10 instar te thero uuis bestiae
Lib. XIV. C. I. De terra.
1 in modum centri dodron
C. II. De orbe.
1 orbis hehhring
15 ambit binaid
C. III. De asia.
25 fatescunt tefarad
28 mercibus medon

C. IV. De europa.
3 germania thiudisca liudi
C. VI. De insulis.
6 aluearia bikar
7 gummi drupil
14 aeris ér
33 tyrannorum mer mahtigaro aratro eridū²
34 sales agrigentinos seirion salt
40 apiastro érda
41 intervalla etto
? dispendium aruithi³
    *Epistola premonis regis ad traianum imperatorem*⁴.
onagro uuildi esil simile
eliopolis constructa aere et ferro
cooperta erin timbar isarnin thecina

---

¹) Bei *Graff* nach hamustra (108.23) — ²) L. eridū (G.). — ³) Von Mone zwischen compita (107.18 oben) und displosa (108.3) angeführt; vgl. auch *Heyne*, Kl. D. s. XVI. Von G. s. 271 erwähnt, fehlt aber in seiner ausgabe der glossen s. 273—277. ⁴) Der ganze brief von *Graff* Diut. II. 195 ff. abgedruckt.

XXII.

Vergilglossen in einer Oxforder handschrift.

Georgica[1].

2,257 picee: arboref niuhtan[2]
   taxi: ichaf[3]
365 acie: uuihta[4]
3,24 feena ut uerfif: uidere thea
   the[5]
  25 aulaea umbihang[6]
  72 delectuf[7]: luue dilectuf
 173 temo: thifle
   Isidorus, Etymol.[8] *XII.*
     De equis.
1 Aurcuf. uuahfbl(anc)
Gilbuf. badiuf. falu
Spadix. dun
Glaucuf. glafa
Cadiuf.[9] blaf
Petiluf. fitilu[10]
Scutulatuf. appulgre
Guttatuf. fprutodi
Mannuf. fiarfeutig
Mirteuf. dofan nel uuirebrun

Mauruf. alfuart
lumenta. mergeh
? Tottonarii.[11] thrauándi   5
Tottolarii.[12] Telderiaf
   Georg.
3,308 ubere. udere[13]   7ᵇ
 310 mammif: gederun[14]
 385 Lappae: cliue   8ᵇ
4,38 tenuia: thunni   10ᵇ
 41 uifco: miftile
 141 tiliae: lindian   11ᵇ
 168 fucof: drenan
 243 Stellio: mol   12ᵇ
 244 fucuf: brana[15]
 245 crabro: hornut
 395 phocaf: mirikoi[16]   14ᵃ
   Seruius in Verg.[17]
Ecl. 6,78 upupam: uuiduhoppe   33ᵇ
   hirundinem: fualan
 8,73 ftamen: uuarp   37ᵃ
Licium[18]: heuild

---

¹) *Vgl. A. Gl. II. 716.* — ²) *Madan* niuhan, *Kluge Z. f. d. alt. 28, 260* (*Kl.*) "*kann sehr wol* niuhtan *gelesen werden*". — ³) *Kl.* "*vielleicht* ichas". — ⁴) *G.* uiuhta. — ⁵) *So G.; Madan s. 102 unter* "*Dubious*". — ⁶) *Am rande von erster hand.* — ⁷) *Hds.* dile̊ctuf. — *S. 5ᵇ steht dann am abgeschittenen rande von erster hand neben v. 82* hach | iuu (*in unsicher*) | uua | uuahsblauu *zu* albis?) (*A. Gl.*); *statt* inn *liest G.* inns. — ⁸) *Die folgenden glossen bis z. 6 v. stehen am rande neben den versen 180—192; nach Madan sind sie vielleicht, nach G. bestimmt von erster hand.* — ⁹) *L.* caudidnf (*A. Gl.*) — ¹⁰) *Nach u reste von buchstaben; Madan* "forsitan . fitilnoz", *A. Gl.* "*l.* fitilnot", *G.* fitilnot. — ¹¹) *Oder* Toctonarii; *die erste form die richtige, vgl. Du Cange, Gloss. 6,622ᵇ =* trepidarii (*A. Gl.*). — ¹²) *Oder* Toctolarii; *G.* (*nur*) Tottolarii. — ¹³) *So Kl. u. G., von Madan nicht vermerkt.* — ¹⁴) *So Kluge a. G., Madan* gederun (? geelerun, geelerun) *das A. Gl. in* gederun *gebessert wurde.* — ¹⁵) *L.* drana (*A. Gl.*). — ¹⁶) *Von erster hand. Das dann von Madan angeführte* cymba cuba *c. 506 ist alles lat.* (*A. Gl.*). — ¹⁷) *A. Gl. II. 724; vgl. die ed. von Lyon, Göttinger 1826.* — ¹⁸) *Ed.* licia *und* liciis.

45ª	*Ge. 1.75* lupini: fiebane	*Ge. 1.172* Binę aureſ. quę rieſtra dicimuſ	
46ᵇ	„ *139* uiſco: miſtile		
48ª	*2.212* glarea: id eſt arena. grat¹	*1.173* Tilia. linda¹⁰	
		1.264 Valloſ. funt quoſ dicimuſ phali	88ª
63ª	*2.389* furcille: gaflię² uel furke. gaflię² uel furke³	*2.189* Filix¹¹ farn	89ª
69ᵇ	*3.82* album quod pallori conſtat eſſe uicinum: uuaſblanc⁴. *Comment. anonymi in Verg.*⁵	„ *374* Vri. id eſt animal quod dictum eſt urrint	
		2.389 Oſcilla ſcocga	
83ᵇ	*Ed 1.54* Ilibleiſ. herba eſt quam noſ dicimuſ aduch	*3.147* Aſilo. bremo	89ᵇ
		„ *338* Achalantida id eſt aniſ. nathagala	
	1.57 Palumbeſ. columbę ſunt. quaſ dicimuſ meniſtuba		
	2.36 Cicuta. herba eſt quam noſ dicimuſ ſcherning	*3.366* ſtiria id eſt ihilla	
15		„ *543* Phocę id eſt animal marinum. quod noſ dicimuſ elah¹²	
	2.50 Calta. ele		
84ª	*3.20* Careeta multitudo herbarum. In paluſtribuſ. quaſ dicimuſ ſemithai	*4.63* Meliſphilla. herba quam dicimuſ biniuurt	90ª
84ᵇ	*5.39* Carduuſ. thiſtil carda „ „ Paliuruſ. hagan	*4.131* Papauer. herba quam dicimuſ maho.	
85ᵇ	*7.32* Coturno. calciamento uenatricio quod alii dicunt periſcelidaſ. aut hoſon	*2.413* ruſeuſ. ramn¹³	
		4.271 Amello. herba. goltblomo	
		4.397 Tigna.¹⁴ latta	
86ª	*7.50* Fuliginem. quod noſ dicimuſ ruot	*Ae. 1.123* Rimiſ. nuoe. in quibuſ tabulę in unum coniunguntur	91ª
86ᵇ	*8.74* Licia. id eſt quod dicimuſ harluſ	*1.169* Vnco morſu. quem noſ dicimuſ chrampho	
87ᵇ	*Ge. 1.75* Vicię Vuicchun	*1.323* Linciſ. id eſt loſ apud noſ animal quod dicimuſ	92ª
30	„ *94* Raſtrum.⁶ recho		
	„ *95* Crateſ. egida	*1.435* Fucoſ. drenon quoſ noſ dicimuſ	92ᵇ
	„ *139* Viſco. buliſ⁷		
	„ *144* Cuneuſ.⁸ vuecke	*1.698* Sponda. lectum ſiue beddipret	93ª
	„ *153* Lappę. cledthe		
35	„ *162* graue robur. id eſt grendil	*2.135* In ulua. hoc eſt¹⁵ in paluſtribuſ lociſ ubi creſcit iuncuſ ac papyruſ. et quod noſ dicimuſ ſuuerdollon	93ᵇ
	1.164 Tribula. flegil		
	„ „ Trahe.⁹ egida		
	„ *165* [V]irgea preterea. id eſt gart	*3.428* Delinum. miriſuuin	95ª
40	*1.166* Crateſ. hurth. aut egida	*3.455* Diſpendia. ungifuori	

¹) *L.* griat (*Hh.*). — ²) *G. a. Machaw in Journal* gaiſie. — ³) *Die zweite niederſchrift der gloſſe ſteht am rande; alles von erſter hand.* — ⁴) *G.* uuaſs blanc. — ⁵) *A. Gl. II. 725 f.* — ⁶) *Verg.* rastris. — ⁷) *Oder* buliſ. — ⁸) *Verg.* cuneis. — ⁹) *Verg.* traheae. ¹⁰) *Dann G.* ſtina (*manubrium aratri*) *als as.* gloſſe! — ¹¹) *Verg.* filicem. — ¹²) *L.* ſelah (*A. Gl.*). — ¹³) *So Kl. u. G., Suhm sp. 388 aber* ramnus, *also gewiß lat.* — ¹⁴) *Verg.* tignis. — ¹⁵) eſt *am rande nachgetragen.*

95ᵇ Ae. 4.131 Lato uenabula ferro. id
   eſt ſtaph. in ſe habentem latam
   haſtam quam noſ dicimuſ euur-
   ſpioz
96ᵃ 5.177 Clauum. quod noſ dici-
   muſ. helta. in ſummitate eſt
   5.208 Trudeſ. furka
96ᵇ 6.13 Triuia dicitur diana eo
   quod in tribuſ locif ubi treſ
   uię in unum conueniunt. quę
   noſ dicimuſ giuuiege
97ᵃ 6.205 Viſcum. id eſt buliſ
   „ 209 Brattea. blech
98ᵇ 7.48 Picuſ. auiſ. ſpeth
99ᵃ „ 378 Turbo. in modum factuſ
   globi rotunduſ. quem dicimuſ
   doch¹
   7.390 Thirſuſ². ſtil herbę
   „ 417 Rugiſ. hoc dicimuſ noſ
   rumphuſla
   7.627 Aruina mittigarne
99ᵇ 8.278 Sciphuſ. parua ſtaupa
01ᵃ 9.170 Pontiſ. ſcaliſ. aut quod
   ruſtici dicunt clida
   9.476 Radii. ranua
01ᵇ 11.64 Crateſ. clida
02ᵃ „ 862 Papilla ſummitaſmammę
   id eſt uuarte
   12.120 Verbena. herba quam
   dicimuſ hanaſ
02ᵇ 12.413 Caulem comantem id
   eſt ſtipitem cum foliiſ. quam
   dicimuſ ſtil
   12.470 A temone. hoc eſt in
   anteriori parte planſtri ubi boueſ
   ligantur. apud noſ theſſalia
   *Varia gloſemata.*³
   ? Callum caro et cutiſ indurata
   quod noſ dicimuſ. ſuuil
   Flocci ſunt quoſ noſ in ueſtimen-
   tiſ thiudiſce uunloo dicimuſ⁴

104ᵃ Culcitef. bedd
   Culcitum id eſt plomatium.
   beddiuuidi
   Cauteriola. canteri
   Toregma. ſcaperede   5
   Tornariuſ threslſa⁵
   Maialiſ. barug
   Murica ſuegil
   Muſcuſ. grimo
   Migale. harmo   10
   Allec alerencia⁶
   Gobio. grimpo
   Efox. lahſ
   Luciuſ. hacth
   Capito. alund   15
   Timalluſ. aſco
   Tructa. furnię⁷
   Sardinia. hering
   Axedoneſ id eſt humeruli. luni-
   faſ   20
   Scorelluſ. amer
   Terebra et teretrum. nauuger
   Crabro. hornut   104ᵇ
   Ancipula. fugulelono
   Andela. brandereda⁸   25
   Arula. fiurpannę⁹ uel herd
   Apiaſtrum. biniuurt
   Eſculuſ. boke. uel ec
   Aeſtuaria. ſlod. uel bitalaſſum.
   ubi duo maria conueniunt 30
   Acinum. hindbiri
   Atramentarium. blachorn
   Atramentum. blac
   Faſciola. uinning
   Verriculum. beſmo   35
   Villoſa. ruge
   Villa. linin hruge
   Vadimonium. borg
   Bacinia. beri
   Botholicula. ſtoppo   40
   Bracium. malt¹⁰

---

¹) *L.* dop (*Hh*.). — ²) *Verg.* thyrsos. — ³) Quelle unbekannt. — ⁴) Dann *G.* duſſioſ (demmores), was nicht deutſch iſt; s. Du Cange, Gloſſ. dusii. — ⁵) Wahrſcheinlich von erſter hand; s über e geſchrieben. — ⁶) ?; *G.* alerencia. — ⁷) So *G.* u. *Kl.*; von Madau nicht vermerkt. — ⁸) Oder brauerede wie *G.* — ⁹) *G.* fiurpanne. — ¹⁰) *Vgl.* s. 112 note 1.

Bracinarium. brouhuf[1]
Bouellium. faled
Bradigabo. feldhoppo
Balifta. ftafflengrie
5 Brancia. kian
Burdo. nurenio
Cincindila. uuocco
Cratuf.[2] bollo
Cerafiuf. kirfichom
10 Cerafium. biri
Clauatum. giburdid
Arnogloffa. uu(i)gbrede[3]
Plebeiof pfalmof id eft fecularef
pfalmof id eft uuinilieth
15 Redituf. hembrung
Petulanf. uurenife
Paftelluf. hunegapl
Puftula[4] angfeta
Aeneis.[5]
108ᵃ *l.*323 lyncif: loffef[6]
337 furaf: uuathan[6,7]
109ᵃ 485 fucof: nafpe[8]
111ᵇ 711 Pallam: hroc
724 crateraf: bicerias[8]
112ᵃ *2.*16 abiete: dænninn
112ᵇ 55 foedare: gihonen
113ᵃ 112 acernif: mapuldreum:
mapulder: acernif[9]
113ᵇ 147 amicif: friundliun
114ᵃ 229 merentem: uuirthigen[10]
116ᵃ 441 teftudine: id eft denfitate
armorum id eft fchilduueri
492 ariete: murbraca[11]

3.15 focii: ifuefe 117
3.217 Proluuief fordif effufio id 119ᵇ
geffcod eft[12]
282 euafiffe ouerrunnen hab- 120ᵃ
bien
286 clipeum: buculan[13]
519 antemnarum fegelgerd[12] 122ᵇ
561 rudentem: vel rudente, cir-
culo gubernaculi. id eft ftier-
uuith[12]
619 corna: curnilbom 123ᵇ
671 [fluctuf] aequare: igrun-
dian
688 oftia: introitum imuthi[12] 124ᵃ
4.18 pertaefum: odiofum athro-
tan
88 opera interrupta: undarnu- 125ᵃ
mana[14]
104 dotalef. uuithumlica[15]
131 uenabula: lanceę euurfpiat 125ᵇ
139 fibula: fpenule
152 caprae Caprea. reho. nam
crapra get dicitur[12]
167 Signum terrę fignum. id eft
erthbigunga[12,16]
239 talaria: feridfcof[17] 126ᵇ
245 tranat: vulotad[18]
250 mento: chinne
490 ciet:[19] utihal(a)d[20] 128
534 procof: appetitoref druh- 129
tingaf[21]
5.128 mergif: dukiraf[22] 132
205 murice: duuanften[22] 132

---

[1]) *Wahrscheinlich von erster hand; das erste u oben zwischen o und h ge-*
schrieben; statt Bracium. malt Bracinarium. brouhuf *hat G. nur* Bracium. brohuf.
— [2]) *C aus G corr.; Gratuf von erster hand geschrieben.* — [3]) *Kluge Z. f. d. alt.
28,260* "*wahrscheinlich uuegbrede*"; *Madan u. G.* uuigbrede. — [4]) *G.* Puftulus.
— [5]) *A. Gl. II: 716,11 ff.* — [6]) *Von erster hand.* — [7]) *Das von Madan zu v.
427 angeführte* portus cathoma *ist nicht deutsch, vgl. Servius (A. Gl.).* — [8]) *So
Kl.; G.* bikerias, *Madan nichts.* — [9]) *Die beiden letzten worte am rande.* — [10]) *Hds.*
uuirthiganen; -an- *aber unterstrichen (Kl.)* — [11]) *So Kl. u. G., Madan* murbraca
(? muritaca). — [12]) *Randglosse.* — [13]) *So Kl.; davor scheint* c *getilgt; Madan u.
G.* buculan — [14]) numana *am rande; nach* undar *steht interuiffa*. — [15]) *So Kl.
u G., von Madan nicht vermerkt.* — [16]) *l.* erthbiuunga *(Ilh.).* — [17]) *So Kl. u. G.;
Madan* feridfoos, *das in A. Gl. in* feridfcos *gebessert wurde.* — [18]) *Am rande von
erster hand; l.* ulotad *oder* inlotad *(A. Gl.)* — [19]) *Ed.* movet, *s. die varianten.*
[20]) *Madan u. G.* utihalad, *Kl.* "vielleicht utihalod." — [21]) *So Madan in Journal
u. G.; A. Gl.* druhttingas. — [22]) *Von erster hand.*

33ᵃ	5.230 pacifci: (ir)thingian¹⁻²		628 Signa: gutfanan	
33ᵇ	269 taeniif: tena. neftila		690 pero: ftreorling¹³	154ᵃ
	306 leuato: gifuruidemo¹		796 picti: pictuf uebe¹²	155ᵃ
34ᵃ	332 titubata [vestigia]: calcata uuankonda		8.178 acerno: mapuldrin	157ᵃ
			276 populuf: halebirie¹²	158ᵃ
	337 munere: fan fulliftia³		9.87 picea picea uurie¹⁴	163ᵃ
36ᵃ	546 impubif: unbardhaht⁴		134 iactant: hromiat	163ᵇ
	566 [vestigia] primi [alba pedis]: uuaf fitiluot		222 ftatione: uuardu	164ᵃ
			471 monebant id eft uidebant.	166ᵃ
	578 Luftrauere [in equis]: umbiridun		feuddun	10
			505 teftudine: teftudo feeld-	167ᵃ
36ᵇ	630 hofpef: uu(e)rd		uuara⁶	
37ᵇ	710 fortuna: miffiburi		537 tabulaf: fcindulan	
	714 pertaefum: odiofum fit athrotan		608 raftrif: egithon	168ᵃ
			616 manicaf ermberg¹²	15
	719 incenfuf: gifeund		629 petat: (f)tichit	
	732 auerna uuunni⁵		701 pulmone: lungandian	169ᵃ
	735 Elyfium: funnanueld		705 falarica: ftephftren-	
	745 acerra: cerra. uaf turif. arcula turaria. id eft roefat⁶·⁷		giere¹²·¹⁵	
			723 fortuna: miffiburi	20
38ᵃ	758 forum: mahal		724 conuerfo: togidanemo	
38ᵇ	811 periurae: forfuorenero		10.23 quin. nenan¹⁶	170ᵃ
39ᵃ	852 adfixuf: tohlinandi⁶		58 Dum: ia unt	170ᵇ
40ᵇ	6.180 piceae fiuchtie		337 thoraca: brunge	173ᵃ
	181 Fraxineae: efchine		381 uellit¹⁷: a terra lofda	173ᵇ
41ᵃ	205 uifeum: miftil		382 coftif: ribbun	
	214 robore: rinda		390 gemini: ituifan	
43ᵃ	420 offam: muhful⁸		443 cefferunt: rumdun	174ᵃ
	offam eleuuin⁹		538 uitta: uuunding¹⁸	175ᵃ
44ᵃ	555 palla lakene¹⁰		542 gradine. quafi gradatim id eft ftillo¹¹	30
45ᵇ	682 recenfebat: talde			
48ᵇ	7.109 adorea liba: bradine difki		649 pactof: gimahlida	176ᵃ
50ᵇ	319 pronuba: makerin		681 dedecuf: turpitudinif honithia	176ᵇ
52ᵃ	506 torre: brande			
53ᵃ	590 alga: rietgraf⁶		682 exigat: ftachi: enfem	35
53ᵇ	626 tergunt¹¹ uegadun¹²		711 inhorruit: erexit ftruuide: armof	
	627 Aruina: midgarni			

¹) *Randglosse* — ²) *Klage a. a. o.* "irthingian *ist möglich*", *Madan* rihingian ("*ducor ein buchstabe erloschen*"), *das in A. Gl. in* irthingian *gebessert wurde*; G. . . rthingian, "*l.* nerthingian." — ³) *Ueber* Euryaluf *geschrieben.* — ⁴) d *aus* h *corr. (vielleicht von zweiter hand); vor dem letzten* h *ein unterstrichenes* r. — ⁵) *Am rande; l.* uuunni (A. Gl.). — ⁶) *Von erster hand.* — ⁷) *So G.; Madan* "t fortasse dubium est." — ⁸) *l.* muthful (A. Gl.). — ⁹) *Am rande von erster hand;* deuuin, *oder* eleuuin, deuuin? (*Madan*); G eleuuin. — ¹⁰) *So Kl. u G., von Madan nicht vermerkt.* — ¹¹) *Ed.* tergent. — ¹²) *Am rande von erster hand.* — ¹³) *Oder* ftriorling (*Madan*); G, *nur* streorling. — ¹⁴) *Randglosse.* — ¹⁵) *l.* stephslengiere (A. Gl.)? — ¹⁶) *Madan* netian (*s. 102 unter* "*Dubious.*") — ¹⁷) *Von zweiter hand aus* uelit *corr.* — ¹⁸) *Hds.* xxxnding; *l.* xxknding *d. h.* unnding (G.)?

Kleinere altsaechsische sprachdenkmaeler.   8

114

177ᵃ	10.735 Contulit: angenbrahte	12.163 radii: gerdiun
	736 abiectum: nitherginuor-	171 admouit: adiunxit. todeda
	penen	174 notant: fteppodun
	744 Viderit: gifehe	215 lancibuf: nafif. baccuue-
177ᵇ	795 Cedebat: retrahebat tha-	gun³
	nan for	234 denouet⁴: bifal
	818 neuerat: brordade	274 fibula: hringa
178ᵇ	891 Bellatorifequi: uuihherfef	300 Occupat: flog
	892 calcibuf: houun	305 prima [acie]: in furiftemo
10	893 effufum: nitherginuor-	357 extorquet: utauuende
	penen	364 fternacif: id eft fternentif
	901 nefaf: honithia	fpurnandief
179ᵃ	11.73 laeta: uuillich	404 Sollicitat: uuegida
180ᵃ	149 repofto: nithergifettemo	412 Dictamnum: uniteuurt
181ᵇ	320 plaga: nuald	413 caulem: ftok⁵
183ᵃ	500 Defiluit: umbette	419 panaceam: herbam reni-
183ᵇ	524 quo: thar	uano⁶
184ᵃ	562 fonuere: hullun	470 temone: thifle
	579 fundam: flengiran	520 conducta: ingimedo-
20	589 omine: hele	dera
	599 fremit: thrafida	590 Difcurrunt: tiuarad
	607 ardefcit: gerode	616 miferum: unothi
184ᵇ	616 tormento. torqueo. flin-	696 fpatiumque dedere: rum-
	girun¹	dun¹
25	663 lunatif agmina peltif: in	727 uergat: nitheruuaga
	modum lunę factuf. finuuuellun	775 [telo] fequi: fkietan
185ᵃ	671 Suffufo: nitheriualle-	857 parthuf: ungar
	nemu	Servius in Verg.⁷
	688 Verba: hrom	Ae. 2.229 Expendiffe: id eft folu-
30	711 pura [parma]: ungimela-	iffe. ungeldan⁸
	demu²	2.554 clunif: ifben uel arf-
186ᵃ	777 Pictuf acu: gibrordade	belli
186ᵇ	874 laxof: unfpannane	4.548 Vrbanuf: alter liber
187ᵃ	890 Arietat: ftict	dicit urbane. fronifco
35	12.7 torof. torof. crocon¹	5.269 taenif: neftilun
188ᵃ	91 caudentem: gloianden	6.501 Virgulta: fumerladan

¹) Randglosse. — ²) Steht über interrita. — ³) Aus baxunegun corr.; l. bacunegun. — ⁴) Von zweiter hand aus denocet corr. — ⁵) Von erster hand. — ⁶) Undeutlich, kann auch ranuano gelesen werden (Madan). — ⁷) A. Gl. II; 725,24 ff. — ⁸) Kl. so, "oder ungoldan"; G. ungeldan, "l aus b corrigiert;" Madan ungeldan.

XXIII.

Vergilglossen in einer Wiener handschrift.

Georgica.[1]
4.243 ſtellio mol
244 fucuſ dran
245 crabro hornut

Aeneis.
3.671 equare grundian   3ᵃ
4.250 mento chinne   4ᵇ
534 procoſ druhttingaſ[2]   5ᵃ
517 manibuſ handinn   5ᵇ

Zweiter teil.

Anmerkungen.

I.

Das taufgelöbnis findet sich in dem etwa aus dem anfang des neunten jahrhunderts (vgl. MSD) stammenden, mit angelsächsischer schrift geschriebenen Cod. palat. 577 der vatikanischen bibliothek zu Rom.

Die handschrift enthält 75 blätter in folio und ist auf der rückseite als codex canonum bezeichnet. Die canonensammlung, welche diejenige des Dionysius exiguus ist und nur den die concilien enthaltenden ersten teil derselben umfasst, füllt die seiten 11ᵇ—70ᵃ. S. 70ᵃ "Incipit de evangelio tractatus: 'Ambrosius episcopus gratiano augusto. Crebra ... est inimicus'". S. 71ᵃ fängt eine andere hand an, die über Pipins synode in Verno palatio (i. j. 755) geschrieben hat, und s. 73ᵇ—74 enthalten, von einer hand des 10:ten jahrhunderts, excerpte aus den canones concil., die stellung der kleriker betreffend (vgl. MSD).

Vor der canonensammlung ist ein für sich abgeschlossener teil eingeheftet, der s. 9ᵇ mit dem rot geschriebenen Explicit deo gratias endet, der aber, das erste blatt ausgenommen, in unserer handschrift von derselben hand wie die canones herrührt. Dieser teil, in dem sich das taufgelöbnis befindet, hat folgenden inhalt (vgl. MSD): 1) bl. 1 (nur vorgeleimten) theologica: "Gregorius dixit. Mos autem sedis apostolicae est ut ordinatis episcopis etc." 2) s. 2ᵃ "de diuersis causis de lapsu episcopi vel presbiteri." 3) s. 2ᵃ (in der mitte) "dicta hieronimi presbiteri." 4) s. 4ᵃ Karlmanns concil. german. (i. j. 742). 5) s. 5ᵃ das concil von Lestines (wahrscheinlich i. j. 743). 6) s. 6ᵃ "nomina episcoporum qui misi sunt a romana urbe ad praedicandum in gallia." 7) s. 6ᵇ die namen der zu Attigny i. j. 765 versammelten bischöfe und älte. 8) s. 6ᵇ unten die abrenuntiatio diaboli und 9) s. 7ᵃ oben die professio fidei des taufgelöbnisses. 10) s. 7ᵃ ferner der indiculus superstitionum et paganiarum (als n:o XIII hier oben abgedruckt). 11) s. 7ᵇ "alloquutio sacerdotum de coniugiis inlicitis ad plebem: 'Fili hominis speculatorem potui te in populo meo etc.' (Ezech. 3,₁₇) 'Videte filii carissimi quale nobis incumbit periculum si tacemus etc.'" 12) s. 8ᵇ eine ähnliche anrede über den sabbat. 13) s. 9ᵃ "Clemens Iacobo carissimo in domino aeterno salutem. 'A sancto Petro apostolo etc.'"

Da, wie Scherer (MSD) hervorgehoben hat, die nummern, nach dem zeugnis der datierbaren stücke, chronologisch geordnet sind und das vor dem taufgelöbnis gehende stück aus d. j. 765 stammt, fällt das taufgelöbnis offenbar nach 765. Scherer vermutete, dass es bald nach 772, also um 775, ins sächsische umgeschrieben worden sei. Auch Kögel meint, in seiner Gesch. d. deut. litt. I: 2 s. 115, dass diese zahl, obgleich dieselbe der festen stützpunkte entbehrt, vom richtigen gewiss nicht weit abirre, indem er mit recht darauf hinweist, dass der mit dem taufgelöbnisse enge zusammenhängende Indiculus offenbar auf grund eines noch ganz ungebrochenen heidentums, wie es einige zeit später unter den sachsen gewiss nicht mehr zu finden war, zusammengestellt ist.

Was die heimat der handschrift betrifft, weiss man, dass sie früher dem stifte St. Martin zu Mainz gehört hat. Auf s. 2ᵃ findet sich nämlich die notiz: Iste liber pertinet ad librarium sancti Martini ecclesie Maguntine. Da dieses stift erst im 11:ten jahrhunderte gegründet worden ist, kann die handschrift nicht in demselben geschrieben sein. W. Giesebrecht hat nun in Schmidts Zeitschrift für Geschichtswissenschaft 7, 561 ff. (1847) versucht, aus der schrift des codex zu zeigen, dass derselbe in Fulda geschrieben worden sei, und Scherer meinte, dass G. dies höchst wahrscheinlich gemacht habe (MSD). Jostes weist indessen, Zschr. f. d. alt. 40, 185, darauf hin, dass nur so viel feststeht, dass die handschrift aus Mainz stammt, und hebt hervor, dass sie dort auch geschrieben sein dürfte, denn "man darf nicht vergessen, dass" das stift St. Martin "doch einen vorgänger gehabt haben muss und dass überdies S.Alban später in S.Martin aufgegangen ist, dieses damit auch in den besitz der bibliothek von S.Alban gelangte, der codex Vat. mit den as. fragmenten beweist es." Kögel meint auch a. a. o. s. 444, dass es recht sei, bei Mainz stehen zu bleiben.

In übereinstimmung mit der allgemeinen ansicht halte ich für das wahrscheinlichste, dass unser taufgelöbnis für die sachsenbekehrung unter Karl dem grossen abgefasst worden ist (vgl. indessen die bedenken Jostes', Zschr. f. d. alt. 40, 185 f.). Die sprache des denkmals weist aber mehrere eigentümlichkeiten auf. Erstens finden sich darin hochdeutsche spuren: forsaichistu, forsacho, statt allvm z. 11 zuerst allem geschrieben, got und gotef. Diese formen können auf dem einfluss hochdeutscher heimat (oder einer hochdeutschen vorlage?) der handschrift beruhen. Ferner treten frisonismen auf (vgl. Kögel a. a. s. 446 f.): a aus ai (auch im Coll. des Heliand, s. Gallée, As. Gr. § 41 anm. 2 und in der Genesis, s. die ed. von Zangenmeister u. Braune s. 12): halogan, gast, die pronominalform hira (auch in der Gen., s. die a. ed. s. 78) und die form faxnote mit x (vgl. vielleicht das auch im ahd. vorkommende seltene x statt ursprl. hs, Braune Ahd. Gr. § 154 anm. 4). Unter die frisonismen sollte nach Kögel a. a. o. auch "allem anscheine nach forsachistu ohne Umlaut" gehören. Hier ist indessen (s. teil I) gewiss forsaichistu zu lesen, worin ai als zeichen des umgelauteten vocals steht (vgl. ai in derselben anwendung zuweilen im ahd., Braune Ahd. Gr. § 26 anm. 1). Auch angelsächsische spuren finden sich vielleicht im taufgelöbnis. Scherer sagt darüber (s. MSD anm. zu z. 6) "and ist das einzige notwendig angelsächsische in diesem taufgelöbnis." Wie Kögel a. a. s. 445 hervorgehoben hat, kann indessen and sehr gut echt deutsch sein, da diese form aus der gegend von Münster bekannt und auch aus dem ahd. belegt ist; übrigens findet sie sich im friesischen. Eine pronominalform, die sich nur in diesem denkmal findet, ist ec "ich". Gallée As. Sprachd. führt die form allerdings auch für die Essener glossen auf; vgl. indessen darüber oben s. 56 note 9. Hauptsächlich auf grund dieses vermeintlichen ec in den Essener glossen hat Kögel a. a. s. 446 eine gewisse verwandtschaft zwischen dem taufgelöbnis und diesen glossen finden wollen. Auf diesem grunde ist also nicht zu bauen (in den nachträgen s. 632 hält auch Kögel die verwandtschaft der Essener glossen mit dem taufgelöbnis für "gering und ohne beweiskraft").

Die worte and uuordum thunaer ende uuoden ende faxnote ende allvm them unholdum the hira genotaf fint (z. 10—12 im abdruck oben) hält Scherer MSD, hauptsächlich weil sie in der vorhergehenden frage fehlen, für eine interpolation. Auch Wilmanns, Gött. gel. Anz. 1893 s. 538, erklärt diese worte für einen zusatz, "ohne sie jedoch als Interpolation in dem uns vorliegenden Texte bezeichnen zu wollen". "Denn sie können sehr wohl von

demselben manne hinzugefügt sein, der die ganze formel in ihrer angenommen
fassung aufzeichnete". Jostes wendet aber, Zschr. f. d. alt. 40, 189, gegen
diese meinung ein: "der einzige grund den man dafür" (für die interpolation) "anführen kann, dass sie nicht in der frage stehn, ist hinfällig;
denn die antwort wurde nicht aus der frage entnommen, sondern wurde und
wird noch jetzt dem täufling bezw. dem paten wörtlich vorgesprochen".
Wahrscheinlich hat Kögel, a. a. s. 448, das richtige getroffen, wo er vermutet, dass die sogenannte interpolation ein mit dem übrigen gleich alter
eventualsatz sei, den man anwendete, wo besondere gründe dazu vorlagen.

Von früheren ausgaben des taufgelöbnisses seien hier erwähnt:
1) K. Müllenhoff und W. Scherer, Denkmäler etc. n:o LI. — 2) M.
Heyne, Kleinere altniederdeutsche Denkmäler 1867 s. 85, 2. aufl. s. 88. —
3) J. H. Gallée, Altsächsische Sprachdenkmäler s. 245 ff. (s. auch seine
Collation s. 376). Ueber andere ausgaben s. MSD u. Steinmeyer, Anz. f. d.
alt. 14, 287. Braune, Althochdeutsches Lesebuch⁴ s. 160. — Facsimiles
findet man bei H. F. Massmann, Die deutschen Abschwörungs-, Glaubens-,
Beicht- und Betformeln (1839), Monumenta germ. hist. Legum I tab. I
(nur die Professio fidei), G. Könnecke, Bilderatlas zur Gesch. d. deutschen
Nationallitteratur² s. 8 und in Gallée's Facsimile-sammlung n:o XI.

II.

Die bruchstücke der psalmenauslegung, die am ende des neunten
oder anfang des zehnten jahrhunderts geschrieben worden sind, werden in
der Herzoglichen gipskammer zu Dessau aufbewahrt.

Die fragmente bestehen aus zwei, je in zwei teile zerfallenen pergamentsblättern in klein folio (27 × 20.5 cm). Die blätter sind so vermodert, dass
es notwendig gewesen ist, dieselben auf wachspapier aufzukleben und mit
glas zu belegen. Dabei ist jedes blatteil für sich allein aufgeklebt worden, so
dass also die bruchstücke auf vier glasplatten verteilt sind. Die seiten hatten
wahrscheinlich, wie noch das zweite blatt zeigt, 24 zeilen. Die bruchstücke
des ersten blattes weisen zusammen nur 17 zeilen auf jeder seite auf (von
einer 18. zeile sind auf der ersten seite zwei ganz unbedeutende reste übrig,
s. s. 4 note 1 oben); der obere teil des blattes, worauf die fehlenden zeilen
standen, ist jetzt nicht mehr da. Ebenso sind stücke der unteren inneren
ecke des ersten blattes und der beiden inneren ecken des zweiten blattes weggerissen. Ausserdem fehlen hie und da pergamentstücke, namentlich an den
stellen, wo die blätter zerfallen sind. Besondere schwierigkeiten bieten dem
lesen die beiden seiten 1ᵇ und 2ᵃ, welche mit dem wachspapier beklebt sind.
Hier ist im allgemeinen nur dann etwas zu unterscheiden, wenn man die
platten gegen das licht hält. Dabei muss man zudem an vielen stellen, wo
das pergament sehr dünn zu sein scheint, genau aufpassen, dass man ja
striche, die der schrift der rückseite gehören, nicht mit liest. Einzelne buchstaben treten nur bei dem günstigsten sonnenlicht hervor. Man ist bei der
lesung überhaupt sehr viel von den lichtverhältnissen abhängig. Es kann
deshalb auch sein, dass einige buchstaben, die ich oben durch klammern als
undeutlich angegeben habe, nicht undeutlicher sind als andere, in meinem
abdruck ohne klammern stehende buchstaben, die ich etwa an einem hellen
tage gelesen habe.

Die bruchstücke wurden um 1856 in Bernburg vom Herrn Archivar O. v. Heinemann als umschlag einer rechnung aufgefunden, die aus der frauenabtei Gernrode am Harz stammte. Da diese abtei erst in den jahren 961—963 gegründet wurde, und die handschrift den schriftzügen nach älter sein muss, kann sie schon aus diesem grunde in derselben nicht geschrieben worden sein. Heyne, Kl. D. s. LX ff. ist der meinung, dass Werden der entstehungsort der handschrift sei, da sie übereinstimmungen mit den urkundlichen Werdener denkmälern aufzuweisen hat. Nach Kögel, der. Lit.-gesch. I: 2 s. 567 ff., die sprachlichen besonderheiten der bruchstücke ausführlich bespricht, muss die heimat des denkmals ebenfalls ganz im westen, an der niederfränkischen grenze gesucht werden.

Was die quelle unseres denkmals betrifft, erkannte Heyne a. a. o. dass die bruchstücke einer psalmenauslegung angehören, die sich sehr nahe an den psalmenkommentar des Cassiodor (bei Migne, Patrologie tom. LXX s. 26 ff. abgedruckt) und das dem *Hieronymus* (fälschlich) beigelegte **Breviarium in psalmos** (s. S. *Eusebii Hieronymi Opera* tom. VII: 2, Venetiis 1769) anlehnen. Überdies findet sich, wie Steinmeyer (s. MSD n. Anz. f. d. alt. 5,218) zuerst bemerkt hat, in dem Cod. lat. 3729 auf der königl. bibliothek zu München ein psalmenkommentar (auf dem ersten deckblatt steht: **Incipit generalis expositio psalmorum de diuersorum tractatibus auctorum deflorata**), dessen wortlaut z. t. näher als derjenige des Cassiodor und des pseudo-Hieronymus zu unseren bruchstücken stimmt. Die betreffenden stellen aus diesen drei kommentaren sind oben unter den altsächsischen texte abgedruckt (die Münchener handschrift ist dabei Clm bezeichnet worden). Hier sei noch eine stelle aus dem bei dem druck meines textes noch nicht erschienenen **Sancti Hieronymi Tractatvs in psalmos** (*Anecdota Maredsolana* III: 2) herangezogen, die mit an themo anaginne oben s. 153 zu vergleichen ist, wozu die unter dem texte mitgeteilten kommentare nichts entsprechendes haben. Diese stelle lautet:

Hereditas nostra non in principio repromittitur, sed in fine mundi. Iudaei in principio obtinere se putauerunt, nos in fine consequimur . . . Quae est ista quae hereditatem consequitur? Mihi videtur quod ecclesia sit: ipsa est enim quae hereditatem consequitur. *Psalmus Dauid.* Cantat in principio quod ecclesia accipiat in finem.

Ob der altsächsische kommentar aus den genannten oder noch anderen quellen kompiliert worden ist, oder ob es eine vorlage gegeben hat, wovon derselbe eine einfache übersetzung wäre, ist unentschieden. Das suchen nach einer solchen vorlage ist bis jetzt erfolglos geblieben (von Scherer sind die kommentare von Origines, Eusebius, Augustinus, Hilarius, Beda, Haimo, Remigius von Auxerre und Walahfrid Strabo verglichen worden, s. MSD, Anm.; auch von Gallée sind nachspürungen angestellt worden, s. Alts. Sprachd. s. 220; ich habe eine anzahl lateinischer psalmenkommentare der Leipziger universitätsbibliothek untersucht).

Was den zweck unserer psalmenauslegung betrifft, sind alle bis auf Gallée, Gram. s. 3 u. Alts. Sprachd. s. 219, darüber einig gewesen, dass dieselbe ein kommentar sei. Gallée hält sie aber für eine predigt, welche für den vortrag unter dem volke bestimmt sei. Er sagt (s. 221): „Dass es worte sind, welche an das ohr gerichtet waren und nicht für die lectüre dienen sollten, erhellt aus satzteilen wie: wi seulun fernemau, gethenked, wola". Was indessen gethenked betrifft, steht diese form gar nicht in der handschrift und wola ist nicht etwa an zuhörer gerichtet, sondern steht nur in der verbindung wola thu (s. 153, v—w) als übersetzung des lat. domine des psalmentextes. Es bleibt also nur wi sculun ferneman als stütze für die ansicht Gallée's übrig. Dieses ist aber mit intelligere possumus des Hieronymus (s. oben s. 14??) zu vergleichen und wohl aus dieser (oder einer sekundären) quelle geholt; beweist also nichts. Aus ähnlichen gründen ist auch Steinmeyer, Anz. f. d. alt. 22,279 note, dem Kögel. Lit.-gesch. I:2 s. 566, folgt, dieser meinung Gallée's entgegengetreten.

 Frühere ausgaben der bruchstücke der altsächsischen psalmenauslegung: 1) H. Hoffmann von Fallersleben in Germania XI, 323 f. (unvollständig). — 2) M. Heyne, Kleinere altniederdeutsche Denkmäler 1867 s. 59 f., 2:te aufl. s. 60 ff., auf grund eigener untersuchung der handschrift und mit benutzung einer früher von v. Heinemann (vgl. oben s. 12 note 4) genommenen abschrift. — 3) K. Müllenhoff u. W. Scherer, Denkmäler etc. (n:o LXXI, 2:te aufl. s. 184 ff., 3:te aufl. s. 233 ff.) nach einer von Scherer bewerkstelligten erneuten vergleichung des originals. — 4) J. H. Gallée, Altsächsische Sprachdenkmäler s. 219 ff. (z. t. nur auf grund einer photographie, was die grossen unkorrektheiten seiner edition erklären dürfte). — Facsimile der seite 1ᵃ und des unteren stückes der seite 2ᵇ in Gallée's Facsimile-sammlung n:o IX.

III.

 Der Beichtspiegel findet sich in dem etwa aus dem anfang des zehnten jahrhunderts stammenden cod. D 2 der K. landesbibliothek zu Düsseldorf.
 Der hauptinhalt dieses codex ist ein missale, eine "Mischung des Gelasianischen und Gregorianischen Ritus mit manchen Abweichungen" (Harless, Archiv f. d. Gesch. des Niederrheins 6,63), dem andere kirchliche formeln und lectionen sowie ein calendarium hinzugefügt sind. Die handschrift besteht, wie zuerst Steinmeyer, Anzeiger f. d. alt. 22,274 bemerkt hat, aus drei teilen: 1) Die blätter 1—26, das calendarium (zuletzt von Jostes, Zeitschr. f. d. alt. 40,148 herausgegeben) mit notizen, ferner formeln und lectionen von verschiedenen händen enthaltend; 2) Die blätter 27, wo das eigentliche missale anfängt, bis 197, alles (von wenigen korrekturen und nachträgen abgesehen) von einer hand; und 3) Die blätter 198—234 (mit bl. 198 fängt eine neue lage an) von mehreren händen geschrieben (die seiten 210ᵇ—232ᵃ wahrscheinlich nur von einer hand). Der beichtspiegel findet sich eben in dem dritten teile; er fängt auf der zweiten seite mit der nummer 204ᵃ (die nummern 204 u. 205 sind beim foliieren zweimal wiederholt) an und geht bis s. 205ᵃ unten.
 Was die heimat der handschrift betrifft ist zu bemerken, dass dieselbe früher dem frauenstifte zu Essen gehört hat. Es fragt sich nun: ist sie auch in Essen geschrieben worden? Dass der erste teil Essener ursprungs ist, hat Kögel Lit.-gesch. I:2 s. 546 ff. nachgewiesen. Sämmtliche nekrologischen notizen in demselben, die z. t. von derselben hand herrühren, die das calendarium geschrieben hat, betreffen nämlich stiftsfrauen oder laienschwestern von Essen. Ob der zweite teil einen anderen entstehungsort als Essen hat, bleibt unentschieden und ist auch hier von weniger wichtigkeit. Dass von dem dritten teil wenigstens gewisse stücke in Essen niedergeschrieben

worden sind, geht aus der form oder schrift derselben hervor. Hierher gehört eine s. 200ᵇ stehende formel, wo von frauen die rede ist, deren form also für das frauenstift zu Essen passt. Ich gebe hier den anfang und ein paar auszüge aus demselben (die gesperrten worte in der hs. mit majuskeln).

Incipivnt missae sancti Avgvstini episcopi prima missa de die dominico.

Da domine peccatricibuſ confeſſionem quae fit ſibi placita; parturi in corde earum inenarrabileſ gemituſ, qui aureſ poſſint pulſare tuaſ. Da mentiſ intentionem, qua ſuſcipiant profundam bonitatem ... Vicium omne mortifica in eiſ et animam earum uiuifica in te... (S. 200ᵇ).. Sed quid tibi dignum offerant miniſtrae indignae, niſi hoc ipſum quod tanto indigne habeantur oficio etc.

Dieses stück und auch eine andere formel s. 10ᵇ, wo von famula die rede ist, scheint Jostes übersehen zu haben, als er Zschr. f. d. alt. 40,133 als beweis dafür, dass die hier fragliche handschrift im frauenstifte Essen nicht geschrieben worden sei, beispielsweise das gebet im refectorium hervorhebt, in welchem famuli, nicht famulae erwähnt werden. Ausdrücke für männliche mitglieder in der handschrift würden also höchstens beweisen können, dass diejenigen stücke, welche diese ausdrücke enthalten, aus einem anderen orte als Essen stammen. Sicher ist aber auch dieses nicht. Diese masculia-formen können nämlich auf sklavischer übertragung aus einer vorlage beruhen, die für ein männerkloster geschrieben war. An einigen stellen in der handschrift, und zwar auch in dem ersten, sicher aus Essen stammenden teile, ist auch zuerst famuli, famulum etc. geschrieben, dies aber nachher durch übergesetzte buchstaben in famulæ, famulam etc. geändert worden. An anderen stellen können diese berichtigungen vergessen worden sein.

Dass auch der beichtspiegel zu denjenigen stücken gehört, die sicher in Essen geschrieben worden sind, geht daraus hervor, dass diejenige hand, die nach der hand desselben (s. 206ᵇ mitte) fortsetzt, gewiss dieselbe ist, welche diese oben erwähnte, s. 200ᵇ anfangende lateinische formel für frauen geschrieben hat (in der fortsetzung s. 207ᵃ, wo die schrift nicht so dick ist, tritt dies noch deutlicher hervor). Andere und zwar sprachliche gründe für die niederschrift des beichtspiegels in Westfalen giebt Kögel, Lit.-gesch. 1:2 s. 552 ff.

Der beichtspiegel ist in der handschrift in folgenden Ordo ad dandam poenitentiam (vgl. Wasserschleben, Bussordnungen s. 251 ff.) eingeschoben:

S. 204ᵇ (erste seite dieser nummer) Quotieſcumque chiſtiani ad poenitentiam accedunt, et ieiunia damuſ, et noſ communicare cum eiſ debemuſ ieiunio, unam aut duaſ ſeptimanaſ, aut quantum poſſumuſ, ut non dicatur nobiſ quod ſacerdotibuſ iudeorum dictum eſt a domino ſaluatore Ve nobiſ legiſperiti qui aggrauatiſ hominiſ, et impoſitiſ ſuper coſ onera grauia et inportabilia, ipſi autem uno digito ueſtro non tangitiſ ſarcinaſ ipſaſ. Nemo enim poteſt ſubleuare cadentem ſub pondere, niſi inclinauerit ſe ut porrigat ei manum. Neque ulluſ medicorum uulnera curare poteſt aut animabuſ peccata auferre, niſi preſtante ſollicitudine et oratione lacrimarum. Neceſſe eſt ergo, fratreſ kariſſimi, ſollicitoſ eſſe pro peccantibuſ, quia ſumuſ (s. 205ᵃ) alterutrum membra, et ſi quid patitur unum membrum, compatiuntur omnia membra. Ideoque ſi uiderimuſ et noſ aliquem in peccatiſ iacentem, feſtinemuſ eum ad poenitentiam per noſtram doctrinam uocare. Et quotieſcumque dederiſ conſilium peccanti, ſimulque data poenitentia, die illi ſtatim quantum debeat ieiunare et redimere peccata ſua, ne forte obliuiſcariſ quantum eum oporteat pro peccatiſ ſuiſ ieiunare, tibique neceſſe ſit, ut iterum exquiraſ ab eo peccata. Ille autem forſitan erubeſcet iterum peccata ſua confiteri, et inuenietur iam ampliuſ iudicari. Non etiam omneſ clerici hanc ſcripturam uſurpare uel legere debent qui inueniunt eam, niſi ſoli illi quibuſ neceſſe eſt, hoc eſt epiſcopiſ et preſbiteriſ. Sicut enim ſacrificium offerre non debent niſi epiſcopi et preſbiteri, quibuſ claueſ regni celeſtiſ traditae ſunt, ſic nec iudicia iſta alii debent uſurpare. Si autem neceſſitaſ euenerit, et presbiter non fuerit presens. diaconus suscipiat poenitentem ad sanctam communionem. Sicut ergo superius diximus humiliare se debent episcopi et presbiteri. et cum gemitu tristiciæ lacrimisque orare. non solum pro suis delictis. sed et christianorum omnium. ut possint cum beato dicere paulo. Quis infirmatur. et ego non infirmor? Quis scandalizatur. et ego non uror? Cum ergo uenerit aliquis ad sacerdotem confiteri peccata sua. mandet ei sacerdos ut exspectet modicum donec intret in cubiculum suum ad orationem. Si autem non habuerit cubiculum. tamen tunc sacerdos in corde suo dicat orationem hanc Oremus. Domine deus omnipotens. propicius esto mihi peccatori. ut condigne tibi possim gratias agere. qui me indignum propter misericordiam tuam ministrum fecisti officio sacerdotali. et me exiguum humilemque mediatorem constituisti. ad adorandum et intercedendum. ad dominum nostrum iesum christum pro peccantibus et ad poenitentiam reuertentibus. Ideoque dominator domine qui omnes (s. 205b) homines uis saluos fieri. et ad agnitionem ueritatis uenire. qui non uis mortem peccatorum. sed ut conuertantur et uiuant. suscipe orationem meam quam fundo ante conspectum clementiæ tuæ pro famulis ac famulabus tuis qui ad poenitentiam uenerunt per dominum nostrum iesum christum.

Videns autem ille qui ad poenitentiam uenit sacerdotem tristem et lacrimantem pro suis facinoribus. magis ipse timore perculsus. amplius tristatur. et exhorrescet peccata sua. et unumquemque hominem accedentem ad poenitentiam. si uideris alacriter et assidue stare in poenitentia. statim suscipe eum.

Nach dieser einleitung folgt:
Ordo ad dandam poenitentiam.
Interroget sacerdos dicens. Credis in deum patrem et filium et spiritum sanctum? Respondeat. Credo. Interroget. Credis quod ista tres personæ quas modo dixi pater et filius et spiritus sanctus tres personæ sunt et unus deus? Respondeat. Credo. Interroget. Credis quod in ista carne qua nunc es. habes resurgere. in die iudicii. et recipere siue bonum siue malum quod gessisti? Respondeat. Credo. Interroget. Vis dimittere illis peccata quicumque in te peccauerunt domino dicente. Si non remiseritis hominibus peccata eorum. nec pater noster cælestis dimittet uobis peccata uestra. et require eum diligenter si est incestuosus. et si non uult ipsa incesta dimittere. non potes ei dare poenitentiam. Nam si uult ipsa incestuosa dimittere. dic psalmum .xxx.vi. Domine ne in furore tuo. et dic orationem hanc Oremus. Deus cuius indulgentia cuncti indigent. memento famuli tui. illius ut qui lubrica terreni corporis fragilitate undatur. quesumus ut des ueniam confitenti. parce supplici. ut qui nostris meritis accusamur. tua miseratione saluemur. per dominum nostrum. Deinde dic psalmum .c ii. Benedic anima mea domino vsque Renouabitur sicut aquilæ iuuentus tua et dic orationem hanc. Oremus. (s. 204b) Deus sub cuius oculis omne cor trepidat. omnesque conscientiæ contremiscunt. propitiare omnibus gemitibus et cunctorum medere languoribus [: uel uulneribus]. et sicut nemo nostrum liber est a [: sine] culpa. ita nemo sit alienus a uenia per dominum nostrum. Deinde psalmum. Miserere mei deus vsque et omnes iniquitates meas dele. Et dic hanc orationem. Oremus. Precor domine clementiam tuam et misericordiæ tuæ maiestatem. ut famulo tuo peccata et facinora sua confitenti. ueniam relaxare digneris. et præteritorum criminum culpas indulgeas. qui humeris tuis ouem perditam reduxisti ad gregem. qui publicam precibus confessione(m) placatus exaudisti. Tu etiam huic famulo tuo domine placare. tu huius precibus benignus aspira. ut in confessione placabilis permaneat. fletus eius et precatio perpetuam clementiam tuam celeriter exoret. sanctisque altaribus et sacrificiis restitutus. spei rursus æternæ cælestis gloriæ mancipetur. per dominum. Tunc fac eum confiteri omnia peccata sua. et ad ultimum ultimum dicere. Multa sunt peccata mea. in factis. in uerbis. in cogitationibus.

Hier folgt der sächsische beichtspiegel. Nach diesem kommt die fortsetzung des ordo:
Misereatur tibi omnipotens deus et dimittat tibi omnia peccata tua preterita presentia et futura. liberet te ab omni malo. et donet tibi ueram humilitatem et ueram pœnitentiam. sobrie- (s. 205b) -tatem et tolerantiam. bonam perseuerantiam et bonum finem. et perducat te ad uitam æternam. Indulgeat tibi dominus omnia

peccata tua. prefentia atque futura. Dominuf cuftodiat te ab omni malo. cuftodiat animam tuam dominuf. nunc et imperpetuum. Amen.

Tunc da illi poenitentiam. Data uero illi poenitentia dicef pfalmum .L.iii. Deuſ in nomine tuo. Et dicef haſ orationeſ fuper eum. Exaudi domine preceſ noftraſ et confitentium tibi parce peccatiſ. ut quoſ confcientię reatuſ accufat. indulgentia tuę miserationiſ abfoluat. per dominum noftrum.

Wie Jostes Zeitschr. f. d. alt. 40,137 nachweist, hat die sächsische beichte urspünglich so wie sie vorliegt in den lateinischen ordo nicht hineingehört. Eigentlich ist sie ein beichtspiegel, da sie ganz besondere rücksicht auf specifisch geistlich-klösterliche verhältnisse nimmt. Dies tritt an mehreren stellen hervor: Ok iuhu ik fo huat fo ik thef gideda thef .. uuithar minemo meftra uuari 16,8 ff., Ik iuhu .. minero gitidio farlatauero 16,11 f., Thef iuhu ik that ik mina iungeron endi mina fillulof fo ne lerda fo ik fcolda 16,22 f., Mina gitidi endi min gibed fo ne giheld endi fo ne gifulda fo ik fcolda. Vnrehto las. unrehto fang 17,5 f. etc. Obgleich unsere beichte also deutlich auf beichtende cleriker abgesehen ist, war das indessen, wie Jostes a. a. o. hervorhebt, "nicht ihre erste bestimmung, die vielmehr darin bestand, beim gottesdienste le;w. bei der predigt als sogenannte 'gemeine beichte' vorgelesen zu werden. An einer stelle zeigt sich das noch deutlich, nämlich in dem ersten satze: Ik giuhu .. allero minero fundiono. thero the ik githahta. endi gifprak. endi gideda. fan thiu the ik erift fundia uuerkian bigonfta." Es ist das die formel der allgemeinen beichten, die hier nur durch ein versehen stehen geblieben ist.

Was die abfassungszeit dieser beichte betrifft, meinte Scherer (MSD), dass dieselbe sehr weit zurückliege und dass sie die sächsischen verhältnisse nicht allzu lange nach der bekehrung voraussetze. Mit Kögel, Lit.-gesch. 1:2 s. 555 finde ich, dass es durch die auseinandersetzungen von Jostes a. a. o. klar ist, dass sie so alt nicht sein kann. Jedenfalls wird sie erst einige zeit nach der gründung des stiftes Essen abgefasst worden sein. Jostes a. a. o. meint, sie sei schwerlich weit älter als die handschrift.

Die absätze in meinem abdruck sind in übereinstimmung mit den bemerkungen Scherers in MSD (3. aufl. II. 378) gemacht worden. Ganz befriedigend ist ja diese zerteilung nicht; jedenfalls dürfte sie die übersicht erleichtern.

Frühere ausgaben des beichtspiegels: 1) T. J. Lacomblet, Archiv f. die Geschichte des Niederrheins I. 1 ff. (recensiert von J. Grimm, Gött. gel. Anz. 1832, s. 392 ff. und nachverglichen von W. Crecelius, Germania 13,105). — 2) K. Müllenhoff u. W. Scherer, Denkmäler etc. 1864 n:o LXXI. 2. u. 3. aufl. n:o LXXII. — 3) M. Heyne, Kleinere altniederdeutsche Denkmäler 1867 s. 83 f., 2. aufl. s. 86 f. — 4) W. Braune, Althochdeutsches Lesebuch⁴ s. 160 f. — 5) J. H. Gallée, Altsächsische Sprachdenkmäler s. 120 ff. (s. auch seine Collation s. 373 f.). — Facsimile der seite 20ᵇ in Gallée's Facsimile-sammlung n:o IIId.

IV.

Das stück einer homilie Bedas, das etwa am anfang des zehnten jahrhunderts niedergeschrieben worden ist, findet sich in dem cod. B 80 der K. landesbibliothek zu Düsseldorf.

Der hauptinhalt dieser handschrift ist eine sammlung homilien Gregors des grossen (an einigen stellen mit altsächsischen glossen versehen, die oben unter n:o XII abgedruckt worden sind). Auf der vorderen seite des letzten, ursprünglich leer gelassenen blattes 153 ist das stück der homilie Bedas eingetragen worden; die letzten worte derselben, die dort nicht platz finden konnten, sind s. 152ᵇ ganz unten hinzugeschrieben. Die rückseite des blattes 153 ist von dem Essener heberegister (oben unter n:o VII abgedruckt) in anspruch genommen.

Die handschrift gehörte früher dem frauenstifte zu Essen. Da die hand des hier fraglichen stückes dieselbe ist wie diejenige, welche das Essener heberegister geschrieben hat (so nach früheren herausgebern und auch nach Steinmeyer, Anz. f. d. alt. 22,274; mir schienen indessen die oberen spitzen der langstriche und das g in den beiden stücken etwas verschieden), geht schon daraus hervor, dass dasselbe in Essen geschrieben worden ist. Das dortige stift wurde zwischen den jahren 851—863 gegründet (vgl. MSD II. 370). Dass auch sprachliche gründe für westliche heimat des denkmals sprechen, sucht Kögel, Lit.-gesch. I:2 s. 564 ff. (gegen Jostes, Zschr. f. d. alt. 40,140 f.) nachzuweisen.

Wie schon in MSD hervorgehoben wird, ist für die annahme kein grund vorhanden, dass jemals die ganze homilie Bedas übersetzt oder zu übersetzen beabsichtigt worden sei. Richtig urteilt wohl Jostes da er a. a. o. meint, das stück sei aus einem lectionar übersetzt. "Dass es eine abgeschlossene lection ist, lehrt schon der text selbst. Im dominicanerbreviere ist es die erste in der matutin auf allerheiligen, der wortlaut weicht indes etwas ab... Die übersetzung wird durch einführung des allerheiligenfestes veranlasst und zum vorlesen in der kirche bestimmt gewesen sein." Das allerheiligenfest wurde (Lacomblet, Archiv f. d. gesch. des Niederrheins I. 10) etwas nach 835 in Deutschland eingeführt.

Frühere ausgaben: 1) K. Müllenhoff u. W. Scherer, Denkmäler etc. n:o LXX. — 2) M. Heyne, Kleinere altniederdeutsche Denkmäler, 1867 s. 63 f., 2. aufl. s. 65 f. — 3) J. H. Gallée, Altsächsische Sprachdenkmäler s. 117 ff. (s. auch seine Collation s. 373). Ueber ältere ausgaben s. MSD II. 371 u. 369 (ausser an den dort verzeichneten stellen auch bei Fischer, Beschreibung typographischer Seltenheiten V). — *Facsimile der seite 153ᵃ* in Gallées Facsimile-sammlung n:o IIb.

V.

Die Segensformeln finden sich in dem wahrscheinlich aus dem anfang des zehnten (nach Dieckamp, Neues Archiv d. Gesellsch. f. ält. deutsche Gesch.-kunde 9,13) aus dem neunten) jahrhunderte stammenden cod. 751 (olim theol. 259) der K. bibliothek zu Wien.

Die handschrift ist ein sammelband, der aus vier teilen besteht: 1) bl. 1—77 S. Bonifatii et Lulli epistolae (von Jaffé, Bibliotheca rerum germanicarum III. 24 ff. herausgegeben); 2) bl. 78—128 Actus apostolorum et epistolae Iacobi et Petri prima; 3) bl. 126—162 "Interpretationes et expositiones vocabulorum sive locorum veteris et novi testamenti" (bl. 132—135 mit wenigen *ahd. glossen, zum Jesaias und Ezechiel, von Steinmeyer in A. Gl. I. 618,651 herausgegeben) und ein teil der* "Notæ Vaticanæ", *die von Mommsen bei Keil, Gramm. Latini IV. 301 ff. ediert sind;* 4) bl. 163—168 Sermo S. Augustini de ebrietate *(am oberen rande des blattes 166ᵇ steht:* "Anno dominicae incarnationis 871 indicione 3,15 Kal. Febr. Willibertus ad episcopum consecratus. Eodem anno mense Iulio, 7 Idus Iulii, fulminis ictus Col(oniæ) prima feria". *Willibert wurde bischof von Köln 870, s. Dümmler, Gesch. des ostfränk. Reichs I. 731, bl. 167 folgen* canones, bl. 173ᵇ "Brevis adnotatio capitulorum, in quibus constitutiones conciliorum Mogontiacense Remis et Cabillone et Turonis et Arelato gestorum concordant" *und bl. 188ᵇ* — *die letzte seite der handschrift — enthält die Segensformeln (s. Jaffé a. a. o. s. 11).*

Auf grund der form hers (19,5 *oben) für* hros *vermutet Gallée, As. Sprachd. s. 205, dass der codex aus der Münster-gegend stamme, wo jene form vorkomme, was aber sehr unsicher ist.*

Das vor der ersten formel stehende latein: Si in dextero pede contigerit. fi in finiftro fanguif minuatur. Si in finiftro pede in dextero aure minuatur languif *ist nach Grimm, Deutsche Mythologie² II. 1183 folgendermassen zu verbessern:* si in dextero pede contigerit, in sinistra aure sanguis minuatur, si in sinistro pede, in dextera aure minuatur sanguis.

Nach diesem latein kommen in der handschrift folgende lateinische formeln (das gesperrte mit majuskeln):

Ad vermes occidendos. |
Feruina dei gratia plena tu habef triginta quinque indicef | et triginta quinque medicinaf. quando dominuf ad cælof | afcendit memorare quod dixit.
Ad apes conformandos. |
Vof eftif ancille domini. Vof faciatif opera domini. adiuro uof | per nomen domini ne fugiatif a filiif hominum. |
Ad pvllos de nido. |
Crefcite et multiplicamini et uiuite. et implete terram. |
Contra sagittam diaboli. |
Palamiafit palamiafit. calamia infiti per omne corpuf | meum. per ifta tria nomina per patrem et filium et fpiritum fanctum. | aiuf aiuf aiuf (= ἅγιος, *Dintiska II. 189 note)* fanctuf fanctuf fanctuf. In dei nomine cardia. cardiana. | de neceffu (? receffu, *Grimm. Mythol.² II. 1184)* propter illum malannum quod dominuf papa | ad imperatorem tranfmifit. quod omnif. homo fuper fe portare | debet. Amen :: tribvs vicibvs.

Dann folgt DE HOC QVOD SPVRIHAZ DICVNT *etc. oben s. 19 z. 7—22.*

Eine althochdeutsche formel, die mit dem altsächsischen segen Contra vermes *(oben s. 19 z. 16—22) zum grössten teil wörtlich übereinstimmt, findet sich in Cod. lat. 18524,2 (Tegernsee 524,2) der K. bibliothek zu München und lautet (nach MSD):*

Pro nessia.

Gaug úz, nesso, mit niun nessinchlinon,
úz fonna marge in deo ádra,
vonna dén ádrun in daz fleisk,
fonna demu fleiske in daz fel,
fonna demo velle in diz tulli.
Ter Pater noster.

Die formel A scheint eine sage vorauszusetzen, wie sie sonst von St. Peter erzählt werden; von der formel B, dem wurmsegen, laufen noch heute varianten um (s. MSD³ II. 50 u. 51 und die daselbst citierte litteratur). Ueber die alten zaubersprüche sind übrigens Grimm, Deutsche Mythologie² II. 1173 ff. und Kögel, Lit.-gesch. I:1 s. 77 ff. und 261 f. zu vergleichen.

Frühere ausgaben: 1) *K. Müllenhoff u. W. Scherer, Denkmäler etc. n:o IV:4 u. 5 A.* — 2) *M. Heyne, Kleinere altniederdeutsche Denkmäler 1867 s. 88, 2. aufl. s. 91.* — 3) *W. Braune, Althochdeutsches Lesebuch⁴ s. 160.* — 4) *J. H. Gallée, Altsächsische Sprachdenkmäler s. 205 ff. (s. auch seine Collation s. 376). Ueber ältere ausgaben s. MSD.* — *Facsimiles bei H. F. Massmann, Dorows Denkmäler alter Sprache und Kunst I, tafel II, und in Gallée's Facsimile-sammlung n:o VI.*

VI.

Das Abecedarium nordmannicum, das frühestens im zehnten jahrhunderte niedergeschrieben worden ist, findet sich in der handschrift 878 4° der Stiftsbibliothek von St. Gallen.

Dieser codex, der 394 seiten umfasst, besteht aus sechs ursprünglich getrennten teilen, von denen der zweite vorn unvollständige, s. 178—321, für uns hier allein in betracht kommt (Steinmeyer, *Anz. f. d. alt.* 22,273 f.) Dieser teil enthält u. a.: s. 178 ff. Computus Hrabani, s. 242 ff. Beda de natura rerum, s. 278 ff. Abbreviatio chronicae *(chronologie bis z. j. 809) und* s. 315 ff. Isidorus *(Etymol. lib. 1 cap. 3. 18—20)* de accentibus, de figuris accentuum, de posituris, de litteris; *hier stehen nach einem hebräischen alfabet* (s. 320) *auf der letzten seite* (321) *dieses teiles ein griechisches alfabet, ein angelsächsisches runenalfabet* (überschrift: ANGULISCUM) *und dann unter der überschrift* ABECEDARIUM NORD *das nordische runenalfabet mit den dazu gehörigen versen (s. Gallée, As. Sprachd. s. 264).*

Vor den runennamen des Abecedariums stehen die betreffenden runenzeichen und zwar in folgenden formen: ᚠᚢᚦᛆᚱ ᚴᚼᚾᛁᛌ ᛏᛒᚮᛅ (bei ᛏ der linke seitenstrich verwischt); die runen ᚼ und ᚮ sind indessen schon vor der konjunktion endi gezeichnet. Bei feu, hagal, naut, ar, man und yr sind ausserdem über die nordischen runenformen die entsprechenden angelsächsischen hinzugefügt. Wo im abdrucke s. 20 oben ein komma steht, hat die handschrift einen schmalen senkrechten strich, wodurch die verse abgeteilt werden. Das ganze ist in drei reihen, die den im abdrucke gemachten absätzen entsprechen, geschrieben. Zuweilen sind in diesen reihen die einzelnen verse auf zwei zeilen verteilt (vgl. in den noten s. 20 oben).

Unsere handschrift gehört nicht zu dem alten bestande der St. Galler bibliothek, sondern ist erst mit dem Tschudi'schen nachlasse (i. j. 1768) dorthin gekommen. Woher Tschudi sie bekommen hat, ist nicht bekannt. Nach Jostes, *Zschr. f. d. alt.* 40,184 stammt ein kalender, der in einem folgenden teile der handschrift steht, aus Ostfalen. Daraus ist aber nach der oben angeführten mitteilung Steinmeyers über die zusammensetzung der handschrift für die heimat des hier fraglichen teiles nichts sicheres zu schliessen. Weil zwischen die reihen des denkmals einzelne angelsächsische runen eingezeichnet worden sind und besonders auf grund der form rat z. 7 statt zu erwartendes as. red hat man (W. Grimm, *Ueber deutsche Runen* s. 113 f., MSD u. a.) den schluss gezogen, dass das Abecedarium von einer angelsächsischen hand aufgezeichnet worden ist. Auf dem ersten umstand ist indessen nichts sicheres zu bauen, da die eingezeichneten angelsächsischen runen vielleicht aus dem vorhergehenden alfabet genommen worden sind, was auch ein nicht-angelsachse hat tun können. Und die form rat braucht, wie schon

Kleinere altsächsische sprachdenkmäler. 9

Jostes a. a. o. s. 185 hervorgehoben hat, auf angelsächsischem einfluss nicht
zu beruhen, da ä für zu erwartendes ë auch in anderen altsächsischen denk-
mälern vorkommt (s. oben s. 120). Darauf dass das nordische runenalfabet
eine andere quelle als das vorhergehende angelsächsische habe, deutet vielleicht
der umstand, dass in einer andern, von Grimm a. a. s. 147 erwähnten
handschrift des Isidorus ein angelsächsisches runenalfabet aufgenommen
worden ist, das nordische aber nicht.

Auf der anderen seite weist unser denkmal spuren hochdeutschen ein-
flusses auf. Dazu gehören: tt in thritten z. 5, ch in chaon z. 8 und viel-
leicht -t in rat z. 7 und nant z. 9 (vgl. indessen Gallée, As. Gram. § 140).

Die gestalt der runen des Abecedariums ist die des kürzeren nordischen
runenalfabetes, wie dieses etwa 900 — etwa 1000 beschaffen war (vgl.
Wimmer, die Runenschrift s. 207; nur hat die m-rune eine ungewöhnliche
form: ᛘ statt ᛙ, was vielleicht, wie Wimmer s. 236 annimmt, lediglich
auf verwischung des oberen teiles des langschafts in der handschrift beruht).
Aus diesem grunde habe ich oben die niederschrift unseres Abecedariums
frühestens zum 10. jh. angesetzt; (nach MSD u. a. stammt die handschrift
aus dem 9., nach Scherrer, Verzeichnis der Handschriften der Stiftsbibliothek
von St. Gallen, aus dem 11. jh.).

Was die ordnung und verteilung der runen betrifft, ist zu bemerken,
dass die m-rune vor der l-rune steht; in späterer zeit ist die ordnung die
umgekehrte (s. Wimmer a. a. s. 235 ff.) Ferner enthalten im Abecedarium
die reihen beziehungsweise 5, 6 und 5 runen; in der nordischen dreiteilung
enthält die erste, sogenannte "ætt" 6 und die beiden andern je 5 runen.

Der einzige unterschied zwischen dem wortlaut meines abdruckes und
demjenigen in MSD ist, dass ich statt ift himo z. 6 if themo eingesetzt habe.
Dass die handschrift als drittletzter buchstabe des zweiten wortes ein e gehabt
hat, und zwar von derjenigen, über die anderen niedrigeren buchstaben etwas
erhöhten form, die z. b. im sächsischen Taufgelöbnis vorkommt (s. die s.
121 angeführten facsimiles), geht nicht nur aus dem facsimile Hattemers
(vgl. auch die lesungen Pipers), sondern auch aus dem ältesten von v. Arx
stammenden facsimile (s. Grimm, Ueber deutsche Runen Tab. II) hervor;
in letzteren werden dieser buchstabe und das e in thritten z. 5 auf dieselbe
weise wiedergegeben. Es sollte also in z. 6 zunächst ifthemo zu lesen sein.
Ein hemo als selbständiges wort wäre aber unerklärlich. Das vorhergehende
t muss also hierher gezogen werden: if themo; in v. Arx² ist auch das f mit
dem t nicht so eng verbunden, wie in den anderen facsimiles. Die form
nuritan z. 7 wird nach Lachmanns vorgang in MSD in ritau geändert, damit
die zeile alliteration bekomme. Da diese änderung sich kaum damit recht-
fertigen lässt, dass "im Hildebrandsliede 48 reccheo statt wrecchio auf riche
reimt" und übrigens auch zeile 11 ohne alliteration ist, halte ich dieselbe für
unsicher.

Zur erklärung der hier fraglichen verse s. Müllenhoff, Zschr. f. d. alt.
11,123, MSD II, 56 f. und Th. v. Grienberger, Arkiv för nordisk filologi
11,107 ff.

Frühere ausgaben: 1) W. Grimm, Ueber deutsche Runen, Tab. II
(facsimile nach einer zeichnung von I. von Arx; vgl. s. 137 ff.) — 2) W.
Grimm, Wiener Jahrbücher der Literatur 43,27 (vgl. s. 26, 28 ff. u. 42).
facsimile (in meinem abdruck oben s. 20 v. Arx² bezeichnet) nach einer zweiten
zeichnung von I. von Arx, welche dieser gemacht hatte, nachdem durch anwendung
eines reagens einiges deutlicher hervorgetreten war. — 3) H. F. Massmann,

Aufsess' Anzeiger für Kunde des deutschen Mittelalters 1832 s. 32. — 4) H. Hattemer, Denkmahle des Mittelalters I taf. I (facsimile). — 5) K. Müllenhoff u. W. Scherer, Denkmäler etc. n:o V. — 6) P. Piper, Zschr. f. d. phil. 13,445. — 7) J. H. Gallée, Altsächsische Sprachdenkmäler s. 263 ff. Vgl. ferner die in MSD³ II. 55 angeführte litteratur. — Facsimiles ausser an den schon erwähnten stellen bei L. F. A. Wimmer, Die Runenschrift, übersetzt von F. Holthausen s. 236 (hauptsächlich nach v. Arx², s. s. 235 note) und in Gallée's Facsimile-sammlung n:o XIIa, wo die ganze 321. seite der handschrift wiedergegeben wird (leider ist das Abecedarium durch alter und reagentien so verdorben, dass auf dem facsimile von den buchstaben fast gar nichts zu unterscheiden ist); ferner giebt Gallée a. a. o. n:o XIIb eine nachbildung des facsimiles von v. Arx².

VII.

Das Essener heberegister, etwa am anfang des zehnten jahrhunderts geschrieben, findet sich in dem cod. B 80 der K. landesbibliothek zu Düsseldorf.

Der sächsisch abgefasste teil des heberegisters, oben s. 21 z. 3—20 abgedruckt, ist auf die letzte seite (153ᵇ) der handschrift eingetragen. Näheres über die handschrift, die auch das stück einer homilie Bedas und die sächsischen glossen zu homilien Gregors des grossen enthält, ist unter n:o IV oben und XII unten zu erfahren. Das zweite lateinische stück des heberegisters (s. s. 21,21—22,15 oben) ist von einer anderen jüngeren hand auf den unteren, nach dem schluss der homilien Gregors ursprünglich leer gebliebenen teil der seite 152ᵇ geschrieben.

Die seite 153ᵇ ist früher mit einem anderen text beschrieben gewesen, der aber ausradiert worden ist, um dem heberegister platz zu machen. Das stück einer homilie Bedas, das auf der anderen seite des blattes steht, war also vermutlich schon da, als man das heberegister eintragen wollte; sonst hätte man sich wohl nicht die mühe gegeben, eine ganze seite auszuradieren.

Eine jüngere fassung des Essener heberegisters aus dem 14. jahrhundert ist von Dr. F. Arens in Essen aufgefunden worden. Das dem alten entsprechende stück lautet nach Gallée, As. Sprachd. (Collation) s. 372 f. folgendermassen:

Isti sunt redditus antiqui domine Abbatisse Assendensis quos ipsa singulis annis tollit ad mensam suam de curte Veyhoff conscripta de jussu venerabilis Domine Cunegundis quondam Abbatisse Assindensis Ecclesie Anno domini MCCCXXXII...

Conuentui Assendensi soluuntur omni anno de curte Veyhoff ea que sequuntur, videlicet LXXXVIII maldra siliginis dicti beckerrogge magne mensure Assendensis, de quibus pistatur octo septimanis. Item LXXXVIII maldra boni brasii ordeatici eiusdem mensure facientes LVI dies. Et nota quod qualibet die quando braxatur braxantur IX maldra brasii magne mensure, quorum quatuor maldra et tres modii capiuntur de granario conuentus assendensis. Preposita assendensis contribuit tria maldra que canonice assendenses addunt tres modios. Item ad pistandum oblationes IIII maldra tritici in specialibus festis expressis. Item XXVIII planstra lignorum ad pistrinum panis siliginis. Item eam in qualibet septimana tangente dabit ad coquinam conuentus in hieme XII porcos et in estate XXIII oues dictos Hemele quorum tribus diebus in qualibet septimana qualibet die mactantur, videlicet Sabbato IIII porci vel octo oues, feria secunda sequente tantum et in feria quarta sequenti tantum. Et sic similiter facient cetere curtes integre. Quedam tamen curtes magne et quedam curtes medie minus dant, sicut de eis cauetur in suis locis. Et talis ordo seruatur ita quod curtis Eykenschede est prima in ordine istius dationis. Secunda Veyhoff; in tertia septimana dant curtes tres, videlicet Bortbeke, Nyenhusen, Uckynctorpe. Ita quod iste tres medie curtes representant vnam septimanam et unam diem. In quarta septimana dat Ringelinctorpe. In quinta Hukerde, quamuis non tantum sicut integra curtis. In sexta septimana dat curtis Broychusen nec etiam tantum sicut integra curtis. Et tunc recipienda per curtem Eykenschede.

Die handschrift, in welcher das alte sächsische heberegister steht, gehörte früher dem stifte zu Essen. Da dieses einkünfte des dortigen stiftes verzeichnet, ist es natürlich auch dort geschrieben worden.

Die im register genannten höfe heissen, wie Lacomblet, Archiv f. die Geschichte des Niederrheins I, mitteilt, jetzt Viehhof, Eickenscheid, Ringeldorf, Huckarde, Brochausen, Horl, Nienhaus, Borbeck und Drehn, "letzterer im hochstifte Münster, wo in alter zeit, begünstigt von vielen und grossen heiden, die bienenzucht sehr im flor war, wie wir aus den dort überall unter den hofesgefällen vorkommenden honiglieferungen wahrnehmen. Die ökonomie dieses und der meisten stifte jenes zeitalters war in verschiedene zweige eingeteilt, welche man ämter nannte, und es liegt am tage, dass die in unserer hebrolle aufgeführten lieferungen, worunter weder weizen, roggen noch hafer erscheint, nicht die gesamten gefälle dieser grossen oberhöfe, sondern nur diejenigen gewesen sind, welche sie zu dem bis zur jüngern zeit fortbestandenen beamate liefern musten; daher das malz, die gerste und das hol: die hauptartikel ausmachen, und das wenige an brot und erbsen die reute der brauknechte war" (Lacomblet nach MSD).

Frühere ausgaben: A) der beiden teile des registers bei J. H. Gallée, Altsächsische Sprachdenkmäler s. 115 ff. (s. auch seine „Collation" s. 372 f.). — B) nur des ersten sächsischen stückes: 1) K. Müllenhoff und W. Scherer, Denkmäler etc. n:o LXIX. 2) M. Heyne, Kleinere altniederdeutsche Denkmäler, 1867 s. 62, 2. aufl. s. 64. Ueber ältere ausgaben dieses teiles s. MSD (zu deren angaben Fischer, Beschreibung typographischer Seltenheiten V, zu fügen ist). — C) nur des lateinischen stückes: W. Crecelius, Zeitschr. des bergischen Geschichtsvereins 11,200. — Facsimile der 13 ersten zeilen in Gallée's Facsimile-sammlung n:o IIIb.

VIII.

Das stück aus dem ältesten Werdener heberegister ist von einer hand des zehnten jahrhunderts geschrieben (MSD² II. 371); das heberegister findet sich in dem K. staatsarchiv zu Düsseldorf.

Dieses register besteht aus mehreren ursprünglich getrennten kleinen registern, die zu etwas verschiedenen zeiten und von mehreren händen geschrieben worden sind; später sind diese, auf rohe weise, in einen umschlag von steifem hirschleder zusammengeheftet worden, der nach hundertjährigem gebrauche eben noch die aufschrift: **Abbatiae Praepositura**, *erkennen lässt.*

Dasselbe hebt mit der in unserm urkundenbuche" (Urkundenbuche für die
Geschichte des Niederrheins, hgg. von Lacomblet) "I. 65 aufgenommenen
schenkung Folker's von 855 an. Auszüge aus urkunden über andere schen-
kungen, oder sogenannte traditionen, sind den registern hin und wieder bei-
gegeben. So wird auch an einer stelle berichtet, welche ortschaften erzbischof
Willibert von Cöln bei der weihe der abteilichen kirche im jahr 875 derselben
als zehntpflichtig oder kirchspielshörig zugeteilt hat. Vor dem namen des
erzbischofes steht: sancte memorie; Willibert ist 890 gestorben. Abt Heinrich
Duden von Werden, † 1573, welcher einige ortsnamen des registers zu er-
klären versucht hat, ward durch eine andere stelle: Ab anno d. incarn. DCCCXC.
In Bunhlaron tradidit Hildisuit u. s. w. veranlasst, am fusse des ersten blattes
zu schreiben: Conscriptus est hic proventuum liber de bonis et curtibus mona-
sterii Werdinensis in anno VIII^c. LXXXX. Das jahr 890 sollte indess viel-
leicht nur die zeit der dort aufgeführten schenkungen anzeigen. Dennoch
reicht unsere handschrift an den schluss des neunten oder doch in den anfang
des zehnten jahrhunderts zurück" (Lacomblet, Arch. f. die Gesch. des Nieder-
rheins II. 209 f.; vgl. Crecelius, Collectae ad aug. nom. propr. sax. et fris. scient.
spectantes I. 2). Die blätter 27—31 hängen zusammen und scheinen zu
derselben zeit, und zwar von mehreren händen, geschrieben worden zu sein
(Crecelius, a. a. IIa s. 4). S. 31^b steht das hier unter n:o VIII abgedruckte
altsächsische stück.

Die in diesem stück verzeichneten besitzungen des klosters Werden lagen
in Friesland. Liudger, der gründer und erste vorsteher von Werden, stammte
wie bekannt aus einem friesischen geschlecht und zwar aus dem in unserm stück
erwähnten orte Sucsnon (s. z. 12). Ueber die ortsnamen des stückes s.
Crecelius a. a. I s. 25 f. (Statt aitarnon z. 14 vermutet Herr Geh. Archivrat
Dr. Harless nach brieflicher mitteilung, dass artyrion "brothaus, backhaus"
zu lesen sei: "vielleicht erinnert hieran Bakhuizen in Westfriesland").

Ueber die anderen lateinisch abgefassten teile des heberegisters und über
spätere Werdener heberegister s. Lacomblet, a. a. s. 209 ff. und Crecelius
a. a. I s. 2 ff., u. II; vgl. Germania 13,106 ff.

Frühere ausgaben des stückes VIII: 1) W. Crecelius, Collectae
ad augendam nominum propriorum saxonicorum et frisiorum scientiam
spectantes I s. 25; ergänzung Zeitschr. f. deutsches altertum 20,128. —
2) K. Müllenhoff u. W. Scherer, Denkmäler etc. 2. aufl. s. 511.
3. aufl. II. 371. Eine neue ausgabe des ganzen heberegisters wird von Herrn
Dr. R. Kötzschke in Leipzig vorbereitet.

IX.

Das Freckenhorster heberegister ist in einer am ende des elften
und am anfang des zwölften jahrhunderts geschriebenen handschrift erhalten.
Diese handschrift wird unter der bezeichnung Msc. VII,1316 im K. staats-
archive zu Münster aufbewahrt; das damenstift Freckenhorst lag bei Wahren-
dorf unweit Münster.

Noch am anfang dieses jahrhunderts existirte ein fragment einer an-
deren handschrift des registers, die jetzt verschollen und nur durch einen
(unvollständigen) druck bekannt ist. Diese handschrift wird K (= Kind-

linger'sche handschrift, nach dem ehemaligen besitzer N. Kindlinger, Archivar
zu Fulda) bezeichnet und die Münsterische handschrift M.

Die handschrift M (die jetzt in einen umschlag zusammen mit drei
anderen heberegistern eingebunden ist) hat 11 blätter und besteht eigentlich
aus vier teilen: I, s. 1ᵃ, ein kleines, lateinisch abgefasstes stück oben auf
der sonst leer gelassenen seite (s. 24,₃₋₆ in meinem abdruck). II, s. 1ᵇ—8ᵇ z.
13, das ursprüngliche heberegister, das mit dem worte Explicit endet (s. 24,₇
bis 40,₂₈ oben). III, s. 8ᵇ z. 14 —16ᵃ, verschiedene zusätze über einkünfte
und auch ausgaben (s. 40,₂₉—43,₃₁ oben). IV, S. 11ᵃ (10ᵇ ist leer) und 11ᵇ,
weitere lateinisch abgefasste zusätze (s. 43,₃₅—45,₁ oben).

Nach Friedlaender, Cod. trad. Westfal. I s. 21 u. 25 note 1 sollten
diese vier teile von verschiedenen händen herrühren; auch Gallée, Asächs.
Sprachl. s. 169 u. 172 note 3, scheint vier (oder wenigstens drei) hände
anzunehmen. Ich konnte höchstens zwei hände unterscheiden, von denen die
eine die teile II und III und die andere I und IV geschrieben haben. Auch
nach Herrn Archivar Ilgen sind in unserer handschrift nur zwei hände
tätig gewesen (s. die mitteilung bei Jostes, Germania 34,298 note 2 und
bei Bahlmann, Münsterische Lieder und Sprichwörter in plattdeutscher
Sprache, Münster 1896 s. XXXII anm. 32).

Was das alter der handschrift betrifft, ist es, wie schon Friedlaender,
Gallée u. a. gesehen haben, ganz offenbar, dass die (lateinisch abgefassten)
stücke I und IV aus dem anfang des zwölften jahrhunderts stammen. Dazu
stimmt, dass auf dem letzten blatte der handschrift ein imperator noster
Heinrikus (s. 43,₃₅ oben) erwähnt wird: in den jahren 1105—1125 war
bekanntlich ein Heinrich (der fünfte) kaiser. Nach Ilgen (s. bei Jostes,
Germania 34,298 note 2) sollte die ganze handschrift aus dem zwölften
jahrhunderte herrühren. Friedlaender (a. a. s. 22), dem Gallée (a. a. s. 169)
folgt, versetzt aber die (sächsisch abgefassten) stücke II und III ins elfte
jahrhundert.

Friedlaender führt als stützen für diese datierung folgendes an. In
einer i. j. 1090 in Freckenhorst erlassenen urkunde bestimmt bischof Erpho
von Münster unter andern ordnungen für die täglichen präbenden im stifte,
dass „quinque solidos de Gafgare, duo de Velon" zum ankauf von fisch dienen
sollen. Unser heberegister nennt nun genau dieselben summen als die ein-
künfte des stiftes von diesen höfen, ohne dass indessen im contexte etwas
über die verwendung derselben gesagt wird. Ueber der zeile wird dies
aber durch „ad pifces" angegeben. Dieses ad pifces ist nun nach Friedlaender
ein zusatz der lateinisch schreibenden hand des zwölften jahrhunderts; als
der betreffende altsächsische passus geschrieben wurde, sei die bestimmung
über die verwendung der abgaben de Gafgare und de Velon also noch nicht
erlassen worden; folglich seien die von der sächsischen hand der handschrift
herrührenden teile II und III vor 1090 geschrieben worden. Auch J. Grimm
findet (s. Kl. Schriften V,11) diesen schluss "sehr zulässig."

Nun behauptet aber Jostes, Germania 34,297, dass diese urkunde von
1090 eine fälschung sei. Jostes scheint dieses hauptsächlich daraus zu
schliessen, dass in der urkunde dies Martini als besonderer festtag erwähnt
wird. Dieser tag ist in der tat der todestag des bischofs Erpho und der
Martinus-tag ist nach Jostes aus diesem grunde in Freckenhorst gefeiert
worden; mithin sei die urkunde erst nach dem im jahre 1097 stattgefundenen
tode Erpho's geschrieben worden. Nun wäre es aber eine möglichkeit, woran
Jostes nicht denkt, dass nämlich die feier des Martinus-tages in Freckenhorst
ursprünglich wegen des heiligen Martinus selbst eingeführt worden sei. Jostes

führt aber auch an, dass äussere verdachtsgründe gegen diese urkunde vorliegen. Wenn gleich "anordnung, schrift, pergament und siegel" nicht zu den übrigen Erpho'schen urkunden stimmen, sondern "eher nach Freckenhorst" weisen, spricht dies aber vielleicht nicht entschieden für die unechtheit der urkunde, da dieselbe ja gerade aus Freckenhorst datiert ist. Jostes überlässt auch, s. 298 note 1, den diplomatikern von fach, "den schulgerechten nachweis für die unechtheit beizubringen." Dieser bleibt also abzuwarten.

Wenn indessen, wie Jostes meint, die feier des Martinus-tages in Freckenhorst aus anlass des an diesem tage eingetroffenen todes des bischofs Erpho eingeführt worden ist, könnte gerade daraus zu schliessen sein, dass die altsächsischen teile unserer handschrift aus dem elften jahrhunderte stammen. In der handschrift kommt nämlich, wie Jostes selbst erwähnt, der Martinus-tag unter den dort (s. 9^a u. 9^b, s. oben s. 41.21—43.3) angeführten festtagen nicht vor. Daraus scheint es, als ob diese teile vor dem tode des bischofs (i. j. 1097) geschrieben worden wären.

Wegen des schrift-charakters der stücke II und III, der demjenigen der I. und IV. stücke sehr ähnlich ist, können indessen jene unter allen umständen nur sehr wenig früher als diese geschrieben worden sein. Dass die sprache z. t. auf höheres alter deutet, beruht gewiss auf einfluss der vorlage.

Von der zweiten jetzt verschollenen hds. K unseres registers wissen wir nur durch einige auszüge (oben unter dem texte des M abgedruckt) nebst bemerkungen und facsimile der acht ersten zeilen (s. d. zeilen 18—21 s. 24 oben, die nach diesem facsimile abgedruckt sind), die sich bei Fischer, Beschreibung typographischer Seltenheiten Lief. V s. 156 ff. (Nürnberg 1804) finden. Diese handschrift war zu Fischers zeit nur ein fragment, das den zeilen 1^b—5^a z. 18 (oben 24.1—33.19) von M entsprach; s. oben s. 33 note 15. Fischer erwähnt, dass sich dieses "zinsbuch" in Herrn Kindlingers sammlung befinde. Die Kindlinger'sche handschriftensammlung wird jetzt zum grössten teile im K. staatsarchiv zu Münster verwahrt; diese handschrift ist aber dort nicht zu entdecken. Nur findet sich, wie Friedlaender a. a. s. 17 erwähnt, im 190. bande des archivs, wo die Freckenhorster ämter aufgezählt werden, eine notiz von Kindlingers hand: "sieh das alte deutsche manuscript aus dem 9. jahrhundert".

Diese angabe Kindlingers über das alter der handschrift K ist kaum richtig. Friedlaender versetzt sie auf grund des Fischer'schen facsimiles ins 10. jahrhundert; wahrscheinlich ist auch dies etwas zu früh. Aelter als die handschrift M ist sie jedenfalls gewesen (vgl. ferner Friedlaender a. a. s. 18 f.)

Was die handschrift K betrifft, hat nun Herr Archivar Ilgen (bei Bahlmann u. a. a.) die vermutung mitgeteilt, dass eine solche nie existiert habe, indem das bei Fischer in rede stehende manuskript mit der hds. M identisch sein dürfte. Aus mehreren gründen kann aber diese vermutung nicht richtig sein. Erstens spricht dagegen das bei Fischer stehende facsimile, das eine grössere schrift und eine ganz andere zeilenabteilung hat (vgl. oben s. 24 und Galleé's Facsimile-sammlung n:o VI^a und VI^b, wo der anfang des registers sowohl nach M wie nach Fischers facsimile zu finden ist). Ilgen's annahme: "Fischer's Facsimile ist offenbar eine Nachzeichnung, keine Durchzeichnung. Die Schrift ist daher etwas grösser, aber der Charakter ist derselbe. Die Zeilenabteilung ist verändert", ist doch zu unwahrscheinlich. Was hätte Fischer namentlich zu der veränderung der zeilenabteilung (die bei Fischer zuweilen sogar mitten in wörtern steht, die in M in derselben zeile stehen) bewegen können? Fischer versichert zumal s. 167, dass sein facsimile "mit der grössten Genauigkeit nachgeahmt" sei. Zweitens spricht gegen die vermutung Ilgen's die angabe Fischer's, dass seine handschrift mit bithemo hu (vgl. s. 33 z. 37 und unte 15 oben), und zwar mitten in einem worte, schliesse. Und ferner ist die orthographie und der wortlaut des Fischer-schen textes z. t. von M so verschieden, dass dieser nicht aus M stammen kann. Von diesen verschiedenheiten hebe ich zuerst hervor, dass Fischer **leliko** (s. oben 26.29) statt M's **Gheliko** (oben 26.3) hat. Dieses fehlerhafte **leliko** ist nur aus **leliko** (wie dieser name auch sonst geschrieben wird) einer vorlage zu erklären, nicht aber aus der schreibung von M. Ferner hat Fischer **engi malan malt gerston** (oben 26.29), das ja nicht aus **en malt gerstin gimalan** des M (oben 26.5—6) stammen kann. In K stand **eude thero abdison** (24.24) als "anmerkung" (vgl. s. 24 note 11); in M steht es im texte. Weitere verschiedenheiten anzuführen, wäre wohl eigentlich überflüssig. Ich erwähne indessen noch: K hat **eiiero** 32.27, **mei ieraf** 33.21, M an den entsprechenden stellen **eiro** 32.29, **meiraf** 33.3. K **tue** 24.24,25, **tein** 25.30,30, **tuentich** 25.33, 26.27 etc.; M **thue** 24.10,11, **theiu** 25.13,13, **tuenthig** 25.1,3, 26.9 etc. K **ia huethar** 32.36, **ia huether** 33.31—32; M **iauuethar** 32.27, 33.12. K **fehs** 24.26,27, 31.32 etc., **fehs tein** 33.23; M **fef** 24.15,17, 31.9 etc., **feftein** 33.3. K **ahto** 25.24,26; M **ahte** 25.5,9. K **penningo** 25.26—27; M **pinniggo** 25.9. K **gimalena** 33.26,29; M **gimalana** 33.7,9. K **honigas** 27.37; M **hanigaf** 27.2. K **thorpa** 25.31,31, 26.22,24, 31.33 etc.; M **tharpa** 25.18,19, 26.3,4, 31.16 etc. K **gerston** 33.29; M **gerftan** 33.10. K **Radbraht** 27.36. **Radnuard** 30.37; M **Ratbraht** 27.4, **Ratnuard** 30.22. K **uier** 24.1, **Kiefas** 33.22, **eua kó** 33.22; M **quattor** 24.11, **kafeof** 33.2, **enan naceam** 33.6—7. Zu **In natiuitate domini . et in refurrectione domini to then copon** M 24.16—17 hat K nichts entsprechendes, etc.

Wie aus den angeführten beispielen zu sehen ist, haben die abweichenden formen in K gewöhnlich ein älteres gepräge als die entsprechenden formen in M.

Was die entstehungszeit der verschiedenen teile unseres denkmals betrifft, ist der teil II offenbar zuerst abgefasst worden. Dass dieser teil eine besondere abteilung und zwar ursprünglich ein für sich abgeschlossenes heberegister ausmacht, geht nicht nur aus dem Explicit s. 8ᵇ (oben 10.25) sondern auch aus dem inhalt desselben hervor. Der inhalt dieses teiles ist nämlich etwas einheitliches und zusammenhängendes; was in den übrigen teilen steht, sind nur allerlei zugeordnete notizen, die offenbar ursprünglich nach und nach hinzugefügt worden sind. Ein stück des III. teiles (oben s. 41.31 bis 42.3) fällt sogar (vgl. Jostes, Germania 31,298) aus dem charakter eines heberegisters ganz heraus, indem hier nicht einkünfte, sondern ausgaben der abtei (zum besten der stiftsmitglieder) verzeichnet werden.

Der teil II besteht aus fünf unterabteilungen, die in meinem abdruk durch grösseren zwischenraum hervorgehoben worden sind. Die abgabepflichtigen orte waren fünf haupt- oder amtshöfen unterstellt, nämlich den höfen zu Uehufa (vgl. oben s. 24.7 ff.), Auiugerolo (s. s. 29.7 ff.), Baleharuon (s. s. 32.22 ff.), Iecmari (s. s. 37.13 ff.) und Uaretharpa (s. s. 39.2 ff.), und die abgaben von diesen haupthöfen mit den denselben unterstellten orten werden nun in je einer dieser unterabteilungen verzeichnet (vgl. Friedlaender, a. a. und die daselbst hinzugefügte karte, auf der man eine übersicht über die topographische zusammengehörigkeit der einzelnen erben zu dem betreffenden amtshofe gewinnt). Eine jede dieser unterabteilungen zerfällt in zwei abschnitte. In dem ersten abschnitte werden diejenigen abgaben aufgezählt, welche von dem haupthofe selbst und dessen unterstellten dem stifte zukamen, und in dem zweiten werden diejenigen gefälle verzeichnet, welche dem meier des haupthofes zukamen.

Die für jeden haupthof gemachten summierungen (s. s. 28.22—24, 31.12,13,

35,25—3», 38.26,27, 40.29,30) gehörten offenbar, schon weil sie gewöhnlich am rande stehen, ursprünglich nicht zum register mit. In K scheinen sie nicht vorgekommen zu sein; wenigstens enthält der bei Fischer mitgeteilte zweite auszug (oben s. 30.25—41 u. 31.25—33) nicht wie das entsprechende stück von M eine solche summierung. Aber in der vorlage der handschrift M waren sie gewiss schon da, und zwar am rande derselben hinzugefügt. Dies ist deswegen wahrscheinlich, weil s. 7ᵃ (oben 37.33,34) eine summierung in den context, aber an unrichtiger stelle, hineingekommen ist. Ebenfalls sind die am rande in M stehenden summierungen zuweilen an unpassende stellen geschrieben worden (vgl. in meinen noten oben). Da die letzte summierung (s. 40.29,30 oben) die nach dem **Explicit** des ursprünglichen registers steht, in den context hat eingetragen werden können, ist es sehr wahrscheinlich, dass die summierungen zu einer zeit gemacht worden sind, wo unser register wirklich mit diesem **Explicit** endete. In diesem falle versteht man, warum der schreiber hier nicht genötigt war, den rand der seite für die summierung in anspruch zu nehmen: nach dem schluss des registers war ein leer gebliebener raum und hier konnte er die notiz eintragen. Dass die summierungen älter als M sind, geht auch daraus hervor, dass sie zu den betreffenden angaben dieser handschrift nicht stimmen. Offenbar sind an einigen stellen, nachdem die summierungen gemacht worden sind, neue abgabepflichtige höfe in das register eingetragen worden.

Ueber das Freckenhorster heberegister ist ferner besonders zu vergleichen: J. Grimm Kl. Schriften V. 1 ff., Jellinek P. B. Beitr. 15, 301 ff. und Jostes, Germania 34.297 ff.; über die ortsnamen des registers s. die fussnoten bei Friedlaender a. a.

Frühere ausgaben des Freckenhorster heberegisters: A) Die handschrift K: 1) Fischer, Beschreibung typographischer Seltenheiten, Lieferung V. 156 ff., Nürnberg 1804. 2) J. H. Gallée, Altsächsische Sprachdenkmäler 172—175, 178—181 (nach Fischers abdruck und mit stillschweigender verbesserung einzelner fehler); vgl. auch Gallée's Collation s. 375 f. Varianten aus K bei M. Heyne, Kl. altniederd. Denkm. n:o VI. — Facsimile der acht ersten zeilen bei Fischer a. a., in Gallée's Facsimilesammlung Vb reproduciert. — B) Die handschrift M: 1) Dorow, Denkmäler alter Sprache und Kunst I, erstes heft s. 1 ff. (vgl. die recension von J. Grimm, Gött. gel. Anz. 1824 st. 3. 4. s. 25 ff. = Kl. Schriften IV. 205 ff.), umgedruckt in derselben arbeit I zweites heft s. 3 ff. mit philologischem kommentar von Massmann und historisch-geographischen bemerkungen von L. v. Ledebur (vgl. J. Grimm in derselben arbeit s. XIV ff. und in Gött. gel. Anz. 1824 st. 181 s. 1837 ff. = Kl. Schr. VI. 352, IV. 270 ff.). 2) Niesert, Beiträge zu einem Münsterischen Urkundenbuche I. 579 ff. 3) Heyne, Kleinere altniederd. Denkmäler 1867 s. 65 ff., 2. aufl. s. 67 ff. 4) E. Friedlaender, Codex traditionum Westfalicarum I s. 13 ff. 5) Gallée, Altsächsische Sprachdenkmäler s. 169 ff.; vgl. seine Collation s. 375 ff. Nach Koegel Lit.-gesch. I:2 s. 573 ist ein kleines stück auch bei Philippi, Osnabrücker Urkundenbuch I. 128 ff. abgedruckt worden. — Facsimile eines stückes bei Dorow, zuletzt a. a., und der 16 ersten zeilen der seite 1ᵇ in Gallée's Facsimile-sammlung n:o Va.

X.

Die Eltener glossen, wohl aus dem zehnten jahrhunderte stammend, finden sich in dem Cod. L im privatbesitz des freiherrn Lochner von Hüttenbach zu Lindau; früher gehörte der codex dem kloster zu Elten (bei Emmerich).

Den hauptinhalt der handschrift bildet ein evangeliar. Bloss im anfang derselben kommen altsächsische glossen vor und zwar auf den seiten 16ᵃ bis 34ᵇ. Die ersten glossen gehören einer **Epiſtula Hieronimi** beato papę Damaſo an, die eine præfatio zu den evangeliſten giebt, die anderen den sechs ersten kapiteln des *Matthæus*. Die Epiſtula Hieronimi beginnt s. 15ᵇ und geht bis s. 18ᵃ; das Evangelium ſecundum **Mattheum** faſst die seiten 26ᵃ bis 88ᵇ (vgl. Gallée, Asächs. Sprachd. s. 87 ff., wo näheres über den inhalt der handschrift zu ersehen ist).

Dass die handschrift früher dem kloster zu Elten gehört hat, geht daraus hervor, dass s. 1ᵇ ein verzeichnis der im **armarium** zu Elten befindlichen güter steht, das folgendermassen anfängt (s. Gallée a. a. o.):

In nomine Domini: Anno incarnationiſ dominicę milleſimo centeſimo LXXI pridie nonaſ auguſti ego Guda, cuſtoſ eccleſie ſancti Uiti in Alten, adhibita conſideratione ac neſtimenta quibuſ in miniſterio altariſ utendum eſt altariſ miniſtriſ, quorum cuſtodia mihi commiſſa erat, inueni in armario caſulaſ XXXᵗᵃ etc.

Das Eltener kloster wurde (nach Gallée a. a. s. 20) im jahre 967 gestiftet. Ob die handschrift und die glossen auch dort geschrieben worden sind, ist ungewiss und kaum wahrscheinlich (vgl. a. a. o.).

Wie der codex von Elten nach Lindau (am Bodensee) gelangt ist, hat nicht ermittelt werden können; "wahrscheinlich hat das stift zu Lindau die handschrift geschenkt bekommen; jedenfalls hat sie Elten verlassen vor 1585, da in diesem jahre das kloster Elten durch feuer zerstört wurde und alle urkunden und bücher verloren gingen" (Gallée a. a. s. 88).

Die glossen scheinen nach Gallée a. a. o. von einer hand geschrieben worden zu sein. Die glossen zur **Epiſtula Hieronimi** *finden sich fast alle in althochdeutscher form in einer Mainzer handschrift (s. A. Gl. I. 708 unter CCCLXVIII, wo diese handschrift* a *bezeichnet wird) und viele in einem andern ebenfalls Mainzer codex (a. a. o. in A. Gl.* b *bezeichnet). Die glossen zu Matthæus kehren fast alle unter den hier oben s. 48 ff. abgedruckten Essener evangeliarglossen, oft in ganz derselben form, wieder. Die Eltener und die Essener glossen scheinen deshalb ursprünglich auf eine gemeinsame quelle zurückzugehen; vgl. bei Gallée a. a. s. 29 ff. und 90 ff., wo auch lateinische glossen der beiden handschriften abgedruckt worden sind.*

Frühere editionen der glossen: 1) *E. Steinmeyer u. E. Sievers, Die althochdeutschen Glossen I. 708 ff.* 2) *J. H. Gallée (auf grund einer abschrift Holder's), Altsächsische Sprachdenkmäler s. 87 ff. Meine ausgabe ist nur ein abdruck der vorigen, welche mit ausnahme von* **arlazenaru** *A. Gl. I. 709,₁₂ gegen Gallée s. 95* **arlazenaru** *vollständig übereinstimmen. (Ein gesuch an den besitzer der handschrift, mir dieselbe zur benutzung auf der universitätsbibliothek zu Leipzig auf kurze zeit zu überlassen, war erfolglos, indem dieser nicht erfüllbare bedingungen stellte). — Facsimile der seite 31ᵃ in Gallée's Facsimile-sammlung n:o II f.*

XI.

Die Essener evangeliarglossen finden sich in einer der münsterkirche zu Essen gehörigen handschrift, die in der schatzkammer dieser kirche aufbewahrt wird. Auf dem rücken steht, von neuerer hand: **Quatuor evangelia MC ex saeculo undecimo**.

Der codex, dessen lateinischer text schon der schrift nach aus dem neunten jahrhunderte stammt und wahrscheinlich älter als die gründung des stiftes zu Essen ist (s. Gallée, Asächs. Sprachd. s. 17, 19 ff. und Jostes, Zeitschr. f. d. alt. 40, 141 ff.), enthält 172 blätter in folio. Nach der einbindung desselben ist ausserdem vor die zwei letzten blätter ein fragment einer jüngeren handschrift, das aus 16 blättern besteht, eingeheftet worden. Die haupthandschrift hat folgenden inhalt: S. 3ª—12ᵇ ein Capitulare evangeliorum de circulo anni, s. 13ᵇ ein kreuz mit der umschrift: **crvx almifica in christo credentes beatifica**, s. 14ª—16ª (mitte) epistola beati Hieronimi ad Damasum papam, dann s. 16ª prologus quattuor euangeliorum, s. 18ª—24ᵇ canones Eusebii, s. 25ᵇ—170ª die vier evangelien mit prologen und "breves" (inhaltsübersichten). Die übrigen zeilen sind entweder leer oder mit tagestexten, capitelvergleichungen oder federübungen (z. b. s. 1ᵇ: "**feribere qui nefcit nullum putat effe laborem**") beschrieben.

Auf den zeiten 31ª—169ᵇ finden sich nun die deutschen glossen. Diese gehören teils zu dem evangeliumstexte selbst, teils zu lateinischen glossen zu diesem texte, deren es in der handschrift sehr viele und oft sehr umfängliche giebt. In den letzteren stehen die deutschen glossen oft im contexte gleich hinter den zu erklärenden worten, also dann vom schreiber der lateinischen glosse mit hinzugefügt. Bisweilen sind diese deutschen erklärungen zu ganzen sätzen erweitert. Den ursprung der meisten lateinischen glossen hat Gallée in den Asächs. Sprachdenkmälern s. 26 u. 29 ff. (unten) aufzuweisen versucht. Bei verschiedenen der von ihm angeführten quellen ist aber — was aus seiner darstellung nicht hervorgeht — nur der sinn derselbe, der wortlaut aber ein anderer; in diesen fällen können die von G. mitgeteilten vorbilder also nicht die nächsten quellen gewesen sein.

Die deutschen glossen, unter denen sich ausser den sächsischen auch eine kleinere anzahl hochdeutsche findet, rühren nicht alle von derselben hand her. Wie viele hände hier tätig gewesen, wäre überaus schwierig herauszufinden. Mit Steinmeyer, Anz. f. d. alt. 22, 278, bin ich der ansicht, dass der wert eines versuches, dies festzustellen, der darauf zu verwendenden mühe kaum entsprechen würde; in dieser frage zu ganz sicheren resultaten zu kommen, dürfte in der tat so gut wie unmöglich sein. Gallée, a. a. s. 23 ff., unterscheidet nicht weniger als acht hände (oder sogar zehn, vgl. a. a. s. 13,12 u. 51,19); dies ist gewiss viel zu viel. Oft ist gar nicht zu sehen, weshalb Gallée eine glosse zu dieser oder jener hand gestellt hat, so z. b. s. 65ᵇ—67ª, wo er vier verschiedene hände unterscheidet, wo aber ausser ne antfakodi sicher alle glossen von derselben hand herrühren; einige sind nur mit etwas blässerer tinte geschrieben und einige sind hochdeutsche glossen, die hand ist jedoch ganz dieselbe.

Was die hochdeutschen glossen betrifft, so rühren sie auch sonst in der handschrift nicht etwa von besonderer hand her, sondern derselbe schreiber hat sowohl nieder- wie hochdeutsche formen geschrieben. Dieses erklärt sich leicht aus dem umstande, dass die glossen im allgemeinen aus einer vorlage copiert worden sind, also von dem schreiber selbst nicht herrühren. Dies ist daraus ersichtlich, dass die glossen oft im contexte stehen. Dass eine solche vorlage existiert hat, geht auch daraus hervor, dass (vgl. oben s. 138) dieselben glossen oft in derselben form unter den Eltener evangeliarglossen vorkommen (und zwar stehen glossen, die man im Essener evangeliar im contexte findet, zuweilen in der Eltener handschrift über der zeile), ohne dass jedoch die übereinstimmung der beiden glossensammlungen so gross ist, dass die eine aus der andern abgeschrieben sein könnte. Auch mit anderen glossenhandschriften zeigen die Essener glossen übereinstimmungen auf; vgl., worauf schon Gallée u. a. s. 22 ff. 29 ff. aufmerksam gemacht hat, die in A. Gl. I. 708 ff. unter CCCLXVIII abgedruckten, a, c, d und f bezeichneten glossen. Mit dem ende des Mattheus hören indessen die übereinstimmungen mit diesen handschriften ganz auf.

Die meisten glossen zeigen ganz denselben schrift-charakter und gehören meines erachtens gewiss derselben zeit, und zwar wahrscheinlich dem zehnten jahrhundert; einige sind vielleicht etwas jünger.

Wo die glossen in die handschrift eingetragen worden sind, ist, da sie wenigstens zum grossen teil nur abschriften darstellen, hier von weniger interesse. Jostes meint, Zeitschr. f. d. alt. 40, 141 ff. wo er auch die frage nach dem entstehungsort der evangeliarhandschrift selbst untersucht, dass die eintragung der glossen in Hildesheim stattgefunden habe. Koegel ist, Lit.-gesch. I:2 s. 570 u. s. 552 note, der ansicht, dass sie aus dem westen stammen, und dass wenigstens ein teil derselben sicher Essener ursprungs sei.

Frühere ausgaben: 1) Teilweise (die glossen der seiten 31^b—88^a) von W. Crecelius, Jahrbuch des Vereins für niederdeutsche Sprachforschung 1878 s. 14 ff. 2) (Die deutschen glossen der ganzen handschrift und auch lateinischen glossen) von J. H. Gallée, Altsächsische Sprachdenkmäler s. 17 ff.; vgl. seine Collation s. 367 ff. Wie ich durch herrn Prof. Sievers erfahre, werden die glossen auch im 4. teile der Althochdeutschen Glossen von Steinmeyer und Sievers herausgegeben werden. — Facsimile der seiten 26^a, 29^b, 30^a, 35^a und 133^b in Gallée's Facsimile-sammlung n:o IIa, b, c, d und e.

XII.

Die glossen zu homilien Gregors des grossen, die wenigstens grossenteils aus dem elften jahrhunderte stammen dürfen, finden sich in der handschrift B 80 der K. landesbibliothek zu Düsseldorf.

Diese etwa am anfang des zehnten jahrhunderts geschriebene handschrift, welche dieselbe ist, an deren ende das altsächsische stück einer homilie Bedas (n:o IV oben) und das Essener heberegister (n:o VII oben) eingetragen worden sind, hat 153 blätter. Die blätter 1—152^b (mitte) enthalten homilien Gregors des grossen in lateinischer fassung. Nach Gallée, Altsächs. Sprachdenkmäler s. 107, sollte die ganze handschrift mit samt jenen zwei sächsischen stücken von einer hand herrühren. Steinmeyer, Anz. f. d. alt. 22, 274, hebt dagegen hervor, dass die blätter 1—63^b von einer hand geschrieben sind, im übrigen teile der handschrift aber "lassen sich verschiedene hände scheiden; nur diejenige darunter, welche den letzten abschnitt der homilien schrieb, kann dieselbe sein, welche die deutschen stücke bl. 153^{ab} eintrug." Ich kam bei meiner untersuchung des codex zu demselben resultate wie

Steinmeyer (nur bin ich darüber nicht ganz gewiss, ob die beiden deutschen
stücke von derselben hand herrühren; vielleicht ist das heberegister von einer
besonderen hand geschrieben, vgl. oben s. 127). Die handschrift enthält nicht
eine vollständige sammlung der Gregor'schen homilien; sie fängt erst mitten
in der 22. homilie (s. Gregorii opera, Paris 1705 tom. I. 1532) mit den
worten quo eum laborare usque ad mortem an. Zwischen hom. 25 und 26
findet sich bl. 23ᵃ—24ᵇ eine kurze predigt Augustins eingeschaltet (anfang:
Cum ergo esset sero die illa una sabbatorum etc.) und hom. 38 ist doppelt vor-
handen (vgl. Steinmeyer a. a. o.). Nach den blättern 63 u. 69 finden sich
lücken. Dann geht die handschrift bis zum ende der homiliensammlung
Gregors (s. Gregorii opera s. 1661) fort.

Gallée giebt Asächs. Sprachd. s. 107 an, dass in der handschrift spuren
eines früheren textes da zu sein scheinen. Dies ist ein irrtum. Diese spuren
rühren in der tat nur von der schrift der nebenseite her; die von dem schreiber
benutzte tinte war eine schlechte, die nicht ordentlich getrocknet ist, sondern
abgefärbt hat (zuweilen hat sich Gallée sogar dazu verleiten lassen, dergleichen
abdrucke von wörtern der nebenseite als "glossen" zu lesen, s. unten).

Die sächsischen glossen sind in der handschrift sehr ungleichmässig
verteilt. Die meisten gehören, worauf bisher nicht aufmerksam gemacht
worden ist, zu einer einzigen homilie und zwar der 38:sten, die über die ein-
ladungen eines königs zur hochzeit seines sohnes (Math. 22. 1—13) handelt:
diese glossen stehen in der handschrift s. 122ᵇ—129ᵇ (in meinem abdruck
s. 63,1 f.—65,2o). Sonst finden sich nur mit langen zwischenräumen glossen,
und zwar auf den seiten 26ᵃ—105ᵇ (in meinem abdruck s. 62—63,3 f.).

Gallée a. a. will, wie ich schon in den noten oben bemerkt habe, eine
ziemliche anzahl "glossen" gelesen haben, die ich nicht wiederfinden konnte.
Die sache schien mir zuerst ganz unerklärlich, bis ich die oben erwähnten
spuren der abdrücke von der schrift der nebenseiten wahrnahm. Dergleichen
abdrücke, die hie und da über die zeilen zu stehen gekommen sind, müssen es
gewesen sein, die Gallée — z. t. mit hülfe von ahd. glossen, die sich zu den
fraglichen stellen finden? — zuweilen als glossen gelesen hat. Er bemerkt
daher mit grund, dass diese "glossen" "sehr verblichen und unsicher", "bei-
nahe ausgewischt, sehr verdorben", "undeutlich" etc. seien. An vielen stellen,
wo nach G. glossen stehen sollten, ist jetzt nicht einmal von abdrücken eine
spur vorhanden. Ich vermute, dass diese bei dem kürzlich vor meiner be-
nutzung der handschrift vorgenommenen einbinden derselben gewissermassen
weggestäubt worden sind. An dergleichen jetzt ganz leeren und reinen stellen
kann man indessen durch untersuchung der nebenseite zuweilen erraten, wie
G. zu seinen lesungen gekommen sein mag. So hat er z. b. die "beinahe
ausgewischte, sehr verdorbene" glosse an them far .... uf, die er für s. 8
angiebt, wahrscheinlich von einem jetzt verschwundenen abdruck des passus
hi cū quibuf ue- der entsprechenden stelle der nebenseite bekommen; er wird
die im abdrucke nach rückwärts gekehrten ue als an, uf als (t)he, -uib- als
far und hi als uf gelesen haben. In einem später gemachten neudruck der
seiten 109—114 seiner Asächs. Sprachdenkmäler (den ich anfang dieses jahres
bekam, als die s. 62—65 oben schon gedruckt waren) hat Gallée auch selbst
die mehrzahl dieser "glossen" gestrichen (er sagt in dem neudruck von der-
gleichen formen "die worte sind mehr geraten", "die glosse kann ich nicht
mehr sehen", "ganz verblichen" etc.). Er führt aber daselbst immer noch eine
anzahl falscher glossen auf.

Die glossen rühren von drei (oder vielleicht vier) händen her. Die
zuerst (s. 26ᵃ) auftretende hand schreibt (vgl. s. 62 note 2 oben) gross und

nachlässig mit blasser tinte von der farbe einer bleifederschrift; die glossen
dieser hand sind überhaupt schwer zu entziffern. S. 57ᵇ und 122ᵇ erscheint
eine grobe, deutliche hand, die vielleicht dieselbe ist, welche die anderen oben
in den noten mit "von grober hand" bezeichneten glossen (ausser vielleicht
dagohuffie 127ᵇ, das, obgleich grob geschrieben, vielleicht von der gleich zu
erwähnenden feineren hand herrührt) eingetragen hat. Die mehrzahl der
glossen sind, mit einer art kursivschrift, von einer feineren hand geschrieben,
die oft die glossen ohne tinte einfach eingekratzt hat. Diese hand ist nur
bei der homilie über die hochzeitseinladungen tätig gewesen (man möchte
behaupten, dass sie von einem weiblichen habitus sei). Von denjenigen glossen,
die nur eingekratzt worden sind, hat Gallée einen teil unrichtig gelesen und
mehrere übersehen. Sie sind allerdings oft nicht sogleich zu lesen und bei
schlechten lichtverhältnissen können einzelne in der tat leicht ganz unbemerkt
bleiben. Wenn man aber hinlängliche belenchtung hat, und die handschrift
so hinlegt, dass die lichtstrahlen in einer gewissen schrägen richtung darauf
fallen, treten die worte im allgemeinen vollständig deutlich hervor.

Da die handschrift wenigstens seit dem zehnten jahrhunderte, wo das
Essener heberegister in dieselbe eingetragen wurde (s. oben s. 131), sich in
Essen befunden hat, und die glossen aus späterer zeit stammen müssen, sind
diese also (gegen Jostes, Zschr. f. d. alt. 40,140 f.) in Essen geschrieben
worden.

Frühere ausgabe: J. H. Gallée, Altsächsische Sprachdenkmäler
s. 107—114 (die seiten 109—114 später neugedruckt). — *Facsimiles der seite
127ᵇ und eines teiles der s. 128ᵇ in Gallée's Facsimile-sammlung n:o IIIa.*

XIII.

Der **Indiculus superstitionum et paganiarum** *findet sich in dem etwa
aus dem anfang des neunten jahrhunderts stammenden, mit angelsächsischer
schrift geschriebenen Cod. palat. 577 der vatikanischen bibliothek zu Rom.
Diese handschrift ist dieselbe, in welcher das taufgelöbnis (n:o I
oben) steht, und ist schon s. 119 f. beschrieben worden. Der Indiculus folgt
(s. 7ᵃ) ohne titel (die bezeichnung* Indiculus superstitionum et paganiarum *ist
jungen ursprungs) unmittelbar nach dem taufgelöbnis. Es ist offenbar nur
ein inhaltsverzeichnis einer darstellung von* superstitiones *und* paganiæ*, welche
die bekehrenden priester auszurotten bedacht sein sollten. In mehreren capi-
tularen werden die geistlichen dazu aufgefordert, das volk von ähnlichen heid-
nischen gebräuchen abzuhalten. So heisst es (worauf Heyne, Kl. Denkm.
aufmerksam gemacht hat) in einem kapitular Karlmanns vom j. 742 (von
Pert: Mon. Germ. hist. Legum I s. 16 f. abgedruckt):*

5. Decrevimus ut secundum canones unusquisque episcopus in sua par-
rochia sollicitudinem adhibeat, adiuvante graviore qui defensor ecclesiae est, ut
populus Dei paganias non faciat, sed ut omnes spurcitias gentilitatis abiciat
et respuat; sive sacrificia mortuorum, sive sortilegos vel divinos, sive filacteria
et auguria, sive incantationes, sive hostias immolatitias, quas stulti homines iuxta
ecclesias ritu pagano faciunt, sub nomine sanctorum martyrum vel confessorum,
Deum et suos sanctos ad iracundiam provocantes; sive illos sacrilegos ignes,

quos nied fyr *(in einer anderen handschrift* nied feor) vocant, sive omnes, quaecumque sint paganorum observationes diligenter prohibeant.

Das Capitulare Paderbrunnense vom j. 785 (Pertz a. a. s. 48 vgl. Heyne a. a. o.) schärft speziell für die sächsischen lande vorschriften gegen ähnliche gebräuche unter schwerer strafandrohung ein:

6. Si quis a diabolo deceptus crediderit, secundum morem paganorum, virum aliquem aut feminam strigam esse et homines commedere, et propter hoc ipsam incenderit, vel carnem eius ad commedendum dederit, vel ipsam commederit, capitis sententiae punietur.

7. Si quis corpus defuncti hominis secundum ritum paganorum flamma consumi fecerit, et ossa eius ad cinerem redierit, capitae punietur.

9. Si quis hominem diabolo sacrificaverit, et in hostiam more paganorum daemonibus obtulerit, morte moriatur.

21. Si quis ad fontes aut arbores vel lucos votum fecerit, aut aliquit more gentilium obtulerit, et ad honorem daemonum commederet; si nobilis fuerit, solidos sexaginta etc.

22. Iubemus ut corpora christianorum Saxanorum ad cimiteria ecclesiae deferantur, et non ad tumulus paganorum.

23. Divinos et sortilegos ecclesiis et sacerdotibus dare constituimus.

Die bekannte von Caspari (Christiania 1886) veröffentlichte, Augustin fälschlich beigelegte Homilia de sacrilegiis, *die (nach Caspari s. 70) am wahrscheinlichsten aus dem* achten *jahrhunderte stammt und wohl (Caspari s. 73) in den nördlichen gegenden des fränkischen reichs entstanden ist, eifert eben gegen heidnische gebräuche ähnlicher art wie die im Indiculus erwähnten; vgl. Gallée, Asächs. Sprachd. s. 253 ff., wo unter dem abdruck des Indiculus die übereinstimmenden stellen der* Homilia *am fuss der seite mitgeteilt werden.*

In der K. bibliothek zu Brüssel finden sich unter aufzeichnungen, die der bischof von Antwerpen Franciscus de Nelis im jahre 1783 aus handschriften der klöster von Trier, Stavelot und Echternach gemacht hat, folgende, von Gallée Asächs. Sprachd. s. 251 mitgeteilten Notationes ad Indiculum superstitionum:

I. De sacrilegio ad sepulchra mortuorum synodus habita sub Carolomanno in vita S. Bonifacii lib. 1. Ut populus Dei paganias non faciat sed ut omnes spurcitias gentilitatis abjiciat sive sacrificia mortuorum. An ergo sacrificia ad sepulchra mortuorum erant sacrificia?

II. De Spurcalibus in Februario, Nos hodieque Februarium vocamus Spurkel.

III. De sacris Mercurii et Jovis. Dicta s. Augustini: quia audivimus quod aliquos viros et mulieres ita diabolus circumveniat ut quinto sabbati nec viri opera faciunt, nec mulieres laneficiunt, coram Deo et angelis eius contestamur, quia quocumque hoc observare voluerint, nisi per prolixam et duram poenitentiam tam grave sacrilegium quesidaverint. Ubi arsurus est diabolus ibi et ipsi damnandi sunt. Isti enim infelices et miseri.

Ob wirklich, wie Gallée meint, diese aufzeichnungen zeigen können, dass im 18. jahrh. in irgend einem der erwähnten klöster ein dokument vorhanden gewesen ist, das sich auf den Indiculus bezogen hat, scheint indessen sehr unsicher.

Eine andere aufzeichnung von de Nelis nach einer urkunde aus der zeit Karls des grossen, die die Renunciatio Satanae *zum gegenstand hat, sei hier ebenfalls mitgeteilt (nach dem abdruck Gallée's, a. a. s. 252, aus dem Bulletin de l'acad. de Bruxelles X — 1843 — s. 166), da sie auch einige altniederdeutsche worte enthält:*

Domino meo Karolo serenissimo imperatore augusto acto, coronato, magno et pacifico regi Francorum et Longobadorum ac patritio Romanorum. Gratias etenim agimus Domino omnipotenti, qui tantam sapientiam cordi vestri inspirare dignatus est, ut semper sanctam ecclesiam defendere et servientes ecclesiis nullo tempore ammonere desistis. Venit enim nobis epistola serenitatis vestrae in qua scriptum erat qualiter nos vel suffraganei nostri in ecclesiis Domini presbyteros et populum nobis a Domino commissum docuissemus. Nos vero, Domino adjuvante, in quantum valuimus, secundum traditionem patrum et antecessorum nostrorum, ecclesiasticorum virorum, responsum dare satagimus. Primitus enim paganus catecuminus sit; catecuminus enim dicitur imbutus vel instructus, accedens ad baptismum ut renuntiet maligno spiritui et omnibus dampnosis eius pompis. Pompas autem nos dicimus **siniu gelp auda sinen uuillon** *(de Nelis schreibt* Sin iugelp ardasinen uuillon).

Tunc fiunt scrutinia ut exploretur serius an post renunciationem Satanae, sacra verba data fidei radicitus corde defixerint, sicut in sacramentorum continetur etc.

Von früheren ausgaben des indiculus seien hier erwähnt (vgl. ferner über die hierher gehörige litteratur MSD II. 316 ff., besonders s. 317 unten und 318 oben: s. auch Grimm, Mythol. III. (1053): 1) G. H. Pertz, Monumenta Germaniae historica, Legum tom. I. 19 f. — 2) M. Heyne, Kleinere altniederdeutsche Denkmäler 1867, s. 86 f., 2. aufl. s. 89 f. — 3) J. H. Gallée, Altsächsische Sprachdenkmäler s. 249 ff. — Facsimile der seite 7ᵃ in Gallée's Facsimile-sammlung n:o XIa.

XIV.

Die Lamspringer glossen, welche wahrscheinlich aus dem elften jahrhunderte stammen, finden sich in dem Cod. Helmstedt 553 (n:o 601 des v. Heinemann'schen kataloys) der Herzoglichen bibliothek zu Wolfenbüttel.

Diese handschrift, die ebenfalls im elften jahrhunderte geschrieben worden zu sein scheint, enthält: 1) bl. 1—55ᵇ Poetae Saxonis vita Caroli libb. V. 2) bl. 55ᵇ—72ᵇ Passio Sancti Adalberti, auctore Iohanne Canapario. 3) bl. 73—138 Iuvenci historie evangelice libb. IV metrice.

Dass der codex früher dem kloster Lamspringe (bistum Hildesheim) gehörte, geht aus der s. 1ᵃ stehenden notiz: liber sancti adriani in lamespringe *hervor.*

Die altsächsischen glossen der handschrift rühren von mindestens zwei ziemlich gleichzeitigen händen her.

Frühere ausgaben: A) Poetae Saxonis vita Caroli: *a) text und glossen:* 1) *Monumenta Germaniae historica, Scriptores I. 227 ff.* 2) *Ph. Jaffé, Bibliotheca rerum germanicarum IV. 542 ff. b) nur die glossen:* 1) *E. Steinmeyer u. E. Sievers, Die althochdeutschen Glossen II. 366.* 2) *J. H. Gallée, Altsächsische Sprachdenkmäler s. 215 f. Facsimile der seite 17ᵃ in Gallée's Facsimile-sammlung n:o VIII. —* B) Passio sancti Adalberti: *a) text und glossen: Monumenta Germaniae historica, Scriptores IV. 581 ff. (auf tafel III ein facsimile von 7 zeilen der handschrift). b) nur* die glossen: 1) *E. Steinmeyer* u. *E. Sievers*, *Die althochdeutschen Glossen* II. 741. 2) *J. H. Gallée*, *Altsächsische Sprachdenkmäler (Collation)* s. 376. — *C)* **Juvenci historia evangelica**: *I) O. Korn*, *Die handschriften der Historia euangelica etc.* (Gymn.-progr. Danzig 1870). 2) *E. Steinmeyer* u. *E. Sievers*, *Die althochdeutschen Glossen* II. 351 (nachtrag: Steinmeyer, Anz. f. d. alt. 22,276). 3) *J. H. Gallée*, *Altsächsische Sprachdenkmäler* s. 216 u. (*Collation*) s. 376.

XV.

Die *Vegetius-glossen* stammen aus dem elften jahrhunderte und finden sich in dem *Cod. Perizon. F. 17 der bibliothek zu Leiden.*

Die handschrift enthält nach *Lang*, **Flavii Vegeti Renati Epitoma rei militaris**[1] (*Lipsiae* 1869) s. XXVII ausser dem Vegetius: 'Machabiorum liber primus', 'Registrum siue tabula libri uigecii de re militari', 'uocabularius liber uigecii de re mil.', 'capitula libri qui uocatur sextus frontonius in quo tractantur quaedam ualde utilia et necessaria ad opus bellicum', uocabula rariora super frontoneo de re bellica', 'tabula frontonij de re militari in qua nomina et uerba atque quaedam dictiones secundum ordinem alphabeti collocantur etc."

Ausser den altsächsischen glossen kommen in anderen teilen der handschrift auch jüngere deutsche glossen vor (s. *Lang* a. a. s. XXVIII fussnote).

Frühere ausgaben der altsächsischen Vegetiusglossen: 1) *C. Lang*, *Flavii Vegeti Renati Epitoma rei militaris* s. XXVIII. 2) *E. Steinmeyer* u. *E. Sievers*, *Die althochdeutschen Glossen* II. 625. In meiner ausgabe sind die glossen aus der letzteren abgedruckt.

XVI.

Die *Merseburger glossen*, welche aus dem anfang des elften jahrhunderts stammen dürften, finden sich in dem *Cod. 42 auf der bibliothek des domkapitels zu Merseburg.*

Die handschrift stammt wahrscheinlich aus dem zehnten jahrhunderte und enthält 123 blätter in klein folio. Von dem anfang, welcher ein inhaltsverzeichnis der kapitel giebt, fehlt etwas; ebenso ist die handschrift am schlusse defekt. Auf dem verschabten lederumschlage steht **Isidorus de vita clericorum** zweimal in grösserer und kleinerer schrift (dazwischen etwas unleserliches). Der inhalt ist indessen eine sammlung von bruchstücken aus Isidorus, Hieronymus, Augustinus, Prosper, Gregorius etc. und von concilienschlüssen, in 144 kapitel verteilt. Alles bezieht sich jedoch auf das leben und die pflichten der kleriker.

Der codex ist in einem ziemlich schlechten zustande; die blätter sind an rändern und ecken vielfach beschädigt und an vielen stellen mit nachlässig geschriebenen, meistens lateinischen federübungen bekritzelt. Das buch hat den mönchen mit seinen vorschriften offenbar wenig gefallen. Nach der verteilung der altsächsischen glossen zu schliessen, scheinen hauptsächlich einige kapitel die aufmerksamkeit erregt zu haben, die über gewisse rechte der kirche oder der mönche handeln.

Einige glossen scheinen mit späterer tinte überzogen zu sein, andere haben (worüber schon Bezzenberger, Zeitschr. f. d. Phil. VI. 292 klagt) durch angewandte reagentien sehr gelitten. Ausser den jetzt wahrnehmbaren glossen sieht man an einigen stellen spuren von weiteren, die aber durch compassflecke vollständig verdeckt sind, so dass von denselben kein buchstabe mehr zu unterscheiden ist.

Die glossen sind von mehr als einer hand geschrieben worden. Zwischen den verschiedenen händen sicher zu unterscheiden, wäre aber sehr schwierig; vgl. über diese frage Bezzenberger a. a. s. 291 f.

Trotz ihres geringen umfanges sind die Merseburger glossen von grosser bedeutung, weil sie einen ganz besonderen, vom anglo-friesischer mundart stark beeinflussten dialekt repräsentieren. Heyne wies schon, Kl. and. Denkm. s. XIII ff., nach, dass die mundart der glossen mit derjenigen übereinstimmt, die in den deutschen namen des Chronicons Thietmars von Merseburg (in Monum. Germ. hist., Script. III gedruckt) zum vorschein kommt. Thietmar war bischof von Merseburg 1009—1018. Seelmann teilte, Jahrb. des Vereins f. ndd. Sprachforschung 12, 89 ff., noch das Merseburger Todtenbuch (von E. Dümmler, Neue Mittheilungen des Thüringisch-Sächsischen Vereins 11. Bd. herausgegeben) derselben mundart zu und erwies auch durch eine sammlung urkundlicher namensformen die übereinstimmung des dialektes der zuerst genannten zwei schriften mit dem des alten Merseburgs. Auf grund dieser übereinstimmung scheinen die Merseburger glossen in Merseburg selbst geschrieben worden zu sein (vgl. auch Gallée, Alts. Sprachd. s. 236). Dies wird dadurch bestätigt, dass die meisten in unsere handschrift eingekritzelten namen (s. oben s. 69) sich im Merseburger Todtenbuche wiederfinden. Vielleicht sind sogar teilweise in den beiden quellen ganz dieselben personen gemeint. Zu adalger diaconus unserer handschrift (oben s. 69,12) hat nämlich das Todtenbuch Aediger diaconus; der name Herimau (oben 69,12) tritt im letztgenannten buche mehrmals auf; zu Liuthard (69,9) hat das Todtenbuch Liuthardus, Liutherdus; ebenso findet sich zu liudgerd (oben 69,8) und Ediram (69,7) im Todtenbuche bezw. liudgard und Ederam; (wo das oben 69,7 erwähnte Rotfeld, aus welchem dieser Ediram stammte, gelegen war, habe ich aus mangel an der nötigen litteratur nicht ausfindig machen können).

Die sprache der Merseburger glossen ist von O. Bremer, Paul u. Braunes Beitr. 9, 579 ff. behandelt worden, der die übereinstimmungen derselben mit dem anglo-friesischen nachwies. Den vokalismus sowohl der glossen wie den der namen des Chronicons Thietmars und denjenigen des Todtenbuches untersuchte H. Hartmann in einer dissertation: Grammatik der ältesten Mundart Merseburgs I, Berlin (Norden) 1890. Auch Koegel, Lit.-gesch. I: 2. 573 ff. beschäftigt sich mit der sprache dieser Merseburger denkmäler.

Frühere ausgaben: 1) H. Leyser, Zeitschr. f. deutsches alt. 3, 280 ff. — 2) M. Heyne, Kleinere altniederdeutsche Denkmäler 1867 s. 92 ff. (vgl. die recension von Scherer, Zeitschr. f. das österreich. Gymnasialwesen jahrg. 1867 s. 662). 2. aufl. s. 95 ff. — 3) H. E. Bezzenberger, Zeitschr. f. deutsche Phil. 6, 291 ff. — 4) J. Gallée, Altsächsische Sprachdenkmäler s. 255 ff. (vgl. auch seine "Collation" s. 376). — Facsimile der seiten 105ᵃ und 105ᵇ in Gallée's Facsimile-sammlung nr Xa u. Xb.

XVII.

Die St. Petrier Bibel- und mischglossen, welche am ende des zehnten oder anfang des elften jahrhunderts geschrieben worden sind, finden sich in dem früher dem kloster St. Petri im Schwarzwalde gehörigen cod. membr. 87 der Grossherzoglichen hof- und landesbibliothek zu Karlsruhe. Auf dem deckel steht: expoficiones terminorum biblie.

Dieser 106 blätter fassende codex besteht aus drei verschiedenen handschriften: 1) Bl. 1, 2 u. 101—106; bl. 1 ist zum grössten teil auf die innere seite des vorderen deckels angeklebt, und bl. 106 ist früher auf den hinteren deckel angeklebt gewesen. Diese blätter stammen wohl aus dem 11. jahrhunderte und enthalten lateinische erklärungen zur bibel. — 2) Bl. 3—57, lateinisches vocabular aus dem 14. jahrhunderte (über die quelle dieses vocabulars vgl. H. Usener, Rhein. Museum für Philologie N. F. 24, 388 note). — 3) Bl. 62—100 (die blätter 58—61 sind leer), die handschrift, in welcher sich die deutschen glossen finden. Zu anfang derselben steht: GLOSAE DIVINORVM LIBRORVM. Die handschrift enthält indessen nicht nur glossen zur bibel, sondern auch zu Abdiae Acta apostolorum, Vita Martini, Gregorii Cura pastoralis, Lex Ribuariae, Prudentius, Sedulius u. a. m. (s. die überschriften oben s. 79—87). Dass diese drei handschriften schon seit lange zusammengebunden sind, geht daraus hervor, dass die hölzernen deckel alt und mit einer kette zur befestigung des codex versehen sind.

Zu dem kloster St. Petri kam unser codex erst i. j. 1781, wie aus einer s. 3ᵃ stehenden notiz: Emit Philippus Jacobus Abbas anno 1781 hervorgeht. Ueber diesen abt von St. Petri ist F. J. Mone, Quellensammlung der badischen Landesgeschichte I s. 63 f. zu vergleichen. Woher der abt den codex erworben hat, ist unbekannt; vermutlich aus Franken, da, wie Mone a. a. s. 61 erwähnt, andere von ihm angekaufte handschriften aus fränkischen klöstern stammen. In Karlsruhe befindet sich die handschrift seit 1807.

Die deutschen glossen stehen teils im texte, teils darüber zwischen den zeilen, teils am rande, und scheinen sämmtlich von derselben hand wie der lateinische inhalt der handschrift herzurühren. Dass die deutschen glossen sowohl hoch- wie niederdeutsche formen aufweisen, kann darauf beruhen, dass der schreiber mehr als eine quelle benutzt hat (s. 68ᵇ sagt er: alter liber dicit etc.). Es ist aber auch möglich, dass eine vorlage (die nächste oder eine mehr entlegene) von personen mit verschiedenen dialekten glossiert worden ist.

Der schreiber macht sich nicht selten grober missverständnisse und fehler schuldig. Er hat unrichtig gelesen: c statt t: (?) laifeat 82,29, boctibret 87,28 (statt bettibret), umgekehrt t statt c: gitiuht 74,19, ftenko 82,25, giffertanne (?) 83,3, roth (?) 87,22, thrufh 85,23; d statt cl, il: deindihet 79,6—7 (statt cleiniliher?); e statt o: fetemef 77,8, umgekehrt o statt e: follo 79,3, boctibret 87,28, e statt t: uuineuuere 77,8, e statt b: bizihti 84,1, hereherclil 86,21 (statt hereberclih), h statt u: lahhahti 86,22; i statt e: keuugome 87,20 (statt keuugonte), il statt u: krilago 87,22, in statt m: chain 76,32, forimizzi 75,14; l statt h: hereherclil 86,21, li statt u (?) elboli 86,21; n statt r: gen 75 note 3; r statt t: giplunnor 78,11, umgekehrt t statt r: deindihet 79,6—7 (statt cleiniliher?), r statt v: armborg 73,12; f statt f: grafhifarn 74,22; niu statt uui: niuntef 80,7—8; z statt t: zifaz:a 84,15; der nasalstrich ist vergessen worden über i in digon 80,5; f fehlt vor ekkil 86,16 (vgl. note 7); als dittographie ist das e nach dem zweiten f in fearafeah 77,19 und vielleicht auch das anlautende g-

10*

statt h- (?) in gagan 82.15 zu erklären. Auch folgende formen beruhen wohl auf fehlerhaftem lesen: uuintbra auia 86.22 (statt uuintbraunia?), animali 85.16 (statt anamali?), lendiu 76.13 (statt lendiu), ofelene 80.22 (statt ofeleie?), rieufo 78.16 (statt menfa?), fuannf 82.30 (statt fuanur?), nuzzi 75.10 (statt nezzi?), huuit 81.25 (statt huat?), glet 83.21 (statt gelt). Auch in den lateinischen wörtern der handschrift kommen viele fehler vor.

Diejenige lateinische glossensammlung, auf welche der hauptteil unserer handschrift (die lateinischen glossen derselben) zurückgeht, scheint sehr benutzt und verbreitet gewesen zu sein. Dieselbe liegt nämlich verschiedenen anderen biblischen glossensammlungen zu grunde, und zwar kenne ich von dergleichen glossenhandschriften: 1) Cod. 292 der St. Galler Stiftsbibliothek. Hier finden sich auch hochdeutsche glossen (von Steinmeyer in A. Gl. neben den St. Petrier glossen herausgegeben), die zuweilen zu denjenigen der St. Petrier-handschrift stimmen. Ob diese übereinstimmung auf einer gemeinsamen vorlage beruht, weiss ich nicht sicher. V. E. Mourek hat (in tschechischer sprache) im programm des gymnasiums zu Budweis 1873 (s. Holder, Germania 22, 405) eine untersuchung über den lautstand der St. Petrier glossen und deren zusammenhang mit der St. Galler handschrift veröffentlicht. Diese abhandlung war mir nicht zugänglich, und nach Gallée, Alts. Sprachd. 283, bedarf die sache einer neuen untersuchung, um so mehr, da die ausgaben, auf die Mourek sich gestützt hat, nicht alle glossen enthalten. — 2) Cod. Vatican. Palat. lat. 288 s. 54ᵇ—61, s. R. Reitzenstein, Germania 31, 331 ff. (u. nach Steinmeyer, Anz. f. d. alt. 22, 276 auch Stokes, Academy nr 924). Nach Reitzenstein gehören die glossen zu der übersetzung des alten testaments von Hieronymus. Auch hier finden sich althochdeutsche glossen von Reitzenstein u. Stokes a. a. oo. herausgegeben, die teilweise zu solchen in der St. Petrier handschrift, teilweise zu den unter 1) erwähnten St. Galler codex stimmen; sie enthalten aber teils weniger, teils mehr als jene beiden handschriften. — 3) Cod. Berol. lat. oct. 73 bl. 1ᵃ—123ᵃ (von mir auf der universitätsbibliothek zu Leipzig untersucht), lateinische glossen enthaltend. Glossen, die in der St. Petrier handschrift interlinear geschrieben sind, stehen hier zuweilen auf der zeile. Die Berliner handschrift scheint im ganzen etwas ausführlicher zu sein. Sie ist jünger als die St. Petrier und hat wohl spätere zusätze bekommen.

Frühere ausgaben der St. Petrier glossen: 1) E. G. Graff, Diutiska I. 341 f., II. 167 ff., 311 ff.; eine nachlese gab F. J. Mone, Anzeiger für Kunde der teutschen Vorzeit 5, 229 ff. — 2) A. Holder, Germania 22, 392 ff. — 3) E. Steinmeyer u. E. Sievers, Die althochdeutschen Glossen I. II an den oben s. 73 ff. in den noten zu den überschriften angegebenen stellen (nicht die stücke Versvs sequent. s. 82.18 ff. und Glosae de diversis auctoribus s. 87.21 ff.). — 4) J. H. Gallée, Altsächsische Sprachdenkmäler 281 ff. (vgl. seine "Collation" s. 377). — *Facsimiles* der seiten 62ᵇ¹ und 62ᵇ² in Gallée's Facsimile-sammlung nᵒ XIII.

XVIII.

Die Pariser Prudentiusglossen, welche nach Gallée, Asächs. Sprachd. 313 aus dem zehnten jahrhunderte stammen dürften, finden sich in dem Ms. lat. 18544 der Bibliothèque nationale zu Paris.

Die handschrift enthält (s. Gallée a. a. o.): 1) Bl. 1—55ᵃ Sedulii carmina. 2) Bl. 55ᵇ—111ᵃ Arator. 3) Bl. 111ᵇ—138 Prosperi epigrammata. 4) Bl. 140—168 Prudentii Psychomachia, anfangend mit vs. 43. (Vgl. ferner a. a. o.).

Frühere ausgaben: 1) E. G. Graff, Diutiska II. 343 ff. (daselbst P bezeichnet). — 2) E. Steinmeyer u. E. Sievers, Die althochdeutschen Glossen II. 595. — 3) J. H. Gallée, Altsächsische Sprachdenkmäler s. 313 ff. Meiner ausgabe liegen die letztgenannten beiden editionen zu grunde. Mr Th. Cart, agrégé de l'Université de France, der dieselbe mit der handschrift zu vergleichen die güte hatte, fand nichts dabei zu bemerken. — Facsimile der seite 161ᵃ in Gallée's Facsimile-sammlung n:o XIV.

XIX.

Die Werdener Prudentiusglossen, welche aus dem ende des zehnten jahrhunderts stammen dürften, finden sich in dem Cod. F. 1 der K. landes-bibliothek zu Düsseldorf. Der codex gehörte früher der abtei Werden (Gallée, Altsächs. Sprachd. 127).

Diese handschrift enthält auf 69 blättern in folio gedichte des *Prudentius.* S. 1ᵃ steht zuerst ein verzeichnis der gedichte (Cathemerinon, Apotheosis, Amartigenia, Psychomachia, Contra Symmachum etc.). Dann kommt Testimonium de historia inlustrium uirorum (von Gennadius; vgl. A. Dressel, Aurelii Prudentii Clementis carmina, s. I note u. s. LIV) und dann die Præfatio etc. (s. die überschriften oben s. 89—104). Bl. 68 ist falsch eingeheftet; es hätte nach bl. 65 kommen sollen (s. s. 103 note 9 oben).

Der lateinische, in zwei spalten geschriebene text ist ausser mit den deutschen mit noch mehreren lateinischen wörtern glossiert. Von den deutschen glossen sind einige sehr fein, die meisten aber ziemlich grob geschrieben. Die ersteren sind in den fussnoten oben mit "von feiner hand" bezeichnet. Die von feiner hand herrührenden glossen treten besonders blatt 1—28 auf; sie sind wenigstens zum grössten teil hochdeutsch. Die gröber geschriebenen glossen sind mit wenigen ausnahmen niederdeutsch. Jene sind, wie Steinmeyer Zeitschr. f. d. alt. 16, 17 ff. nachgewiesen hat, aus anderen handschriften abgeschrieben.

Wie viele hände an den glossen tätig gewesen sind, ist kaum sicher auszumachen. Gallée, Altsächs. Sprachd. 127 ff., unterscheidet nicht weniger als neun hände. Seine unterscheidungen sind aber (vgl. schon Steinmeyer, Anz. f. d. alt. 22, 278) höchst problematischer natur.

Frühere ausgaben: 1) Zeitschrift für deutsches altertum 15, 517 ff. — 2) E. Steinmeyer und E. Sievers, Die althochdeutschen Glossen II. 575 ff. — 3) J. H. Gallée, Altsächsische Sprachdenkmäler s. 127 ff. (vgl. seine "Collation" s. 374 f.). Teilweise sind die glossen ins glossar der kleineren altniederdeutschen Denkmäler von Heyne aufgenommen worden (vgl. dazu Steinmeyer, Anz. f. d. alt. 4, 135 ff.). — Facsimile der seite 11ᵃ in Gallée's Facsimile-sammlung n:o III.

XX.

Die Prudentiusglossen in einem Werdener fragment, welche *aus der ersten hälfte des zehnten jahrhunderts stammen dürften, finden sich auf zwei doppelblättern, die auf der K. landesbibliotek zu Düsseldorf verwahrt werden.*

Diese blätter, die von Jostes (s. Anz. f. d. alt. 22, 268) aufgefunden worden sind, befanden sich früher in dem einbande einer handschrift, die (wahrscheinlich) der bibliothek der abtei Werden gehörte. Von s. 3ª, die an den deckel aufgeklebt war, ist ein teil der schrift an diesem heften geblieben, so dass dieselbe zum teil undeutlich ist. Die blätter enthalten stücke aus der Passio Romani *des Prudentius, und zwar folgende verse:* bl. 1 v. 776—825, bl. 2 v. 876—925, bl. 3 v. 1026—1075, s. 4ª v. 1125—1140 *und ferner die überschrift zur* Passio ... Calagurritanorum *(Peristephanon I) nebst einigen metrischen bemerkungen zu diesem gedicht; s. 4ᵇ kommt die* Præfatio I *der* Apotheosis, *und dann ein stück mit der überschrift:* De sancta maria magdalena Invitat, *dessen anfang folgendermassen lautet:*

Ploremuſ coram domino cum maria ut ueniam mereamur cum illa. Martha uocauit mariam fororem fuam filencio dicenſ magiſter adeſt et uocat te. Vnxit maria pedeſ domini et domuſ impleta eſt ex odore unguenti. Maria ut dominum adeſſe audiuit etc.

Da die einzelnen blätter der regel nach 50 verse enthalten, fehlen also zwischen den blättern 1 und 2, 3 und 4 je ein blatt und zwischen 2 und 3 zwei blätter.

Die altsächsischen glossen des fragments finden sich alle in der unter n:o XIX genannten Prudentius-handschrift wieder (vgl. oben s. 96, 97); diese weist indessen zu den im fragmente vorkommenden versen auch andere glossen auf, die jenes nicht hat.

Frühere ausgabe: J. H. Gallée, *altsächsische Sprachdenkmäler s. 328 f. u. (Collation) 378. — Facsimile der seite 2ª in Gallée's Facsimilesammlung n:o XVIIIa.*

XXI.

Die Strassburger glossen fanden sich in dem cod. C. IV. 15 der alten universitätsbibliothek zu Strassburg. Die handschrift ging leider bei der belagerung der stadt i. j. 1870 durch feuer verloren.

Graff, der Diutiska 2, 192 ff. (1827) die glossen zum ersten male herausgegeben hat, sagt von dieser handschrift: "Ausser den mit den folgenden Glossen überschriebenen obigen Stücken aus Isidor's Etymologieen enthält dieser, dem 8—9ten Jahrhundert angehörige Codex Beda de natura rerum, de ratione temporum, Auguftini dialectica, Boethii in topica Ciceronis commentaria, Boethius de fyllogismo hypothetico, Beda de ratione calculi, Hieronymi expoſ. ſup. epiſt. ad ephef. *Mit der kehrseite des 4ten Blattes beginnen die Auszüge aus Isidor und gehen bis folio 11ᵇᵉˢ* Hierauf folgte nach a. a. 194 epiſtola premonis regis ad traianum imperatorem *(a. a. 195 ff. abgedruckt) mit einigen glossen (s. hier oben s. 108,13 ff. rechts).*

Nach Pertz' Archiv der Gesellschaft für ältere deutsche Geschichte
11, 510 stammte die handschrift aus dem 10:ten jahrhundert oder aus dem
anfang des 11:ten jahrhunderts. Dass sie spätestens zu der letztgenannten
zeit geschrieben war, erhellt aus folgender notiz, die (s. Steinmeyer nach
Schmeller Anz. f. d. alt. 4, 138; vgl. auch Pertz' a. a. 8, 462) s. 15ᵇ in
der handschrift stand: Liber sancte Marię ecclesię argent. quem dedit Werinharius episc. in remedium animę sue. Dieser Werinharius war nämlich bischof
von Strassburg 1001—1029 (s. die bei Steinmeyer a. a. citierte arbeit).

 Die handschrift wurde auch von Pertz untersucht (vgl. Arch. f. ält.
deutsche Gesch. 8, 253 ff., 462 u. 11, 248, 510), ferner von Mone (s. Mone's
Anzeiger für Kunde der teutschen Vorzeit 4, 490, wo nachträge und verbesserungen zu Graff's ausgabe gegeben werden) und dann von Prof. H.
Lang (s. Holtzmann, Altdeutsche Grammatik I s. X, der auf grund einer
abschrift Lang's ebenfalls nachträge zu Graff — von Heyne, Kl. Denkm.²
s. XVI abgedruckt — mitteilt. Auch Schmeller hat (für sein Glossarium
Saxonicum) die handschrift excerpiert (vgl. hier oben s. 106 note 4 und
Steinmeyer a. a. o.).

 Frühere ausgaben: 1) E. G. Graff, Diutiska 2, 192 ff. (über
nachträge u. verbesserungen s. die hier oben citierte litteratur). — 2) Pertz'
Archiv der Gesellschaft für ältere deutsche Geschichtskunde 11, 510 (höchst
unvollständig). — 3) M. Heyne, Kleinere altniederdeutsche Denkmäler 1867
s. 89 ff., 2. aufl. s. 92 ff. (s. auch s. XVI). — 4) J. H. Gallée, Altsächsische Sprachdenkmäler 269 ff. und (Collation) s. 377. — 3) und 4)
sind wie meine ausgabe der glossen abdrücke von 1). Das latein habe ich
an einigen stellen der deutlichkeit wegen nach der seite 106 note 1 citierte
edition von Isidor ergänzt; einige überflüssige lat. worte bei Graff habe ich
ausgelassen.

XXII.

 Die unter dieser nummer abgedruckten Vergilglossen, welche aus
dem elften jahrhunderte stammen, finden sich in der handschrift Auct. F.
1. 16 der Bodleian bibliothek zu Oxford.

 Dieser im zehnten jahrhunderte geschriebene codex enthält (s. Gallée,
Alts. Sprachd. 153, Madan, Journal of Philology 10, 92): 1) Vergilii Georgica
von 2,120 an; 2) Servius' kommentar zu Vergilii Eclogae und Georgica;
3) Excerpte aus Isidor und anderen verfassern, einen kurzen kommentar
zu Vergilius bildend; 4) "Varia glosemata" (s. hier oben s. 111.z l. — 112.z l.);
5) Vergilii Aeneis und 6) Servius' kommentar zur Aeneide. Am ende der handschrift steht (nach Gallée a. a. 166): Qui me scribebat Tiberius nomen habebat.

 Die glossen, welche sich den ganzen codex hindurch finden, scheinen
(nach Madan und Gallée) von zwei händen herzurühren (vgl. in meinen fussnoten oben), die aber beide dem 11. jahrhunderte angehören. Nach Madan
sind die s. 82ᵇ—104ᵇ stehenden altsächsischen glossen "not first written by
the scribe but copied from a book before him."

 Ueber die geschichte der handschrift teilt Madan folgendes mit: "The
history of the MS. before the seventeenth century is unknown. It was one
of three lent by Bernard Rottendorph, a physician of Münster, to Nicholas
Heinsius, who used it for his editions of Virgil, giving it the name Rotten

dorphianus tertius, *but forgot to return it to its owner. In 1672, Francis Junius, author of the Etymologicum Anglicanum, then at the age of 83, saw and copied the more important of the textual glosses in Heinsius's house at Copenhagen. In 1678, Junius's transcript came into the Bodleian, and in 1697 the original MS.; but the connexion between them was unknown, and when a selection of the following glosses was printed in Nyerup's* Symbolæ ad Literaturam Teutonicam *(Havniæ, 1787), it was from transcripts of Junius's transcripts that they were taken; and all the references to them in Graff's* Althochdeutscher Sprachschatz *are from this source.''*

Herr Prof. Napier hat die güte gehabt, einige stellen in der handschrift für meine ausgabe zu collationieren. Infolge eines unwohlseins konnten seine bemerkungen erst geschickt werden, nachdem die seiten 109—114 oben (auf grund der älteren ausgaben) schon gedruckt waren. Die resultate seiner untersuchung mögen deshalb hier angegeben werden:

Zu s. 109.₆ l.   Statt **uuihta** liest N. **uiuhta**.
„ „ 109.₁₉ „   **fitilu** *"dahinter ist ein buchstabe ganz verblasst und hinter diesem etwas, das wie ein* z *aussieht."*
„ „ 109.₅ r.   „Auf meine frage, ob hier wirklich ein â stehe, und nicht etwa a mit einem o darüber, teilte N. mit, dass letzteres das richtige sei; "*das* o *ist ebenso gross wie das* a"; *hier hat der schreiber also* a *in* o *corrigiert, weshalb* **thrauondi** *zu lesen ist.*
„ „ 110.₈ l.   Hier ist die glosse richtig als **uuaſblanc** angegeben (G:s **uuahs blanc** — s. note 4 — unrichtig).
„ „ 111.₂₅ r.   Die hds. hat **brandereda**, wie hier angegeben wird (nicht **branderede**).
„ „ 111.₂₆ „   Die hds. hat **Arelu. fiurpannę**, wie hier angegeben wird (nicht **Arelu. fiurpanne** wie G.)
„ „ 112.₁₂ l.   ist **uuegbrede** zu lesen "*ich lese ganz deutlich* e, *freilich ist ein Theil des* e *sehr verblasst .. doch meine ich mit völliger Sicherheit ein* e *zu lesen. Es kann gar nichts anderes sein."*
„ „ 112.₂₄ „   lies **bikeriaſ**.
„ „ 112.₃₀—₃₁ r.   lies **druhttingaſ**, die beiden t sind durch den oberen strich eines unterhalb stehenden ſ getrennt.
„ „ 113.₂ r.   und note 13. Der vierte buchstabe der glosse "*ist weder ein gewöhnliches* i *noch ein gewöhnliches* e. *Ich möchte am liebsten* i *lesen — aber dagegen spricht der beinahe wagerechte Strich darüber. — — Andererseits sieht's noch weniger wie ein* e *aus."*
„ „ 114.₁—₃ r.   "*Mit den blossen Augen liest man* **baexuuegun**, *und ich meine man muss so lesen; — — die einzige Schwierigkeit bietet der zwischen* a *und* x *stehende Buchstabe, doch glaube ich, dass dieser ein* e *ist."*

Frühere ausgaben: 1) P. F. Suhm, Symbolæ ad Literaturam Teutonicam antiqriorem (Havniæ 1787) sp. 387 ff. (höchst unvollständig). — — 2) F. Madan, Journal of Philology 10, 92 ff. — 3) E. Steinmeyer u. E. Sievers, Die althochdeutschen glossen II. 716—719, 724—727 (nicht die Varia glosemata s. 111.₂₇—112.₁₈ oben); nach einer abschrift Madan's (collation von F. Kluge, Zschr. f. d. alt. 28, 260). — 4) J. H. Gallée, Altsächsische Sprachdenkmäler s. 153 ff. (vgl. seine "Collation" s. 375). — *Facsimile der s. 126ᵇ in Gallée's Facsimile-sammlung n:o IV.*

XXIII.

Die unter dieser nummer abgedruckten Vergilglossen stammen aus dem 11. jahrhunderte (IIh.) und finden sich in dem handschriftenfragmente Suppl. 2702 der K. bibliothek zu Wien.

Dieses fragment enthält (nach Tabelae codicem manu scriptorum praeter graecos et orientales in bibliotheca palatina vindobonensi asservatorum ed. Academia caesarea vindobonensis VIII. 150): "P. Virgilius Maro, Fragmenta, videlicet Georg. III. 5—212, IV. 77—281. Aeneidos III. 585 — IV. 70, 78—294, 511—534, 564—587, 617—640, 670—693. Cum glossis inter linearibus et in margine scriptis, latinis et palaeosaxonicis."

Frühere ausgabe: E. Steinmeyer u. E. Sievers, Die althochdeutschen glossen II. 719. Meine ausgabe der glossen ist ein abdruck von dieser.

Dritter teil.

Glossare.

I.
Eigennamen.

c ist mit k und f mit v vermengt. — p. = personenname, o. = ortsname.

A.

Abbi *p. n* 44.10.
Abbiko *p. n* 27.19, 28.2, 33, 30.15, 36.32, 44.3, 8.
Abbilin *p. n* 36.31.
Abbo *p. n* 31.6, 29, 39.32, 40.9, 44.18, 23.
Acelin *s.* Azelin.
adalger *p. n* 69.12.
Adbraht *p. n* 27.18.
Adiko *p. n* 44.14.
Adif-tharpa *o. d* 37.37, adiftharpa *d* 38.36, 40.1.
Æcelin *p. n* 25.13, *vgl.* Azelin.
ahtinefberga *o. d* 22.13.
aiturnon *o. d* 23.14.
Aldiko *p. n* 38.19, 39.8.
aldon-hotnon *o. d* 31.18.
aldon-tharpa *o. d* 39.19, 40.14.
Alikin *p. n* 34.13, 35.14, 36.9, 40.18.
Aliko *p. n* 39.20, 29, 44.22.
almeri *o. d* 23.3.
Also *s.* Alzo.
Aluerik *p. n* 37.4, 38.5.
Aluing *p. n* 44.9.
alf-ftide *o. d* 39.7.
Alzo *p. n* 26.9, Also 26.27.
Ammoko *p. n* 38.12, 39.1, Amoko *n* 33.17, 35.
amon-hurft *o. d* 30.16.
amor-hurft *o. d* 32.19.
amuthon *o. d* 23.6.
angela *o. d* : Van thero a. 34.35, 36.19, bi thero a. 36.20.
aningera-lo *o. d* 31.12, 35.5, 37.4, 10, 41.20, 43.10, 18, aningeraló *d* 41.27, Aningeralo *d* 31.14–15, Aningerola *d* 31.35, Aningerolo *d* 29.7; *vgl.* enniggeralo.
anon *o. d* 26.7, 26, Anon *d* 28.31.
ar, *runenname, n* 20.10.
Afithi *o. d* 39.29.
affchaf-berga *o. d* 33.18, 35.
affcon *o. d* 39.37.
aftan-uelda *o. d* 32.9, aftonuelda *d* 44.31.
afteron-huf *o. d* : to themo a. 24.16, 27.
after-nualde *o. d* : uan themo a. 29.4.
áft-hlac-bergon *o. d* 38.18.
áfthóf *o. a* : ane thena á. 28.24.
afton-uelda *s.* aftanuelda.
aft-rammaf-huuila *o. d* 34.18
Atcilin *s.* Azelin.
Attika *p. n* 44.4.
Attiko *p. n* 37.26.
Atzeko *s.* Azeko.
Atzilin *s.* Azelin.
Athelbrath *p. n* 38.11.
Athelhard *p. n* 29.36, 32.1.
Athelword *p. n* 39.18.
athorpa *o. d* 34.37.
auon-huuila *o. d* 34.13, 36.9.
Azekin *p. n* 36.27.
Azeko *p. n* 26.11, 31, 37.22, 38.1, 30, 40.22. Atzeko *n* 28.38.
Azelin *p. n* 25.30, 26.13, 30, 30.1, 10, 34.10, 16, 40, 35.7, 12, 30, 36.10, 11, 37.24, 38.14, 21, 39.4, 28, azelin *n*

25.₃₁, Azelimian (*l.* Azelin uan) 37.₈, Acelin *n* 28.₂₁, Atcilin *n* 44.₂₁, Atzilin *n* 44.₃₃, Azilin *n* 25.₁₅: *vgl.* Acelin.
Azezil *p. n* 30.₃₁.
Azilin *s.* Azelin.
Azo *p. n* 36.₅, 38.₂₃, 39.₇.

B.

baldingi *p., lat. g* 44.₂₇.
bale-harnon *o. d* 32.₂₂, 43.₁₀, baleharnen *d* 32.₃₁, balehornon *d* 35.₃₅, ₃₇, balohornon *d* 41.₂₁, 43.₁₇.
balleno *o. d* 36.₄₁.
balohornon *s.* balehornon.
banika *p. n* 44.₂.
bauon *p. g* 40.₃₂.
bekehem *o. d* 22.₁₂.
bekifterron *o. d* 32.₄₁, *vgl.* bikiefterron.
belon *o. d* 24.₃, 27.₂₄, 28.₃₈.
Benniko *p. n* 34.₃₇.
Benno *p. n* 44.₁₆, ₁₉.
Berga *o. d* 41.₄₂.
berghalehtrun *o. d* 22.₄.
berg-hem *o. d* 27.₃₂.
berg-tharpa *o. d* 38.₁₉, 39.₈.
berifon *o. d* 32.₁, 45.₂, *vgl.* birifon.
Bernhard *p. n* 26.₁₁, ₂₉, bernhardo *lat. abl.* 44.₁.
berni-nelda *o. d* 41.₁₀, berninelde *d* 28.₁₂.
Bettika *p. n* 44.₇.
Bettikin *p. n* 37.₂₆, 38.₃₀—₃₁.
benarnon *o. d* 40.₃₁.
biera-hurft *o. d* 34.₁₀.
bikie-feton *o. d* 30.₂₇.
bikie-fterron *o. d* 29.₃₈, *vgl.* bekifterron.
bikie-tharpa *o. d* 34.₈.
birefterron *o. d* 36.₃₀.
birifon *o. d* 29.₃₅, *vgl.* berifon.
boging-tharpa *o. d* 32.₅, *vgl.* boingtharpa.
Boiko *p. n* 44.₁₀.

boing-tharpa *o. d* 29.₂₂, *vgl.* bogingtharpa.
Boio *p. n* 25.₁₉, 27.₁₀, 28.₃, 31.₄, ₂₈, 38.₃₈, 44.₁₃, boio *n* 37.₁₁, fforo (!) *n* 25.₃₄.
boe-holta *o. d* 26.₁₅, ₃₂, bócholte *d* 37.₂.
Boli *p. n* 44.₁₈.
borthbeki *o. d* 21.₁₇.
Bofo *p. n* 29.₃₈, 32.₁₁, ₁₈, 39.₃₅, 40.₁₀, 44.₁₃.
brath *o. d* 34.₁₅.
brehton *o. d* 22.₆.
bri(e)a, *runenname, n* 20.₁₁.
brokhufon *o. d* 21.₁₁.
brocfethon *o. d* 28.₂₀.
Bunikin *p. n* 33.₁₄, ₃₂, 34.₅, ₂₁.
Buniko *p. n* 44.₂₅.
Bunif-tharpa *o. d* 38.₁, buniftharpa *d* 38.₃₇, 40.₂₂.
bunna *o. n* 67.₁₈.
Buno *p. n* 39.₃₂.
Burchheri *p. n* 35.₂₁, ₃₄.
burg-unida *o. d* 28.₄.
bur-unide *o. d* 40.₈.
butiling-tharpa *o. d* 29.₃₀, 32.₃.

C. s. K.

D.

Dagerad *p. n* 26.₁₄, ₃₁.
dag-mathon *o. d* 27.₁₀.
dating-houon *o. d* 31.₁₆.
deddeffeon-huf *o. d* : uan themo *d* 28.₈.
Deiko *p. n* 34.₁₅.
Diddo *p. n* 44.₇.
dica *o. d* : bi themo d. 33.₂₅, 36.₂₅, bi themo dica 33.₆.
drene *o. d* 21.₁₈.
drinere *o. d* 22.₇.
Dudo *p. n* 38.₉, 40.₂₇.
dunning-tharpa *o. d* 41.₈.
dutting-hufon *o.* 27.₂₂.

E.

E(d)ediram *p.* 69.₇ (*l.* Ediram).
Eila *p. n* 44.₂₇, *vgl.* Eilo.

eilę o. 21.₂₁.
Eilger p. n 35.₁₀.
Eilhard p. n 35.₂₆, 45.₃.
Eilikin p. n 35.₁₇, ₃₃, vgl. Elikin.
Eiliko p. n 27.₁₅, 30.₁₄, 31.₁₁, ₃₄, 36.₂₃, 45.₆, Eilico n 44.₁₆, vgl. Eliko.
Eilo p. n 30.₈, 41.₂₉, vgl. Eila.
Eilfuith p. n 27.₃₂.
Eizo p. n 26.₈, ₂₆, 28.₂₀, 30.₅, 44.₂₁, vgl. Etzo.
ekanfeetha o. d 21.₇.
Ekgon o. (?) 42.₃₁.
ék-holta o. d 40.₁₃, vgl. hékholta.
Eckerik p. n 28.₁₆.
Ekkiko p. n 39.₃₀, 40.₁₂.
Ekko p. n 35.₂₇.
éelan o. d 34.₃₆, vgl. heelan.
elboli (l. elbon) alpibus 86.₂₁.
⁕eliaf s. heliaf.
Elikin p. n 44.₂₆, vgl. Eilikin.
Eliko p. n 41.₂₈, vgl. Eiliko.
Eliflare o. d 41.₅.
elmhurft o. d 37.₁, 43.₁₇.
emefaharnon o. d 25.₈, ₂₅.
emifa-hornon o. d 27.₆.
Emma p. n 26.₁₀, ₂₈, 34.₂₉.
Eniko p. n 32.₁₀.
enniggera-lo o. d 30.₂₁, vgl. aningeralo.
Eppika p. n 32.₉.
Eppiko p. n 28.₁₄, 35.₉.
Eppo p. n 34.₆, 36.₂.
Eritonon o. d 28.₁₄.
Erpgerd p. 69.₃.
Efik p. n 35.₂₇.
Etzo p. n 44.₁₈, vgl. Eizo.
Eueng-hufon o. d 30.₉.

F. s. V.

G.

galmere o. d 38.₃₂, galmeri d 37.₃₁.
gafgeri o. d 35.₃₂.
Gatmar p. n 26.₁₈, ₃₄.
Geba p. n 33.₁₆, ₃₄, vgl. lebo.

Gelderad p. n 39.₃₁.
Gelderik p. n 37.₃₁, 38.₃₂.
Geli p. n 29.₂₇.
Geliko p. n 40.₂, 44.₈, Gheliko n 26.₇, Gieliko n 44.₃₁, vgl. Ieliko.
Gero p. n 43.₃₆.
geronimuf p. 69.₅.
Gerrik p. n 37.₂₈.
gefta o. d 30.₄.
geft-huuike o. d 34.₃₈, Géfthuuila d 41.₁, vgl. iefthuuila.
geft-lan o. d 35.₁, Geftlan d 41.₁₆.
Gheliko s. Geliko.
Ghielo p. n 30.₂₂.
ghron-hurf o. d 31.₂₂, vgl. gronhurft.
Gieliko s. Gheliko.
Gingo p. n 30.₂₇.
Gifla p. n 44.₆.
gifla-hurft o. d 28.₃₆.
glano o. d 38.₆.
Gordianan p. f. g 65.₂₀—₂₁.
graf-tharpa o. d 26.₃, vgl. grafthorpa.
graf-thorpa o. d 26.₂₂, vgl. graftharpa.
gron-hurft o. d 30.₃₆, ₄₀, 37.₄₀, vgl. ghronhurf.
grupilinga o. d 40.₃, grupilingi d 27.₁, ₃₆.
gumoroding-tharpa o. d 40.₂₆, hgumorodingtharpa d 37.₃₂.
gundere-king-file o. d 32.₁₃.
Guniko p. n 31 note 2, Cuniko (!) n 31 note 11.
Gunzo p. n 27.₃₁.

H.

Habo p. n 27.₈, 44.₁₇.
Hacika p. n 44.₂, vgl. Hazeko.
haddo p. n 28.₂₆, Haddo n 31.₁₆.
hærdrad p. (?) 71.₁₈.
hagal, runcuname, n 20.₉.
Hameko p. n 27.₂₈, ₂₉, 29.₂₄, ₃₀, 36.₁₁.
hamerethi o. d 36.₄₀.

hamor-bikie o. d 30.7, 32.17.
hamuninkile o. d 22.2.
hanevuic o. d 22.9.
han-hurſt o. d 29.26, 45.1.
hannine o. d 22.15.
haring-tharpa o. d 36.39.
harth o. d: Van thero h. 34.19, 36.16.
hafleri o. d 30.12, 41.30.
haf-winkila o. d 27.13.
Hatzico s. Hazeko.
Hazeko p. n 35.26, Hatzico 44.25.
Hebo p. n 43.35.
Hedi p. n 44.23.
Heinuiko p. lat. ald. 43.35.
Heebrath p. n 44.7.
hék-holta o. d 39.34, vgl. ékholta.
heelan o. d 36.22, vgl. éclan.
heliaſ p. n 49.29.
Helmburg p. n 44.4.
Hemoko p. n 26.5, 24, 32.4, Hemuko n 30.37. 41.
hepping-tharpa o. d 30.18.
Heppo p. n 30.30, 34.3.
Hereman s. Heriman.
Heribarand p. n 44.20 (l. Heribrand? vgl. note).
Heriman p. n 40.24, Herim(an) 69.13, Hereman n 30.28.
Herithe o. d 27.17.
herodeſ p. n 50.29.
Heſiko p. n 44.24.
hetha o. d : uppan thero h. 36.21.
hézil p. n 25.18, hezil n 25.33, Hezil n 30.31, vgl. Hizel.
hgumoroding-tharpa *s. gumorotharpa.
Hibbo p. n 44.9.
Hiddikin p. n 30.12, 41.31.
hieruſalem o. n 14.25.
Hiko p. n 35.9.
Hildimar p. n 44.32.
hillo p. n 29.1, Hillo n 44.15, 28.
Hizel p. n 31.20, 32.13, 36.14, 24, 37.21, 39.19, 40.14, 43.12, Hitzel n 28.29, Hitzil n 28.16, 30.24, Hizil n 27.17, vgl. hézil.

hlac-bergon o. d 37.8, 39.4, vgl. laebergon.
hleon o. d 36.23.
Hoburg p. n 44.5.
Hodi p. n 43.36.
ho-hurſt o. d 32.20.
Hoiko p. n 36.18 44.11, 27, vgl. Hoyko.
Hoio p. n 30.4, 36.20, 38.7.
holla o. d 39 39.
holon-feton o. d 26.13, 30.
holt-hufon o. d 28.19, 38.24, 39.30.
holt-tharpa o. d 29 27.
horlon o. d 21.13.
hot-non o. d 30.33, 38, 35.21, 26, 43.18, hótnon d 37.4.
hoth-tharpa o. d 32.8.
Hoyko p. n 27.30, 28.34, 34.1, 33, 35.4, vgl. Hoiko.
Hozo p. n 36.7.
hramiſitha o. d 39.27.
hringie o. d 39.18, vgl. ringie.
hriponſile o. d 36.10.
Hrodbrath p. n 35.21.
hrot-munding-tharpa o. d 32.21, vgl. rothmundingtharpa.
hukillin-hem o. d 35.6.
hukretha o. d 21.9.
humbrathting-hufon o. d 36.28.
húndeſ-arſe o. d 40.20.
Huniko p. n 27.15.
huning-houa o. d : bi themo h. 33.19, bi themo hu 33.37.
Huno p. n 44.12.
hupeleſunik o. d 22 5.
hurſti o. d 26.10, 28.
hurſt-tharpa o. d 34.3.
hutting-tharpa o. d 38.9, 40.27.
huutting-tharpa o. d 34.26 (l. huntingtharpa oder huttingtharpa?)

I.

Ibikin p. n 37.32, 40.26.
Ibiko p. n 34.30, 39, 35.1, 36.17, 44.17.
Ikicon p. g 43.25.
Iko p. n 30.18, 32.8.

Imikin p. n 35.5.
Imiko p. n 44.14.
Imiza p. n 44.2.
Imma p. n 43.36.
Immo p. n 32.12.
Inggizo p. n 34.9.
if runenname, n 20.10.
Ifeko p. n 32.5, Ifiko n 45.1.
Ifing-tharpa o. d 34.33, 36.18.
Iziko p. n 35.22.

I. J.

Iazo p. n 27.4, vgl. Iezo.
Iebo p. n 33.14, Iebo (!) n 33.33, vgl. Geba.
Iecmare o. d 37.33, 39.15, Iekmare d 40.25, Iecmari d 37.13, vgl. Iecmere u. iukmare.
Iecmere o. d 37.8, Iecmeri d 37.18, vgl. Iecmare u. iukmare.
Ieliko p. n 28.31, Ieliko (!) 26.26, vgl. Geliko.
ieft-huuila o. d 36.32, vgl. gefthuuile.
iezi o. d 28.5, 29.3.
Iezo p. n 39.39, 43.12, 14, vgl. Iazo.
iohannef p. n 49.28.
Iudinaf-huuila o. d 36.17.
iukmare o. d 38.26, 41.22, 43.12, 19, vgl. Iecmare.
Iunggi p. n 25.11, Iunggi (!) n 25.28.

K. C.

Kanko p. n 26.16, 32, 27.13, kanko n 27.12, Canco n 44.25.
kating-tharpa o. d 38.8, 39.2.
chaon, runenname, n 20.8.
kiedening-tharpa o. d 35.17, 21, kiediningtharpa d 35.33.
kinlefon o. d 25.15.
clei-bolton o. d 30.19.
klei-kampon o. d 40.11.
Codingtharp o. n 44.11.
Creia o. 21.21.
criftef p. g 18.8.
kukon-hem o. d 27.23.
Cuniko s. Guniko.

L.

la o. d : Van themo l. 28.3.
ladthorpa o. d 22.1.
lagu, runenname, n 20.13.
laebergon o. d 38.14, 43.19, vgl. hlaebergon.
lac-feton o. d 25.5, 23.
Lancikin s. Lanzikin.
langon-huuile o. d 36.27.
Lanzikin p. n 40.1, Lancikin 36.33.
Lanziko p. n 34.6.
Lanzo p. n 25.16, 32, 28.36, 35.6, 44.10.
lembikie o. d 38.21.
Liefheri p. n 39.25.
Lieueko s. Lieuiko.
Lieuikin p. n 27.10, 31.2, 23, 26, 44.28.
Lieuiko p. n 28.35, 30.19, 33, 38, 37.37, Lieuico n 44.26, Lieueko n 38.36.
Lieuold p. n 30.9.
Lihtger p. n 39.37.
lindenun o. d 22.3.
lingeriki o. d 39.22.
Liudburga p. 45.3.
Liudeiko s. Liuzako.
Liuddag p. n 30.23.
Liudger p. n 34.20, 36.16, liudgeruf lat. n 23.12, liudgeri lat. g 23.7, 9, 14.
liudgerd p. 69.6.
Liudiko p. n 38.8.
Liudulf p. n 40.23.
Liudzo s. Liuzo.
Liuppo p. n 29.4, 44.22.
Liuthard p. 69.4.
Liuza p. n 34.28, vgl. Liuzo.
Liuzako p. n 44.31, Liuzikon g 37.2, d 43.7, Liudeiko n 44.23.
Liuzikon s. Liuzako.
Liuzo p. n 36.28, Liudzo n 44.12, vgl. Liuza.
liuereding-tharpa o. d 28.6, 36.24, vgl. liuoredingtharpa u. liuordingtharpa.
liuor-ding-tharpa o. d 31.20, vgl.

liuoredingtharpa *u.* liuereding-
tharpa.
liuoreding-tharpa *o. d* 30.31, 35.29,
vgl. liueredingtharpa *u.* liuor-
dingtharpa.
lucking-tharpa *o. d* 28.10.
Luckiffeon-huf *o. d* : Van themo
L. 34.23.

M.

Makko *p. n* 30.36, 40, 31.22, 31.31,
36.19.
man, *runenname, n* 20.12.
Manni *p. n* 35.29, 36.26.
Mannikin *p. n* 27.26, 29.32, 30.16,
32.20, 33.9, 28, 34.18, 19, 35.18, 34,
36.13, 38.18.
Manniko *p. n* 27.3, 38, 37.22, 29,
38.33, 44.21.
maraf-tharpa *o. d* 37.35, 38.34.
marion *p. f. g* 42.12, 43.2, mariun
d 18.7.
markiligtharpa *o. d* 44.32.
Mazil *p. n* 30.6.
mede-bikie *o. d* 36.37.
mein-brahting-tharpa *o. d* 29.1.
Meinciko *s.* Meinziko.
Meinhard *p. n* 39.22, Meinhardef
g 33.8, meinhardes *g* 33.27.
Meinuuord *p. n* 44.5.
Meinziko *p. n* 34.35, 38, 36.19,
Meinciko 38.3.
Meinzo *p. n* 27.7, 40.19, 44.5.
meelan *o. d* 34.12, meklan *d*
36.8.
Memo *p. n* 34.36.
Meni *p. n* 27.6.
merfeh-bikie *o. d* 40.21.
motton-hem *o. d* 27.21, 28.37.
mudelare *o. d* 32.10.
mufchinon *o. d* 40.12.
mufna *o. d* : Van thero m. 25.33,
26.2, 22, 28.29, 30, *vgl.* muffa.
mufna-hurft *o. d* 28.15.
muffa *o. d* : Van thero m. 25.18,
vgl. mufna *u. s.* 26 *note 2.*

N.

narht-tharpa *o. d* 32.12.
Narth-bergi *o. d* 28.18.
narth-liunon *o. d* 35.30.
naruthi *o. d* 23.3.
Natrik *p. n* 43.35.
nau(t), *runenname. a* 20.9.
Neribarn *p. n* 31.8–9, 32.
nianhuf *o. d* 21.16.
niumagan *o.* 67.4.
Nizo *p. n* 29.29, 32.7.
nouember, *monatsname, n* 18.11.

O.

Odheri *p. n* 44.7.
Odo *p. n* 40.20.
Odrad *p. v* 45.5.
oronbeki *o. d* 26.16, 32.
of, *runenname, n* 20.6.

P.

panaf *p. g* 101.32.
pane-unik *o. d* 34.9.
pantheon *o. a* 18.5.
pcing-tharpa *o. d* 38.38.
perif *o. Parisios* 80.11.
petronellun *p. f. g* 40.34
pikan-hurft *o.* 44.33, pikonhurft
d 30.14, 31.11, 34, pikonhúrft *d*
41.28.
pikon-hurft *s.* pikanhurft.
polingon *o. d* 35.7.
poppon-bikie *o. d* 38.23.
pulmeri *o. n* 23.11.

R.

Radbraht *p. n* 27.36, *vgl.* Rat-
braht.
Rading *p. n* 32.6.
radif-tharpa *o. d* 25.15, Radif-
tharpa *d* 41.14, *vgl.* radisthorpa.
radif-thorpa *o. d* 25.31.
Radnuard *p. n* 30.39, *vgl.* Rat-
nuard.
rammaf-huuila *o. d* 34.16, Ram-
mefhuuila *d* 28.21, rammef-
huuila *d* 36.11.

rat, *runenname*, *n* 20.7.
Ratbraht *p. n* 27.1, *vgl.* Radbraht.
Rat-uuard *p. n* 30.33, *vgl.* Rad-uuard.
Razi *p. n* 36.30.
Raziko *p. n* 26.17, 34, 28.5, 29.3.
Razo *p. n* 36.4, 44.14.
rehei *o. d* 28.35.
reinelburg *o. n* 67.13.
Reingier *p. n* 28.27.
Reinzo *p. n* 26.4, 23. 35.21, 32, 38.16, 40.8.
rengereng-thorpa *o. d* 21.8.
ricbraht *p. n* 25.10, Rikbraht *n* 25.27, *vgl.* Ricbrath.
Ricbrath *p. n* 37.25, *vgl.* ricbraht.
Rikheri *p. n* 27.24.
Rikizo *p. n* 29.26, 44.13.
Riewin *p. n* 28.10.
ringie *o d* 36.36, *vgl.* hringie.
rinherre *o. d* 22.11.
rohhufon *o. d* 21.23.
rokkon-hulifa *o. d* 33.17, 34.
roma *o. d.* 18.3, romô 18.4.
Rorotfeld *o. d* 69.7 (*l.* Rotfeld).
Rothhard *p. n* 34.21, 36.14.
Rothing *p. n* 36.6.
rothmundingtharpa *o. d* 36.26, *vgl.* hrotmundingtharpa.
Rotholf *p. n* 40.15.
Roziko *p. n* 27.17.
rugikampon *o. d* 33.6, 26.

S.

Sahfa *p. n* 34.8.
Sahfger *p. n* 35.7, 37.1.
Sahfiko *p. n* 32.19, Sahffiko *n* 30.16.
fahtin-hem *o. d* 27.28, 28.31.
Saleko *p. n* 38.6.
fant-forda *o. d* 36.14.
far-bikie *o. d* 38.7.
faxnote *p. d* 3.11.
Seger *p. n* 44.16, *vgl.* Siger.
Sello *p. n* 27.26, 29.6.
fendin-hurft *o. d* 28.8.
Sibrath *p. n* 36.22.

figana *Sequana* 81.9.
Siger *p. n* 38.34, *vgl.* Seger.
Sicco *p. n* 27.22, 44.21.
fickon *o.* 45.6 (*hds.* fickoñ).
Siman *p. n* 28.6, 44.17.
finegan *o. d* 40.17.
Sirik *p. n* 34.26.
Sizo *p. n* 27.21, 33, 28.37, 31.7, 18, 31, 32.3, 38.37.
fcand-forda *o. d* 34.21.
fearron *o. d* 36.5.
fcip-hurft *o. d* 27.3, 38.
flade *o. d* 28.1, 33.
fmithe-hufon *o. d* 26.8, 26. 37.22, 38.30.
fol, *runenname*, *n* 20.10.
fpilmeri *o.* 23.10.
fpurko *o. d* 32.16.
ftelting-tharpa *o. d* 29.18, 31.4, *vgl.* fteltingthorpa.
ftelting-thorpa *o. d* 31.28.
ften-bikie *o. d* 30.8, 41.29.
ftengrauon *o. d* 22.14.
ften-hurft *o. d* 34.1.
Suecfnou *o.* 23.12.
fuh-emifa-hornon *o. d* 27.7 (*l.* futh-emifahornon).
fuihten-huuile *o. d* 35.38, *vgl.* fuihtinhouile.
fuihtin-houile *o. d* 33.9, 28.
Suithiko *p. n* 29.35, Suitthiko *n* 32.2.
fun-ning-hufon *o. d* 32.18.
futhar-ezzehon *o. d* 25.10, fehar ez zehon (!) *d* 25.27.
futh-tharpa *o. d* 36.37.

T.

tafal-bergon *o. d* 25.3 4.
telchigi *o. d* 36.7.
telgei *o. d* 41.3.
telting-tharpa *o. d* 37.11.
Tetiko *p. n* 32.15.
Tiazo *p. n* 44.10, 11, 20, *vgl.* Tiezo. Thiezo.
Tidiko *p. n* 44.19, 28.
Tiederik *p. n* 38.34, *vgl.* Thiederik.

11*

164

Tiediko *p. n* 26.15, 37.2, Tiedico *n* 26.32. *vgl.* Thiediko.
Tiezelin *p. n* 32.17, *vgl.* Thiezelin.
Tieziko *p. n* 26.11, 45.2, tieziko *n* 26.28, *vgl.* thiezeko.
Tiezo *p. n* 26.1, 21, 31.26, 34.25, 35.1, 15, 36.20, 24, 45.4, *vgl.* Tiazo, Thiezo.
Tilo *p. n* 44.15.
Tiziko *p. n* 39.30.
Tizo *p. n* 37.26, 39.21.
tul *o. Tolosæ* 80.20.

Th.

thánkiling-tharpa *o. d* 38.11, thankilingtharpa *d* 39.1.
tharp-hurnin *o. d* 27.12.
thating-houan *o. d* 36.6.
thiedeling-tharpa *o. d* 40.9.
Thiederik *p. n* 37.35, *vgl.* Thiedorik, Tiederik.
thiedhilda *p. f. g* 42.5, *vgl.* thiethilda.
Thiediko *p. n* 30.21, *vgl.* Tiediko.
thiedining-tharpa *o. d* 39.32.
Thiedorik *p. n* 40.13, *vgl.* Thiederik.
Thiethard *p. n* 28.19.
thiet-hilda *p. f. g* 35.3, *vgl.* thiedhilda.
Thieza *p. n* 30.10, *vgl.* Thiezo.
thiezeko *p. n* 26.17, Thieziko *n* 28.32, 30.21, *vgl.* Tieziko.
Thiezelin *p. n* 30.7, *vgl.* Tiezelin.
Thiezo *p. n* 28.29, 30.5, 31.1, 39.27, *vgl.* Tiazo, Tiezo, Thieza.
thralingon *o. d* 35.9.
thunaer *p. d* 3.10.
Thuring *p. n* 44.1, thuringaf *g* 40.31.
thuris, *runenname, n* 20.5.
thúrnithi *o. d* 38.16.
thurron-bokholta *o.* 43.23.

U.

Vbbi *p. n* 44.9.
Vbbo *p. n* 44.8.

Vbik *p. n* 27.23.
upgoa *o. d* 23.13.
uphufon *o. d* 32.15.
ur, *runenname, n* 20.4.
Utermeri *o.* 23.9.
utilingon *o. d* 35.14, 36.3.

V. F.

Vaderiko *p. n* 35.33, Faderiko *n* 35.18, 39.23.
Vadiko *p. n* 32.16, 39.22, Fadiko 37.35.
uarete *s.* uariti.
uare-tharpa *o. d* 37.6, 39.9, 40.18, 41.24, 43.21, uaretharpæ *d* 37.19, fare-tharpa *d* 39.15, 40.29, 43.12, 14, *vgl.* Fare-thorpa.
Fare-thorpa *o. d* 40.24, *vgl.* uaretharpa.
uariti *o. d* 37.6, Fariti *d* 39.17, 40.5, 23, uarete *d* 43.21.
Faft-mar *p. n* 40.17.
fehtu *o. d* : an theru f. 23.7.
uehuf *o. d* 21.3, 43.23, uehufa *d* 24.7, 19, 28.22, 41.18.
felin *o. d* 35.32.
uelt-feton *o. d* 26.11, 28, ueltzeton *d* 28.32.
feu, *runenname, n* 20.3.
ficht-tharpa *o. d* 25.13, 30, 26.17.
ficht-thorpa *o. d* 26.33.
uilo-maring-tharpa *o. d* 30.15.
Fizo *p. n* 34.12, 36.8.
nohf-hem *o. d* 29.29, fohfhem 32.6.
Vockilin *p. n* 36.41.
Vocko *p. n* 29.23, 37.10, Vokko *n* 36.40.
uorkon-bikie *o. d* 33.16, 33—34.
uornon *o. d* 27.26, 29.6.
uorft-huuila *o. d* 34.5.
forth-huuile *o. d* 36.25.
Fretheko *p. n* 34.23.
Frethiger *p. n* 38.24.
uriling-tharpa *d* 31.6, vʀilingtharpa *d* 31.24, *vgl.* urilingthorpa.

uriling-thorpa o. d 31.29, vgl. urilingtharpa.
vvelaf-tharpa o. d 37.29, vvelef-tharpa d 38.33.

W.

Waldiko p. n 27.13.
uualdmoda p. 44.1.
walegardon o. d 28.16, 26, uualegardon d 28.27.
Waliko p. n 41 27.
Waltbratd p. n 29.22.
Wanumelon o. d 36.31.
waran-tharpa o. d 27.31.
uuartera o. d 40.10.
Vuecil p n 44.15, vgl. Wizel (?).
uuediffcara o. d 33.14, 32.
Wenni p. n 31.21, Vuenni n. 44.12.
Vuenniko p. n 44.20.
Vuerin p. n 43.36.
uuerinon o. d 23.5.
uuerlon o. d 30.30.
uuernera-holt-hufon o. d 34.6, uuernerahotlhufon d 36.33.
werfe-tharpa o. d 39.21, uuerfi-tharpa d 40.15.
uuerft o. d 37.21.
uuerftar-lac-feton o. d 25.16, uueftarlokfeton (!) 25.31—32.
uuerfter-unik o. d 30.10.
uueftar-bikie o. d 39.25.
uueftarlokfeton s. uuerftarlacfeton.
uueft-iudinaf-huuila o. d 34.28.
Wefton-uelda o. d 39.6.

uueteringe o. d 22.8.
wide o. d 40.2.
Vuieger p. n 44.22.
Vuiking p. n 44.6.
Wikmund p. n 26.13, 30.
Willa p. n 30.25.
Willezo p. n 39.3.
Williko p. n 26,3, 22, 10.15.
winiking-tharpa o. d 38.3.
Winizo p. n 33.18, Wunza (!) n 33.35.
winkila o. d 38.5.
Wirinzo p. n 28.18.
uuiffitha o. d : Van thero uu. 34.25.
Witzikin s. Wizikin.
Witzil s. Wizel.
Witzo s. Wizo.
Wizel p. n 38.11, 39.1, 40.3, Wizil n 31.10, 33, 35.14, Witzil n 28.12, vgl. Vuecil (?).
Wizikin p. n 32.6, Witzikin n 27.35.
Wiziko p. n 33.19, 37.
Wizil s. Wizel.
Wizo p. n 35.15, 18, 33, 37.6, 39.17, 40.5, Witzo n 26.19, 35, 27.1, 24, 28.4, 15, 29.31, 36.3, 3, Vitzo n 27.36.
unoden p. d 3.10.
vunninethorpa o. d 22.10.

Y.

yr, runenname, n 20.14.

II.
Uebrige wörter.

c *ist mit* k *und* f *mit* v *vermengt;* -ia- *s.* -ie-, -ua- *s.* -uo-, -uo- *rgl.* -ö-.
Sicher hd. wörter stehen zwischen klammern.

a- *präf. rgl.* er-, or-, ur-.
abdiska *sw. f. äbtissin.*
 F^K *ds* abdifcon 24.₂₁, Abdiffcon 33.₂₂.
 F^M *ds* abdifcon 24.₁₃, 29.₁₃, abdiffcon 33.₂, 37.₁₋,₂₁, 40.₁.
a-belgian (?) *sw. v. zornig machen, erzürnen.*
 P^W *pe, ns* arbelgid */hd.? /irritata* 90.₂₁.
a-bolganhēd *st. f. zornsucht.*
 B- *as* Abolgauhed 17.₇.
[abskelli] *adj.*
 P abfcelli *absurdum, contrarium* 82.₁₋₁₈.
[absturnig] *adj. starrsinnig.*
 P *nsm* abfturniger *obstinatus* 82.₁₃.
[abtrunnig] *adj. abtrünnig.*
 P *nsm* abdrunniger *apostaticus* 79.₃₋₄, abdruniger *apostata* 87.₁₉.
-ädra *s.* sen-ä.
aduch *st. (m.) attich, ackerholunder.*
 V^o *(n)s* aduch *bibleis (als = ebulis aufgefasst)* 110.₁₁.
æfchlad *s.* ēskian.
af- *s.* av-.
[affo] *sb.*
 P affo *simia* 79.₂₆.
agaleia */hd.?/ st. f. nglei.*
 P *(a)s* agaleia *(herbam mollissimam)* 77.₁₆.
agal-thorn *st. (m.) eine art dornstrauch.*
 P *ns* agalthorn *rhamnus* 77.₁₃.
agastria *sw. f. elster.*
 S *np* agaftriun *pice* 107.₂₀.
agat *st. (m.) achat.*
 P^W *ns* agat *lapis nigellus* 94.₂₁.
agenga (?) *sw. f. unholdin.*
 P *ap* agengunt *(l.* agengun?*) lamias* 76.₂₇.

ah *interj. ach.*
 P^W äh *pro* 95.₃₂, 98.₃.
aharin *adj. aus ähren bestehend.*
 P^W *b.asm* áárinön *spiceum* 91.₂₈.
ahorn */hd.?/ st. (m.) ahorn.*
 P *ns* ahorn *platanus* 78.₃.
ahsa *f. achse.*
 P *ns* ahfa *axis* 75.₂₂.
ahte(-) *s.* ahto(-).
ahtedeg *s.* ahtotig.
ahter *s.* aftar.
ahtian *sw. v. achten, für etwas halten.*
 M Ippti attedun *putauimus* 71.₃.
ahto *zahlw. acht.*
 E^b ahte 21.₃,₃.
 F^K ahte *6 mal z. b.* 25.₂₂, ahto 25.₂₄,₂₆.
 F^M ahte *23 mal z. b.* 25.₃, ähte 24.₃, 41.₂₅, ahto 29.₁₂,₂₁,₃₀.
ahtodoch *s.* ahtotig.
ahton *sw. v. achten, erachten.*
 P^W *pe, ns* giähtód (vvárth g. *putatur)* 97.₁₆, 2*sip* ähto *disputa* 101.₂₁.
ahtotein *zahlw. achtzehn.*
 E^b ahtetein 21.₃.
 F^K ahtetein 25.₂₀, 26.₂₅, 32.₂₁.
 F^M ahtetein *5 mal z. b.* 26.₁₈, ahtotein 29.₆, ahtethein 25.₁₂.
*ahtotig *zahlw. achtzig.*
 E^b ahtedeg 21.₃, ahtodoch 21.₁₉.
a-kaldon *sw. v. erkalten.*
 P^W 3*spti* ácáldóda *refrixit* 101.₂₅.
akus *st. f. axt.*
 P^W *ds* acuf *bipennem* 97.₁₈.
al *adj. all, ganz.*
 A *asn* al 20.₁₁.
 B *nsm* al *3 mal z. b.* 18.₁₀, *dsn*

allemo 18.16, *dsf* allero 18.15, *apm*
alla 18.5, *gpm* allero 18.7, *gp* allero
18.10, 15.
B⁸ *gsn* allaf 17.17, 21, 22, *gpf* allero
16.4, *dpf* allon 16.3, *dp* allon 17.23.
E⁶ *asf* alla 51.2, *gpf* allero 61.12.
Fᴷ *apm* alle 24.22.
Fᴹ *gsn* allaf 41.25, allef 43.3, *apm*
alle 24.11, 42.11, *gpm* allero 35.18, 34,
gpm allero 43.14.
G *npf* alla 65.15, *np* alla 65.22, *(apm)*
alla 62.16, *ap* alla 64.13, *gpf* allero
64.16, ? aller(o) 64.6.
M *gpm* allera (a. meſt *summopere*)
70.17.
Pᵃ *apm* alla 15.24, *a* alla 13.16.
T *dsn* allum 3.6, 7, *dpm* allvm 3.11,
dpn allum 3.9, allum 3.8.
Wʰ *nsn* al 23.5.
āl *st. (m.) aal.*
P *ns* al *anguilla* 87.12.
ala-efui *adj. ganz eben, flach.*
E⁶ *npn* alaemnia *plano secreate
equalia* 55.18.
alamehtig s. alomahtig.
[**akerencia** 111.11 *wahrscheinlich latein:
„Allec akerencia bedeutet vielleicht
al' oder ul' arencia (Diez. s. v. aringa)"
A. Gl. IV. 245 note 5.]*
a-lātan *st. v. red. einen wovon frei-
laſſen.*
E⁶ *pe, dsf* al(etenaru) *depulso* 48.14.
***alberi** *st. m. pappel.*
Vᵒ *as* halebirie *populus* 113.5 *(vgl.
A. Gl. II. 718 note 5).*
ald *adj. alt.*
E⁶ *sup. b,nsm* eldiſta *maior* 57.10.
S *ns* old *annosa* 107.2.
Wʰ *nsn* alt 23.15.
aldron *sw. v. altern.*
E⁶ *pe, np* gialdaroda (g. nuaron
praeessissent in diebus suis) 54.23–24.
alemōsa *f. almoſen.*
Fᴹ *dp* alemōſon 43.4, almoſon 42.6.
alemōsna (?) *f. almosen.*
Fᴹ *d* alemonſnon 35.2–4 *(f. alemoſnon).*
aletenaru s. alātan.
alli-gi-liko *adv. (v. dat. pers.) auf gan-
zgleiche weise, ganz gleich.*
Fᴷ alligiliko 26.31.
Fᴹ alligiliko 26.11.
almoson s. alemōsa.

alo-mahtig *adj. allmächtig.*
B⁸ *dsm* alomahtigou 16.3, 17.24, *b,
gsm* alomahtigou 17.21.
T *asm* alamehtigax 3.14, 15.
a-lōsian *sw. v. erlōsen.*
Pᵂ *pe, asm* álōſdan *erutam* 99.13.
alsō *adv. u. konj. als, ebenso, so, wie.*
B alſo 18.8, 11, 11.
E⁶ alſo 6 *mal* z. b. 50.19.
Fᴷ also 26.34.
Fᴹ alſo 5 *mal* z. b. 26.18, alfa 35.15.
G alſo *sicut* 64.6.
Pᵃ a(*lf*)o 14.6.
Pᵂ alſo 93.18, *sic* 102.30, 102.31,
ut 104.15.
al-sulik *pron. indef. ganz solcher.*
E⁶ *asm* alfulikan 59.25.
al-swart *adj. ganz schwarz.*
Vᵒ *ns* alſuart *maurus* 109.3.
alt s. ald.
altari *st. (m.) altar.*
E⁶ *ds* altare 57.1.
Fᴹ *ds* altáre 41.31.
Pᵂ *ns* áltari *altar* 99.15.
alund *st. (m.) eine fischart, alant.*
Vᵒ *ns* alund *capito* 111.15.
amasla s. amsala.
ambaht *st. (n.) amt, gutsverwaltung,
dienst.*
B⁸ *gs* ambahtaf 16.13.
Eᵇ *gp* ambahto 21.10.
Fᴹ *ds* ambahte 35.25, 38.26, ambehta
5 *mal* z. b. 41.18, ammahte 7 *mal*
z. b. 37.10, ammathta 43.19, 21, 23,
ammahte 43.23.
ambaht-lakan *st. (n.) dienstlaken (als
abgabe).*
Fᴹ *as* ammahtlakan 39.34–35, 37.
ambaht-man *m. verwalter.*
Fᴹ *ds* ammahtmanne 43.2, *np* ammath-
man 43.10.
amballa s. ampulla.
***ambo** *sw. m. wanst.*
Pᵂ *(ap)* ámbōn *abdomina* 96.26.
Pᵂᶠ *(ap)* ámbōn *abdomina* 105.1.
[**ameizza**] *sb.*
P ameizza *formica* 79.25.
amer *sb. ammer, ein vogel.*
Vᵒ *ns* amer *scorellus* 111.21.
ammaht-, ammath- s. ambaht(-).
[**ampulla**] *sb.*
P amballa *lecythum* 76.17.

[amsala] *sb.*
P amafla *merula* 82.₂.
an *präp. an. auf. in. zu.*
  B an *c. dat.* 18.₄,₁₆, *c.* ? 18.₃,₇.
  Bᵇ an *c. dat.* 7 *mal z. b.* 17.₈, *c. acc.*
    17.₂₁,₂₂, *c.* ? 17.₈,₁₁,₂₄.
  E an *c. acc.* 46.₁₈.
  Eᵉ an *c. dat.* 49.₁,₁₀, 53.₈, 60.₁₂,₁₈,
    c. acc. 48.₃, 57.₂,₃, *c.* ? 51.₂₂, 59.₂₀,
    ? 56.₁₂
  Eʰ an *c. dat.* 16 *mal z. b.* 22.₁₀.
  Fᴷ an *c. dat.* 12 *mal z. b.* 31.₃₃,
    c. acc. 31.₃₅.
  Fᴹ an *c. dat.* 72 *mal z. b.* 27.₁₉,
    c. acc. 28.₂₅, 31.₁₄, 36.₁, 37.₁₆, 38.₂₈,
    40.₅,₇,₂₆.
  L an *c. dat.* 67.₁₅.
  M an *c. dat.* 71.₂₂.
  P an *c. dat.* 76.₃₁.
  Pᵃ an *c. dat.* 17 *mal z. b.* 12.₆, *c.*
    acc. 12.₁₃, 15.₁₁, *c.* ? 13.₂₁.
  Pᵂ an *c. dat.* 92.₅, 94.₁₆, 99.₃, 100.₂₈,
    102.₉,₃₈, *c.* ? 91.₁₅, án *c. dat.* 92.₂₄,
    96.₃, 101.₂, *c. acc.* 96.₁₈.
  S an *c. dat.* 106.₁₁.
  Sᶠ an *c. acc.* 4 *mal z. b.* 19.₁₈.
  Wʰ an *c. dat.* 23.₃,₅,₇,₁₃.
an- *präf. vgl.* and-.
[ana] *präp.*
  Eᵉ ana 53.₂₈.
ana *s.* āno.
ana- *präf.*
  Pᵂ ana 90.₁₂.
[anabolz] *sb. amboss.*
  P *ns* anabolz *incus* 77.₃₂, s *incude*
    80.₁₆.
ana-gangan *st. v. an etwas gehen.*
  Eᵉ *3spti* anageing *(nitam) aggressus*
    est 51.₂₈, *3ppti* anagengun *(con-*
    silium) inierunt 52.₃₃—₃₄.
ana-gi-boran *adj. angeboren.*
  P *ns* anagiboran *ingenita, naturalis*
    84.₁₇.
ana-gi-niman *st. v. annehmen.*
  G *if* an(ag)e(ni)man *suscipere*65.₂₃—₂₄.
ana-ginni *st. (n.) anfang, beginn.*
  Pᵃ *ds* anaginne 13.₆.
ana-mäli (?) *f. narbe.*
  P *ns* anamali *cicatrix* 85.₁₆.
[ana-smidon] *sw. v. erregen, bei-*
  bringen.
  P *1spi* Anafmidon *incutio* 79.₂₇.

[anastōzan] *st. v. anstossen.*
  P *pc, nsm* anagiftozaner *inpulsus*
    77.₂₄.
ana-fang *st. (m.) anfassen, umfangen.*
  Bˢ *gs* anafangaſ 17.₄.
[anafangen] *sw. v. (gestohlenes gut) in*
  beschlag nehmen.
  P *3spti* anafangeda *intercianit*
    83.₇—₈.
[anafehtan] *sw. v. anfechten.*
  P *pc, ap* anafehtende *inf(l)ictos*
    (casus) 84.₁₈—₁₉.
ana-wāni *st. (n.) trieb.*
  Pᵂ *ns* ánavváni *indoles* 101.₂₂.
ana-wāni *adj. verdächtig.*
  Pᵂ *ns* anauuani *suspecta* 91.₂₇—₂₈.
an-brengian (?) *sw. v. beibringen, ein-*
  flössen.
  Pᵃ *3ppi* anbre(n)g(*ed*) 14.₆.
and *s.* ende.
and- *präf.; vgl.* und-.
  Eᵉ and 57.₂₀, ₂₄.
andari *sb. katachrese.*
  P *ns* andari *cataeresis* 83.₂.
and-bermian *sw. v. von den hefen*
  reinigen, läutern.
  Pᵂ *3spti* andbermida *defæcauerat*
    90.₁₇.
ande *s.* endi.
and-ervidio *sw. m. ein erbloser.*
  Pᵂ *ns* antervidio *exheres* 100.₇—₈.
and-geldan *st. v. entgelten, büssen;*
  vgl. und-geldan.
  E *2spk* angeldaſ *luas* 47.₁₁—₁₂.
  Eᵉ *1ppi* angeld(*ad*) 58.₂₀.
and-geldian *sw. v. entgelten lassen,*
  strafen.
  Eᵉ *3spi* angeldid 60.₁₅, *pc, nsf* an-
    geldid (a. nuerthan *puniri*) 60.₄.
andon *sw. v. eifern, eifersüchtig sein.*
  P *1spti* audoda *zelatus sum* 76.₁₈.
  S *3ppi* ándod *zelant* 106.₂₂.
an-dōn *sw. v. aufsetzen, anbringen.*
  Pᵂ *pc, asf* angiduána *inditum*
    100.₁₇—₁₈.
and-sakon *sw. v. von der schuld be-*
  freien, freisprechen.
  Eᵉ *3sptk* antfakodi *crimen diluens*
    53.₃.
and-sēlian *sw. v. losbinden, lösen.*
  Eᵉ *3spi* antfelid *soluet (bonem)* 55.₃₂.

and-fāhan *st. v. empfangen, in empfang nehmen.*
  B° *Ispti* antfeng 16.₂₅₋₂₆,₂₇, 17.₇.
  P^a *3spi* (an)fahid 13.₃.
and-flītan *st. v. I. sich bemühen, nach etwas trachten, streben.*
  P^a *3spi* handflitid (*nituntur*) 14.₉.
and-vorhtian *sw. v. fürchten.*
  PW *pc, ns* anuortid *suspecta* 91.₂₇.
ane *s.* āno.
angar *st. (m.) anger.*
  P *(a)s* angar *forum, mercatum* 85.₃₀.
au-gegin *adv. entgegen, gegen.*
  E° augein (*contrarius*) 50.₃₃.
augegin-brengian *sw. v. entgegenbringen.*
  V° *3spti* angenbrahte (*sc*) *contulit* 114.₄.
ange(i)n(-) *s.* angegin(-).
ango *sw. m. thürangel, stachel.*
  P *ns* ango *carlo* 77.₂₆, *aculeus* 77.₃₉.
ang-seta *f. blase, bläschen an der haut.*
  V° *ns* angfeta *pustula* 112.₁₈.
angul *m. angel, angelrute.*
  P *ns* angul *hamus* 77.₂₈.
  PW *(a)s* angul *calamum* 89.₁₈.
animali *s.* anamāli.
an-kuman *st. v. auf od. über jemand kommen, angreifen.*
  E° *3pptk* anquamin 60.₂₅.
an-lēhnon *sw. v. leihen.*
  E° *2sip* anlehno *commoda* 55.₂₀.
āno *präp. (c. acc.) ohne, ausser.*
  B^a ana 17.₆,₇.
  E^b ana 21.₉.
  F^M ane 28.₂₄, 43.₁.
  G ana 64.₁.
an-standan *st. v. anstehen, eintreten (zeitlich).*
  B *3spi* anftendit 18.₁₁.
an-standanliko *adv. anhaltend.*
  M onftondanlica *instantissime* 70.₉.
ant- *präf. s.* and-.
ant-ahtoda *zahlw. achtzig.*
  F^M antahtoda 29.₃.
antprest *st. m. ausleger.*
  P *ns* Antpreft *interpres* 73.₂₄.
antflagada *s.* hautslagon.
[anfluz] *sb.*
  S anfluzi *incremento* 108.₄.
[apful] *sb.*
  P *s* afful *papille* 81.₂₂, *p* ephili mala *punica, affricana* 81.₂₀.

apo *sw. m. affe.*
  PW *(a)s* ápon *symiam* 94.₂₅.
appul *s.* honeg-a.
appul-grē *adj. apfelgrau, scheckig.*
  V° *ns* appulgre *scutulatus* 109.₂.
ar- *präf. vgl.* a-, un-ar-.
ariz *s.* aruz.
[arlāzan] *v.*
  E *dsf* arlazenarv *depulso* 16.₂₈₋₂₉.
arm *adj. arm, elend.*
  B° *apm* arma 16.₂₀.
[armboug] *sb.*
  P armboug *armilla* 82.₂₄, armborg (l. armbovg) *armille* 73.₁₂.
armilo *sw. m. armring.*
  P *(a)p* armilon *dextraliola* 78.₂₂.
[arnon] *v.*
  PW arnont *metunt* 90.₁₀.
ars-belli *sb. pl. gesässbacken.*
  PW *(a)* arfbelli *nates* 96.₂₀₋₂₁.
  V° *n* arfbelli (*clunis*) 114.₃₁₋₃₂.
arnt *st. m. stückchen er:*.
  PW *np* árutof *rudera* 100.₂₈.
[aruz] *sb.*
  P aruzz *ruder* 84.₉.
  PW *ns* ariz *massam* 93.₉, *ds* a(ru)ze *rudere* 93.₈.
arvithi *st. (nj) mühsal, beschwerde.*
  S arnithi *dispendium* 108.₁₂.
ask-man (?) *m. see-mann, -räuber.*
  L *np* afmen *piratæ* 67.₁₃.
asko *sw. m. ein fisch, asche.*
  V° *ns* afco *tincallus* 111.₁₆.
a-skorunga *f. grobes wollenzeug (?).*
  P *ns* afcorunga *lemugo* 83.₃₀.
a-slahan *st. v. erschlagen, töten.*
  PW *3spk* áflaha *interuecet* 91.₂₀.
asna *f. lohn, abgabe.*
  F^M *ns* afna 43.₁₆.
ast *st. (m.) ast.*
  P *ds* afte (*cum*) *ramo* 82.₂₀.
āt- (?) *exx-; vgl.* ovar-ā.
  E° at 57.₂₀.
*ā-telo *adv. unpassend, unangemessen.*
  M atela (ni a. *mon ab re*) 71.₃.
attedun *s.* abtiun.
[ātumzuht] *sb.*
  PW adumzufti *flatu spiritus* 90.₁.
athilari (?) *adj. edel.*
  S athilarion (l. athilbarion?) *generosus* 106.₁₁.

a-thriotan *st. r. verdrieſſen.*
  V⁰ *pe. us* athrotan *pertæsum. odiosum* 112.₁₅₋₁₆, 113.₁₅.
āthmu-tuht *st. (f.) atem:ug.*
  PW *up* athmutuhti *commercia gutturis* 93.₁₄₋₁₅.
af *konj. s.* of.
af- *präf., vgl.* of-.
āvand *st. m. abend.*
  FM *gs* auandaf 40.₃₂.
āvand-sterro *swr. m. abendstern.*
  PW aventîterro *vesper* 94.₃₃.
af-brekan *st. v. abbrechen, abpflücken.*
  E⁰ *if* afbrekan *vellere* 49.₃₂.
a-fellian (?) *swv. r. anstoss nehmen (?).*
  E⁰ *3ppk* arfellian *[hd.?] scandalizemus* 51.₂₂.
avent- *s.* āvand-.
aver (?) *adv. aber.*
  G (a)uer *enim* 62.₁₁.
af-god *st. m. abgott, göt:e.*
  B *ap* afgoda 18.₅.
  PW *us* afguod *sigillum* 94.₂₆.
afgodo-hûs *st. u. göt:enhaus.*
  PW *ds* áfgódohúfa *(in) idolio* 92.₂₁₋₂₅.
afonstig *s.* afunstig.
aftar *adv. hinten, nachher.*
  A after 20.₄.
aftar *präp. (c. dat.) über—hin, längs.*
  B ahter 18.₁₄.
  S⁽ aftar 19.₉.
af-tiohan *st. r. wegnehmen, herausnehmen.*
  E⁰ *3spi* aftiuhid 50.₅.
  PW *pe, usm* áftógän *exemptus* 99.₆.
avuh *adj. verkehrt, schlecht.*
  E⁰ *b,np* avuun (?) *prave* 54.₁₇.
af-unst *st. (f.) missgunst, neid.*
  B⁽ *as* anunft 17.₅, *gs* anunftef 16.₁₁.
af-unstig *adj. missgünstig, neidisch.*
  G *nsm* afouftig 64.₁₁.
[āwizzon] *v.*
  P auuitzon *deliro* 79.₁₀.

bad *s.* bath.
baccunegun *s.* bakwägi.
bāga *f. streit.*
  P *ns* baga *conflictus* 80.₂.
bakan (?) *st. v. backen.*
  FM *(pe, gs)* gibāk 41.₁₅, *(l.* gibakenaf ?*)*
[bachan] *v.*
  P bachan *torrere* 83.₃.

bakkeri *st. m. bäcker; vgl.* bröd-b.
  FM *ds* bakkera 42.₃₀.
bak-wāgi *st. (n.) schale, schüssel.*
  PW *dp* bacvuaion *lauribus* 93.₂.
  V⁰ *dp* baexunegun *(vgl.* 152.₃₈*), l.* bacuuegun) *lauribus, uasis* 114.₄.
[bahweiga] *sb.*
  P bahueiga *lanx* 80.₁₃, bahuueigou *sentre* 76.₅.
bald *adj. muthig.*
  E⁰ *npm* balda *fortes* 60.₃₅.
balg *st. (m.) balg.*
  P *ns* balg *folliculus (in quo granum est)* 74.₁₃.
  PW *dp* bálgon *follibus* 97.₃₂.
[balstar] *sb., vgl.* plastar.
  P balftar *cæmentum* 80.₁₁.
banano *s.* bōna.
band *st. (f.) band, reif, pl. fesseln;*
  vgl. hōvid-b., kōpon-b.
  FM *ap* bandi 43.₁₅.
  PW *dp* bendion *nexibus* 99.₅.
bannan *st. r. vorladen, einberufen.*
  P *if* bannan *mannire* 83.₁.
banut *s. zunder, zündstoff.*
  PW *us* banút *fomitem* 95.₃₁.
bar *adj. offenbar.*
  E⁰ *nsm* bar *in palam* 59.₂₄.
bāra *f. bahre, sänfte.*
  P *ns* bára *fiscalis reda* 80.₂₇.
-bardoht *s.* un-b.
-bārian, -bārion *s.* gi-b.
-bāritha *s.* gi-b.
barliko *adv. offenbar, offen.*
  E⁰ barliko 59.₁₇ *aperte*, barlico 60.₃₃.
  G barliko *foris* 64.₇₋₈.
-barmunga *s.* er-b.
baro *adv. offenbar, offen.*
  E baro 47.₂.
  E⁰ baro 48.₂₀.
baron *swv. v. entblössen; vgl.* gi-b.
  PW *if* báron *nudare* 100.₁₀.
barug *st. m. männliches verschnittenes schwein.*
  V⁰ *us* barug *muialis* 111.₇.
bath *st. (n.) bad.*
  FM *ds* batha 43.₁₆.
  P *ns* (bad) *thermæ* 80.₁₁.
batheri *st. m. bader.*
  FM *ds* bathere 37.₁, *dp* batheron 37.₃,₇,₉.

[bäunga] *sb.*
  P bonugan *fotibus, nutrimentis* 85.₈₋₉.
be- *präf. s.* bi-.
bed *st. n. bett.*
  V⁰ *ns* bedd *culcites* 111.₁.
-bed *s.* gi-b.
bedari *st. m. beter, fürsprecher.*
  PW *ns* bëdari *orator* 99.₁₉.
-beddi *s.* godo-b.
beddi-bret *st. (n.) ruhebett.*
  V⁰ *(n)s* beddipret *sponda, lectum* 110.₂₃.
beddi-wädi *st. (n.) bettzeug, bettücher.*
  P *p* beddiuuadi *stratoria* 75.₂₂.
  V⁰ *ns* beddiuuidi *culcitum, plumatium* 111.₃.
bedon *sw. v. beten, anbeten.*
  Pᵃ *if* bedon 14.₂₂.
  PW *if* bëdon *supplicare* 95.₃₀, *conprecari* 96.₂₆.
[beinberga] *sb.*
  P beinberga 87.₂₈, beinbirga 75.₁₂ *orrea.*
[beizen] *v.*
  P gibeizdan *conmorsum* 83.₉.
bekkin *st. (n.) becken, kanne, krug.*
  P *(a)s* bekkin *labrum* 74.₁₋.
  PW *ns* bëckin *cantharus* 95.₁₆₋₁₇.
-beldian *s.* gi-b.
-belg *s.* gi-b.
-belgian *s.* a-b.
-belli *s.* ars-b.
bēn *st. (n.) bein, vgl.* īs-b.
  PW *gp* beno *crurum* 102.₁, *dp* bénon *cruribus* 98.₇.
  Sᵗ *as* ben 19.₁₈, *ds* bene 19.₁₉.
bēr *st. m. (zucht)eber.*
  P *s* ber *(eum) uerre* 82.₃₂.
  PW *gs* bëraf *uerris* 95.₃₁.
-beran *vgl.* anagiboran.
berg *st. m. berg.*
  E⁰ *dp* bergon *montibus* 58.₁₃.
  PW berg-(puellaf) *napheas* 94.₂₇.
-berg(a) *s.* ern-b., heri-b.
beri *st. (n.) beere; vgl.* hane-b., hind-b., kirsik-b.
  V⁰ *p* beri *bacinio* 111.₃₀.
-berniun *s.* and-b.
-hero *s.* horno-b.
bēr-swin *st. n. eber.*
  FM *as* bierſuin 35.₃₁.

besmo *sw. m. besen.*
  V⁰ befmo *verriculum* 111.₃₂.
best *adv. am besten.*
  E⁰ beft *maxime* 56.₃.
bet *s.* bit.
-bētian *s.* and-b.
-bētig *s.* wurm-b.
betiron *sw. v. bessern, verbessern.*
  E⁰ *pc, asm* gibetorodan 51.₂₅.
[bettibret] *sb.*
  P boctibret (*l.* bettibret) *sponda* 87.₂₃.
bēthia *ahlw. beide.*
  FM *df* bethen 42.₂₂.
bēthiu *konj.* b.— endi *sowohl — als.*
  Pᵃ (*b*)ethiu 14.₁₈.
bi *präp. (c. dat. od. instr.) bei, mit, durch.*
  E bi 47.₁.
  E⁰ bi 49.₄, 52.₃₁, 53.₁₇, 58.₁₀, 60.₂₉.
  FK bi 33.₂₃,₃₇.
  FM bi 33.₆,₁₉, 36.₂₉,₂₅.
  G bi 63.₁₁, 65.₈.
  Pᵃ B(*i*) 13.₃.
bi- *präf. vgl.* un-bi-, ūt-bi-.
  Pᵃ b(e) 12.₃.
bi-brengian *sw. r. vollenden.*
  E⁰ *3spti* bibrahta *perfecit* 59.₂₁.
bi-brōd *st. (n.) honigkuchen, wachsscheibe.*
  PW *p* bibrod *fauis* 90.₁₆.
biddian *sw. v. bitten, einladen.*
  B *3sptk* bedi 18.₄.
  Bˢ *Ispi* biddin 17.₂₅.
  G *pc, nsm* gibed(e)n *inuitatus* 64.₃.
  Pᵃ *3spi* bid(id) 13.₁₂.
*bi-dempian *sw. v. durch dampf, rauch ersticken.*
  PW *if* bithempan *subfundere fumo* 93.₁₇.
bi-driogan *st. v. betrügen, täuschen.*
  P *3spi* [bidrugit] *frustratur* 84.₂, *pc, ns* bidrogan (b. uuerthit *frustrabitur*) 77.₂₉.
bi-dumbilian *sw. v. zur narrheit machen.*
  P *2sip* bidumbili *infatua* 75.₂₀.
biersuin *s.* bērswin.
bi-gān, -gangan *st. v. begehen, feiern.*
  B *Ispi* beged 18.₁₅, *pc, nsf* begangan 18.₃,₉, *pc, apm* begangana 18.₄₅.
bi-gangandelik *adj. feierlich, rühmlich.*
  PW *b.talp* begangandëlicun *celebres* 104.₂₀.

bi-gengitha *st. f. kult. bekenntnis.*
PW *ns* bigéngitha *seetę* 91.5, *gs od. ds* bigéngithę *seetę* 96.12.
PW *gs od. ds* bigéngithû *seetę* 105.6.
bi-gihto *sw. m. beichte.*
B *ns* bigihton 17.23, *ds* bigihton 16.8.
bi-ginnan *pt-pr. v. beginnen.*
B *Lspti* bigonsta 16.6.
G *Lspti* bigonsta *co pit* 65.20.
bi-giotan *st. v. begiessen.*
PW *Lspti* begót *proluit* 94.19.
[bigiozan] *v.*
P bigoz *proluit, profudit* 86.2.
bi-glēdian *sw. v. gleiten machen, herabstürzen.*
PW *Lspti* bigledda *labefactat* 93.12.
[bigonggolan] *v.*
P bigouggolan *incantare* 86.37.
bi-graft *st. (f.) begräbnis, grab.*
E *s* bigraft *(in) sepulturam* 52.38.
bi-hebbian (?) *sw. v. beschliessen.*
A *Lspi* bihabe(t) *[lid.?]* 20.11.
bi-heftian *sw. v. anheften.*
PW *pe, ns* (?) biheftid *infligitur* 101.8.
bi-hētan *st. v. verheissen, versprechen.*
E *Lspti* bihet *devovit* 61.22.
bī-kar *st. (u.) bienenkorb.*
S *p* bikar *alvearia* 108.1.
bikeri *st. m. becher (auch als mass).*
E *ap* bikera 21.6, 12, 14, 19.
V (a)p bikeriaf *crateras* 112.21 *(vgl. 152.31).*
bi-kērian *sw. v. umwenden.*
P *pe, nsm* bikiert (b. uuerthan *inuerti*) 101.8.
bi-klenan *st. v. bestreichen, beflecken.*
P *pe* biklenan *oblita* 84.11.
PW *pe, np* [bechleman] (*l.* bechlenan) *inlita* 89.15.
bi-kuman *st. v. (zu etwas) kommen, gelangen, zu teil werden.*
B *if* bekuman 18.15.
E *pe?* bikuman *perueniffe* 46.6—7.
E *Lspti* (?) b(e)quam *(perueniffe)* 48.21 *(vgl. note 7).*
PW *Lspti* beqůam *promenit* 104.31.
bil *sb. kleiner pfahl, pflock, nagel.*
P *ns* bil *paxillus* 74.37.
bi-leggian *sw. v. belegen, darauf legen.*
E *Lsptk* bilaggi (*l.* bilagdi) *(superpositum)* 61.15—16.

bi-lemnian *sw. v. lähmen.*
E *pe, nsn* bilemidan *membris debilitatum* 55.19.
-bilithunga *s.* un-b.
bi-livan *st. u. nahrung, speise, zukost.*
E *s* biliuan *uictui* 57.27, *ds* biliuana *cibo* 50.23.
PW *(ap)* biliuau *obsonia* 95.13.
[bimeinen] *v.*
E *Lspti* pemeinta *constituit* 53.1.
PW *Lspti* bemeindon *dicarant* 90.6, *pe* bemeinda *dirta* 90.19.
bi-mēnian *sw. v. zuteilen.*
E *pe, nsn* bimenid *mancipatum* 50.8.
bi-neman *st. v. wegnehmen.*
PW *Lspti* benam *ademerat* 91.17.
bi-nemnian *sw. v. benennen, namhaft machen, erwähnen.*
B *if* binemnian 17.17, *pe, nsn* binemnid 17.17.
E *Lspti* binemda *nominat* 52.7.
[binezzen] *v.*
P binazter *irretitus* 86.30—31.
bini-sûga *f. biensaug.*
PW *s* biniſuga *thymo* 89.24.
binitin *adj. aus binsen gemacht.*
PW *b,(a)pm* binitiuan *scyrpea* 90.17.
bini-wurt *st. (f.) bienenkraut, melisse.*
V *ns* biniuurt *apiastrum* 111.27, *(n)s* biniuurt *melisphilla* 110.18.
[biniwurz] *sb.*
PW *(bini)uurz thymo* 89.24.
[binizzin] *adj.*
P binizzin *scirpeam* 74.3.
[binuz] *sb.*
P *ns* binuz *iuncus* 76.16, *scirpus* 77.16, 79.18, *ds* binizze *(in) careeto* 74.4.
biodan *st. v. aubieten; vgl.* gi-b., far-b.
E *Lspti* budun *constituerunt* 52.5.
*biogan *od.* *bûgan *st. v. biegen.*
PW *pe, ns* gi(bû)g(an) *(curue) tumens* 104.2.
bi-rōpian *sw. v.; pe pt ge:ottelt.*
E *pe, npm* beropta *sparsis capillis* 47.11—12.
bisemo (?) *sw. m. bisam.*
P *ns* hifemo (*l.* bifemo) *peregrino puluere* 85.6.
[bisenken] *v.*
P bifancter (b. ſtoc *stips*) 80.48.
bi-seffian *sw. v. bemerken.*
M *2sip* bifeffe 72.4.

bi-sittian *st. v. umlagern, umstellen.*
E° *pe, us* bifetan *(umbi b. circumdata)* 56.₂₀.
L *pe, asm* bifetenne *circumsessum* 67.₆.
[biskenten] *v.*
P^W *pe, csm* befcenten *(tabidum)* 90.₃₁.
bi-skermeri *st. m. beschirmer.*
P^W bifcérmiri *patronus* 103.₁₄.
bi-skermian *sw. v. beschirmen.*
P^W *if* befcermian *tueri* 103.₂₃.
[biskilben] *v. auf ein gerüst legen (?)*
P *pe* bifcilbit *in clida* 83.₃₂.
bi-skindian *sw. v. abrinden, schälen.*
P *3spi* bifcindit *excorticauerit* 83.₃₃.
pe bifcindit *decorticatum* 83.₃₁.
biskop *st. m. bischof.*
B^s *ap* Bifcopof 17.₁₅.
P^W *np* bifcopof 101.₃₃.
bi-sorgon *sw. v. sorgen für.*
E° 2sip biforgo *(honora)* 50.₂.
bi-spräki *st. (n.) verläumdung, schelten.*
B^s *gs* bifprakiaf 16.₁₁.
[bispráchida] *sb.*
P bifprachida *obtrectatio* 81.₄, 85.₁₅.
[bisprehhan] *v.*
P bifprehhent *derogant* 81.₅, bifprohhan *diffamatus* 79.₁.
bi-stadon *sw. v. verpachten.*
E° 3spi biftadod *locabit* 51.₁₅, 3spi biftadoda *locauit* 51.₁₃.
[bistózzan] *v.*
P biftozzan *pertusum* 81.₂₀.
bi-swerian *st. v. beschwören.*
E° 3spi bifuor *iurauerat* 51.₃₄.
bi-swikan *st. v. betrügen.*
P^a 3spi befuikid 15.₂₄.
-bit *s.* múth-b.
[bit] *präp. mit.*
P^W bit 90.₅, be(t) 89.₁₃.
bi-téknianddik *adj. bildlich, symbolisch.*
P^W *b,ap* bétéemiändélicun *mystica* 103.₄.
[bitunkulan] *v.*
P bitunkulat *helctat* 86.₁₃, bitunkulat *nimbosa (elementa)* 86.₁₀.
bithempan *s.* bidempian.
bi-thenkian *sw. v. bedenken.*
E° 3spk bithahti *(se conuerteri?)* 52.₈₋₉.
bi-thurfan *pt.-pr. v. bedürfen.*
M *if* bithu(rfan *indigere* 70.₁₃.

bi-thwindan (?) *st. v. bezwingen?*
E° *if* bithuindan *(an if duoma b. iudicio contendere)* 49.₁₁ *(vgl. note 4).*
bi-thwingan *st. v. bezwingen, beengen.*
P^W 3spti bethvngun *strangulant* 98.₅.
bi-thwungnussi *f. (bezwingende) kraft, strenge.*
P^W *ns* bethvnganuffi *censura* 101.₂₃.
bi-váhan *st. erfassen, ergreifen; umgeben.*
P^P *pe, np* biuongenç *(formidine) fusi* 88.₁₂.
S 3spi binaid *ambit* 108.₁₅.
bi-felhan *st. v. anbefehlen; übergeben, opfern.*
E° *pe, np* bifólana 56.₁₂.
V° 3spti bifal *denouet* 114.₆.
bi-felhari (?) *st. m. verleiher, wucherer.*
P *ns* bifolihari (*l.* bifelihari) *foeneratur* 77.₂₃.
[bi-villida] (?) *f. quälen, beunruhigung.*
P *ns* biuuillida *infestatio* 79.₁₅.
bi-víthan *st. v. bemerken.*
S *pe, ns* beuundan *deprehensus* 107.₃₃.
bifolihari *s.* bifelhari.
bivon *sw. v. beben.*
P^W *if* binon (b. gidéda *tremefecit)* 104.₁₆.
bi-foran *adv. vorher.*
E° beforan 57.₂₂.
P^W béforan (thär b. *retro)* 98.₁₀.
bi-foran *präp. vor.*
E° biforan 59.₃₁.
-bivunga *s.* erth-b.
bi-waldan *st. v. beherrschen.*
P^a 3spi beuua(ld)id 15.₂₀.
bi-wandlon *sw. v. verändern.*
P^a *pe, nsm* beuuandlod 12.₁₃.
bi-wellan *st. v. beflecken, färben.*
P^a *pe, nsm* beuuollan 14.₂.
P^W 3spi bevuillid *inficit* 97.₉.
bi-wendian *sw. v. verwandeln.*
P^W 2sip bévvéndi *transfer* 97.₂.
P^Wf 2sip biuuendi *transfer* 105.₅.
bi-werian *sw. v. verbieten.*
E° *pe, np* binnérida *prohibiti* 50.₁₀.
biuuillida *s.* bivillida.
[biz] *sb.*
P^W bizzin *cietibus* 90.₃.
[bizihti] *sb.*
P hizihti (*l.* bizihti) *actus* 84.₁.

[bizihtig] *adj. eifersüchtig.*
P *nsm* bizihtiger *:elotipus* 82.₁₆.
[bizouberou] *v.*
P bizouberata *fascinauit* 81.₆.
[bizzo] *sb.*
P bizzo *offa* 86.₂.
blad *st. n. blatt (aus metall).*
PW *ns* blád *lamina* 97.₂₉, *dp* bládon *laminis* 98.₂₈.
blädarn *sw. f. blatter, hitzbläschen.*
PW *(a)p* bládárvn *papulas* 95.₂₁.
blak *st. (n.) tinte.*
V⁰ *ns* blac *atramentum* 111.₃₃.
blak-horn *st. (n.) tintenfass.*
V⁰ *ns* blachorn *atramentarium* 111.₃₂.
-blank *s.* wahs-b.
*bláo *adj. blau, blass.*
P *dsm* blauuemo *liuido* 78.₁.
PW *b,ap* blaunon *liuida* 100.₃₅.
blas *adj. weiss (mit weisser stirn?).*
V⁰ *ns* blaf *Cadius (l.* candidus *od.?* calidus) 109.₁₈.
blása *f. blase.*
S *ns* blafa *uesicula* 108.₂.
[blat] *sb.*
P blat *pampinus* 83.₂₃.
[bleh] *sb.*
P bleho *phylacteria* 78.₂₈.
V⁰ blech *bractea* 111.₁₂.
blek [?] *st. n. blech, metallblättchen.*
P *dp* blekkot *laminis (l.* blekkon? *od. pe = mit blech überzogen ?)* 86.₂₀.
blekkot *s.* blek.
blī *st. (n.) farbe.*
S *a(s)* bli *colores* 107.₁₁.
blī *adj. farbig, gefärbt.*
S *npn* bli 106.₁₂.
blindi *f. blindheit.*
PW *ns* blindi *caecitas* 98.₂₂.
-blini *s.* grē-b.
*blīo *st. (n.) blei.*
P *ns* bli *plumbum* 81.₁₅.
blīthi *adj. fröhlich, heiter.*
B *nsm* blithi 18.₁₃.
blīthon *sw. v. sich freuen.*
PW *1spi* blithon *letor* 102.₉.
-blinwan *s.* ūt-b.
blōd *st. n. blut.*
Bᵉ *as* blod 16.₂₅.
Eᵉ *gs* [bluotes?] 53.₁₄.
Pᵃ *as* (bln)o(d) 14.₁₆, *is* blu(o)d(o) 14.., *gp* bluodo 14.₁₅ (?).

PW *gs* bluódaf *cruoris* 96.₃₁.
S *(a)s* blod *humorem* 107.₉.
-blōmo *s.* gold-b.
bodan-brāwi *adj. triefäugig, nicht gut sehend.*
P *ns* bodanbranui *lippus* 81.₁₈ *(vgl. note 11).*
bodun-brāwe *sb. augenfluss, augentriefen.*
P *ns* bodunbranue *lippitudo* 82.₂₀.
bōg *st. sb. bug.*
P [buag] *armum* 81.₂₅.
S *(a)p* boi *armos* 106.₂₄.
bōgian *sw. v. biegen; vgl.* in-b.
PW *pe, dp* gibēgdén *tortis* 104.₂₁.
-bōgiandelik *s.* gi-b.
bōk *sb. buch.*
PW *ns* bōc *liber* 102.₃₆, *dp* bōkion *uoluminibus* 102.₄₂.
bōka *f. buche.*
V⁰ *ns* boke *(esculus)* 111.₂₈.
-bōkan *s.* heri-b.
bōkeri *st. m. schreiber, schriftgelehrter.*
Eᵉ *np* [buocheria] *scribe* 50.₂, *dp* bocherion *scribis* 51.₃₂.
bōkon *sw. v. sticken.*
Gᵇ *pe, p* ibocade *plumaria (uelamina).*
P *pe s* gibokod *(tentorium) opere plumario, in modum plume* 74.₃₆.
-bolgan- *s.* abolgan-hēd.
bollo *sw. m. schale, napf.*
V⁰ *ns* bollo *cratus* 112.₈.
[bolz] *st. (m.) brenneisen.*
PW *(a)s* bolz *cauterem* 98.₁, *dp* bólzón *cauteribus* 95.₂₂₋₂₃.
-bōm *s.* kirsik-b., kurnil-b., mūl-b.
bōna *f. bohne; vgl.* fīk-b.
FK *gp* banano 24.₂₁.
FM *gp* banano 24.₁₀.
borg *st. (m.) bürgschaft.*
V⁰ *ns* borg *vadimonium* 111.₃₈.
[borgen] *v.*
P borgen *parcam* 79.₁₇.
-boro *s.* mund-b.
boron *sw. v. bohren.*
P *1spi* boron *terebro* 80.₂.
bōsa *st. f. nichtswürdiges zeug.*
P bofa *np friuola* 85.₂₀, *(a)p nugas* 86.₁₈, *dp* bofon *nugis* 86.₂₇.
bōseri *st. m. nichtswürdiger, schlechter mensch.*

PW *ns* boferi *nugator* 89.₂₁.
-bösi *s.* gi-b.
bösiliug *m. nichtswürdiger; schlechter mensch.*
P *ns* bofiling *nugax* 77.₉.
[böslicho] *adv.*
PW bofli(cho) *nequiter* 90.₁₂.
-bösmian *s.* ût-b.
bōta *f. kosten, unkosten.*
M (d)p botun *sumptibus* 70.₅, bot(un) *dass.* 70.₁₂.
bōtian *sw. r. ((feuer) anzünden.*
Eᵉ *pc, usn* gibōt *accenso* 57.₁₄.
-bōtian *s.* gi-b.
[boungart] *st. (m.) baumgarten.*
PW *gs* boungardes *nemoris* 90.₁.
boungan *s.* bāunga.
bofo (?) *sw. m. kröte.*
P *ns* bofo (*lat.*?) *rubeta* 79.₂₉.
brad(-) *s.* bröd(-).
-brādan *s.* gi-b.
bräht (?) *st. (f.) bringen.*
E *(ds)* brahti (tefamna b. *collatione)* 46.₁₃.
-braka *s.* mûr-b.
brāmal-busk *st. (m.) brombeerstrauch.*
P *ns* bramalbufe *rubus* 74.₆.
-brāmio *s.* hiob-b.
brand *st. m. brand, brennendes holzscheit.*
P *ns* brant *titio* 76.₁₁.
PW *(a)p* brāndof *torres* 96.₁₆.
Vᴼ *ds* brande *torre* 113.₃₁.
brande-rēda *f. brandbock.*
Vᴼ *ns* brandereda *andela* 111.₂₅.
[brātan] *v.*
P gibratan *obustus* 87.₂₅.
-brāwa, -brāwe, -brāwi *s.* slegi-b., bodun-b., bodan-b.
-brēde *s.* weg-b.
brekan *st. r. brechen; vgl.* af-b., te-b., far-b.
E *if* brekan (*legem*) *soluere* 47.₄.
Eᵉ *if* brekan (*legem*) *soluere* 48.₂₁.
bremmia *f. bremse.*
S *ns* bremmia *oestrum* 107.₃₁.
bremo *sw. m. bremse.*
Vᴼ *ns* bremo *asilo* 110.₁₉.
-brengian *s.* au-b., an-gegin-b., bi-b., forth-b.
-bremnian *s.* gi-b.
brennid *s.* brinnan.

brestan *st. r. brechen, bersten; vgl.* far-b.
PW *3spk* brēfta *crepet* 98.₁.
-bret *s.* beddibret.
brēvian *sw. r. aufschreiben, aufzeichnen.*
PW *pc, (a)sn* gibrēuid *conscriptum* 104.₂₈, *pc, npm* brēviánthia *annotantes* 104.₂₇.
brinnan *st. r. brennen.*
S *3spi* brennid *aduratur* 107.₁₈.
briost *st. (n.) brust.*
PW *s* briaft *iugulo* 91.₃₀.
broah *s.* bruoh.
brōd *st. (n.) brot; vgl.* bî-b.
Eʰ *ap* brod 21.₃, brot 21.₁₄.
Fᴷ *gs* brades 33.₂₇.
Fᴹ *gs* brodef 33.₈, bradaf 40.₂₃.
brōd-bakkari *m. (brot)bäcker.*
P *ns* bradbaccari *pistor* 73.₂₁.
brōdin *adj. aus brot.*
Vᴼ *(a)pm* bradiue (b. diski *adorea liba*) 113.₃₂.
brog *s.* brōk.
*brōk *st. (f.) bekleidung von hüfte und oberschenkel, art hose.*
P brog *feminalia* 74.₉.
brokko *sw. m. art speise.*
P *ns* brocco *lapates* 78.₂₁.
brordon *sw. r. sticken.*
Vᴼ *3spti* brordade *neuerat (acu)* 114.₅, *pc, (a)p* gibrordade *pictus acu* 114.₃₂.
brōsma *f. brosame.*
P *ns* brofma *mica* 79.₂₀.
brōthar *m. bruder.*
Bˢ *ap* brothar 16.₁₈.
G *as* b(ro)thar 63.₉.
brou-hūs *st. (n.) brauhaus.*
Vᴼ *ns* brouhuf *bracinarium* 112.₁.
*brūd-hlōft *sb. hochzeit.*
G *dp* brudlohton *nuptias* 64.₃.
bruggia *sw. f. brücke.*
PW *gs* brúgkiun 104.₁₁, bréggiun 104.₁₁ *pontis.*
bruki *st. (m.) bruch, riss.*
Eᵉ *ns* bruki *scissura* 49.₃₀.
-brūn *s.* wire-b.
-brung *s.* hēm-b.
brunnia *st. f. brustharnisch.*
Vᴼ *(a)s* brunge *thoruca* 113.₂₁.
brūn-rōd *adj. funkelnd rot.*
Pᵣ brunrad *fuluis (ceraunis)* 88.₇.

[bruoh] *sb.*
 P broah *brava* 87.₂₁.
brust *[lat.?] st. (f.) brust.*
 P *us* braſt *papilla* 84.₇.
-brust *s.* erth-b.
[brustbeini] *st. (n.) brustknochen.*
 P *np* bruſtbeini *cartilagines* 77.₂₇.
[brustroch] *st. (m.) brustharnisch.*
 P *us* bruſtroch *thorax* 85.₁₂.
brustun *s.* barsta.
brust-wer *[lat.?] st. (f.) brustwehr.*
 P *us* bruſtauer *propugnacula* 78.₁₂.
[brūt] *sb.*
 P brut (nuintef b. *vertigo*) 80.₅.
buag *s.* bōg.
būdil *st. (m.) beutel.*
 G^h *us* budil *crumena.*
[budin] *sb.*
 P budin *culu* 87.₁₆.
[buhsboum] *st. (m.) buchsbaum.*
 P *us* buhſboum *buxus* 76.₂₀.
ªbukula *sw. f.* schild.
 V^ⁱⁱ (*u*)s buculan *clipeum* 112.₃₀.
būla *sw. f.* beule.
 PW (*u*)p balun *strumus* 100.₃₃.
bulga *st. (f.) lederner sack.*
 P^W (*a*)p bulge *fiscos* 88.₁₅.
bulgari *st. m. Bulgar.*
 P *us* bulgari *Bulgar* 82.₁₂.
-bulht *s.* or-b.
bulif *s.* hulis.
[buliz] *st. m. pil*:.
 P *us* buliz *folliculum, boletus leguminis* 78.₃₃, *op* buliza *siliquas* 82.₂₇.
-bund *s.* gi-b.
bundilin *st. n. bündel.*
 E° *dp* bundilinon *fasciculos* 50.₂₁.
-būr *s.* gi-b., nā-b.
-burd *s.* mund-b.
burdian *sw. v. mit borte versehen.*
 V^ⁱⁱ *pe* giburdid *clamatum* 112.₁₁.
-burdig *s.* in-b.
burg *st. f. burg, stadt.*
 E° *as* burg *civitas* 51.₂.
-burgi *s.* fore-b.
burgio *sw. m. bürge.*
 E° (*d*)s burion *feneratori* 55.₃₃.
 P [burigo] *fideiussor* 78.₁, 83.₅.
burglik *adj. städtisch.*
 PW *b,usf* burklica *urbanum* 102.₇.
-buri *s.* missi-b.
-burian *s.* gi-b.

burigo *s.* burgio.
-burilik *s.* gi-b.
burion *s.* burgio.
bursa *f.* säckel.
 P *s* burſſa (*de*) *cassidi, sacello* 78.₁₉.
bursta *sw. f.* borste.
 P *us* burſta *setu* 83.₃₃, (*a*)*p* bruſtun *setus* 87.₂₃—₂₄.
[buſicho] (?) *sw. m. kleiner knabe.*
 PW *ns* buſicho (*oder* huſicho) *pusio* 91.₂₆.
-busk *s.* brāmal-b.
butticlari *st. m. mundschenk.*
 P *us* butticlari *pincerna* 73.₂₀.

c- *s.* k-.

dād *st. (f.) tat; vgl.* un-d.
 G *ap* dadi 65.₅.
 P^a *dp* dadion 12.₁₀, ₁₁.
dadſiſaf *s.* dōd-siso.
dag *st. m. tag; s.* jāras-d., sunnun-d.
 B *ys* dageſ 18.₁₀.
 B^s *ds* dag 17.₂₀.
 E° *as* dag 58.₂₁, *ap* [daga] 52.₃₅.
 M *ds* dege *die* 71.₂₃.
dage-thing *st. (n.) frist.*
 P^W *gp* dagéthingo *induciarum* 100.₂₉.
dag-hwilik *adj. täglich.*
 F^M *b, dsf* dachuilekon 40 ₃₃.
dagolnussie *s.* dōgalnussi.
[dara] *adv. dahin, wohin.*
 PW dara, dar(a) *quo* 89.₁₁.
dasga *s.* taska.
degmo *sw. m. der zehnte.*
 B^s *as* degmon 16.₂₇—₂₈.
dēla (?) *st. f. teilung.*
 E° *s.* dela 59.₂₁ ("*l.* deda *od.* delda"
 A. Gl. IV. 501).
-dēlian *s.* te-d.
-dempian *s.* bi-d.
denni *sb. tenne.*
 P *ns* Denni *area* 75.₃₂.
dennia *sw. f.* tanne.
 V° (*d*)s dennium *abiete* 112.₂₃.
[der] (?) *adv. da, dar-.*
 E° der 53.₂₇.
desamo (?) *sw. m. bisam, moschus; vgl.* disom.
 PW *us* deſſmo (*l.* defamo) *muscus* 93.₃₅—₃₆.

diabolae s. diuvil.
dilli sb. dill.
    E⁶ as dilli anetum 51.₃₀.
    P as dilli anetum 82.₄.
[dingon] v.
    P Ispi digon (l. dingon) rouciono 80.₅.
diobol s. diuvil.
diobol-geld st. (n.) "teufelsopfer", götzendienst.
    T ds diobolgelde 3.₆, diobolgeldae 3.₇.
-dior s. meri-d.
-diorig s. half-d.
disk st. (m.) gericht.
    V⁰ (a)p difki (bradine d. adorca liba) 113.₂₂.
disom st. (m.) bisam; vgl. desamo.
    P p difoma olfactoriola 76.₁₅.
[distil] sb.
    P diftil paliurus 77.₆, 87.₂, carduus 84.₁₁.
diupi sw. f. tiefe.
    PW s divpi imo 103.₃.
diuvil st. m. teufel.
    B gp diuuilo 18.₈.
    T gs diobolef 3.₅,₉, ds diabolae 3.₅, diobolae 3.₄.
dodro sw. m. dotter.
    S gs dodron coutri 108.₁₂.
*dōd-sisu st. m. totenklagelied, leichengesang.
    I np dadfifaf (super defunctos) 66.₁.
dōgalnussi st. f. geheimnis; versteck, schlupfwinkel.
    G gp dagolnuff(ie) 64.₁₀.
    PW us dogalnuffi recessus 99.₁₁, (ap) dogalnuffi recessus 98.₁₁, dp dogalnuffion (inter) recessus 99.₃₀.
-dōk s. hulli-d.
dōm st. (m.) gericht, urteil.
    E⁶ ds dōma 50.₁₉, duoma indicio 49.₁₁.
dōmian sw. v. urteilen, verurteilen; vgl. far-d.
    E⁶ Ippk dōmian inditialem sententiam proferamus 50.₁..
    M pv, np idomde (i. uuerden addicantur) 71.₁₂.
*dōmian sw. v. dampfen, dünsten.
    PW 3spti thōmda imperat 98.₄.
dōn sw. v. tun, machen; vgl. an-d. gi-d., to-d., far-d.

B pv, usn gedōn 18.₁₂.
B⁶ Ispi dōn 17.₂₂, Isptk dadi 17.₁₀.
E⁶ Ispi duon 53.₂₇, 3spi duod 57.₂₁. 3spti deda 60.₂₉, 2sip duo 52.₁₉.
M if dūuan (nihil querimoniç) obicere 71.₇.
Pa ger,d duonne 15.(133,15).
PW 2pip dvád (d. hinan remonete) 96.₁₃, pv, usf gidván 103.₂₁.
dop (?) st. (m.) kreisel.
V⁰ (n)s doch (l. dop ad.? doph) turbo 111.₁₇.
dosan adj. kastanienbraun.
V⁰ us dosan myrteus 109.₂₃.
dōth st. (m.) tod.
PW (a)s dōth obitum 103.₂₁, ds dotha morti 104.₂₁.
-dou s. mili-d.
dovon sw. v. nicht bei verstande, geistesstumpf sein.
S 3ppi donod delirant 106.₈.
-dragan s. far-d.
dragari st. m. träger.
PW us drágári portitor 99.₃₀.
-drago s. swerd-d.
drān st. (m.) druhne.
S np drani fuci 107.₂₆.
VW us dran fucus 115.₅.
drank sb. trank, getränk; vgl. ovar-d.
B⁶ as drank 16.₁₅,₁₅.
drāno (?) sw. m. druhne.
V⁰ us brana (l. drana) fucus 109.₁₆.
[drawa] sb.
P drauua animaduersio 82.₇.
drembil st. m. art (prächtiges) oberkleid.
PW ds drémbila toge 101.₁₅, talp thremǀ̃bilof togas 93.₃₃.
-drenkian s. or-d.
dreno (-ē- ?) sw. m. druhne.
V⁰ (a)p drenan 109.₁₁, drenon 110.₁₂, fucus.
-drepan s. ovar-d.
driogan st. v. betrügen; vgl. bi-d.
E⁶ pv gs driagundun fallentis 55.₃₁—₃₂.
driopan st. v. trüfen.
PW pv, ds driapánthēmo stillante 99.₉₁, ₁₀.
drivan st. v. treiben; vgl. far-d.
E⁶ 3ppti driuun (pcenas) induxerunt 51.₄, driuun dass. 59.₁₂, pv, np gidrivana (muerthad g. fa ncuhof rapte) 48.₃₀.

[drog] sb. ciune. mudde.
  P dp drogin canalibus 73.₂₅.
drohtin st. m. Herr von Gott u. Christus).
  B gs drohtineſ 18.₂, ds drohtine 18.₁₈.
  Bˢ gs drohtinaſ 16.₂₁.
  E° us drohtin 51.₃₄.
  G gs drohtinaſ 65.₂₁.
  P³ us drohtin 15.₂,₁₀, gs drohtineſ 15.₂.
  Sf us druhtin 19.₁₁,₁₂, drohtin 19.₂₂.
[drubo] sb.
  P drubo botrys 85.₂₁.
[drugida] sb.
  P drugida fantasia 80.₃₀.
drugula [hd.?] st. f. kelle, schaufel.
  P np drugula trulle 76.₃.
[drūh] sb.
  P dp druhin 83.₁₁.
druhtin s. drohtin
druhting st. m. hochzeitsgenosse.
  V⁰ (a)p druhttingaſ (proeus, appetitores) 112.₂₈—₃₁ (vgl. 152.₃₂).
  VW druhttingaſ proeus 115.₃₆.
drupil st. (m.) gummi.
  S us drupil gummi 108.₃.
dūkari st. m. taucher (eine art wasservögel).
  P us ducari mergus 74.₂₉.
  V⁰ np dukiraſ mergis 112.₃₂.
dumb adj. dumm, unnütz.
  P p dumbę hebetes, inutiles 81.₂₁.
  PW us dumb stolida 92.₂₆, b. usm dumbo ineptus 95.₁₈.
dumbhēd st. f. dummheit.
  PW (a)p dumphedi ineptias 94.₃₁.
-dumbilian s. bi-d.
-dumil s. horo-d.
dumphedi s. dumbhēd.
dun adj. schwarzbraun.
  V⁰ us dun spadix (equus) 109.₁₆.
dung [hd.?] sb. webestube.
  P s dunc textrinum (opus) 78.₁₇.
[dunkon] v.
  P gidunceot tincto 81.₂₆—₂₇.
dununga (dūn-?) st. f. tollheit, unsinn.
  E° us dununga deliramentum 58.₂₆.
  PW (a)p dununga deliramenta 92.₂₁—₂₂.
[duoh] sb.
  P duach peniculum 80.₁₀.

durht s. durth.
durran pt.-pr. e. wagen.
  E° ʒippti dorftun auzę sunt 58.₁₁—₁₂.
durth st. (m.) art unkraut.
  PW s durht avenas 91.₂₀.
duru-warderi st. m. thürwächter.
  PW us durvvvärderi ǣdituus 104.₂₈.
dūuan s. dōn.
-dūva s. hringil-d.
dūvon-stēn st. m. "taubenstein" (missverständnis eines *tufsten? vgl. Schlüter Unters. 75 und die variante tnupstein (1. Gl. II : 697.₆₁).
  V⁰ s duuanſten murice 112.₃₃.
-dwerg s. gi-d.

[ebah] sb. epheu.
  P (a)p ebachi hederas 83.₂₁.
ebbiunga st. f. (zurückgehende) wallung.
  PW ds ebbiungv aestu 99.₁₀.
[eburspioz] st. (m.) art jagdspiess.
  V⁰ (n)s euurſpioz venabula 111.₃—₄.
ēd st. (m.) scheiterhaufen.
  PW (a)s ēd pyram 96.₁₁.
ed-windan st. e. in einem kreise herumdrehen, schlendern.
  PP ʒispk eduuinde rotet 88.₃.
ēgan st. (n.) grundbesitz.
  PW dp egänon fundis 100.₃.
ēgan adj. eigen.
  E° usm egan 54.₃.
  PW usm egan snus 104.₁₃, b, dsm eganon propriȩ 104.₂₁.
egela f. blutegel.
  P us egela sanguissugȩ 78.₈.
egislik adj. schrecklich, unheimlich.
  S us eiſlic feralis 107.₂₅.
egitha st. f. eggȩ, schleife, karst.
  V⁰ us [egida] crates 110.₃₁,₁₁, np [egida] trabȩ 110.₃, (d)p egithon rastris 113.₁₁.
*egithehsa f. eidechse; vgl. ewidehsa.
  S us egithaſſa lacertus 106.₂₆.
ēhaft adj. rechtmässig.
  E° b. usm ehafto legitimus (viv) 59.₁₁.
ehir st. (n.) ähre.
  P us ehir aristȩ 87.₅.
eht s. eft.
ei st. n. ei.
  FK gp eiero 21.₂₃, eiiero 32.₃₇.

F^M *ap* eiro 29.₁₅, 32.₂₉, 37.₁₅, 39.₁₄, ciero 24.₁₂.
S *ds* eia 107.₁₈,₂₀.
[eigan] *sb.*
P eigana *dotes, predia* 85.₄₀.
[eichela] *sb.*
P eichelon *siliquas* 82.₂₇.
[ein] *unbest. art.*
E^s *gsm* einef 52.₃₇.
[einstrîtig] *adj.*
P einstrîdih *pertinax* 81.₄₆.
eiflik *s.* egislik.
[eiterig] *adj. eiterig.*
P eittergiu *tabentis (vulneris)* 86.₂₂.
ec *s.* ik.
ēk *st. (f.) eiche.*
V^o *ns* ec *(esculus)* 111.₂₈.
ekir *adv. nur.*
G ekir *solum* 63.₁₅.
ēk-magath *st. f. baumnymphe.*
PW *(a)p* ekmagadi *dryadas* 94.₂₀.
-ēknon *s.* gi-ē.
[elbiz] *sb.*
P elbiz *olor* 86.₃₄.
eldi *(f.) altertum.*
PW *ns* eldi *antiquitas* 96.₁₇.
elenan *s.* ellevan.
eli-lendi *adj. elend; gefangener.*
B^s *apm* elilendia 16.₂₁.
P *asf* elilenda *captivam* 79.₂₀.
[elilentida] *sb.*
P elilentida *captivitatem* 79.₁₉.
elina *f. elle.*
P *ns* elina *cubitus* 73.₁₅.
elkor *adv. sonst.*
PW heccor 92.₈.
ellevan *zahlw. elf.*
F^M elleuan 38.₂₀, elenan 39.₁, ₅, eleuen 38.₃₃.
elfefta-half *adj. zehneinhalb.*
F^M *an* elfeftahalf *(l.* elfeftahalf*)* 27.₃₂₋₃₃.
ēmbar *st. m. u. n. eimer.*
E^b *as* ember 21.₁₉, *ap* ember 21.₁₈.
F^K *as* embar 27.₂₇, 31.₃₁, *ap* embar 4 *mal* z. *b.* 32.₅₀.
F^M *as* embar 9 *mal* z. *b.* 27.₂₉, *ap* embar 24 *mal* z. *b.* 27.₄₀, emmar 27.₅.
emerkta *s.* gimerkian.
emmar *s.* embar.
emmi- *s.* efni.

[en] *präp. in.*
P en 73.₂₄, 74.₄.
ēn *art., adj. u. zahlw. ein, einzig, allein.*
B *asn* en 18.₄.
E^s *nsm* en 57.₁₈, ₁₉, *nsn* en 57.₁₁, *ns* en 56.₂₅, *apm* ena 59.₁₅.
E^b *asm* en 21.₁₄.
F^K *asn* en 24 *mal* z. *b.* 24.₂₅, en *(l.* en*)* 33.₂₂, *asf* ena 33.₂₆, *b. asm* enon 24.₂₄.
F^M *nsn* en 36.₃₇, *asn* en 112 *mal* z. *b.* 24.₁₄, en 27 *mal* z. *b.* 39.₃₁, en 5 *mal* z. *b.* 39.₁₃, *as* en 29.₂₀, *asf* ena 39.₁₀, 41.₆, *dsf* enoro 31.₁₈, *b.nsm* eno 43.₁₄, *b.asm* enon 21 *mal* z. *b.* 32.₁₆, enon 32.₁₅, 39.₆, *b.asf* enan 33.₆.
G *nsf* en 65.₁₂.
PW *gsm* enaf (thef e. *illius*) 97.₂₀, *b.nsm* eno *solus* 92.₁₁, *b.nsn* ena *solum* 95.₃₃.
W^b *nsn* En 23.₇,₁₅.
end(e) *s.* endi.
endi *st. (m.) anfang.*
G *ds* enda 63.₇.
endi *konj. und.*
A endi 20.₁₄, ₁₂.
B endi 5 *mal* z. *b.* 18.₂, ende 18.₂.
B^s endi 59 *mal* z. *b.* 16.₄.
E endi 47.₁₂.
E^s endi 19 *mal* z. *b.* 49.₁₀, ende 58.₂₀.
E^b ende 9 *mal* z. *b.* 21.₃, endi 21.₁₅, ₁₉, ₂₀.
F^K ende 81 *mal* z. *b.* 24.₂₆, endi 6 *mal* z. *b.* 25.₂₀, Ande 24.₂₀.
F^M ende 320 *mal* z. *b.* 25.₁, endi 42.₃₁, ₃₀, 43.₅, ande 22 *mal* z. *b.* 42.₁, ande 31.₁₂, 43.₁, ₄.
G endi 64.₂₀.
M ende 70.₃.
P^a endi 11 *(1.5) mal* z. *b.* 12.₁₀.
PW endi 5 *mal* z. *b.* 103.₁₉, endi 10 *mal* z. *b.* 103.₄₃, endi 99.₁₀.
T end 3.₆,₇,₈,₉, ende 3.₁₀,₁₁,₁₁, and 3.₁₀.
W^b endi 23.₃, ₅,₆.
-endion *s.* gi-ē.
*endost *adv. zuletzt.*
A *sup.* endof (*lat.* end of: -t *zwischen* t *und dem anfangskonsonanten des*

folgenden wortes herausgedrängt)
20.₇.
eugi *adj. enge.*
  PW *(d)i* (e)ngen *artis* 91.₂₃.
ēnig *pron. indef. irgend ein.*
  PW *usu* ēnig *quisquis* 91.₁₄.
-ēnon *s.* gi-ē.
ēn-setlio *sw. m. einsiedler.*
  E *ds* enſedlion *habitatori soditudinis* 46.₁₁.
  Eᵉ *ds* enſetlion *habitatori soditudinis* 48.₂₅.
ēn-strīdig *adj. eigensinnig, hartnäckig.*
  PW *(ds)* enſtridige *(l.* enstridigemo?*) pernicaci* 94.₉.
°ēn-strīdigi *(f.) eigensinn, hartnäckigkeit.*
  PW *us* enſtridii *obstinatio* 98.₄.
ēr *st. (n.) erz.*
  S *s* er *aeris* 108.₆.
ēr *adv. früher.*
  B er 18.₈.
  Bˢ *sup.* eriſt 16.₆.
ēra *st. f. ehre.*
  B *ds* era 18.₇.
[erbarmunga] *sb.*
  Eᵉ *(a)s* erbarmunga *compassionem* 48.₂₂–₂₃, 49.₂₃–₂₄, 50.₃₃.
[erborgen] *v. bürgen verlangen.*
  P *ispti* erborgeda *rudatur* 83.₃₀.
[erborgida] *sb.*
  P erborgida *sponsio* 79.₂₅.
erda (ē- ?) *st. f. bienenkraut, melisse.*
  S *ds* erda *apiastro* 108.₁₆.
[erdempfen] *v.*
  P erdempfu *sugillo* 80.₁₂.
[ergeilen] *v.*
  P ergeile *insolescat* 78.₁₂.
[erheven] *v.*
  P *pe, dsf* erhauenerit *(l.* erhaueneru) *perculata* 83.₃₁.
[erholon] *v.*
  P erholot *dubita (ed.: forata* dolata*)* 86.₃₀.
erhtlikon *s.* erthlik.
[eridu] *sb.*
  S *ds* eridū *(l.* eridun *od.?* eridū) *aratro* 108.₈.
ērin *adj. ehern.*
  S *usn* erin *(aere)* 108.₁₇.
ēristlik *adj. ursprünglich.*
  M *ap* eriſtlica *originalia* 69.₈–₉.

erit *st. (f.) erbse.*
  Eᵇ *gp* erito 21.₁,₁₁.
  Fᴷ *gp* erito 25.₂₀, 33.₂₀, erico *(l.* erito*)* 32.₃₁.
  Fᴹ *gp* erito 5 *mal :. b.* 29.₂₀, erito 29.₁₀, 34.₁₂.
[erlēhunuga] *(st.) f. anleihe.*
  P × erlehnunga *foenore* 86.₁₇.
erm-berg *st. n. ärmel.*
  Vᵒ *(a)p* ermberg *manicas* 113.₁₅.
ernustliko *adv. ernstlich, wirksam.*
  PW *kp* ernvſtlicor *efficacius* 100.₃₀.
ēron *sw. v. ehren, verehren; vgl.* gi-ē.
  Bˢ *ispti* eroda 5 *mal :. b.* 16.₁₇.
  PW *ispi* erot *neneratur* 101.₁₃.
[errechen] *v.*
  P *pv, adv.* erracto *expresse* 83.₂₁.
errislo *sw. m. anstoss; irrsal, ketzerei.*
  Eᵉ *us* erriſlo *scandalum* 50.₂₉.
  PW *ns* erriſlo *secta* 98.₂₂, *p* erriſlon *hareses* 89.₇.
[errosten] *v. rosten.*
  P *ispi* erroſtet *eruginat* 78.₃₄.
ertha *sw. f. erde.*
  Eᵉ *us* erthan *terra* 60.₂, × (er)than (?) *(in) terram* 53.₁₃.
erthag *adj. erdig.*
  PW *usn* erthagat *terrulentum* 100.₂.
erth-bivunga (?) *f. erdbeben.*
  Vᵒ *ns* erthbigunga *(l.* erthbiuunga*) terre signum* 112.₂₅.
erth-brust *st. f. erdriss (?).*
  PW *ds* erthbrūſti 102.₈.
[erthempunga] *(st.) f. ersticken.*
  P *(a)s* erthempunga *suffocationem* 73.₆.
erthlik *adj. irdisch.*
  Pª *b, dpf* erhtlikon 12.₁₄, *(erth)*likon 12.₉–₁₀.
ervi *st. n. erbe.*
  Pª *as* erui 13.₁, × erui 13.₆.
-ervidio *s.* and-e.
[erfūran] *v.*
  P erfurit *castrata* 85.₆.
eſdrih *s.* estrih.
esil *st. (m.) esel.*
  S *us* eſil *(unildi* e. *onagro)* 108.₁₃.
ēskian *sw. v. fordern.*
  M *ippi* æſchiad *exiguut* 71.₈.
eskin *adj. eschen.*
  Vᵒ *np* eſchinę *fraxineae* 113.₂₃.
ēskon *sw. v. fordern, heischen.*

Eͤ ᵹypti éſcodun *sectuntur* 49.₁₈.
ᵹypti eſcodun *(accipiebant)* 51.₁₅.
PW ᵹspti éſcoda *exquiret* 99.₃₀.
[eſtrih] *sb.*
  P eſdrih *pavimentum* 79.₁₈.
[etar] *sb.*
  P etar *(camburtus)* 83.₁₁.
ēttar *st. n. eiter.*
  PW (u)s éttar *virus* 100.₁₁.
ēttarag *adj. eiterig.*
  PW *ap* éttarága *purulenta* 100.₂₁—₂₂.
ēttar-wurt *st. f. "giftwur:", giftiges kraut.*
  S *yp* hettaruurtia *venenorum* 107.₂—₃.
etto *adv. wieder, darauf (?).*
  S etto [*per*] *intervalla* 108.₁₁.
-ēth *s.* mēn-ē.
-ethes- *s.* getheshwē.
evan-hlōteri *st. m. genosse.*
  PW (u)s éuanhlóteri *consortem* 92.₁₉.
evenin *adj. von hafer.*
  FK *ysn* fueninas 33.₂: (*l.* Eueninas)
  FM *ysn* Enéninaſ 33.₈, eueninaſ 35.₂₁,
  apn inenina 28.₁₃, inenina 28.₁₉
*efni *adj. eben, flach; recht; vgl. ala-e.*
  Eͤ (u)p emnia *equalia* 49.₁₈.
  Pa *b,nsn* emniſta 15.₁₁.
eft *adv. auch, ferner, aber.*
  Eͤ eht *autem* 49.₂₃.
  FM eht 36.₁₂, 40.₁₁, 43.₂.
  PW eht 100.₂₆.
evur-ſpiot *st. n. eberspiess.*
  V⁰ (u)p euurſpiat *venabula. lancee* 112.₂₀.
ewi *st. f. schaflamm.*
  PW *ns* évvi *agna* 102.₃₂.
ewidehsa [*lul.?*] *f. eidechse; vgl.* egi-thehsa.
  P *ns* euuidehſa *lacerta* 74.₂₆.
ēwig *adj. ewig.*
  B *b,dsn* ewigon 18.₁₈.
  Pa *b,nsn* euuiga 13.₁, *b,dpn* e(u»migon 15.₁₁—₁₂.

f- *s.* v-.

gágal *st. m. vel n. gaumen.*
  PW (u)s gágal *palatum* 102.₂₀.
*gáhliko *adv. plötzlich.*
  G geliko *subito* 65.₁₂.
gaihunethar *s.* ioghwethar.
-gala *s.* nahti-g.

galla *sw. f. galle.*
  PW (u)s gallun *bilem* 95.₃₂.
galm *st. (m.) echo.*
  PW *us* gálm *echo* 96.₂₅.
[gamanlih] *adj.*
  P gamanlih *ridiculum* 85.₁₉.
gān, gaugan *st. v. gehen; vgl.* ana-gan-gan, bi-g.
  Bͤ *lspi* gangu 17.₂₁.
  E ᵹppi gaugad *ambulant* 47.₁₁.
  FM *ger,d* gande (in te g.) *G mal s.* 42 :. *b. :eile* 12.
  G ᵹspi gen(gid) *ingreditur* 64.₁₉.
  Pa *if* gangan 14.₂₁.
  PW *if* gan (in ſethal g. *obire)* 91.₂₅.
  Sͤ ᵹsip Gang 19.₁₇.
gang *st. m. gang, gehen; vgl.* in-g.
  Bͤ *yp* gango 17.₃.
  Pa *us* gang *gressus* 15.₁₃.
gaugan *s.* gān.
-gangaudelik *s.* bi-g.
gard *st. (m.) gerte; vgl.* ūur-g. *u.* segel-gerd.
  V⁰ *ns* gart [*lul.?*] *virgea* 110.₁₀.
-garni *s.* mid-g.
garu *adj. bereit; vgl.* gi-g.
  PW *nsn* gárv *paratus* 100.₂₃. *wp* gára *(partos)* 104.₂₁.
-garuwi *s.* gi-g.
garva *sw. f. garbe.*
  FK *gp* garuano 24.₂₆.
  FM *gp* garuano 24.₁₃.
-garwidi *s.* wip-gi-g.
gast *st. m. gast.*
  Bͤ *ap* Gaſti 16.₂₈.
  PW *us* gast *hospita* 90.₂₃, gáſt *hospes* 104.₃₀.
gast *s.* gēst.
gast-luomi [*lul.?*] *adj. gastfrei.*
  P *p* gaſluome (*l.* gaſtluome) *hospitales* 79.₁₁.
gaugeleda *s.* goukalen.
gaflia *st. f. gabel.*
  V⁰ *np* gaſlię *furcille* 110.₅.₆.
ge- *praef. s.* gi-.
(ge)bill *s.* gibilla.
[gebita] *sb.*
  P gebita *parapsis* 78.₂₀.
gedan *st. v. güten; vgl.* ūt-g.
  PW *pc. dp* gigedenon *sacrabilis* 95.₁—₂.

gederun s. iodar.
-gegin s. an-g.
[geginwardi] sb.
　Eᵒ ds geinuuardi (ee g. in medinuu) 53.₆.
gehan st. v. bekennen, gestehen, bejahen.
　Bᵃ Ispi iuhu 8 mal :. b. 16.₁₁, gihhu 3 mal :. b. 16.₅, iu? 16.₁₇.
　G Ispi (gihik) (l. gihu ik?) 62.₉.
geihuuethar s. iogihwethar.
geinuuardi s. geginwardi.
[geisla] sb.
　P geifla scutica 87.₂₂.
gela-suht st. f. gelbsucht.
　PW as gélafúht morbus regius 100.₂₄.
-geld s. diobol-g.
geldan st. v. bezahlen, entrichten; vgl. and-g., far-g., und-g.
　Eᵒ 3spi [giltit] soluit 51.₁₆.
　Eʰ 3spi geldet 21.₁₉.
　FK 3ppi geldad 31.₂₅.
　FM if geldan 6 mal :. b. 31.₁₂, ieldan 36.₁, 3spi geldid 39.₆, 3ppi geldad 28.₂₃,₂₄, 31.₁₁, 38.₂₉, geldid 40.₇.
-geldian s. and-g.
geliko s. gähliko.
gellon sw. v. mucken.
　P 3spi gellot muttiet 74.₁₁.
*gelo adj. gelb.
　P asm gelan coerinum 76.₁₁.
　PW ns gela luteus, rubicundus, croceus 90.₂₁.
gelt [lul.?] st. (n.) geld, geldstrafe.
　P ns glet (l. gelt) multa 83.₂₁.
gendro komp. diesseitig.
　P ns(f) gendra citerior 80.₂.
-gengitha s. bi-g.
ger(-) s. jär(-).
-gēr s. navu-g.
gerag adj. begierig.
　Eᵒ nsm gerag (g. fi desideret) 59.₂, capidus 60.₂₆.
gerafdaga s. järasdag.
-gerd s. segel-g.
gerdia sw. f. gerte, rute; stab, strahl.
　PW np gérdivn numina 96.₃₀.
　Vᵒ np gerdiun radii 114.₁.
gerdin adj. aus gersten gemacht.
　PW ns gerdin sparteus 99.₆.
gernihēd st. f. crysbenheit.
　M ns iernihed denotio 71.₉—₁₀.

gerno adv. gern.
　Bᵃ Gerno 17.₂₄.
geron sw. v. begehren, verlangen.
　E 3sptk gerodi 46.₁₂.
　Eᵒ 3spti geroda 48.₂₆—₂₇, 3ppti gerodun 51.₃₈.
　Vᵒ 3spti gerode ardescit 114.₂₂.
gersdage s. järasdag.
gersta sw. f. gerste.
　Eʰ gs gerfton 21.₄,₁₁.
　FK gs gerston 8 mal :. b. 30.₄₀.
　FM gs gerfton 107 mal :. b. 30.₃₅, geritan 33.₁₀, 34.₁₀, grefton 35.₂₂.
gerstin adj. gersten.
　FK asn gerstin 25.₃₂,₃₃, 26.₂₃, 31.₃₁, gsn gerstinas 7 mal :. b. 31.₂₉, gestinas 25.₃₀, apn gerstina 7 mal :. b. 25.₂₃, gerftena 24.₁₉,₂₇.
　FM asn gerftin 25 mal :. b. 25.₁₇, gsn gerftinaf 12 mal :. b. 25.₁₂, gerftinas 35.₃₆, apn gerftina 23 mal :. b. 30.₃₀, gerftena 24.₅,₁₀.
-gerwi s. wig-gi-g.
gefkod　sb.　hervorgeschwemmter schmutz.
　Vᵒ geffcod (d. h. gi-skod?) proluuies, sordis effusio 112.₃.
geskon sw. v. den mund öffnen.
　P Ispi gefkon oscito 82.₆.
gēst st. m. geist.
　T as gaft 3.₁₂,₁₉.
gestinas s. gerstin.
gēstlīko adv. auf geistige art.
　Eᵒ geftlico 49.₂₈—₂₉.
gefuorkan s. giswerk.
gēt st. (f.) geiss, ziege.
　Vᵒ ns get capra 112.₂₃.
[getilōsi] sb.
　P getilofi luxuria 85.₃—₄.
[gefisarn] sb.
　P gétifarn sarculum 75.₂, getifan sarculum 84.₂₁.
gethes-hwē pron. indef. irgend einer.
　Eᵒ gsn gethefunef 57.₃.
geva f. gabe, geschenk.
　Pᵃ gp g(e)u(ono) charismatum 12.₅.
gevan st. v. geben; vgl. far-g.
　B 3sptk gefi 18.₁, pr. nsu ieginau 18.₆.
　Bᵃ Ispi gaf 3 mal :. b. 16.₂₂.
　FM if giuan 41.₆, 3spi gined 43.₁₄.
　Pᵃ pr. nsm gigeuan 12.₁₅—₁₆.

gewede s. giwädi.
gi *pron. pers. Ihr.*
  E*e* *n* gi *d mal :. b.* 52.9, *a* gin 57.18, *g* iuuar 54.24, *d* in 52.9, 53.32.
  G *g* iuv(u)ar 64.2.
-gi- *präf. rgl.* alli-gi-, aua-gi-, höh-gi-, un-gi-, ūt-gi-, wig-gi-, wip-gi-.
gibāk s. bakan.
gi-bārian *sw. v. sich benehmen.*
  E *:ppi* gebariad 47.12.
gi-bārion *sw. v. sich benehmen.*
  E*e* *:ppi* gibariod 49.22-(26).
gi-bāritha *f. gebärde.*
  PW *us* gibaritha *cultus* 98.5.
gi-baron *sw. v. :eigen, offenbar, bekannt machen.*
  E*e* *if* gibaron *ostentare* 58.11, *:spti* gibaroda *publicauit* 59.19-20, *:pptk* gibarodin *manifestum facerent* 49.24, *pc, us* gibarod 53.11.
gi-bed *st. n. gebet.*
  B*a* *as* gibed 17.9, *gs* gibedaf 17.25.
gi-beldian *sw. v. wagen; kühn machen, anspornen.*
  E*e* *:ppti* gibeldun *se presumebant* 54.22.
  PW *:spti* gibelda *animabat* 93.1-.
gi-belg *sb. :orn.*
  E*e* *us* gibelg *animaduersio (irat* 54.23.
gibetorodan s. betiron.
[gibilla] *sb.*
  P gibilla *caluaria* 76.30.
  PW *(a)s* (ge)bill *(l.* gebilla) *uerticem* 104.11.
gi-biodan *st. v. gebieten.*
  B *:spti* gibod 18.10.
gi-bōgkundelīk *adj. biegsam.*
  PW *(b, ap)* gibōgiandelicvn *(syllogismos) plectiles* 91.16-17.
gi-bōsi *st. n. nichtswürdiges :eug.*
  PW *up* gibofi *frimda* 89.14, *(up* gibōfi *nugas* 101.24.
gi-bōtian *sw. v. büssen, hasse tun.*
  B*e* *gerd* gibotianna 17.24 25.
  E*e* *:spti* gibuotta *correxit* 51.2.
gi-bradan *red. v. braten.*
  PW *:spti* gebred *deeoxit* 101.3, *pr. us* gebradan *assum* 101.10-11.
gi-brennian *sw. v. verbrennen.*
  PW *pr. us* gebrand *eo mutum* 101.3.
gi-bund *st. n. band, bündel.*

FM *ap* gibunt 43.14, *gp* gibundo 43.15.
gi-būr *st. m. nachbar.*
  FM *us* gebur 36.28-31, gibur 35.27, chebur 36.1.
gi-burian *sw. v. geschehen.*
  E*e* *if* giburia *(l.* giburian) 61.12-13.
  :spk giburia 50.26.
gi-burilik *adj. gebührend, gelegen.*
  M *dsf* hiburilicuru *(sc.* tīdi) *pro temporum oportunitate* 70.20.
gi-dōn *sw. v. tun, machen.*
  B*a* *:spti* gideda *3 mal :. b.* 16.3.
  PW *:spti* gidēda (binon g. *tremefecit)* 104.16.
gi-dwerg *st. (n.) :werg.*
  P *us* gidnerg *pomilio, nanus* 83.11.
gi-ēkuon *sw. v. in anspruch nehmen.*
  E*e* *:spti* giekuoda *sinxit* 61.19.
gi-endion *sw. v. beendigen, :u ende führen.*
  B*a* *if* giendion 17.27.
gi-ēnon *sw. v. beschliessen(?); einigen.*
  E*e* *:spti* gienoda 55.36-37, *pc, us* gienod 55.2-3, *pr. ap* (?) gienoda *conspirauerunt* 60.13.
gi-ēron *sw. v. ehre erweisen.*
  E*e* *:spti* gieroda *honore sublimauit* 59.36.
gi-garu (?) *adj. fertig gemacht.*
  PW *ap* (gigu:.uua 99.26.
gi-garuwi *sb. prächtiges kleid, staatskleid.*
  P *us* gigaruuui *traben* 86.13.
gigedenon s. gedan.
gi-grundian *sw. v. ergründen.*
  V*o* *if* igrundian *(fluctus) equare* 112.12-13.
gi-haldan *st. v. halten, beobachten.*
  B*a* *:spti* giheld 16.16, 17.10.
gihafdade s. hōfdon.
gi-hāvid *adj. (prt) gebäumt, welk.*
  PW *us* gihāvid *arcus* 100.23, *dsf* gihauideru *manus* 93.1.
gi-hāvidlīko *adv. verkrüppelt.*
  PW gihāuidlico *manenm, curuo* 100.14 15.
gi-hebbian *st. v. erheben.*
  PW *:spti* gih(e)vid *attollit* 103.20.
gi-helian *sw. v. heilen.*
  S*t* *:spk* gihele 19.42, *:spti* gihelida 19.41, gihelda 19.42.

gi-hengida *f. beifall.*
P *us* gehengida *assentatio* 79.29.
gi-hētan *st. v. versprechen.*
Eº *lspi* gihet *spopondit* 56.23.
gi-hnēgian *sw. r. sich neigen.*
L *pc. dp* ginegindun *nergentibus (omnis)* 67.26—27.
*gi-hōnian *sw. r. schänden.*
Vº *if* gihonen *foedare* 112.20.
gi-hōrian *sw. r. hören, anhören.*
Bª *lspi* gihorda 17.5.
gi-hōritha *f. anhörung.*
Bª *gp* gihorithano 17.1.
-gihto *s.* bi-g.
gi-huahfan(a) *s.* wahsan.
gi-huddigon *s.* gihugdigon.
gi-hugd *st. f. gedächtnis, gedächtnisfeier.*
B *us* gehugd 18.9, *us* gehugd 18.13.
gi-hugdigon *sw. r. gedenken, sich erinnern.*
PW *if* gihuddigon (g. feâl *vordet*) 104.22.
gi-huggian *sw. r. gedenken, sich erinnern.*
PW *lspi* gihuggiv *commemini* 102.23.
gi-hwervan *st. r. sich wohin wenden, wohin gehen.*
B *lspti* gewarf 18.42.
gi-hwervian *sw. r. (in einem kreise) herum drehen.*
PW *pc, usw* givvérnid (g. vvérthan *rotari*) 97.23.
gi-hwethar (?) *pron. indef. jeder von zweien; vgl.* iogi-hwethar.
FS *usw* gehuuethar 25.21.
FM *usw* gehuethar 25.8—?,9. — *Die formen könnten auch unter* io-hwethar *gehören.*
gi-hwilik *pron. indef. jeder, ein jeder.*
B *usw* gewilik 18.13.
Eº *usw* gih:.uilik *omne* 54.11.
FM *usw* gihuilik 35.19.21.
PW *dsw* givvilikemo *quibusque* 100.11.
gihuuitfcepi *s.* giwitfkepi.
*gichilla] *sb. eiszapfen.*
Vº *us* ihilla *stiria* 110.13.
gi-lavon *sw. r. laben, erquicken.*
E *lspth* gilavodi *(necessitatem humanae carnis) expleret* 46.11—15.
Eº *lspth* gilavodi *(necessitatem humanae carnis) expleret* 48.2.

Pº *lspth* gilaua *recret* 88.11.
[gilenti] *sb.*
Pº gilenti *culla* 84.30.
gi-lēstian *sw. v. leisten, befolgen.*
Eº *lspk* gileftia *faciet* 59.29, *lsptk* gilefti 56.24.
gi-liggian *st. v. liegen, sich nieder legen.*
PW *2sip* geligi *decumbe* 101.30.
gi-līko (?) *adv. gleich, sogleich (?).*
Eº (ge)lico 50.30.
[gi-lindizen] *sw. r. besänftigen, betören.*
P *lspi* gilindizu *delinio* 81.39.
gi-lōvian *sw. r. glauben.*
Bª *if* gilouian 17.6, *lspti* gilofda 17.5.
T *lspi* gelobo *[hd.?]* 3.15,17,19, *2spi* gelobif *[hd.?]* 3.14,16,18.
*gi-lovo *sw. m. wille; vgl.* un-gi-l.
Bª *ds* gilouon 17.1.
gi-lōvo *sw. m. glaube.*
Bª *as* gilouon 17.26, *ds* gilouon 16.8.
gi-lōfsam *adj. glaubenswert.*
PW *ap* gilöffäma *fidelis* 96.30—31.
gi-lumplīk *adj. passend.*
PW *us* gilúmplik *concinna* 101.17.
gimagoda *s.* makon.
gi-maht *sb. das männliche glied.*
P *us* gimath *(ramos) penis* 86.1.
gi-markon *sw. r. bestimmen.*
Eº *lspti* gimarcoda *(destituit)* 59.18.
PW *lspti* gimarcoda *decernit* 98.23.
gimath *s.* gimaht.
gi-mehlida *sw. f. gattin.*
E *us* gimehlidun *coniugem* 46.22—23.
Eº *us* gimehlidun *coniugem* 48.8.
gimendon *s.* giméntho.
gi-mēni *adj. gemein, gewöhnlich; allgemein, gesamt.*
Eº *b, fdfs* gimenion *(a uita) aulgari* 54.8—9.
FM *b, dp* gimenon 34.12, *b, dpf* gimenon 43.1.
*gi-méntho *sw. m. gemeinschaft.*
Eº *as* gimendon 59.37.
gi-meritha *st. f. band.*
Eº *(n)p* gimeritha *(uitx) retinacula* 52.22.
gi-merkian *sw. r.; pe pt: angrenzend, benachbart, verbunden.*
E *pv, np* emerkta (tefamne e. *coniunctx)* 46.1.

E° *pc, np* gimerkta (tefamna g. *coninuete*) 48.₁₈.
gi-mundi *st. n. mündung: (vgl. gimûthi).*
PW *(a)p* gimundi *ostia* 102.₂₅.
gi-mussian *sw. v.; pc pt : cermoost* (?)
PW *b, apu* gimúsidvn *(musci)* 104.₇.
gi-mûthi *st. n. mündung; (vgl. gimundi).*
V° *(a)s* imuthi *ostia, introitum* 112.₁₁.
ginan *v. klaffen, offen sein.*
PW *pc, ds* gináuthémo *hiudeo* 95.₁₄—₁₅.
gi-nâtha *st. sw. f. gnade, barmherzigkeit, milde.*
B° *ns* ginatha 17.₂₂.
G s gi(n)a(th)on *misericordia* 65.₂₁.
Pᵃ *gp* ginathono 14.₂₁.
PW *ns* ginátha *clemencia* 99.₃₂.
gi-nâthig *adj. gnädig.*
PW *nsf* ginâthig (g. gidván *propitiata*) 103.₂₃—₂₄.
gi-nâthon *sw. v. gnädig sein, verzeihen.*
PW *3spi* ginâthôd *ignoscit* 99.₃₃.
ginegindun *s.* ginêgian.
gi-nesan *st. v. genesen.*
E° *3spi* ginefid *salvus erit* 60.₅.
-ginnan *s.* bi-g.
-ginni *vgl.* ana-g.
gi-nôdo *adv. dringlich, strenge.*
E° *kp* gnodor *diligentius* 56.₃₁.
gi-nôt *st. n. genosse.*
T *np* genotaf 3.₁₂.
*gi-nuhtsamitha *st. f. fülle.*
Pᵃ *ds* genuftsamida *ubertate* 12.₈.
[giöt] *adj.*
P gioder *preditus* 79.₇.
-giotan *s.* bi-g., nithar-g.
[gi-paphi] *st. n. geistlichkeit.*
PW *ns* gipáphi *clerus* 104.₁₅.
gi-reht (?) *st. n. recht.*
Pᵃ *dp (g)ere(ht)on* 13.₃.
gi-rekon *sw. v. hinleiten, hinführen.*
Pᵃ *2spk* girſkoſt 15.₁₅, *2sip* gereko 15.₉,₁₀.
gi-rinnan *st. v. gerinnen.*
PW *pc, p* girvnunon *(per) coagula* 89.₂₁.
giritha *f. begierde, verlangen.*
P *ns* giritha *appetitus* 73.₁₁.
-girithi *s.* kel-g.

gi-rîf (?) *sb. bequemlichkeit, was man zur notdurft oder bequemlichkeit gebraucht.*
E° *dp* geri..on *(l.* geriuon *A. Gl. IV: 296 note 7) usni* 54.₂.
[gi-rûmi] *sb.*
P girumi *sandalia* 80.₂₁.
[gi-runnida] *st. f. zusammengelaufene flüssigkeit.*
P *np* girunnida *concreta, coagula (oculorum)* 85.₂₅.
gîsal *st. m. geisel.*
L *ns* gifl *obses* 67.₈.
P *ns* gifal *obses* 84.₂₁.
PW *(a)p* giſlof *obsides* 101.₂₉.
gi-sam-wardon (?) *sw. v. (zusammen auf etwas spähen) sich verschwören.*
Pʳ *if* gifomuuard *(d. h.* gifomuuardon*) conspirare* 88.₁₂.
gi-sehan *st. v. sehen, erblicken, zusehen, für etwas sorgen.*
E° *1spti* gifah 53.₁₂.
PW *3spk* gifiahá *(uidere)* 102.₁₂.
V° *3spk* giſehe *viderit* 114.₄.
gi-setitha *(st.) f. gesetz, verordnung.*
E° *s* gifetitha *traditionem* 50.₁.
PW *ns* gifetitha *scitum* 97.₃₀.
gi-siht *st. f. ansehen, anblick.*
B° *gp* gifihtio 17.₁.
Pᵃ *ds* geſihti 15₉,₁₁.
gi-sihtigliko *adv. sichtbar.*
E° gifihtiglico *uisibiliter* 60.₃₀.
gi-siſhskepi *sb. verbindung, ehe.*
E° *ns* gifihtfeepi *coniugium* 51.₂₄.
gi-skaft *st. (f.) hervorbringung, zeugung*
E° *ns* gifeaft *procreatio* 59.₂.
gifeht *s.* gi-sketh.
gi-skerpian *sw. v. schärfen, rauh machen.*
PW *1spi* gifeerpin *procudam* 93.₃₃,
3spi gifeerpta *exasperat* 98.₃₂.
[giskertan] (?) *v.*
P *ger* giftertanne *(l.* giscertanne?) (ei g. *ad strudem, distructionem*) 83.₃.
gi-skêth *st. (n.) absonderung.*
E° *ns* giteeht *discrecio* 60.₂₉.
gifelah- *s.* gi-slahan
gi-skrankon *sw. v. (ausspreizen.*
PW *pc, dpn* giferáncoðon *divaricatis* 98.₇.
gi-skuldian *sw. v. verschulden.*
E° *3spi* gifeuldid *debet* 55.₂₉.

gi-slahan *st. v. schlagen, erschlagen.*
P*ᵃ* *3spi* (*gif*)clahid *occidit* 14.₁, gi(*fu*)-la(*hid*) 14.₁₅, *3ppi* gifclabed 14.₅—₆.
gi-slāpo *sw. m. beischläfer.*
PW *as* giflapon *calamitum* 94.₆.
gifomuuard *s.* gisamwardon.
gi-sōnan *sw. v. aussöhnen, versöhnen.*
Bˢ *if* gifōnan 16.₃₀, *ispti* gifōnda 16.₃₀.
Eᵉ *3sptk* gifuondi *pacificaret* 49.₃₆.
gi-spensti *st. n. verlockung.*
Eᵉ *s* gifpenfti *suggestione* 60.₁₁.
gi-sprekan *st. v. sprechen.*
Bˢ *ispti* gifprak 16.₅.
gi-spring *st. (n.) quelle.*
PW *us* gifpring *fons* 104.₂₃, *ds* gifpringa *fonte* 97.₁₀.
gi-sprot *sb. spross.*
PW *ns* gifprōt *surculus* 92.₂₂.
gistertanne *s.* giskertau.
gi-stillian *sw. v. still machen; (?) müde werden.*
Eᵉ *pe* giftild *silentium imposuisset* 54.₁₅.
PF *if* giftillian *sedasse* 88.₁, *3sptk?* giftillide *fatescat* 88.₁₀.
gi-strīdi *st. n. streit, streitsucht.*
Bˢ *as* giftrīdi 17.₂.
gifuttrithi *s.* giswistrithi.
gi-swāsi *adj. verbündet.*
Vᵒ *np* ifuefe *sorii* 112.₁.
gi-swemmia *st. f. (schwimm)teich.*
PW *ds* gifuémmia *colymbo* 104.₆.
gi-swerkan *st. v. finster werden.*
S *pe* gefuorkan *turbulentius (con-gelantibus densioribus nubilis)* 107.₄₂. *(Oder dp ron* gi-swerk *sb.?)*
gi-swikan *st. v. verlassen, im stiche lassen.*
Eᵉ *if* gifuikan 52.₂₃, *2ppi* gifuikad *scandalum patiemini* 52.₁₁, *3ppi* gifuikad *scandalizabuntur* 52.₁₉, *2ppk* gifuikan *scandalum patiemini* 52.₁₆.
gi-swilon *sw. v. sich mit schwiele bedecken, eine dicke haut bekommen.*
PW *3spti* gifuilóda *obcalluit* 96.₁₂.
*gi-swistrithi *st. n. geschwister.*
Eᵉ *ap* gifuttrithi (*l.* gifuftrithi) 60.₁.
gi-tala *st. f. zählung.*
Eᵉ *ds* gitalu (te thero g. *in artu computationis* 55.₂₀.

gi-tīd *st. (f.) zeit, gebetszeit.*
Bˢ *ap* gitīdi 17.₅, *gp* gitīdio 16.₁₂.
gi-ting (?) *st. (m.) aufwand.*
P *ns* gitiuht (*l.* gitiuhe) *impensa* 74.₁₉.
[**gitruobida**] *sb.*
P *us* gidruabida *turbedo (venti)* 78.₂₁.
gi-twiso *sw. m. zwilling (vgl. A. Gl. II. 718 note 11).*
Vᵒ *np* itnifan *gemini* 113.₂₇.
githanko *sw. m. gedanke.*
Bˢ *gp* githankono 17.₂, *dp* githankon 17.₁₃.
Pᵃ *dp* githankon 12.₆.
gi-thenkian *sw. v. denken, erdenken.*
Bˢ *ispti* githahta 16.₅.
gi-thīhan *st. v.; pe, pt: githigan gediegen, hart, crust.*
PW *pc, ds* githiganāmo *severa* 95.₁₀.
gi-thingi *st. (n.) fürsprache, vermittlung.*
B *as* gethingi 18.₁₇.
Bˢ *ns* githingi 17.₂₅.
gi-thiovon *sw. v. stehlen.*
Eᵉ *3sptk* githiauodi *furari (possit)* 52.₄.
gi-thring *st. (n.) gedränge.*
Eᵉ *s* githring 49.₃₀, 53.₉ (*propter turbam*).
gi-thwingan *st. v. bezwingen.*
Eᵉ *2spk* githuingef *vinces* 51.₂₈.
ginhu *s.* gehan.
[**gifadiman**] *sw. v. (durch umarmung) adoptieren (?).*
P *ger* gifadimanne (zi g. *affatimire*) 83.₃₄.
gi-fagiritha *st. f. schmuck.*
PW *p* gifagiritha (*redimicula*) 93.₂₉—₃₀.
gi-fāhan *st. v. angreifen, erfassen.*
PW *3spk* gefahe *occupet* 101.₂₇.
givan *s.* gevan.
gi-fastnon *sw. v. bestätigen.*
Eᵉ *3pptk* gifaftnodin *comprobarent* 50.₂₆—₂₇.
gi-fildi *st. (n.) gefilde, feld.*
Eᵉ *s.* gitildi *loco campestri* 55.₂₃.
P *p* giuildi *campestria* 73.₂₂.
givillia *f. schädel.*
PW *ns* giuillia *testu* 96.₂.
gi-fliohan *st. v. (etwas) fliehen.*
PW *2spk* gifliahaf *refugis* 92.₁₃.

gi-vōgitha sw. f. zusammenfügung, fuge.
P np giuogithan conpaginationes 74.27—28.
gi-framon (?) vollbringen, begehen.
Pa 3spi ge(fr)amod operatur 14.14.
gi-fremmian sw. v. vollbringen, begehen.
E° 3spi gifremid perfecit 55.2-.
gi-vullëstian sw. v. hilfe leisten, vorsorge tragen; hinlänglichen stoff geben.
M if iuull(i)ftian adminiculari 70.20—21, 3spi iuul(eſti)t subpetit 70.12.
gi-fullian sw. v. erfüllen, vollständig leisten.
Bs lspti gifulda 17.10.
gi-fullon sw. v. erfüllen, vollständig leisten.
B if gefullon 18.17.
gi-wādi st. (n.) kleidung.
E° gs giuuadias vestis 56.18.
G ap gi(vna(di) 64.2.
PW s geuuede amictu 101.33.
gi-wahan (?) st. v. gedenken, bemerken, erwähnen.
E° 3sptk giuuegi (l. giuuogi?) suggerat 51.20.
gi-wald st. (f.) gewalt, macht.
PW ns giuuáld 92.18.
giuuarki s. giuuerki.
gi-wāron sw. v. bewähren, als wahr, richtig darthun.
P pc h,nsf giuuaroda idonca 83.20.
giuuarta s. wirkian.
giuuegi s. giwahan.
gi-wendian sw. v. zurückwenden, zurückkehren.
E° 3ppi giuuendiad resurgunt 55.13.
gi-wennian sw. v. sich gewöhnen.
PW 3spk giuuénnia (ûnito g. insolescat) 100.7—, 3sptk giuuénidi adsuesceret 92.20.
gi-werki st. (n.) bau.
Wh ns giuuarki 23.13.
gi-werran st. v. verwirren, in zwietracht bringen.
Bs if giuuerran 16.29, lspti giuuar 16.29.
E° pc giuuorran commouit 58.18.
gi-werson sw. v. verachten, ärgern.

E° 2ppk giuuerson contempnatis 51.23—24, pc, npm giuuerſoda scandalizati 50.14.
gi-werthan st. v. werden, geschehen.
E° 3spti givuart 54.20, 3ppti giuurthun fuerunt 52.16—17.
gi-wiggi st. n. wegscheide, dreiweg.
V° (np) giuuiego trinia 111.11.
giuuihton s. giwito.
gi-winnan st. v. gewinnen, erlangen.
PW pc, n giuuinuandi asviscendo 94.35, 3spi geuninnit fert inpetratum 102.13, 3spti gevván inpendit 99.23.
gi-wison sw. v. besuchen.
PW 2sip givvifo vise 103.24.
gi-wisso adv. gewisslich, sicherlich.
G giuuiſſo quippe 63.4.
Pa geuuiſſo 12.16.
gi-wito sw. m. zeuge.
E° np giuuihton testimonio 52.5.
gi-witskepi st. (n.) zeugnis.
Bs ds givvitſcipia 17.9.
E° ds g(i?)huuit(f)e(t)pi (in) testimonium 55.33.
gi-witti st. (n.) verstand.
E° as giuuitti 54.1—3.
[**giwizzi**] sb.
PW ginnizze spiritu 90.4.
gi-wonohēd st. f. gewohnheit.
B ns gewouohed 18.14.
[**gizāmunga**] sb.
P gizamunga conuentiones 78.22.
[**gizauwa**] sb.
P gizanua suppellex 84.29.
[**gizeman**] v.
E° 3ppdi gizámun 54.3.
[**gizito**] adv.
P gizitor temperius 82.9.
[**giziughaft**] adj. ausgestattet, ausgeschmückt.
PW h, np geziukhäftan sumptuosa 97.23.
[**gizuinel**] adj. doppelt, (zwilling).
P h, nsm gizzuinelo gemineus 75.12.
glas st. n. glas.
PW ds glafa hiulo 104.10, np glasu 104.7.
S ns gleſ vitri 107.22.
glaso sw. m. (al. adj. in schw. form) grauschimmel.
V° ns glafa glaueus (equus) 109.13.

glau *adj. klug, weise.*
E⁶ *npm* glauna *prudentes* 49.₁.
S *b. asm* glauuon *ingeniosum* 107.₂.
glauwi *(f.) verschlagenheit, schlauheit.*
P *s* glauui *versutie* 84.₂₀.
-glēdian *s.* bi g.
glef *s.* glas.
glesin *adj. gläsern, aus glas.*
P *(a)p* gleiine *nitreus* 87.₁₀.
glīdan *st. v. gleiten.*
PW *if* glidan *labi* 99.₉.
glogga *s.* klokka.
glōian *sw. v. glühen.*
V⁰ *pc, usm* gloianden *candentem* 114.₃₄.
gnodor *s.* ginōdo.
god *st. (m.) gott; vgl.* af-g., hêm-g., win-g.
B *gs* godef 18.₁₀, ₁₅.
Bˢ *gs* godaf .5 *mal* :. *b.* 17.₁₉. godef 16.₄, ₁₃, *ds* goda *3 mal* :. *b.* 16.₃.
E *ds* goda 47.₁.
E⁶ *gs* godef 56.₁₇, 59.₂₈, godef 50.₁₉, godaf 61.₂₁, *ds* goda 49.₁.
Pᵃ *ns* go(d) 13.₁₉, *gs* godef 14.₂₁, *ds* god(e) 13.₁₄.
PW *(np)* go(da) *deos* 97.₂₃.
T *as* [got] 3.₁₄, ₁₅, *gs* godef 3.₁₆, [gotef] 3.₁₇.
gōd *adj. gut, gerecht.*
E⁶ *b.dsm* guoden *iusto* 53.₉.
FM *usn* gôd 40.₃₃, 41.₁₃, ₁₅, *apn* goda 41.₄, ₁₁.
gode-webbi *s.* godo-w.
gōdi *f. güte.*
E⁶ *ns* guodi *virtus* 49.₁₁.
god-kunniglīk *adj. van göttlicher art.*
PW *nsm* gódevnniklic *ambrosius* 102.₃₈.
gōdlīk *adj. feierlich, ruhmvoll, herrlich.*
B *b.nsn* godlika 18.₁₂.
Pᵃ *b.nsf* guodlica *gloriosa* 12.₁₇.
PW *b.ns* g(vo)llicon *superbum* 104.₁.
godo-beddi *st. (n.) kissen (einer gottheit).*
PW *(a)s* gódobéddi *pulvinarium* 97.₃₋₄.
godo-rasta *sw. f. kissen (der götzenbilder).*
PW *(a)s* gódoráftun *pulvinar* 98.₂₃.
godo-webbi *sb. schnrluch.*

P *ns* godenuebbi *coccinum* 73.₁₈, *colobium* 80.₂₀.
-gold *s.* hals-g.
gold-blōmo *sw. m. "goldblume".*
V⁰ *ns* goltbblomo *amellus* 110.₂₄—₂₅.
gold-wivil *st. (m.) johanniswurm.*
S *ns* golduniuil *cicendela* 107.₂₇.
gōma *st. f. acht.*
E⁶ *ns* goma 54.₂₁, guoma (namun if g. servabunt eam) 53.₂₃.
-gōmi- *s.* far-g.
-gomo *s.* sise-g.
[gougelen] *v.*
P gaugeleda *ariolatus est* 76.₃₃.
[grab] *sb.*
P grabon *fossis* 86.₂₆.
-gras *s.* hriod-g., meri-g.
grat *s.* griot.
gravan *st. v. graben.*
L *if* grauan *cultu poliri* 67.₂₁.
graf-isaru *st. n. grabstichel; (chirurgisches) schneideinstrument.*
P *s* grafhifarn *(l.* grafhifarn) *(a) celo* 74.₂₂.
PW *(a)s* gráfifárn *scalpellum* 96.₂₃, *ap* gráfifárn *scalpella* 95.₂₈—₂₉.
PWᶠ *(a)s* gráfifáur *scalpellum* 105.₃.
gravo *sw. m. graben.*
PW *(d)s* gráuon *(uallo)* 102.₂.
-grē *s.* appul-grē.
grē-blīni (?) *adj. graufarbig.*
L *ns* grebl(i)ne *(nox) verula* 67.₁₂.
[greifa] *sb.*
P greifa *tridens* 76.₁, greife *tridens* 75.₂₈.
[greifari] *sb.*
P greifari *palpo* 83.₂₈.
gremi *f. zorn.*
E⁶ *ns* gremi *ira* 56.₁₇, 59.₂₈.
grendil *s.* grindil.
grefton *s.* gersta.
griedunard *s.* griotward.
grima (?) *f. maske.*
V⁰ *ns* grimo *musens (l.* grima *mascus? A. Gl. IV. 245 nute)* 111.₃.
grimliko *adv. auf grausame art.*
PW grimlico *crudeliter* 89.₂₃.
grimnussi *st. f. strenge, grausamkeit.*
E⁶ *(a)s* grimnuffi *severitatem* 59.₄₂.
PW *s* grimnúffi *tyrannide* 97.₂₉.
grimpo *sw. m. ein fisch, gründling.*
V⁰ *ns* grimpo *gobio* 111.₁₂.

grindil *st. m. riegel, pflugbaum.*
P *s* grindil *pessulus* 86.35, *pessulum* 80.18, *obice* 84.15, *np* grindila *pessuli* 80.30.
V⁰ *ns* grendil *robur (aratri)* 110.36.
griot (?) *st. (m.) sand, kies.*
V⁰ *ns* grat (*l.* griat) *arena* 110.4.
*__griot-ward__ *st. m. aufseher u. richter der gerichtlichen zweikämpfe. mittler.*
L *ns* griedunard *sequester* 67.5.
[**grioz**] *sb.*
P grioz *glarea* 77.24.
gris *adj. grau.*
S *np* grifa *cani* 106.12.
grinsnia *sw. f. krümmchen.*
PW *us* grivsnivn *miram* 103.27.
gröni *adj. grün.*
PW *us* gröni *cyaneus, viridis* 104.5, *apm* grònia *virides* 102.40.
grōtian *sw. v. anreden, bedrängen.*
E⁰ 3spti grotta *(interrogabat)* 58.22.
[**grōzdarm**] *sb.*
P grozdarm *extales* 75.3.
[**grōzzen**] *v.*
P grozzent *grossescunt* 81.24.
grundian *sw. v. ergründen; vgl.* gi-g.
VW *if* grundian *equare* 115.4.
[**gruonen**] *v.*
P gruanente *recnantes* 85.25.
guldi *adj. gefrässig* (?).
P guldi *devoratricum* 85.33, 34.
gumiski *st. (n.) männerversammlung.*
PW *(a)s* [cumifki] *senatum* 98.3, gúfmiki (*l.* gúmifki) *senatum* 104.29, *gs* gúmifkiaf *senatus* 101.31.
[**gumo**] *sb.*
PW cúmóno *senatorum* 95.36.
gund *st. (m.) geschwür, eiter.*
PW *s* gund (de) *pure* 93.21.
guntfanon *s.* gúthfano.
*__gurdisli__ *st. (n.) gürtel.*
PW *ds* gúráifla *cinctu* 97.5.
gúth-fano *sw. m. kriegsfahne.*
P *(a)p* guntfanon *aquilas, signum* 86.20, 21.
V⁰ *(a)p* gutfanan *signu* 113.1.

habbien *s.* hebbian.
bagan *st. (m.) art dornstrauch.*
V⁰ *ns* hagan *paliurus* 110.21.
bagan (?) *st. v. (passen, recht sein, nützen* (?).

P *if* gagan (ne gagau — *l.* ne bagan? — *cassari)* 82.15.
[**baga-stalt**] *sb.*
P hagaftalt *proselitis* 78.16.
haht- *s.* haft-.
[**hairra**] *sb.*
P hairra *saccus* 78.4.
hako *sw. m. haken.*
PW hácon *uncis* 98.15—16.
hakth *st. (m.) hecht.*
V⁰ *ns* haeth *lucius* 111.11.
haladi *s.* hólodi.
-haldan *s.* gi-h.
halebirie *s.* alberi.
[**haleftra**] *sb.*
P *ns* haleftra *capistrum* 82.22.
halling *st. m. heller.*
P *p* hallingaf *obolos* 74.17.
hal-lōk *st. (m.) art lauch.*
PW *(a)s* hallōc *rape* 94.37—38.
halm *st. m. halm.*
P *ns* halm *festuca* 82.35, *stipula* 85.21.
PW *(a)s* hálm *culmum* 91.27.
halogan *s.* hēlag.
-halon *s.* ûtgi-h.
hals-gold *st. n. goldene halskette.*
PW *(ap)* haligold *torques* 97.21.
hals-thrūh *st. (f.) halsfessel.*
PW *dp* hálfthrʼvon *bojis* 97.11, halfthruin (*l.* halfthruin) *bojis* 93.10.
hals-fano *sw. m. halstuch.*
PP *ns* hálfphane *strophium* 88.17.
halton *sw. v. lahmen, hinken.*
PW 3spi háltod *claudicat* 100.19.
half *adj. halb; vgl.* ellefta-h., öther-h., sehsta-h., sivotho-h., thriu-h., fiortho-h., fifte-h.
E⁶ *b,asm* haluon 21.19.
FM *asm* half 42.2, 13, 16, 18, *b.asm* haluon 43.19—20, 22.
Wʰ *nsm* half 23.11.
halva *sw. f. seite, richtung, himmelsgegend.*
PW *(d)s* haluun *axe (celi)* 90.20.
half-diorig *adj. halbtierisch.*
PW *b,nsm* halfdiarigo *semifer* 92.21.
hamar *st. m. hammer.*
P *ns* hamar *mallens* 75.24.
PW *ns* hámur *malleus* 95.4.
-hamo *s.* lîk-h.
hāmur *s.* hamar.

hamustra *f. kornwurm.*
  S *ns* hamuftra *gurgulio* 107.₃₃.
[hanaf] *sb.*
  V⁰ hanaf *verbena* 111.₃₀.
hand *st. (f.) hand.*
  Vw *dp* handiun *manibus* 115.₇.
handlon *sw. v. behandeln, befühlen.*
  Pw *if* handlon *tractare* 101.₁₉, *3spti*
  hándlloda *tractat* 96.₂₁.
  Pwf *3spti* hándlódá *tractat* 105.₉.
handrubin *s.* hantdrúh.
hand-sköh *st. (m.) handschuh, hand-*
  fessel.
  Pr *p* hodfcohe (l. hodfcohe) *mani-*
  cis 88.₉.
handflitid *s.* andflitan.
hane-beri *st. (n.) wilde rebe.*
  P *ns* haneberi *labrusca* 86.₂₇.
hanero *s.* hön.
-hang *s.* umbi-h.
hangilla *st. f. trauben die mit dem*
  rebholze abgeschnitten werden.
  P *p* hangilla *alligaturis (uve passae)*
  75.₁₆₋₁₇.
hangon *sw. v. hangen.*
  Pw *pr. b.gsm* hángöthion (l. han-
  gouthion) *pensilis* 95.₁₅—₁₆.
hanig *s.* honeg.
[hantdrúh] *sb.*
  P handruhin *manicis* 86.₁₅.
|hantslagon| *v.*
  Pw an(t)flagada *palpitat* 90.₂₁.
|hantfeste| *sb.*
  P hantfefte *emunitas* 83.₂₀.
háp *s.* höp.
hár *st. (n.) haar.*
  P *dp* háron *setis* 85.₁.
háru *sw. f. härenes, grobes gewand.*
  Pw *(a)p* harun *setas (textiles)* 90.₂₅.
harad, hared *s.* hörian.
hardo *adv. hart, heftig, böse (?).*
  E⁵ hardo (h. fuerian *perimure*) 49.₁.
har-luf *st. (n.) litze.*
  V⁰ *(np)* harluf *licia* 110.₂₅.
harmo *sw. m. hermelin.*
  V⁰ *ns* harmo *migale* 111.₁₀.
harm-skara *st. f. qualvolle strafe,*
  plage.
  Pw *gs* harmfcaro *plage* 101.₂₇.
harpa *sw. f. ein folter gerät.*
  Pw *(ds)* hárpon *(de) catasta* 95.₁₈,
  (ap) hárpuny *catastas)* 97.₂₀.

harst *st. (m.) flechtwerk, rost.*
  P *s* harft *(a) crate* 74.₃₀.
harsta *sw. f. (brat)rost.*
  Pw *(d)s* hárftvn *(c) catasta* 101.₄.
hart *st. (n.) harz.*
  Pw *(a)s* hárt *bitumen* 98.₂₃.
[harza] *sb.*
  P harza *resina* 79.₁₄.
hata *s.* haft.
hatilin *adj. verhasst.*
  E⁵ *npm* hatilina *(odio)* 49.₇.
haton *sw. v. hassen.*
  G *if* haton *odisse* 62.₁₂.
hathilin *adj. v. hadern, lumpicht.*
  Pw *dp* háthilinon *pannis* 101.₂.
*havan-skervin *st. (n.) topfscherbe.*
  Pw *gp* haůanfcérvino *testarum* 98.₁₁,
  hauánteervino *testularum* 98.₂₁.
-hävid(-) *s.* gi-h.
hauidloca *s.* hövidlok.
havoro *sw. m. hafer.*
  FK *gs* haueron 8 *mal :. b.* 31.₂₀,
  haueron 25.₂₀.
  F^M *gs* haueron *45 mal :. b.* 29.₉,
  haueron 25.₁.
haft *adj. verhaftet, gefangen; schwanger.*
  E⁵ *asm* hahtan 53.₆, *ainctum.* 61.₁₀,₁₅,
  npf hata *pregnantes* 56.₁₅, *pf* hahta
  duss. 52.₂₁, *b.gpm* hahtono 58.₂₋₃.
[házissa] *sb.*
  P haziffo *scortorum. (denoratricum)*
  85.₂₅.
he *pron. pers. er.*
  B *n* he *5 mal :. b.* 18.₆, *d* imo 18.₁, ₆.
  B⁺ *if* 16.₂₅.
  E *n* he 17.₂, *d* -imo (ualetimo *cog-*
  noscebat) 46.₂₆.
  E⁵ *n* he *21 mal :. b.* 56.₂₁, hé
  51.₁₁,₂₃, *a* ina *4 mal :. b.* 53.₁₂,
  ? ina 60.₅, ? hina 59.₂₅, *g if 7 mal*
  :. *b.* 55.₄, ? 53.₁₃, *d* imo *6 mal*
  :. *b.* 57.₂₃, -imo 48.₁₁₋₁₂.
  FK *d* imo 26.₃₁.
  FM *n* he 41.₆, *d* imo 26.₁₁.
  G *n* he 63.₁₇, 64.₁₈, *g if* 65.₅.
  P⁵ *n* he 15.₂₈, *d* imo 13.₁₆, ? imo
  12.₁₃.
  Pw *n* he *4 mal :. b.* 104.₁₅, hé
  7 mal :. b. 103.₁₈, hie 89.₁₉, *g if*
  100.₁₇, 104.₂₀, *if* 91.₁₅, 92.₂₁, *d*
  imo 93.₁.
  S⁵ *a* ina 19.₁₁.

hebbian sw. v. haben; vgl. bi-h, gi-h.
A *3spi* habet 20.₉.
B *3spti* hadda 18.₆.
Bs *Ispi* hebbiu 17.₁₇, *Ispti* hadda 17.₇.
E *3spi* hauid 46.₂₉.
Ee *3spi* hauid 48.₁₅—₁₆, *3spti* hadda 3 mal z. b. 51.₁₂, *3sptk* haddi 54.₁₈.
FM *3spk* hebba 43.₁₅.
Pa *3ppi* hebbed 15.₂₂; ₂₃, *?ppt* hadd(un) 13.₈.
V⁰ *if* habbien 112.₄—₅.
hēd *st. (m.) stand, rang*.
Ee *ds* heda *gradu* 54.₃₂.
hēder *adj. klar, hell*.
Pa *b,dsf* hederun 15.₁₀.
[hegidruos] *sb*.
P heidrofi *verenda* 80.₅.
hegi-hring (?) st. (m.) erdkreis.
S *ns* hehhring *orbis* 108.₁₄
hehhring *s*. hegihring.
heidrofi *s*. hegidruos.
[heilizen] *v*.
P *3ppti* heiliziduu *iniviati sunt* 77.₂₁.
heecor *s*. elkor.
hēl *st. (n.) vorbedeutung*.
V⁰ *ds* hele *omine* 114.₂₀.
hēl *adj. heil, gesund*.
S *ns* hel (h. unef *ave. chere*) 107.₁₁.
hēlag *adj. heilig*.
B *b,gp* heligono 18.₁₀, ₁₅, ₁₇.
Bs *b,asm* helagon 16.₂₃, *b,asf* helagun 16.₂₃, *b,dsf* helagun 17.₁₅, *b,dpf* helagon 16.₃, *b,dp* helagon 17.₂₄.
Ee *np* helaga (h. uuerthan *sanetificentur*) 52.₅.
FM *b,gsm* helegon 40.₃₂.
Pa *gp* heligero 15.₁₆, *b,nsf* (h)eli(ga) 13.₁₂, *b,ds* heligon 14.₂₃, 15.₂, *b,gp* heligeno 15.₂.
T *asm* halogan 3.₁₇, ₁₉.
-hēliau *s*. gi-h.
helig *s*. hēlag.
hēlire *st. m. erlöser*.
Pa *gs* heliref *salvatoris* 15.₄
hellan *st. v. rauschen*.
V⁰ *3ppti* hullun *sonuere* 114.₁₈.
helm *st. (m.) helm*.
P *ns* helm *cassis* 85.₁₁, *ds* helme *casside* 85.₁₀.

helpan *st. v. helfen*.
B *dsm* helpandemo 18.₁₈.
Ee *2sip* hilp *succurre* 59.₁₀.
PW *b,apm* hēlpánthivn *patronos, auxiliatores* 102.₁₅—₁₆.
hēlsamo *adv. glücklich, zur glücklichen stunde*.
PW helfamo *auspicato* 95.₁.
helsian *sw. v. umhalsen*.
Bs *ger g* helfianniaf 17.₄.
helta *f. griff am steuerruder*.
V⁰ (*n*)*s* helta *clavum* 111.₃
-helti *s*. spuri-h.
helvi *st. (n.) griff, stiel*.
E *ds* heltia *manubrio* 46.₁₆.
helfling *st. m. halber pfennig*.
Ee *ds* heiflinga *asse* 49.₂₀.
[helza] *sb*.
P helza *capulum* 85.₁₃.
hēm-brung *sb. heimkehr*.
V⁰ *ns* hembrung *reditus* 112.₁₅.
hēm-god *st. m. hausgott*.
PW (*a*)*p* hemgoda *penates* 101.₁₉, *gp* hemgodo *penatum* 94.₂₀.
hemithi *st. (n.) hemd*.
P *ns* hemithi *camisa* 82.₂₄.
-hendig- *s*. thri-h.
-hengida *s*. gi-h.
hēr *adj. hehr, hoch*.
FM *sup. b,dsm* herefton 41.₃₁.
herano *s*. herro
herd *st. (m.) herd*.
V⁰ *ns* herd *arula* 111.₂₀.
hēr-dōm *sb. hohes amt; höhe*.
Bs *gs* herdomaf 16.₁₆, *ds* herdoma 16.₉.
Ee (*a*)*s* herduom *culmen* 55.₁₅.
herdon *adv. wechselweise*.
Ee herdon *vicissim* 60.₁₂.
hēred *s*. hērian.
hereherelif *s*. heriberglih.
heretikeri *st. m. ketzer*.
Pa *ns* (heretī)keri 14.₁₃, *np* heretikere 15.₁₂—₁₃, *gp* heretikero 15.₂₀.
hēri (*sw. f*.) *ehrwürdigkeit*.
PW *s* hēri *maiestate* 102.₂₀.
heri-berga *st. f. herberge*.
P *np* heriberga *stationes* 86.₂₆.
[heriberglih] *adj*.
P *ns* hereherelif (*l*. hereherelih) *castrensis* 86.₂₁.

heri-bōkan *st. (n.) feldsignal.*
  PW *s* heribocan *sistra* 93,2.
hering *st. (m.) hering.*
  V⁰ *us* hering *sardinia* 111,18.
heri-stiuria *f. subl.*
  PW *dp* hėristivrion *stipendiis* 100,13.
bėritha *st. f. wūrde.*
  E⁰ *(a)s* heritha *(per) dignitatem* 54,1.
hėrlik *adj. cornchm.*
  S *(a)p* herlica *(arcs) cenerius* 107,42.
hėrrilik (?) *adj. dem herrn gehörig.*
  PW *b,dsf* hėrrilevn (*l.* hėrrilievu) *herili* 104,8.
hėr(r)o *sw. m. herr.*
  E⁰ *np* herron *imperantes* 61,11.
  E^b *gp* herano 21,18, herino 21,6.
  PW *gs* hėrron *domini* 92,30.
hers *st. n. ross; rgl.* wig-h.
  S^f *as* herf 19,13.
hėrskepi *st. (n.) herrschaft.*
  E⁰ *gs* herscepiaf *principatum* 52,10.
herta *sw. n. herz.*
  P^a *gs* herton 15,24, (13,16,) *ds* herton 15,21, *gp (he)*rtono 15,26—24.
-hertiglik *s.* met-h.
hėtan *st. r. heissen, nennen; rgl.* bi-h., gi-h.
  B *;ppti* heton 18,3.
  G *;spti* het *dicebatur* 65,12.
heti *st. (m.) hass, feindseligkeit.*
  B^a *gs* hetiaf 16,11.
-hėtio *s.* skuld-h.
hettarourtia *s.* ėttarwurt.
bėthinnussia *st. f. heidentum.*
  B^a *as* hethinnuffia 17,5.
hėthino *sw. m. heide.*
  P^a *b,apm* hethinun *paganos* 15,13.
  PW *gp* hėthinano *nationum* 95,29.
hevild *st. (n.) lilze.*
  V⁰ henild *licium* 109,23.
-heftian *s.* bi-h., tō-h.
hi-burilieuru *s.* gi-b.
hilti *sb. schwertgriff.*
  PW *s* hilte *(ad) capulum* 93,19.
bi-makerin *st. f. kupplerin.*
  PW *us* himakirin *leno* 94,27.
himil *st. (m.) himmel.*
  PW *as* himil *cęlum* 95,30.
himilik *adj. himmlisch.*
  P^a *b,nsf* himilika 14,25.
himiliko *ade. himmlisch.*
  PW himiliko *cęlitus* 95,5.

[himilizzi] *sb.*
  PW himilizzi *laqueuria* 90,30.
hina *s.* he.
hinan *adr. ron jetzt; ron hier wey.*
  E⁰ hinan 58,7. 60,29.
  PW hinan *(dvád* h. *remonete)* 96,14.
hind-beri *st. (n.) himbeere.*
  V⁰ *ns* hindbiri *(acinum)* 111,31.
hindiro *adj. komp. hintere.*
  P *ds* hindirin *(in) posterum* 82,1.
hiop-brāmio *sw. m. dornstrauch.*
  PW *dp* hiabrāmion *acpribus* 102,28—30.
hīr *adr. hier.*
  E⁰ hir 50,29.
  PW ir 96,20.
hira *s.* sia.
hirsi *st. (m.) hirse.*
  P *ns* hirfi *milium* 76,18.
hirsi-spriu *(hd.?) st. (n.) hirsenspreu.*
  P *ns* hirfifpriu *ptisana* 81,13.
hīr-tō *adr. hier;u. hierher.*
  FK hirto 24,25.
  FM hirto 24,12.
hiuppenon *s.* huepp-.
-hiurlik *s.* un-h.
[hintu] *adr.*
  E⁰ hintu 52,37.
hlanka *st. f. weiche, hüfte.*
  P *p* lanca *ilia* 76,11.
hlēs *adr.*
  PW lėf (āh. lėf *pro pudor*) 98,8.
-hlinon *s.* tō-h.
-hliumandig *s.* mis-h.
hliuning *st. m. sperling.*
  E⁰ *(a)p* hliuningof *passeres* 49,19.
-hloteri *s.* evanhloteri.
-hlōft *s.* brōd-hl.
hlūdi-horn *st. (n.) blashorn.*
  P *ns* ludihorn *lituus* 85,22, *sistrum* 86,2.
hlūdon *sw. r. (laut) tönen, krachen.*
  PW *pr, p* ludonthion *fragosis* 99,35.
hlūttar *adj. lauter, rein, klar.*
  S *b,nsm* hluttaro *subtilis (acr)* 107,28.
hlūttarliko *adr. offen, aufrichtig.*
  B^a hluttarliko 16,20, hluttarlikio 17,22—23.
hnap *st. m. napf, becher, schale.*
  P *np* nappaf *scyphi* 74,22.
  PW *dp* nappon *scyphis* 99,37.
-hnēgian *s.* gi-h.
-hnēhian *s.* tō-h.

*hneppin *st. (n.)* näpfchen, becher (?).
FM *dp* hiuppenon 42.₁, (*l.* huippenon),
neppenon 42.₅, neppinon 42.₁₄,₁₇.
-huitam *s.* of-h.
huoa *st. f. fuge.*
V⁰ (*np*) nuoe *rimis* 110.₂₅.
höd *st. m. hut.*
P^w (*a*)*p* hôlof *tiaras* 92.₁₆.
*höderi *st. m. hüter, kirchenwärter.*
FM *ds* hudere 41.₂₅ (*oder ist dies
in liudere liuter. campanarius zu
verbessern?*)
hôdian *sw. v. lauern.*
E⁰ *:spti* hodda *observabat* 60.₃₂.
hûdigô *s.* hûdigu.
hodfrohe *s.* haudsköh.
hôh *adj.* hoch.
P^w *nsm* hôan *altum* 98.₃.
hôh-gi-tîd *st. (f.) hohes (kirchl.) fest.*
E^b *dp* hogetidon 21 ₅,₉,₁₁,₁₅.
-hôhi *s.* ovar-h.
hôhilik *adj. lächerlich.*
P^w *usn* hoilik *ridiculum* 92.₂.
*hôi *st. (n.) heu.*
P^w *gs* hôgiaf *feni* 96.₁₅.
hoilik *s.* hôhilik.
hol *st. (n.) höhle.*
P *dp* holon *specubus* 85.₅.
hol *adj.* hohl.
P^w *dpm* hôlon *cauis* 97.₃₁, *h.usf*
hôla *concauum* 98.₂₉.
hold *s.* holt.
-holdo *s.* un-h.
holi *f. höhlung.*
P^w (*a*)*s* holi *cancum* 90.₁.
hôlodi *adj. bruchleidend.*
P *nsm* haladi *herniosus* 75.₁.
[hölohter] *adj.*
P holiter *ponderosus* 81.₂₀.
holondar-pîpa *sw. f. holunderpfeife.*
P^w (*a*)*p* holondarpipun *sambucus*
92.₁₈.
holt *st. (n.) holz.*
E^b *as* holt 21.₉, *gs* holtef 21.₄,₆,₁₁.
S *ns* hold *lignum* 107.₁₇.
hôn *st. n. huhn; vgl.* veld-h.
F^K *gp* honero 32.₂₇, hanero 24.₂₃.
FM *gp* honero 24.₁₂, 29.₄₅, 32.₂₉.
37.₁₇, hônero 39.₁₄.
honeg *st. (m.) honig.*
E^b *gs* honegaf 21.₄,₁₂.

F^K *gs* hanigas 24.₂₅, 31.₃₄, 32.₃₇.
33.₂₃—₂₄, honigas 27.₃₇.
FM *gs* hanigaf 28 *mal* :. *h.* 27.₂,
hánigaf 24 ₁₅.
honeg-appul *st. (m.) pastille.*
V⁰ *ns* hunegapl *pastellus* 112.₁₇.
-hônian *s.* gi-h.
hônitha *f. schande, schmach.*
P *ns* honitha *dedecus, deras turpe*
78.₂₉—₃₀.
P^w (*a*)*s* hônitha *dedecus* 99.₅.
hônithia *st. f. schande, schmach,
schändlichkeit.*
V⁰ *ns* honithia *nefas* 114.₁₂, (*g*)*s*
honithia *dedecus turpitudinis*
113.₃₃—₃₄.
hônlîk *adj. schändlich.*
P^w (*d*)*p* hônlicon *fædis* 100.₆.
hôp *st. (m.) haufen, scheiterhaufen.*
P^w *ns* hôp *strues* 98.₂₃, (*a*)*s* hôp
struem 96.₁₅.
S (*a*)*s* háp *rogum* 107.₁₂, *ds* hopa
(te h. *zusammen*) 107.₂₅.
-hoppa *s.* wido-h.
-hoppo *s.* veld-h.
hôr-hûs *st. n. hurenhaus.*
P^w *p* hôrhuf *scorta* 100.₂₃.
hôrian *sw. v. hören, gehören; vgl.*
gi-h.
F^K *:ppi* hared 33.₂₂,₂₃, hêred (*wohl
in* hored *corr.*) 24.₂₃.
FM *:spi* hared 43.₆, hored 43.₁₆.
:ppi hared 24.₁₂, 33.₂,₆, harad 29.₄₁.
P^a *pc, npm* giho(rê)d(e) 13.₁₄.
-hôritha *s.* gi-h.
-horn *s.* blak-h., blûdi-h.
horno-bero *sw. m. hornisse.*
S *np* hornoberon *scarabei, crabrones*
106.₂₉—₃₀.
hornut *sb. hornisse.*
V⁰ *ns* hornut *crabro* 109.₁₇, 111.₂₃.
V^w *ns* hornut *crabro* 115.₃.
horn-wurm *st. (m.) gehörnte schlange.*
P *ns* hornuurm *cerastes* 73.₂₃.
horo *st. (n.) kot.*
P *s* horo *lentum (l. lutum ? Hh.)*
80.₁₅.
[horodubil] *sb.*
P horodubil *onerotatus* 77.₈.
horo-dumil *st. (m.) rohrdommel.*
P *ns* horodumil *onocrotalus* 74.₃₁.
-hôrsam *s.* ungi-h.

horsko *adv. hastig.*
P^W hórtĕo *strenue* 99.₂₀.
hŏr-willio *sw. m. ankensche begierde, geilheit.*
B- *yp* Horawilliono 16₁₂.
hosa *sw. f. art jagdschuh.*
V^o *(a)p* hofon *calciamento aenatricio, periscelidas* 110₂₄.
hosk *st. m. od. a. bohu, spott.*
P^W *ns* hofc *aeroma (festivum)* 101₂₁.
ds hófca *cavillo* 101₁₆.
[houwa] *sb.*
P houuua *rangu* 82₅.
hof *st. m. hof, wirtschaftshof, landgut.*
F^K *as* hof 31.₂₅, *ds* houa 32.₃₁, houe 24.₁₀.
F^M *as* hof 28.₂₅, 31.₁₄, 38.₂, 40.₇, hóf 36.₁, 40.₂₅, *ds* houa *ti mal :. b.* 39.₀, houe 24.₈, *np* houa *5 mal :. b.* 28.₂₃, hóna 37.₂₁.
hóf *st. (m.) huf.*
V^o *(d)p* houun *calcibus* 114.₉.
hŏva *st. f. stück land von einem gewissen masse, hufe.*
F^K *ds* hóva 33.₂₅, *dp* houan 33.₂₅.
F^M *ds* houa 31.₁₀, hóna 33.₆, *dp* hóuan 33.₅.
hovarodi *adj. bucklig.*
P *ns* houaradi *gibbus* 81.₁₇.
hova-ward *st. m. hofwart, hund.*
P^W *ds* hóuauuárde *cane* 92.₃₅.
-hŏfdig *s.* twi-h.
hŏfdon *sw. v. enthaupten.*
L *pc, np* gihafdade (g. uuerthath *decapitabimini)* 67.₂₁.
houerbilind *s.* ovarilian.
hŏvid-band *st. m. kopfband.*
E^c *(a)p* houidbandof *philacteria* 51.₁₈₋₁₉.
hŏvid-lok *st. (n.) öffnung des kleides, durch die der kopf gesteckt wird.*
P *ns* houidloc *capitum* 74.₅, *ds* hauidloca *(in occipitio)* 74.₅.
hof-stedi *st. (f.) grund und boden eines wirtschaftshofes.*
W^b *np* hofftadi 23.₁₂.
[hrachison] *sw. v. sich räuspern.*
P *1spi* rachifon *sereno (l. screo)* 87.₃₂.
-hraun *s.* naht-hr.
hrama *(f.) ein foltergerät (?).*
P *p* rámon *in catastis* 81.₅.

*hrāo *adj. roh. (angemalt).*
F^M *ysf* hraro 35.₂₀.
P [rauuer] *crudus* 84.₅.
hrĕlik *adj. die leichen od. die toten betreffend.*
P^W *nsf* hrĕlica *funale* 99.₇, *b.nsn* hrĕlika *ferale* 98.₃₇.
hrĕni *adj. rein, fein; vgl.* un-h.
E^c *npm* hrenia *mundi* 60₁₆.
P^W *b.gsn* hrĕnion (hr. mélaf *similaginis)* 92.₂₁.
hrĕn-kurni *st. n. reines korn.*
E^c *as* hrenkurni *triticum* 57.₂₁.
hrĕnunga *st. f. reinigung, sühne.*
P^W *gs* renunga *piaculi* 97.₁₅.
hrĕon *sw. v. beerdigen.*
P^W *3spti* reoda *funerabat* 91.₅.
hrenwon *sw. v. bereuen.*
E *2pip* hreuod *poenitentiam agite* 46.₈.
E^c *2pip* hreuuod *poenitentiam agite* 48₂₂.
hrideron *sw. v. sieben, sichten.*
P *3pplk* riderodin *cribrarent* 79.₂, *pr. ds* [riderendemo] *(boni) trituranti* 81.₃₀.
hrido *sw. m. fieber.*
P^W *ns* rido *febris* 95.₁₉, *p* ridon *febribus* 100.₂₅.
hrihtúngu *s.* rihtunga.
-hring *s.* hegi-h., ör-h.
hringa *f. schnalle.*
V^o *ns* hriunga *fibula* 114.₇.
hringil-dúva *st. f. ringeltaube.*
L *(a)p* ringelduffe *palumbes* 67.₄₋₅.
hringiling *st. (m.) ringel (rundes gebäck).*
P *ns* ringiling *(panis) tortus* 74.₁₄.
hringodi *adj. geringelt.*
S *x* hringodi *circulato* 106.₂₃₋₂₄.
hriod-gras *st. (n.) riedgras, seegras.*
P^W *ns* [ra(t)gr(a)s] *ulue* 93.₁₁, *ds* hriadgrafa *carices* 99.₁₈.
V^o *ns* rietgraf *alga* 113.₂₅.
hripo *sw. m. reif.*
P^W *ns* hripo *pruina* 91.₈.
hripsinga (?) *st. f. schelten, verweis.*
G *(gs)* rifpfinga (l. ripfinga *od.* rifpunga) *increpationis* 64.₅.
hripson *sw. v. schelten, verweisen.*
G *3spi* (hri)pfod *increpat* 64.₇.

hrîs *st. (n.) reis, zweig.*
P *ds* rîfe *(eum) ramo* 82.₂₆.
[hrîterunga] *sb.*
P riterunga *percussura cribri* 78.₅₋₆.
*hrîtian *sw. r. reissen, aufreissen, ritzen, schreiben.*
E⁰ *3spti* ritta *(in terra) scribebat* 60.₂.
PW *3ppti* rittun *exarabant* 96.₁₁, *pe, p* hritańthion *(ungulis) scribentibus* 96.₈.
PWᶠ *3ppti* rittún *exarabant* 105.₁.
hrîth *st. n. rind.*
PW *gs* hrîthaf *bubuli* 97.₃.
hrîtherin *adj. vom rinde.*
PW *dp* hrîthérinón *bubulis* 95.₃₂.
hriuliko *adv. reuig.*
E hriuliko 47.₁₅.
E⁰ riuliko 49.₂₂.
hroe *s.* rok.
hrôm *st. m. ruhmredigkeit.*
V⁰ *(a)s* hrom *verba* 114.₂₀.
hrômian *sw. r. rühmen.*
V⁰ *3ppi* hromiat *iactant* 113.₇.
hrôpan *st. r. rufen.*
E⁰ *3ppti* hriapun *(annalescebant — dicentes)* 58.₁₁.
hrôt *sb. russ.*
PW hrôt *fuligo* 98.₂₄.
V⁰ *(n)s* rnot *fuliginem* 110.₂₆.
hrottag *adj. rotzig.*
PW *dp* róttagón *musculentis* 101.₁.
hruge *s.* rûgi.
[hrumphusla] *st. f. runzel.*
V⁰ *(n)p* rumphufla *rugis* 111.₂₀.
[hruomen] *c.*
P ruaman *ostentare* 81.₇.
[hruoz] *sb.*
P ruaz *fuligo* 80.₂₇.
hrusal *st. (n.) stück rohen schmeres, fettes.*
FM *np* ruflof 41.₂₂.
hrusli *st. (n.) schmer, fett.*
PW *(a)s* hrûfli *arvinam* 95.₃₂.
hrûtan *st. r. schnarchen.*
PW *if* hrutan *stertere* 89.₁.
*hrûtho *sw. m. rinde.*
P *ds* [ruden] *prurito* 75.₁₉.
PW *as* rhûthon *scabiem* 100.₃₁ *(nusse, nach Schlüter, Unt. s. 329.)*

hruft *st. (f.) rauher schmutz, rauhe kruste.*
PP *s* ruft *scabrosa sorde* 88.₆.
[hruzzen] *r.*
P *3spi* ruzzet *stertit* 77.₃₄, *pe* ruzzenti *stertens* 86.₂₈.
[hruzzunga] *sb.*
P ruzzunga *sternutatio* 77.₃₁.
hû (?) *adv. wie.*
E⁰ hu 53.₁₉ *(vgl. note 7).*
hûd *st. f. haut, hülle.*
E⁰ *(a)s* hud *squamas* 49.₅.
PW *s* húd *cortice* 92.₂₁.
Sᶠ *as* hud 19.₂₀, *ds* hud 19.₂₁.
hudere *s.* hôderi.
*hûdigu *adv. heute.*
B hŏdigŏ 18.₁₄,₁₇.
-hugd *s.* gi-h.
-hugdigon *s.* gi-h.
-huggian *s.* gi-h.
huldi *f. huld, gnade.*
Bᵃ *dp* huldion 17.₂₆.
hulis (?) *st. (m.) mistel.*
V⁰ *ns* hulif *viseo* 110 *note* 7, bulif *(l. hulif?) viscum* 111.₁₂.
hulli-dok *st. (n.) schleier.*
P *ns* hullidok *theristrum* 73.₇.
hûn *st. m. hunne.*
P *p* huni *pannonii* 80.₆.
hunderod *st. (n.) hundert.*
FK *a* hunderod 24.₂₃, 32.₃₇.
FM *a* hunderod 24.₁₂, 29.₁₃, 32.₂₉.
hunegapl *s.* honegappul.
hûo (?) *sw. m. uhu.*
S *ns* hue *(l.* huo) *bubo* 107.₂₁.
[huon] *sb.*
P *p* huaner *pulli* 80.₃.
[huorari] *sb.*
P huuarari *scortator* 79.₂₈.
[huosto] *sb.*
P huafto *tussis* 80.₅.
[huot] *sb.*
P huat *cidaris* 77.₁₁, *mitra* 85.₃₀, hunit *(l.* huat?) *tiara* 84.₂₇.
[hurniz] *sb.*
P hurniz *scabro* 74.₂₁.
hurth *st. (f.) flechtwerk, gitter.*
P *as* [hurd] *craticula* 74.₂₉, *ges* hurt *(bl.?) cratem* 84.₁₂.
V⁰ *ns* hurth *crates* 110.₁₁.
hûs *st. n. haus; vgl.* afgodo-h., bron-h., hör-h., korn-h., spile-h., sprak-h.

14*

sprek-h., tresa-h., thwereh-h., duht-h., wig-h.
B *as* huf 18.₁, *ds* huf 18.₁₂.
Eˢ *up* huf *teeta* 55.₁.
FK *ds* huse 33.₂₁.
FM *ds* hufe 33.₅.
Pª *us* huf 14.₂₁, *as* huf 14.₂₁.
[hûssuocha] *sb.*
  Pˡ huffuacha *scrutinium* 83.₁₀.
[hutta] *sb.*
  Eˢ huttia *tabernacula* 50.₃₉.
  Pˡ hutta *tugurium* 80.₂₁, huttia *tugurium* 76.₆, (a)p hutten *propolus* 85.₂₁.
[huf] *sb.*
  Pˡ huffin *clunes* 75.₁₃.
hûva *sw. f. haube, hut.*
  Pˡ *as* huuan *cidarim* 74.₁.
[hûf(f)o] *sb.*
  Pˡ huffo *strues* 74.₂₁, *congeries* 78.₃₂, *acervus* 81.₂₄.
  PW hufon *acervis* 90.₂
hûwo *sw. m. uhu.*
  Pˡ *us* huuno *bubo* 74.₂₅.
huzferieta *s.* ûzskrikken.
hwan *konj. denn, weil; vgl.* noh-h.
  B wan 18.₅.
  Eˢ huan 49.₂₅, *quia* 53.₂₉.
  G huan 65.₆, vuan 64.₁₇, 65.₆.
  Pª vuan *6 mal :. b.* 13.₂₀, (14.₃).
hwanana *adv. woher.*
  PW huuanana *unde* 92.₂.
-hwanna *s.* noh-h.
hwanne *[hd.?] adv. wann.*
  Pˡ uuanne *quando* 77.₅.
hwanthiu *konj. weil.*
  PW hvvanthiv *quandoquidem* 103.₂₇.
hwar *adv. h. endi h. hie und da.*
  Eˢ huar (h. endi huar *per loca*) 52.₁₈,₁₉, uar *(dass.)* 56.₁₀,₁₀.
hwara-sun *adv. wohin, wo:u.*
  Pˡ uuarafun *quorsum* 84.₁₆.
huuari *s.* wesan.
hwarod *adv. wohin.*
  PW (huu)arod *quo* 96.₃₂.
-hwarf *s.* umbi-h.
hwass *adj. scharf, rauh.*
  PW *dsf* vuaffarv *hispida* 90.₁₅, uuaffero *hispida* 90.₁₆, h.*nsm* vvaffo *serrata* 98.₃₀.

hwē *pron. interr. wer; fo huat fo was immer; vgl.* gethes-h., io-gi-h.
  B *asn* vuat 18.₁₆.
  Bˢ *asn* huat 16.₆, 17.₁₉.
  Eˢ *usn* uuat *quid* 52.₃₅, *asn* haat *quid (l.* huat?) 61.₄, *gsn* unef 54.₁₄.
  PW *nsn* huat 98.₂, húat *quid* 100.₂₆, huúat (fo h. fó) 103.₁₁, *i huiu quam* 96.₂₉.
hwervan *st. r. zurückkehren; vgl.* gi-h.
  Pª *ispi* vuiruid *redit* 12.₅.
-hwervian *s.* gi-h.
hwervo *f. endpunkt der (erd)achse, (pol).*
  S *(d)p* nuéruon *cardines (mundi)* 107.₃₅—₃₆.
hwessi *f. schärfe, schneide, scharfe spitze.*
  PW *s* vvéffi *mucrone* 98.₁₅, *dp* huúeffion *spiculis* 96.₁₁.
hwēti *st. m. weizen.*
  Eˢ *ns* huueti 50.₉, *gs* huuetiaf *tritici* 50.₄.
  FK *gs* huetes *6 mal :. b.* 25.₂₁.
  FM *gs* huetef *30 mal :. b.* 24.₉, huetes 25.₂, 29.₁₆, hvetef 29.₄.
  Pª *gs* vnetef 12.₄.
-hwethar *s.* io-gi-h., io-h., ne-h.
hu(u)i, hvui, hvvi *s.* wi.
hwila *f. zeit.*
  B *dp* unilon (*zu zeiten, rormals*) 18.₅.
hwilik *pron. welcher, jeder; fo h. fo wer immer; vgl.* dag-h., gi-h., io-gi-hwelik.
  Bˢ *dsf* huilikaru (fo h. fo) 17.₂₀—₂₁.
  Eˢ *nsm* huilik *quis* 57.₅.
  FM *nsm* huilik *(jedes)* 43.₁₅.
  G *nsm* vuilik (fo vu. fo *quis*) 64.₁.
  PW *dsf* hvvilicarv (fo h. fo *quolibet*) 104.₁₂—₁₃.
hwilik (?) *adv. wie.*
  PW *s* h(n)úi(lic) *eiusmodi* 96.₁₉.
huuifu *s.* wisa.
hwīt *adj. weiss, unansgelassen (vom fett).*
  FM *apu* huite 37.₁₇, huite 39.₁₅.
hwīte-wurt *st. f. diptam.*
  Vᵒ *(a)s* uniteuurt *dictamnum* 114.₁₁.
hwō *adv. wie.*
  Eˢ huo *sicnt* 57.₃₂.
hwolvo *sw. m. hohl:iegel.*
  PW *p* nuohuon *imbricibus* 94.₃.
húnftolónthion *s.* writolon.

i- *cgl.* j-.
ia-huethar. ia-nuethar *s.* io-hw.
iboeade *s.* bôkon.
idal *adj. citel.*
  P^a *gsn* idelef 15.25.
idalnussi *f. citelkeit.*
  P^a *ns* idal(n)nffi *nanitas* 15.20.
idis *f. frau.*
  P *ns* idif *matrona* 80.18, 85.10.
iegivan *s.* gevan.
ie-huethar *s.* io-hwethar.
ieldan *s.* geldan.
iemar *s.* iomêr.
iernihed *s.* gerni-h.
ie-nuethar *s.* io-hw.
igil *st. (m.) igel.*
  P *ns* igil *ericius* 81.10.
i-grundkan *s.* gi-g.
ih *st. m. eibe.*
  V^O *np* ichaf *taxi* 109.5.
ihilla *s.* gichilla.
ik *pron. pers. ich.*
  B^a *n* ik *50 mal* :. *b.* 16.5, *d* mi 17.8,25, *a* mik 17.32.
  E° *n* ik *6 mal* :. *b.* 56.2, ? hie 58.5, *a* [mih] 53.22, *g* mi(n) 49.21, *d* mi 50.29, 56.2,3. ? 51.34.
  P *n* hie 77.3, *d* mêr 87.31.
  P^a *n* ik *4 mal* :. *b.* 14.22, *a* mik 15.8.
  P^W *n* ik 102.12, ik 102.20, *a* mik 102.33, *d* mi 96.16, 10, 102.11.
  T ec *6 mal* :. *b.* 3.5.
ichaf *s.* ih.
iletene *s.* lâtan.
-ilian *s.* ovar-i., withar-i.
imelot *s.* mâlon.
imuthi *s.* gi-mûthi.
in *adv. hinein, ein.*
  F^K in 33.25.
  F^M in 33.5, *6 mal s.* 42 *b.* :eile 13.
in *präp. c. dat u. acc. in. an.* :u.
  P in 73.25, in 81-.
  P^W in 91.22.
  T in *6 mal* :. *b.* 3.4.
  V° in 114.2.
in-bôgian *sw. v. bengen, krümmen.*
  S *pe, b,usn* ingebogolon *inflexum* 107.20—21.
in-burdig *adj. eingeboren.*
  P^W *b,nsm* inbûrdigo *indigena* 102.16.

ind- *s.* int-.
indan *s.* inttuon.
ingang *st. (m.) eingang, eintritt (cyl. "introitus 6 : præsentia, assistance" n. "intrare ad Matutinas", Du Cange, Gloss.).*
  F^M *ds* inganga *5 mal s.* 42 :. *b.* :. 6, ingange 42.2.
[ingeginstantunga ?] *st. f. hindernis.*
  P *p* ingegenftanunga *obstacula* 84.11.
in-kneht *st. m. knecht, diener des hauses.*
  P *np* [inknehda] *inquilini* 77.25.
  P^W *np* inknêhtof *apparitores* 94.11.
in-mêdon *sw. v. mieten, pachten.*
  V° *pc, dsf* ingimedodera *conducta* 114.19—20.
inna *adv. innen, drinnen.*
  B inna 18.6,8,10.
-innôthrian *s.* ûtgi-i.
[instungen] *v.*
  P* inftungeta *intrinerat* 76.27.
[intêren] *v.*
  P *pc* interet 77.21 (i. uuerdon *renereantur*), 78.1 (i. uuerdis *dehonestaueris*).
[intêrunga] *sb.*
  P *inderunga* *renerentia* 77.17.
[intgeldan] *v.*
  P^W indgildit *luet* 91.12.
[inthaben] *v.*
  P^W inthauent *suspendite* 91.13.
[intheizen] *v.*
  P^W Intheize *denuncent* 89.5.
[inttuon] *v.*
  P indan (i. uuird *abaperiret*) 78.31—32.
[intwennen] *v.*
  P intuneniter *ablactatus* 80.20.
[intwizzen] *v. unreise, thôricht sein.*
  P *lspi* intunizo *desipisco* 81.21.
[inuragon?] *v. fragen.*
  L. *appi* inuragant (l. inuragant ? Nach O. Korn — vgl. oben s. 115 — steht hier interregant) 67.25, 26.
in-wardas *adv. innerlich, im innern.*
  E* iûnuardaf (in se ipsum) 54.11, 12.
  iuuardef 56.5.
io *adv. immer.*
  P^a (io) 11.5.
  V° ia (ia unt *dum*) 115.22.
iodar *st. (n.) enter.*
  V° *dp* gederun *mammis* 109.5.

io-gi-hwē *pron. jeder.*
  PW *asm* ioginuena 94.11.
io-gi-hwelik (?) *pron. indef. jeder.*
  Pª *(a)sn* (io)giuuelik 14.11.
io-gi-hwethar *pron. indef. jeder von beiden.*
  FK *nsm* geihuuethar 25.26.
  FM *nsm* gaihuuethar 28.16.
  (Cichören diese zwei formen vielleicht eher unter gi-hwethar od. io-hwethar? Vgl. diese!)
  PW *dsm* ioginuetharamo 92.8—9.
io-hwethar *pron. indef. jeder von zweien; vgl. gihwethar.*
  FK *nsm* iahuethar 33.33, *nsn* iahuethar 32.30, *asn* iahuethar 33.31—32, iehuethar 25.22.
  FM *nsm* ianuethar *9 mal z. b.* 35.15, iahuethar *7 mal z. b.* 35.21, ieuuethar 30.21, iehuethar 32.6, *nsn* iahuethar 37.15, iauuethar 32.27, iehuethar 29.21, ieuuethar 29.21, *asn* iauuethar 33.12, 39.12, 41.9, iehuethar 25.3, *dsf* iauuethero 39.15.
io-mēr *adv. immer.*
  Eª iemar 52.2, 56.2.
ir *s. hir.*
[irgrabida] *sb.*
  P irgrabida *celatura* 75.9..
irrari *st. m. irrlehrer.*
  E *(a)s* irrari *fabsarium* 46.5.
irrislo *sw. m. anstoss, ärgernis; vgl. errislo.*
  Eª *(a)p* irriflou *scandala* 50.21.
īsarn *st. (n.) eisen; vgl. graf-i.*
  PW *ns* ifārn *chalybs* 97.21.
īsarnīn *adj. von eisen, eisern.*
  S *nsf* ifarnin *(ferro)* 108.15.
is-bēn *st. (n.) eisbein.*
  Vº *ns* ilben *chinuis* 114.31.
īsirna *f. eisenkraut.*
  PW *ns* ifyrna *verbena* 92.23.
ituefe *s.* giswāsi.
ifyrna *s.* isirna.
it *pron. pers. es.*
  Bª *n* it 18.3,5,16.
  Bª *n* it 17.21, *n* it 17.1-9, *g* if 17.21,22.
  E *n* it 16.27.
  Eª *n* it *5 mal z. b.* 61.12, it 54.16, *n* it *5 mal z. b.* 50.1-9, *g* if 58.3,19, 60.31.

G *g* if 63.11.
  PW *n* it 93.12, 104.13, it 92.3, *n* it 102.26, *(g)* if 96.20, if *(deswegen?)* 91.11.
ituisan *s.* gitwiso.
iuhu *s.* gehan.
iuwa *pron. pers. euer.*
  E *apf* giua 46.9.
  Eª *apf* iuua 48.23.
iuenina *s.* evenin.
iuuegde *s.* wēgian.
iulliftian *s.* gi-vullēstian.
inuoftid *s.* wōstian.
[izinari] *sb. art napf od. schüssel.*
  P izinari *parapsis* 84.19.

ja *part. fürwahr* (?).
  G ia *(itaque)* 63.13.
[jachent] *sb.*
  P iachenton *hyacinthis* 84.33.
jār *st. n. jahr.*
  B *ds* gera 18.10.
  FM *us* ger 37.16, *ds* gera 40.2.
jārs-dag *st. m. jahrestag.*
  FK *ds* gerafdaga 33.25.
  FM *ds* gerafdaga 33.8, gerfdage 35...
jār-markat *st. (m.) jahrmarkt.*
  P *(a)s* iarmarkat *nundinem* 76.24.
jeda *f. hobel.*
  P *s* ieda *(in) runcina* 76.32.
ju *adv. schon.*
  PW iv *iam* 104.6.
judeisk *adj. jüdisch.*
  Eª *nsm* iudeifk 51.26, *asm* indeifcan 51.14.
judeo *sw. m. jude.*
  Eª *gp* iudeon(o) 58.10—11.
jukkian *sw. v. jucken.*
  P *3spk* iukke *pruriat* 84.20.
  PW *3spi* jukid *prurit* 100.29.
*juk-tūn *sb. umfriedigung (eines joches land)* (?).
  FM *d* iuctamon 42.33.
jung *adj.; komp. substantiviert: jünger. ? klosterinsasse (in seinem verhältnisse zum abt, propst, obtissin etc.: vgl. Iostes Germania 34,298). stiftjungfer.*
  Bª *op* iungeron 16.22.
  FM *gp* iungereno 42.6,10, iunger(e)no 42.2, *dp* iungeron *7 mal z. b.* 42.15, iungero *(l.* iungeron*)* 42.13.

jungling *st. m. jüngling.*
PW *ds* iVnglinga *ephebo* 104.34.

kaklereri *[hd?] st. m.* = ?
PW *ns* cáclereri *(Thoseius, Cyprianus)* 103.—. *(vgl. nach St. Anz. f. d. alt. A. 136 uel.* caclari *praestigiator. Oder ist* caclereri = gaclereri *erklärer, ausleger?)*
kaldon *sw. r. kalt werden, erkalten; vgl.* a-k.
S *pe, (d)p* caldondion *gelantibus* 107.30.
kalend *sb. lat. calendae.*
B *ns* kalend 18.11.
kalk *st. m. kalk.*
P *ns* calc *calx* 86.22.
PW *ns* cálc 103.26, *candor* 103.4, *ys* cáleáf 103.2, *ds* cálca *calce* 103.21.
S *ds* caloa *(l.* calca) *calce* 107.20.
[käm?] *sb. pferdegebiss.*
P *(a)s* chain *(l.* cham) *cammn* 76.32.
kamb *st. m. kamm (auf einem thierkopfe).*
S *(a)s* camb *cristam* 106.33.
kamera *f. kammer, schatzkammer; vgl.* trese-k.
P *ns* camera *fiscus* 80.21.
PW *ns* kámára *conclave* 98.39.
kamerari *st. m. kämmerer.*
P *ns* camerari *primus scrinius* 81.2.
käm-mindil *sb. pferdegebiss.*
P *ns* kammindil *lupatum* 85.18.
kanagit *s.* knagan.
[kanteri] *sb. brenneisen.*
V⁰ *n* canteri *cauteriola* 111.4.
kappa *f. kappe, umhang.*
PP *ns* kappe *flammeolum* 88.10.
-kappian *s.* up-k.
kaps *sb. behältnis, gefäss.*
P *ns* capf *capsa (lignea)* 80.3, *absis* 80.24.
kapsilin *st. n. kästlein.*
P *ns* capsilin *capsella* 75.4.
-kar *s.* bī-k.
karda *f. karde.*
V⁰ *ns* carda *carduus* 110.20.
karkarlik *adj. kerkerlich.*
PW b.*nsf* cárcárlica *carceralis* 98.21 22.
[karruh] *sb.*
P carruh *carruca* 79.21.
[karz] *sb.*

P carz *lichnus* 87.11.
PW charze *linteolo* 90.20.
chebur *s.* gibūr.
[kelah] *sb.*
PW *(a)p* kēlachof *strumus* 100.33.
kel-girithi *(f.) gefrässigkeit.*
M *s* kielirithi *gulę* 70.21.
kelkian *sw. r. mit kalk anstreichen, übertünchen.*
E⁵ *pc. dp* gikelcton *dealbatis* 52.5.
-kelli *s.* fari-k.
kembian *sw. r. kämmen.*
P *pc* gikemmit *pectitor* 85.3.
PW *pc, nsm* gikémbid *repexus* 97.4—5.
[kennih] *sb. kännchen, trinkgeschirr.*
P *(a)s* kennih *pateram, poculum uns* 80.12—13.
kēra *[hd.?] st. f. wendung, scheideweg.*
PW *(np)* kera *divortia* 91.10.
[kēren] *v.*
PW *3spti* kierta (thana k. *detorsit)* 101.36.
kerikon *s.* kirika.
kerno *sw. m. kern.*
P *ns* kerno *nucleus* 87.15.
[kerren] *v.*
PW kerrent *verrunt* 93.6.
-kērunga *s.* thana-k.
[kerzia] *sw. f. kerze.*
PW *(a)p* kierzivn *cercos* 99.20.
kēsarlik *adj. majestätisch.*
PW *kp, nsm* kiafárlicára *augustior* 98.26—27.
kēsi *st. m. käse.*
FK *ap* Kiefas 33.22.
FM *ap* kiefof 29.14. 13.2, 14, *gp* kiefo 37.10, 39.12.
kēsur *st. m. kaiser.*
B *ns* kiefur 18.4.
PW *ns* kiáfur *imperator* 95.11.
ketelari *st. m. kesselmacher.*
FM *dp* kietelaren 42.23.
ketel-kōp *st. (m.) einkauf von kesseln.*
FM *ds* kietelkapa 36.10, kietelkapa 36.12.
[ke-vagōn] *v.*
P kevagonie *(l.* kevagontes) *satisfacias* 87.23.

kevera *f. käfer, art heuschrecke.*
P *us* kenera *bruchus* 84.₂₁.
kevia *sw. f. höhlung.*
P *us* kenion *cuncum* 83.₂₉.
kevis *st. f. kelsa.*
PW *ans* kĕvif *pellivem* 94.₂₁. *ds*
kienif *pellive* 94.₂.
kefsa *f. inhältnis, gefäss.*
P *us* keffa *capsu (lingua)* 80.₃.
kian *s.* kio.
kiàfur *s.* kĕsur.
kie- *s.* ke-.
kin *st. m. kinn.*
PW *as* kin *mentum* 101.₅.
kīn *st. (m.) kein.*
E *ds* kīna 60.₂₇.
kind *st. n. kind.*
E *ap* kind 56.₁₀. 58.₁₁.
kinddōm *sb. kindheit.*
PW *ns* kindvóm *infantia* 96.₂₇.
*kinislo *sw. m. riss, spalt.*
PW *(a)p* kinifloa *rimus* 98.₃₁.
kinni *sb. kinn.*
P *p* kinni *menta* 85.₂₉.
V⁰ [chinne] *mento* 112.₂₄.
VW [chinne] *mento* 115.₃.
[kinnizan] *sb.*
P kinnizeni *molares* 84.₃.
kio *sw. m. kieme.*
P *us* kio *branchia* 78.₁₈.
V⁰ *np* kian *branchia* 112.₃.
kiol *st. m. schiff.*
P *us* kiol *trieris* 75.₁₀, *durco, navis*
magna 76.₂₁.
kip *st. (n.) stock.*
PW *(a)skip (carcerulem) stipitem* 99.₄₀.
kirika *sw. f. kirche.*
B *ds* kerikōn 18.₁₁.
B *ds* kirikun 17.₁₁.
W⁰ *ns* kirica 23.₂,₃,₆.
kirik-land *st. (n.) land das einer*
kirche gehört.
W⁰ *ns* kiricland 23.₅, ₆.
kirsik-beri *st. (n.) kirsche.*
V⁰ *s* (kirsic)biri (kirsic *aus der vor-*
hergehenden glosse kirsicbom *zu er-*
gänzen) cerasium 112.₁₀.
kirsik-bōm *st. (m.) kirschbaum.*
V⁰ *us* kirsicbom *cerasius* 112.₃.
kitilon *sw. c. kitzeln, jucken.*
PW *:spi* kitilōd *pruriat* 91.₁₁, *pru-*
rit 100.₂₀.

kinla *f. säcklein, tasche.*
P *s* kinla *(de) suciperin* 78.₂₀.
klaga *st. f. klage.*
M *(g)s* cláge *quesimonie* 71.₆.
[klagen] *c.*
P klageta *questus sum* 81.₆.
klagon *sw. c. klagen.*
E *:ipptk* clagedin *quererentur* 49.₂₅.
P *:spi* klagot *queritur, arguit* 81.₁₂.
PW *if* clágon *conqueri* 99.₂₂.
klagunga *f. klage.*
P clagunga *(mæsta)* 88.₂.
klapunga *f. (zähne)klappern.*
E *ns* clapunga *stridor (dentium)*
49.₂₅.
[klaftra] *sb.*
P clafdra *cubitus* 75.₁₀.
klē *st. (m.) klee.*
V⁰ *ns* cle *(caltha)* 110.₁₀.
*kledda *st. f. klette.*
V⁰ *np* cledthe *lappe* 110.₂₁.
kleddo *sw. m. klette; vgl.* kletto.
P *us* kleddo *lappa* 77.₂, 84.₆.
[kleib] *sb.*
PW chleibe *glutine* 89.₁₂.
[kleinilih?] *adj. fein, zierlich.*
P *ns* deindihet *(l.* cleiniliher?*) pur-*
pureum 79.₆, ₇.
[kleino] *adv.*
PW cleino *perverse (dissertare)* 91.₂₀.
-klenan *s.* bi-k.
klēni *adj. klein, scharfsinnig.*
PW *ds* clenemo *sagaci* 90.₃, *np*
clénia *graviles* 102.₂₁.
klēn-listig *adj. höchst geschickt, sehr*
klug.
S *usf* clenliftig *sollertissima* 107.₅.
klēno *adv. klein.*
PW cléno *minutatim* 102.₃₆.
kletto *[hd.?] sw. m. klette; vgl.* kleddo.
PW *p* cletton *lappis* 91.₂.
kleuwin *st. (n.) knäuel, kügelchen.*
V⁰ *(a)s* cleunin *offam* 113.₂₉.
klida *st. f. flechtwerk, leiter.*
V⁰ *us* clida *crates* 111.₂₆, *(up)* clida
scalis 111.₂₄.
kliva *st. f. klette.*
V⁰ *np* clive *lappae* 109.₁₀.
klivon *sw. c. wurzel fassen.*
A *:ispi* cliu(o)t 20.₅.
[klocka] *sb.*
P glogga *campana* 81.₁₀.

-klovo s. fugal-k.
kluf-lōk st. m. knoblauch.
 PW (a)s clvflóc allium 94.38.
kluwi sb. plur. schneuze.
 P p cluuui forcipes 76.10.
knagan st. v. abnagen.
 S 3spi cnagit erodit 107.12, kanagit (oculum) petit 107.27.
knedan st. v. kneten.
 P pe, ns gikuedan 74.18.
-kueht s. in-k.
[knellizzi] st. (n.) stechmücke.
 P n knellizzę srinifes 74.9.
[kuiredo] sb.
 P ns kniredo poples 87.18.
kō st. f. kuh; vgl. meri-k.
 FK as kó 33.26, ap Kou (l. Koii) 32.35, kogii 24.21.
 FM as kó 37.14, 39.10, 41.6, ap koii 29.10, 32.26, kogii 24.10.
kok st. m. koch.
 FM ds koka 42.29.
koke (f.) küche.
 FM s koke 24.5 (De k.).
[kochma] f. kochgeschirr.
 P ns cohcma cucuma 75.35—36, cohma cacubus 78.35.
[kolbo] sb.
 P colbo clauus, quo regitur nauis 78.2.
kōli st. (m.) kohl.
 P ns koli brassica 87.14.
kolvo sw. m. keule, knüttel.
 PW (d)s cólvōn clana 95.9.
kōp st. (m.) kauf, kaufpreis; vgl. ketel-k., mezas-k., visk-k.
 Eᵉ (a)s cop retributionem 50.35, gs kopaf negociationis 59.18, ds cópa (ad) mercationem 54.11.
 PW ds cópa 103.9.
kōpa f. kufe.
 FM dp copon 24.17, 29.19.
kopan- s. kōpon-.
kōpian sw. v. kaufen; vgl. far-k.
 PW pe, ns gicōp (l. gicópod oder gicōpt; g. vvérthan emit) 103.10.
kōpon-band st. (f.) kufenband, reife an einer kufe.
 FM ap kopanbaudi 43.11.
koppodi adj. mit kamm versehen.
 S ns coppodi cristatus 106.21.

[korb] sb.
 P corb sarcofagus 79.2.
korn st. n. korn, roggen.
 FM gs cornef 29.5.
korn-hūs st. n. kornspeicher.
 Eᵉ (a)s koruhuf horreum 50.22.
korvilin st. (n.) körblein.
 P (a)s Coruilin fiscellam 74.2—3.
kostarari st. m. küster.
 PW ns coftárári 99.26.
kostunga f. versuchung, prüfung.
 Eᵉ ds coftungu 57.19.
kō-swīn st. n. weibliches schwein, sau (?).
 FK ap cosuin 24.22, Kofuin 32.35.
 FM as kofuin 37.14, 39.11, ap cofuin 24.11, kofuin 29.11, kofuin 32.27.
[kouflih] adj.
 P kouflik venalis 81.18.
[konfon] v.
 P couffan comparare 79.27.
[kozzo] sb.
 P kotzo byrrum, kottus 80.25.
krūa f. krühe; vgl. kráia.
 P ns craa cornix 78.9.
[krāen] v.
 PW kraent strepunt 89.14.
kraht s. kraft.
krāia sw. f. krähe; vgl. krāa.
 S np kraiun cornices 107.19.
krampo sw. m. krampe, haken; krampf.
 PW ns krámpo ungula 98.5, np crámpōn artesis, membrorum contractio 95.27, crámpon ungulę 96.29, (a)p crámpon (l. crámpon) ungulas, p crampon uncis 94.12, crámpon ungulis 96.9.
 Vᵒ ns [chrampho] unco, morsu 110.29.
krani (?) m. kranich.
 S ns kraru (l. krani) grues 107.18.
krauwil st. (m.) dreizackige gabel.
 P s [crouuil] fuscinula 76.11, crauuil fuscinula 75.1, p [krounila] ungues 86.10.
kraft st. (m. nd. f.) kraft; vgl. un-k.
 PW ns kraht uis 92.4, ds crahta ni 99.29.
-kraftag s. un-k.
krazon [hd.?] sw. v. kratzen.
 PW 3spi crázóda charasat 96.2.
kresso sw. m. gründling.
 P ns creffo gobio 87.11.

[krîda] sb.
  P ns crida *creta* 87.₆.
kristen (??) adj. *kristlich*.
  Pa *usf* criſten 15.₂₃. Od. eher acc.
  von Criſt.
kristinhēd f. *taufgelübde*.
  Bʰ ds criſtinhedi 16.₇.
kroka sw. f. = *mnd.* kroke *falte,
  runzel? (A. Gl. II 718 note 14)*.
  Vᴼ *(a)p* crocon *toros* 114.₃₅.
[kropf] sb.
  P croph *rabi sterroris (columburum)*
  76.₂₉.
[krota] sb.
  P krota *rubeta* 79.₂₇.
cruceuuikon s. krûzewika.
krūka f. *krug, kruke*.
  Eʰ *ap* crukon 21.₆, ₁₂, ₁₅, ₂₀.
krukka f. *krücke, krummstab*.
  P ns krucka *cambota* 87.₂₀.
krumb adj. *krumm, eingebogen*.
  Eᵉ *b,nsn* crumba *inclinata* 55.₂₆—₂₇.
  S *dp* crumbon *aduncis (naribus)*
  106.₁₅.
krumbi f. *krümme*.
  P ns krumbi *tortitudo* 82.₂₆.
[kruogo] sb.
  P kruago *coccinum* 76.₁₁, krilago
  (l. kruago) *circus* 87.₂₂.
krūze-wika sw. f. *kreuzwoche (die
  zweite vor pfingsten)*.
  Fᴹ *ds* cruceuuikon 42.₁₅.
cuauni s. kuo.
kulluudar sb. *koriander*.
  P ns kulluudar *coriandrum* 74.₁₆.
kuman st. v. *kommen; vgl.* an-k., bi-k.
  B *3sptk* quami 18.₁₁.
  Eᵉ *pc, nsm* cuman 51.₁ (biſt c.
  uenisti), 56.₉, 59.₄₂.
  Fᴹ *if* cuman 43.₂₅, kumen 35.₃₅.
  ti *3spti* quam 65.₃, ₁₂.
  Pa *if* kuman 13.₂.
[kumin] sb.
  Eᵉ cumin *erminum* 51.₃₇.
cumifki s. gumiski.
cumouo s. gumo.
kuningdōm st. m. *königswürde, königliche
  herrschaft*.
  Eᵉ *as* kunigduom 61.₂₀—₂₁, *ds* kuningduoma
  imperio 61.₁₆—₁₇.
kunnan pt.-pr. v. *kennen*.
  Eᵉ *3ppti* conſtun 60.₁₅.

-kunniglik s. god-k.
[kuo] sb.
  P cuauni *buculas* 85.₈.
[kurba] sb.
  P kurba *trochlea* 80.₂₅.
[kurbiz] sb.
  P curbiz *cucurbita* 76.₂₆.
-kuri s. self-k.
-kurni s. brēn-k.
kurnil-bōm st. (m.) *kornelkirschbaum*.
  Vᴼ curnilbom *(corna)* 112.₁₁.
[kūski] sb.
  P kufgi *venustas* 86.₉.
kūskitha st. f. *keuschheit*.
  Pᵂ ns cufkitha *pudor* 100.₄.
kussian sw. v. *küssen*.
  Bˣ *ger, g* cuffianniaf 17.₄.
-kust s. un-k.
kūth adj. *kund, bekannt*.
  Pᵂ *asn* cūth *cognitam* 98.₉.
quagul sb. *lab*.
  Pᵂ quagul *coagola* 89.₂₀.
quattula f. *wachtel*.
  P s quattula *coturnicum* 78.₂₅, p
  quattulon *coturnices* 77.₂₀.
quekilik adj. *was sich schwingen
  lässt, leicht beweglich*.
  P *(a)s* quekilik *uibrabilem (gladium)*
  73.₁₀.
[quekfilbar] sb.
  P quecſilbar *electrum* 85.₃₀.
quella f. *quelle, hervorquellen*.
  P *(a)p* quellon *scatebras* 84.₆.
quellan st. v. *quellen*.
  P *if* quellan *scaturire* 87.₂₇.
quelmiunga st. f. *quälen, marter*.
  Pᵂ *gs* quélmiunga *crucis* 98.₅.
[queman] v.
  P quome *ueniam* 77.₄.
quenela f. *quendel*.
  P s quenela *conuca* 83.₁₉.
quern(a) f. *mühle*.
  Fᴹ *dp* quernou 42.₃₁.
querthar sb. *docht*.
  Pᵂ *dp* quertharou *lychnis* 90.₁₄.
quest st. m. *laubbüschel*.
  P p queſta *perizomata* 73.₆, 84.₂₂.
quethan st. v. *sagen; vgl.* with-qu.
  Eᵉ *3spti* quad 51.₃₄.
quikhēd f. *lebhaftigkeit*.
  S *ns* quiched *viracitas* 106.₃.

quikon *sw. v. ins leben treten.*
PW *if* quikón *uiuere* 96.₉.
quirn *[hd.?] (f.) mühle.*
P *ns* quirn *mola* 84.₃₅.

l- *vgl.* hl-.
[label] *sb.*
P label *luter* 75.₃₄, *peluis* 79.₂₈, *concha* 86.₃₁.
lahs *st. (m.) lachs.*
Vᴼ lahſ *esox* 111.₁₃.
laiſent *s.* leiſtan.
[läch] *st. (m.) lache (grenzzeichen).*
P lach *butina* 83.₂₃.
lakan *st. n. laken, decke, tuch, obergewand; vgl.* ambaht-l., segal-l., skuld-l.
Fᴹ *as* lakan 39.₃₁, 43.₃₆, *ap* lakan 43.₃₅.
P [lachan] *sago* 82.₂₉, [lahchan] *pallium, indumentum* 84.₆.
Vᴼ *ds* lakene *palla* 113.₃₀.
[lahhan ?] *v.*
P *pe* lahhahti (l. rost *arugo; statt* lohanti *wie eine parallelhds.* — *s. A. Gl. II : 500.63* — *hat?)* 86.₂₂.
läknon *sw. v. heilen.*
PW *3spk* läcnó *medetur* 96.₂₉.
PWᶠ *3spk* läknó *medetur* 105.₈.
lam *adj. lahm.*
Eᵉ *ns* lam *arida* 55.₂₀,₂₁.
P [lamer] *mancus* 87.₉.
lamb *st. (n.) lamm.*
Eᵉ *ns* lamb *agnus* 56.₃₀.
land *st. (n.) land, grundstück.*
Eᵉ *gs* landeſ 56.₁₃, *ds* landa 53.₈,ˇ. 55.₇, [lante] 49.₂.
Fᴹ *us* land 36.₃₇, *ds* lauda 31.₂₁.
land-övo *sw. m. landbebauer, einwohner.*
PW *ns* landŏuo *incola* 102.₃—₄.
landskepi *st. (n.) landschaft.*
Eᵉ *gs* landſcepiaſ 49.₃₁.
lango *adv. lange.*
PW lango 97.₄, 102.₂, 104.₃₀, *iugiter* 101.₆.
langsamo *adv. lange.*
PW langſamo *longum* 104.₂₇.
lang-wina *f. klaake.*
PW *p* länguinon *cloaris* 100.₂₁.
lappo *sw. m. zipfel eines kleides.*
Eᵉ *p* lappon *angulis* 51.₂₁.

lastar *st. (n.) lästerung.*
Eᵉ *(a)s* laſter *blasphemiam* 52.₂₇, laſtar 57.₂₈.
lastron *sw. v. lästern.*
Lⱽ *3spk* laſtro *causetur* 68.₃.
lat *adj. träge; sup.: letzt.*
Eᵉ *sup. nsm* leſta *extremus* 52.₁₃.
S *ns* lat *tardum* 106.₂₇.
lātan *red. v. lassen, überlassen, zulassen; vgl.* a-l., far-l.
Eᵉ *1ppk* latan *reseruemus* 50.₁₉.
M *pe, np* iletene *permissa* 70.₁₀—₁₁ (*rgl. note 14*).
PW *2pip* lätád *sinatis* 97.₃₀.
latta *st. u. sw. f. latte.*
L *(a)s* lattan *lignum* 67.₁₂.
P *ns* latta *tegula* 82.₁₄.
Vᴼ *np* latta *tigna* 110.₂₁.
lavil *st. m. becken, schüssel.*
PW *ns* lauil *peluis* 95.₁₆.
lavon *sw. v. laben; vgl.* gi-l.
PW *pe, nsm* giláuod *refectus* 99.ₛ.
laz *st. (n.) riemen.*
P *ns* laz *amentum* 80.₂₂.
[laz] *adj. freigelassener.*
P laz *litus* 83.₂₅.
lazo *sw. m. riemen.*
P *ns* lazo *amentum* 85.₂₇.
[lebera] *sb.*
P leberon *iecoris* 74.₁₆.
-lēdian *s.* ät-l.
legar *st. (n.) liegen.*
Bᵉ *gp* legaro 17.₃—₄.
leggian *sw. v. legen; vgl.* bi-l., umbi-l.
Eᵉ *1spk* leggia *mittam* 55.₂₈.
lēhan *st. (n.) lehen.*
P *ns* lehan *beneficium* 83.₆.
lēhnon *sw. v. borgen; vgl.* an-l.
Eᵉ *if* lēhnon *mutuari* 49.₁₂.
leht *s.* lēth.
[leih] *sb.*
PW leichin *modulis* 90.₂₆.
[leimbilidare] *st. m. töpfer.*
Eᵉ *gs* leimbilidareſ *figuli* 52.₃₇.
[leistan (?)] *v.*
P laiſcat (l. laiſtat?) *(quod non) persoluitur* 82.₂₉.
lektor *st. (n.) lesepult.*
P *(a)s* lector *pulpitum* 87.₄.
lekzia *sw. f. lesen, verlesung (eines abschnittes aus der bibel in der kirche).*

15*

Bᵉ *ds* lecciun 17.₁₇.
Pᵃ *ns* leccia *lectio* 15.₁₀.
lemi *sw. f. lähmung.*
PW *as* lémi (*fragmenta membrorum*) 100.₁₆.
-lemmian *s.* bi-l.
lëmo *sw. m. lehm, schlamm.*
S (*a*)*s* lemon *limum* 108.₇.
-lendes *s.* ût-l.
[lendi ?] *sb.*
P (*dp*) lendil (*l.* lendin) *renes* (*Vulg. de renibus*) 76.₁₃.
-lendi *s.* eli-l.
leohto *s.* lioht.
lēra *st. f. lehre.*
PW (*a*)*s* lēra *disciplinam* 99.₃₅.
lērian *sw. v. lehren.*
Bᵉ *1spti* lerda 16.₂₃.
PW *pe, dsf* leránthêrv *docenti* 96.₄₀.
lernunga *st. f. unterricht.*
S *ds* lernunga *institutione* 107.₁₂.
-lēsa *s.* wagan-l.
lesan *st. v. lesen, vorlesen, sammeln.*
B *1ppi* lefed 18.₂.
Bᵉ *1spti* laf 17.₁₀.
E *pe, npm* lefandia (*tefamna l. colligentes*) 46.₂₃.
Eᵉ *pe, npm* lefenda (*tefamua l. colligentes*) 48.₅.
leskan *st. v. erlöschen.*
S *3spi* lefcid (*non ardeat*) 107.₁₇.
lefta *s.* lat.
lēstian *sw. v. leisten, erfüllen; dauern* (? 52.₂); *vgl.* gi-l.
Eᵉ *3spi* leftid *facit* (*legem*) 59.₃₀, *3spti* lefta 52.₂, *3ppti* léftun (*legem*) *impleverunt* 56.₇, *3pptk* leftin (*legem*) *implerent* 51.₁₄.
lēth *st. n. leiden, betrübendes.*
Eᵉ *np* leht *tristia* 60.₆.
lēth *adj. verhasst, lästig.*
Eᵉ *npm* letha (*odio*) 49.₇.
G *ns* leth *onerosa* 65.₁.
-lēthithion *s.* ût-l.
lēvian *sw. v. lassen, überlassen.*
Eᵉ *3spth* lefdi *daret* 54.₂₈, 60.₁₁—₁₂.
levindig *adj. lebendig.*
Pᵃ *b,dpm* leuindigon *vivis* 15.₁.
lieth-missa *s.* lioht-m.
liggian *st. v. liegen; vgl.* gi-l.
PW *2ppi* liggiad *iaceatis* 94.₂₀.

lihto *adv. leicht.*
PW lihto *leniter* 99.₉.
lik-hamo *sw. v. leib.*
Bᵉ *as* likhamon 16.₂₄.
Pᵃ *ds* (*l*)ikhamon 15.₄, (*likha*)mon 14.₁₉.
lik-naro *sw. m. narbe.*
PW *ns* liknáro *cicatrix* 98.₁₀.
-līko *s.* alli-gi-l., gi-l.
līm *st. m. leim.*
P *ns* lim *gluten* 73.₁₇, lim *glutinum* 77.₉, 84.₁₆, *gluten* 85.₁₁, *viscus* 80.₁.
PW *ds* Lime *glutine* 89.₁₆.
linda *st. f. linde.*
P (*d*)*s* linda (*de*) *tilia* 76.₁₆.
Vᵒ *s* linda *tilia* 110.₃.
lindia *sw. f. linde.*
Vᵒ *np* lindian *tiliae* 109.₁₃.
līnin *adj. leinen.*
FM *asn* linen 39.₃₁.
Vᵒ *ns* linin (l. hruge *villa*) 111.₃₇.
[linna] *f. linie, grenzlinie.*
P *ns* linna *linea* 84.₁₀.
liogan *st. v. lügen.*
Bᵉ *ger. g* liaganniaf 16.₁₂.
lioht *st. n. licht.*
PW *as* liaht *lumen* 96.₁₄.
lioht *adj. hell.*
A *b,nsm* leohto 20.₁₃.
lioht-missa *st. f. lichtmesse* (*2. Februar*).
FM *ds* liethmiffa 42.₉.
-liosan *s.* far-l.
-lioth *s.* wini-l.
-listig *s.* klēn-l.
litharin *adj. ledern.*
PW *np* litharina *lorca* 102.₂₄.
[liubī] *sb.*
Eᵉ liubi *dilectionem* 50.₂₁.
liud *st. m. volk, pl. leute.*
B *np* luidi 18.₅.
PW *ns* liud 92.₃₃, 102.₅,₁₇, livd 102.₁₇, livd 102.₁₉.
S *np* liudi 108.₂.
-liusi *s.* far-l.
līf *st. n. leben.*
B *ds* liua 18.₁₉.
Bᵉ *as* lif 17.₂₆.
Eᵉ *as* lif 57.₄.
Pᵃ *as* lif 15.₁₀.
-livan *s.* bi-l.
-loda *s.* sumar-l.

[lodera] *f. lumpen.*
P *p* loderon *pannis* 80.32.
lohs *st. (m.) luchs.*
S *ns* lohs *pardus* 106.17.
V⁰ *ns* lof *lynx* 110.30, *gs* loffef *lyncis* 112.20.
[loh] *sb.*
P luhhir *cellas, cameras* 81.15.
lok *st. (m.) locke, haar; vgl.* hôvid-l.
P^p *p* loci *cæsariem* 88.11.
-lôk *s.* hal-l., kluf-l.
-lôkon *s.* umbi-l.
-lômi *s.* gastluomi.
lôn *st. (n.) lohn.*
E^e *(a)s* lon *mercedem* 56.1.
lôs *adj. los.*
E^e *nsn* lof *solutum* 50.25.
lof(-) *s.* lohs.
lôsian *sw. v. losmachen; vgl.* a-l., te-l., ûta-l.
V⁰ *3spti* lofda (saxum a terra lofda *uellit)* 113.25.
-lôson *s.* fargômi-l.
lotho *sw. m. lodenkleid, dickes oberkleid.*
PW *(a)s* lothon *lanam* 90.26.
lof *st. n. lob.*
PW *ns* lôf *laus* 104.31.
-lôf *s.* or-l.
-lôvian *s.* gi-l.
-lovo *s.* gi-l., un-gi-l.
-lôvo *s.* gi-l.
-lôfsam *s.* gi-l.
lubbi *st. (n.) saft, gift.*
PW *s* lubbe *(medicans anguino) suco* 93.25.
lubbian *sw. v. heilen.*
PW *pe, pr, ds* lubbiandemo *medicante* 93.30, *pe, pl. ds* gilubbidemo *medicato, illito* 93.2-3.
luci- *s.* luzi-.
lugenari *s.* luginari.
luggi *adj. lügnerisch, lügenhaft.*
B^s *dsn* loggiomo 17.5.
lugina *st. f. lüge.*
P^a *as* lugina 14.5, 6.
PW *ap* lugina *commenta* 98.19.
luginari *st. m. lügner.*
E *(a)s* lûgenari *falsarium* 46.5.
luidi *s.* liud.

lumbal *st. (m.) teil der eingeweide.*
P *p* lumbala *renunculi* 74.25.
-lumplik *s.* gi-l.
lun *st. (f.) lünse.*
P *np* luni *humeruli* 75.36.
lungannia (?) *sw. f. lunge.*
V⁰ *(d)s* lungaudian *pulmone* 113.17.
lunis *st. m. lünse.*
V⁰ *np* lunifaf *axedones, humeruli* 111.19-20.
lûra *sw. f. nachwein, tresterwein.*
P *ns* lura 75.8.
lusta *(f.) lust, begierde; vgl.* âriu-l.
B^s *dp* lufton 17.13.
luthara *sw. f. kinderzeug.*
PW *np* lúthárun *ornamenta (der kinder)* 96.5.
-luf *s.* bar-l.
luva (?) *f. liebe* (?).
V⁰ *ns* luue *(dilectus)* 109.10.
[luzik] *adj.*
E^e *dsf* lucikeru *(l.* stundu *pusillum)* 57.17.
[luzik] *adv.*
PW lucik *parum* 96.29.
[luzilo] *adv.*
E^e lucilo *(profecto)* 58.25.
-magath *s.* êk-m.
mahal *st. (n.) gerichtsstätte, gerichtsverhandlung.*
V⁰ *(a)s* mahal *forum* 113.21.
mahal *sb. schwertscheide?*
P mahal *(spatu cum) scogilo* 83.4.
mahliau *sw. v. verloben.*
V⁰ *pv, ap* gimahlida *pactos* 113.32.
mâho *sw. m. mohn.*
V⁰ *ns* maho *papauer* 110.20.
maht *(f.); pl. gemächte; vgl.* gi-m.
PW *(a)p* mahti *genitalia* 97.24.
PW^f *(a)p* mahti *genitalia* 105.8.
mahtig *adj. mächtig; vgl.* alo-m., wel-m.
S *kp. gpm* mahtigaro (mer m. *tyrannorum)* 108.7.
-mak *s.* un-gi-m.
makeriu *st. f. (ehe)stifterin; vgl.* hi-m.
V⁰ *ns* makeriu *pronuba* 113.33.
makon *sw. v. zusammenfügen, errichten.*
PW *pv, s* gemakad *constructum* 101.2-3, *(a)p* gimágóda *structos* 100.25.

malaha *f. tasche, behältnis, (geld)sack.*
P *s* malaha *zaberna* 79.24, *(p)* malaha *sitarcię* 75.6.
Pᵣ *(a)p* Male *fiscos* 88.18.
malan *st. v. mahlen.*
Fᴷ *pc, asn* gimalan 26.25, 31.31, gemalan 25.34, *gsn* gimalenas 31.25,29, 33.36, gemalenas 30.41, *apn* gimalana 25.28, gimalena *6 mal z. b.* 33.34.
Fᴹ *pc, asn* gimalan *21 mal z. b.* 28.6, gimalen 41.12—13, *gsn* gimalanaſ *17 mal z. b.* 30.1, gimalenaſ *6 mal von* 33.18 *an, apn* gimalana *13 mal z. b.* 25.11 gimalena *10 mal von* 34.8 *an, b,asn* gimalana 30.18.
S *pc, ds* gemalanamo *(auro) liquescenti* 107.32.
maldar *st. n. malter.*
Fᴷ *ap* maldar 33.27.
Fᴹ *ap* maldar 33.8, malder 39.12.
male *s.* malaha.
maleri *st. m. müller.*
Fᴹ *dp* maleren 42.31.
mäleri *st. m. zeichner.*
Pᵂ *ns* maleri *(circulator)* 95.19.
-mäli *s.* ana-m.
mälon *sw. v. malen, färben; vgl.* ungimâlod.
P *pc* lmelot *polymita (tunica) id est multi coloris* 73.3.
malt *st. n. malz; ein getreidemass.*
Eʰ *gs* malteſ 21.3,5,11,13,15.
Fᴷ *as* malt *15 mal z. b.* 25.31, *gs* maltes *6 mal z. b.* 26.21, maltas 25.29,31, *ap* malt *23 mal z. b.* 25.21.
Fᴹ *as* malt *100 mal z. b.* 29.1, *a* malt 27.29, *gs* malteſ *44 mal z. b.* 27.33, maltes 29.29, 38.30, maltaſ 25.12,14, 29.19,25, *ap* malt *70 mal z. b.* 29.10, *gp* malto 28.24, 43.3.
Vᴼ *ns* malt *braeium* 111.41.
malteri *st. m. mälzer.*
Fᴹ *ds* maltere 42.33.
man *st. m. mensch, mann; vgl.* ambaht-m., ask-m., nio-m., spräk-m., wig-m.
B *gp* manno 18.13.
Bˢ *ds* manna 17.24, *ds* manne 16.4, *ap* man 16.21.
Eᶜ *ns* man 56.21, 57.18, *ds* manna 53.9.
G *gp* manno 65.3.
Pᵃ *ns* man 14.7, (13, 15), *as* man 14.6.

man *pron. indef. man.*
B *ns* man 18.14.
E *ns* man 46.30.
Eᵃ *ns* man 48.15, 55.30, 57.20,22, 61.15.
manag *adj. manch, viel.*
Eᶜ *asm* managan *multo* 58.21, *gp* ma(*nagero*) 58.24.
M *kp, dp* manigeru(n) *copiosioribus* 70.11.
Pᵃ *asm* mangan 14.6.
mandala *(f.) mandel.*
P *ns* mandale *amygdalum* 73.25.
manig- *s.* manag.
mankus *st. (m.) eine goldmünze.*
Pᵂ *(a)p* mancuſſ *aureos* 100.19.
man-slago *sw. m. menschentöter.*
Pᵃ *us* (m)anſclag(o) *homicida* 14.17.
man-slahta *f. menschentötung, totschlag.*
Bˢ *gp* manſlahtono 16.13.
[mânudwillig] *adj. mondsüchtig.*
P manuduuiliger *lunaticus* 80.23.
manunga *st. f. mahnung.*
Pᵃ *ds* manungu 15.4.
mânuth *st. m. monat.*
Pᵂ *ds* mánutha *mense* 96.6.
mânuthlik *adj. monatlich.*
S *un* mouohtlic *menstrua (muliebria)* 106.4.
mânuth-wendig *adj. mondsüchtig.*
Eᶜ *nsm* manuhtuuendig *lunaticus* 51.4.
mapulder *sb. ahorn.*
Vᴼ mapulder *acernis* 112.28.
mapuldrin *adj. ahornen.*
Vᴼ *s* mapuldrin *acerno* 113.4, *dp* mapuldreum (*l.* mapuldrenum? *Ilh.*) *acernis* 112.27.
marg *st. (n.) mark.*
Sſ *ds* marge 19.18.
mâri *adj. berühmt.*
Pᵂ *(a)p* mária *illustres* 101.34.
S *sup. b,sf* maristun *famosissima* 106.17—18.
mârian *sw. v. bekannt machen.*
Eᶜ *pc, ns* gimarid (g. vurthi *manifestaretur*) 55.16.
marka *st. f. grenze, ende.*
Eᶜ *(a)p* marka *terminos* 52.25.
markat *st. m. markt; vgl.* jâr-m.
P *ns* marcat *forum* 83.12.

-markon s. gi-m.
mark-stada st. f. marktplatz.
P^W (a)s marcſtada *macellum* 97.₁₇.
[markſtein] sb.
P marcſteina *mutilifacię* 83.₂₄.
mark-stēn st. (m.) grenzſtein.
P ns marcſten *limes* 85.₁₇.
martir st. m. märtyrer.
B gp martiro 18.₈.
masg- s. mask-.
maska (-ā-?) f. masche, schlinge.
P [maſga] *tortę sctę* 85.₃₂, [masgon] *plagis* 84.₂₆.
P^W (d)p maſcon *maculis* 89.₁₄, *plagis, maculis* 93.₂₇.
[masko] sw. m. masche.
P ns maſgo *macula* 77.₂₀.
masur st. m. geschwulst, knolle.
P^W ns máſur *tuber* 94.₁₆—₁₇.
matho sw. m. bohrwurm, made.
S ns matho *teredo, lignorum vermis* 106.₂₉, *tarmus, vermis lardi* 106.₃₀.
med s. mid.
mēda f. lohn.
S (d)p medon *merribus* 108.₁₈.
[medelskaffon] sw. v. in der mitte teilen, halbieren.
P 3ppk medelſcaffon *dimidiabunt* 77.₁₁—₁₂.
mēdian sw. v. kaufen, (bestechen).
P^W pe, asm g(ém)eddan *nundinatum* 96.₃₄.
-mēdon s. in-m., ungi-m.
-mehlida s. gi-m.
mehs st. n. mist.
E^e a(p) mehſ *stercora* 55.₃₁.
meier st. m. gutsverwalter.
F^K gs meiieraſ 33.₂₄.
F^M gs meiraſ 33.₅, ds meira 5 mal z. b. 36.₁.
[meinen] v.
E^e 3spti meinda *insinuarit* 49.₃₄, *significauit* 59.₂₆, meind(a) *insinuat* 56.₂₅.
meira(f) s. meier.
meldari st. m. ankündiger.
P^W ns méldári *sponsor* 100.₃₂.
[melchkubilin] st. n. melkkübel.
P np melcubilin *mulctra* 83.₂₈.
melo st. (n.) mehl.
F^M gs melaſ 20 mal z. b. 37.₂₄.

P^W gs mēlaſ (brēnion m. *similaginis*) 92.₂₄, ds mela *farre* 94.₁₈.
meltethi st. (n.) malzen, gebräu.
F^M ds meltetha 43.₅.
meltian sw. v. malzen.
F^K pc, asn gimelt 25.₃₂, apn gimelta 24.₂₇, 25.₂₃, ₂₅—₂₆.
F^M asn gimelt 25.₁₇, gsn gimeltaſ 43.₂₆, apm gimelta 24.₁₆, 25.₅, ₈.
mēn st. n. verbrechen, missetat.
E^e gs menaſ *crimine* 61.₃—₄.
G gs menaſ 63.₇—₈.
menun [hd.?] sw. v. vorladen.
P if menan *munnire* 83.₁.
mendislo sw. m. freude.
P^a dp mendiſlon *gaudia* 15.₁₂.
mēn-ēth st. (m.) meineid.
B^a as Meneth 17.₇.
mengian sw. v. mischen.
S pc, dsn mengidamo *admixta* 107.₁₉—₂₀.
mēnian sw. v. meinen; vgl. bi-m.
E^e 3spti menda *significauit* 59.₂., 60.₃₀, (m)enda 59.₁, menda 55.₁₀, nenda (l. menda) 49.₂₄, 3ppti mendun 61.₄.
menigi f. menge.
B ns menigi 18.₉.
[menichilo] sw. m. weiter ärmel.
P ns menichilo *manica* 85.₁₈.
mennisk adj. menschlich.
P^a dsn (me)nniſſcemo *humano* 14.₈.
[meniſtūba] f. ringeltaube.
V^o (n)s meniſtuba *palumbes* 110.₁₃.
-mēntho s. gi-m.
mēn-fullig adj. verbrecherisch.
P^W b,nsm ménfúlligo *criminosus* 96.₁₇.
P^W(? b,nsm ménfúlligō *criminosus* 105.₇.
mer- meer-.
P^W mēr (beluas; vgl. Diefenbach, Nov. Gloss. bellua *mer-tier*) 95.₂₈.
mēr adj. u. adv. komp. mehr; sup. mēst.
B^a mer 4 mal z. b. 16.₁₆.
E dsn meron 46.₃₀.
E^e dsn mēron 48.₁₃, [mer] 53.₂₇.
M sup. meſt 70.₁₈.
P^W mēr 96.₂₃.
S mer 108.₇.

mergeh s. meriha.
meri-dior st. (n.) meertier.
 S s meridier fulive 107.₁₀.
meri-gras st. (n.) meergras.
 P^W dp merigraion (in) algis 94.₂₂.
[merigrioz] sb.
 P^W merigrioz calculus 93.₃₃.
meriha f. mähre.
 V^o ns mergeh iumenta 109.₄.
meri-kö st. f. meerkalb, seehund.
 V^o (a)p mirikoi phocas 109.₁₈.
meri-minna swf. f. sirene.
 P np meriminuon sirenç 75.₂₁.
meri-swīn st. n. meerschwein.
 V^o (a)s mirifuuin delfinum 110.₁₀.
-meritha s. gi-m.
-merkian s. gi-m.
merrian sw. v. stören.
 B^s Ispti merda 17.₁₁.
mest s. mēr.
mēster st. m. meister, vorgesetzter.
 B^s ds meftra 16.₉.
mēstig adv. meistens, meistenteils.
 P^W meftig plerumque 90.₂₄.
-met s. ungi-m.
metan st. v. wofür halten.
 E^e 2spi metif facis (te ipsum deum) 60.₂₈.
met-hertiglīk (?) adj. bescheiden.
 P^W (a)p mēthērtīklīka modesta 103.₆.
mezas-köp st. (m.) messerkauf.
 F^M ds mezafkapa 40.₅.
[mezelari] sb.
 P mezelari lanio 87.₄.
[mezzeres] sb.
 P mezzeref culter 84.₁.
|mezzo] sb.
 P np mezzon latomi 75.₂₇.
[mezzon] v.
 P pc, s gimeztzot politi 75.₂₉, p gimezzoten (de) dolatis 75.₂₅₋₂₆.
mid präp. c. dat. od. instr. mit.
 B^s mid 9 mal z. b. 17.₁₉.
 E mid 46.₂₉,₃₀, mit 46.₂₆.
 E^e mid 8 mal z. b. 57.₁₂ (e. instr. 52.₃₂, 53.₂₇, 61.₁₉), mit 48.₁₁.
 F^M med 28.₂₂, 35.₃₂, mid 31.₁₃.
 G mit 63.₁₀.
 P mid 75.₁₉.
 P^a mid 6 mal z. b. 12.₉, (14.₅).
 P^p nul (l. mit?) 88.₅.

P^W mid 90.₁₅, 93.₂,₁, 94.₁₈, 98.₆, mid 95.₃₂, 97.₆, 99.₈, 101.₁₅, 103.₉, mit 90.₁₆, 101.₁₆.
 S^f mid 19.₁₇.
midden-sumer st. (m.) mittsommer.
 F^M ds middenfumera 42.₂₀.
mid-garni st. (n.) fett.
 V^o (d)s midgarni aruina 113.₃₇.
midi adj. in der mitte befindlich, mittler.
 A ns midi 20.₁₂.
[migga] f. urin.
 P s migge (ex) urina 74.₇.
mikil adj. gross.
 E^e gsn mikilaf 51.₃₇, asf m(i)kila magnam 50.₃₆, mikila dass. 55.₂₁.
mikili f. grösse.
 P^a as mikili multitudine 14.₂₃.
mili-dou st. (n.) mellau, rost.
 P ns milidou erugo 77.₁₈.
milli st. (n.) hirse.
 P ns milli milium 76.₁₈.
miluk st. (f.) milch.
 P^W gs milūkaf lactis 96.₃₄.
mīn pron. poss. mein.
 B^s asm minan 4 mal z. b. 16.₁₇, asn min 17.₉,₂₆, gs minaf 16.₁₆, dsm minemo 16.₈,₉, minamo 16.₇₋₈, dsn minemo 16.₁₀, ds minemo 16.₁₀, dsf mineru 16.₇, apm mina 5 mal z. b. 16.₁₈, apf mina 16.₁₈, 17.₉, gpf minero 16.₄,₁₂.
 P^a nsm min 13.₁₉, nsn min 15.₁₃, asm min 15.₁₀, ? m(in) 13.₂₀, asm minan 15.₉,₁₅, gsm minef 15.₂,(₃), apm mina 15.₈,(₁₂),₁₄.
 P^W nsm min 95.₁₁.
-mindil s. käm-m.
-minna s. meri-m.
minnero komp. kleiner, weniger.
 E dsn minnaron 46.₂₉.
 E^e kp, dsn minneron 48.₁₄.
 P^W nsn minuēra minus 104.₂₅.
minnia st. f. liebe.
 B^s ds minniu 16.₂₅.
 G ds (m)in(nea) amorem 65.₂₂.
minnion sw. v. lieben.
 B^s Ispti minnioda 4 mal z. b. 16.₁₈.
minta sw. f. minze.
 E^e as mintun mentam 51.₃₅.
[minza] sb.
 P minza menta 82.₅.

mis-hliumandig *adj. übel berüchtigt.*
PW *b, npm* mifliumiandigón *infames* 97.22—23.
missa *st. f. messe, feiertag; vgl.* lioht-m.
B⁸ *as* miffa 16.21.
E⁶ *ds* miffo 21.6,18.
FM *ds* miffa *11 mal z. b.* 42.3, *dp* miffou 42.22.
missi-buri *st. (m.) missgeschick.*
V⁰ *ns* miffiburi *fortuna* 113.14,20.
missilik *adj. verschieden.*
E⁰ *np* miffilica *diuersa* 60.27—28.
missi-tuhtig *adj. ohne zucht, ungezogen.*
P *p* miffituhtige *disvolis, indisciplinatis* 79.9.
missi-varo *adj. verschiedenfarbig, bunt.*
P *ns* miffinaro *versicolor* 85.4.
mist *st. m. mist, kot.*
PW *ns* mift *rudus* 100.35.
mistil *st. (m.) mistel.*
V⁰ *ns* miftil *viscum* 113.22, *ds* miftile *visco* 109.12, 110.2.
mis-tumft *st. (f.) uneinigkeit, zwist.*
B⁸ *as* miftumft 17.8.
mit *s.* mid.
[mittigarni] *sb.*
V⁰ mittigarne *aruina* 111.21.
[mittul] *sb.*
P mittul *liciatorium* 75.13.
mithan *st. v. meiden, vermeiden.*
M *if* mithan *vitare* 71.11.
mōd *st. (m.) gemüt, sinn.*
G *ns* mod *animus* 65.21.
Pa *gs* muodef *mentis* 15.22.
mōdar *f. mutter; vgl.* vōst-m.
B⁸ *as* moder 16.17.
G *ns* mōda(r) 63.1.
-mōdi(g) *s.* ovar-m.
mol *st. (m.) molch, art eidechse.*
P *ns* mol *stellio* 74.35.
V⁰ *ns* mol *stellio* 109.15.
VW *ns* mol *stellio* 115.4.
monohtlic *s.* mànuthlik.
mōr *st. m. mohr.*
P *ns* mor *maurus* 82.10.
mōr *st. n. moor, sumpf.*
E⁰ *ns* mor *palus* 59.33.
morsari (hd.?) *st. m. mörser.*
P *(p)* morfari *mortariola* 76.12.
mōs *st. n. essen, speise.*
B⁸ *as* mof 16.14,15.

mōta *f. musse.*
PW *ns* mvota *otium* 96.16.
mōtan *pt.-pr. v. können, mögen.*
B⁸ *1spk* moti 17.27.
E⁰ *3spti* muofta 54.3, *3sptk* muofti 57.20.
mōt-fandi (?) *(n.) kontertanz* (?).
PP *dp* mot fandium *(l.* motfandium*) choreis* 88.17.
muddi *st. n. mütte (ein getreidemass).*
E⁶ *ap* mudde *7 mal z. b.* 21.5.
FK *as* muddi *5 mal z. b.* 33.31, *ap* muddi *53 mal z. b.* 33.30, mudi 33.29.
FM *as* muddi *7 mal z. b.* 25.2, *ap* muddi *320 mal z. b.* 25.4, mudde 24.12, mudi 26.17.
mugan *pt.-pr. v. können, vermögen.*
B⁸ *1spi* mag 17.18.
E *3spi* mág 46.28.
E⁰ *3spi* mag 48.10, mág 48.13, *3sptk* mahti 61.12.
Pa *3spi* mag 12.15.
mugg(i)a *sw. f. mücke.*
P *ns* mugga *culex* 82.2.
E⁰ *as* muggiun *culicem* 52.2.
S *ns* muggia *culex* 107.30.
muhtbita *s.* nuthbiti.
mūl-bōm *st. (m.) maulbeerbaum.*
E⁰ *ds* mulbuoma 56.15.
mulineri *st. m. müller.*
FM *dp* muleniron 37.12.
mulin-stēn *st. (m.) mühlstein.*
P *ns* mulinften *mola asinaria* 81.15—14.
munan *pt.-pr. v. meinen, denken, glauben.*
E⁰ *2ppk* munin 59.25, mu(n)in *indicatis* 60.2.
mund-boro *sw. m. vormund, beschützer.*
PW *ns* múndbóro *(municeps)* 102.9—10.
mund-burd *st. (f.) schutz.*
B⁸ *as* mundburd 17.22.
-mundi *s.* gi-m.
munita *st. f. münze.*
PW *as* múnita *nomisma* 100.17, *ds* múnita *monete* 99.31.
[munizza] *sb.*
P muniza *moneta* 86.11, *nomisma* 87.17.
[munizzari] *sb.*
P munizzari *trapezeta* 79.8, munizari *nummularius* 80.19.
-munnian *s.* far-m.

16

[muut] sb.
P muut *palmus* 75.11.
mŭr-braka *f. maucelbrecher.*
V⁰ *s* murbraca *ariete* 112.33.
muskula *f. muschel.*
P *p* muśculon *conchis* 85.1—2.
-mussian *s.* gi-m.
mŭs-falla *f. mausfalle.*
P *ns* muffalla *muscipulum* 78.22.
mŭth *st. (m.) muund.*
Pᵃ *ys* mu(thes) 13.14, *ds* muthe 15.23, (19).
mŭth-biti *st. (m.) mundbissen.*
Pʳ *(a)p* muhtbita *offas* 88.14.
-mŭthi *s.* gi-m.
mŭth-ful *st. (m.) mundvoll.*
V⁰ *(a)s* muhful (*l.* muthful) *offam* 113.26.
[unwerf] sb.
P muuuerf *talpa* 74.37.

u- *vgl.* hn-.
naan *s.* näh.
[naba] *sb.*
P naba *axis* 85.2-, nabun *modioli* 76.4.
nä-bŭr *st. m. nachbar.*
Fᴹ *ns* nabur 29.1
nädra *f. natter.*
PW *ns* nádára (*l.crua*) 96.18, nádrá *aspis* 94.30.
nagal *st. (m.) nagel; ruderpinne.*
P *s* nagal *ungula* 81.4, *clauum* 82.5, *clauum* 78.3.
PW *dp* naglon *unguibus* 100.21.
näh *adj. nahe; sup. der nächste.*
Bᵉ *sup. b, upm* nahifton 16.19.
G *sup. b, (ap)* naifton *propinquos* 62.11.
Pᵃ *sup. b, as* (na)ifto(n) 14.1-.
PW *usm* naan *proximum* 99.17, *sup. npm* naift *proxima* 96.21, *b, nsm* naifto *proximus* 99.21, *b, upm* naiftun *proximi* 99.21.
näh *ade. nahe.*
Eᵉ *sup.* naift *in proximo* 60.21.
naht *st. (f.) nacht.*
Bᵉ *ds* naita 17.20.
naht-hram [*bul.?*] *st. (m.) nachteule.*
P *ns* nahtram *noctieorax* 74.27.
nahti-gala *f. nachtigall.*

S *ns* nahtigala *luscinia* 107.22, *acredula* 107.23.
V⁰ *ns* nathagala *acalanthida* 110.12.
nahtram *s.* nahthram.
naht-selitha *st. f. nachtquartier.*
Eᵉ *as* nähtśelitha 51.6.
naift(-) *s.* näh.
namo *sw. m. name.*
Eᵉ *ns* namo 52.2, *np* [námun] 54.4.
nana *s.* niän.
-naro *s.* lik-n.
[narrizan] *v.*
P narrizan *apostatare* 82.11.
naru *adj. enge.*
PW *ns* nárv *arta* 102.23.
-nätha *s.* gi-n.
nathagala *s.* nahtigala.
-näthig *s.* gi-n.
näthla *f. nadel.*
PW *(d)p* náthlón (*acus . . . his*) 97.28.
-näthon *s.* gi-n.
navu-gēr *st. (m.) bohrer.*
V⁰ *ns* nauuger *terebra et teretrum* 111.22.
ne *ney. part. nicht.*
Bᵉ ne 24 *mal z. b.* 17.18.
E ne 46.26, ni 46.26.
Eᵉ ne *19 mal z. b.* 53.7, ni *5 mal z. b.* 53.32.
Eʰ ne 21.10.
G ne 63.11, ui 63.11.
M ni *non* 71.3.
P ne 82.13, ni 74.11, [ni] 77.11.
Pᵃ ne 15.16,22,23, n- (in nif "ist nicht") 15.19.
PW né (né vvári thát ni) 92.12, nee 95.13.
S ue 107.18.
ne *konj. dass nicht, damit nicht.*
E ne *ut non* 46.12, *ut nee* 47.6.
Eᵉ ne *ne 3 mal z. b.* 53.2.
ne-hwethar *pron. indef. keiner von beiden.*
Eʰ *nsn* neuuethar 21.10.
ne-hwethar *konj. n.* ne — ne *weder — noch.*
Eᵉ neuuethar 61.19—20.
neman *st. v. nehmen; vgl.* ana-giniman, bi-n., undar-n., far-n.
Eᵉ *Ippk* [uemen] 53.14, *3spti* nam 60.21, näm 51.5, *3ppti* namun 53.22,

nämun 49.₁₈, 2pip nemad 54.₂₄, pc,
npm [nemente] suscipientes 53.₁₇.
G 3ppti namon 63.₁₁.
-nemnian s. bi-n.
neppenon s. hueppin.
nerian sw. v. ernähren, erlösen.
Eᵒ 3sptk neridi nutrivet 55.₉.
Pᵃ pc, b,gsm nerion(do)n salvatoris 13.₅.
-nesan s. gi-n.
nessiklin st. n. würmchen.
Sᶜ dp neffiklinon 19.₁₇.
nesso sw. m. wurm.
Sʳ ns neffo 19.₁₇.
nestila f. binde, haarband.
Vᴼ ns neftila taenia 113.₂, (d)p neftilun taenis 114.₃₅.
nestilon sw. v. mit einer binde versehen.
PW pc, nsm ginéftilód nittatus 101.₃₇₋₃₈.
netti st. (n.) netz.
P s netti reticulum 74.₁₅.
nevan konj. sondern, aber.
Eᵒ neuan sed 55.₁₇, 59.₁₃, neuan 50.₄₈.
G neuen sed 63.₁₆, nevan sed 65.₇.
Pᵃ neuan 12.₁₅, 13.₁₇.
PW neuan sed 102.₁₅.
Vᴼ nenan quin 113.₂₂.
nevo sw. m. neffe.
P ns neuo nepos 83.₅.
[nezzi] sb.
P nuzzi (l. nezzi) retiacula 75.₃₀.
[nezzila] sb.
P nezzilon urtice 76.₂₅.
ni s. ne.
nian pron. indef. kein.
Eᵒ nsm nian 53.₃₂, asm nianan 59.₃₀.
G dsm nian(emo) 64.₁₂, ₁₄.
Pᵃ asf nana (vel. niana) 12.₁₃.
(ni)d s. nith.
[nider-vellëg] adj. herabfallend.
PW ds nideruell(egemo) deciduo 90.₂.
nicht adv. nicht.
Eᵒ [nicht] 53.₂₇.
G niet non 63.₁₅.
nigemo s. niuwi.
nigon zahlw. neun.
Eʰ nigen 21.₁₁, ₁₂, ₁₅.
Fᴹ nigon 5 mal z. b. 30.₅, nigen 27.₁₁.
Sʳ nigun 19.₁₇.

*nigouta zahlw. neunzig (?).
Fᴷ nichonte 33.₂₁.
*nigontein zahlw. neunzehn.
Fᴹ nigentein 28.₂, 41.₂₂₋₂₃, nichentein 33.₁ (l. nichonte IIh.).
[nichus] sb.
P nichhuf corcodrillus 74.₃₁₋₃₄.
nimid st. m. (heiliger gehegter) hain, waldplatz.
I np nimidaf (sacra siluarum) 66.₈.
nio adv. nie.
Eᵒ nio 50.₂₇.
nio-man pron. indef. niemand.
G (ns) nian(an) 63.₁₁.
niotan st. v. geniessen, benutzen.
Eᵒ ger. niátanna uti 50.₁₁₋₁₂.
M 3ppi nietath utuntur 70.₁₄.
S 3ppi nietat (carnibus) vescunt 107.₁₁.
nio-wiht adv. nicht.
Eᵒ naihuit (l. niahuit?) 57.₂₆.
Pᵃ niauuiht 12.₇.
nif s. ne.
nith st. m. groll, neid.
B⸱ gs nithaf 16.₁₁.
G ns (ni)d (??) 64.₁₁.
nithar-giotan st. v. vergiessen, verschütten.
B⸱ 1spti nithargot 16.₁₅.
nitheriuallenemu s. nithervallan.
nither-settian sw. v. niedersetzen.
Vᴼ pc, ds nithergifettemo reposto 114.₁₄.
nither-vallan st. v. niederfallen.
Vᴼ pc, ds nitheriuallenemu (suffuso) 114.₂₇₋₂₈.
*nither-wagon sw. v. sich neigen (von der wagschale).
Vᴼ 3spk nitheruuaga nergat 114.₂₆.
nither-werpan st. v. niederwerfen, zu boden werfen.
Vᴼ pc, asm nithergiuuorpenen abiectum 114.₂₋₃, nithergiuuorpenen effusum 114.₁₀, ₁₁.
nithiri adj. komp. der untere.
S ds nithiromo subteriore 106.₁₄.
niudliko adv. sorgfältig, eifrig.
E komp. niutlikor curiosius 46.₂₀₋₂₁.
Eᵒ komp. niutlikor curiosius 48.₅₋₇.
niutlicor sollicter 59.₂₃.
G niudli(co) 62.₁₃.

16*

niuwi *adj. neu.*
  FM *dsn* nigemo 40.22.
nōdago *adv. zwangweise.*
  E° nodago 51.2, 26.
nōdian *sw. v. nötigen.*
  PW *3spti* nōdda *cocgerat* 101.23, *cocgit* 104.15.
nōd-thurft *st. (f.) notwendiger lebensbedarf.*
  B° *ap* nodthurti 16.26.
  E° *as* nodthur (*l.* nodthurt?) 50.4, *ap* notthurti 55.1.
nōd-fiur *st. (n.) notfeuer.*
  I *ns* nodfyr (*ignis fricatus de ligno*) 66.15.
[nōh] *sb. mulde, trog.*
  P *dp* nohin *canalibus* 73.21.
noh-hwan *adv. noch, künftig einmal.*
  E° nohu(an) *adhuc* 57.25.
  PW nōhhúuan (n. fo *quandoque*) 95.27, nōhvván *olim* 97.6, nōhhvván *olim* 104.9.
noh-hwanna *adv. künftig einmal.*
  E° nohuuanna (*amodo*) 52.25.
  PW nouuanne *quandoque* 101.21.
-nōt *s.* gi-n.
nota *f. stich.*
  PW (*d*)*p* nōton *punctis* 104.34.
[nōten] *v.*
  E° *if* noten 51.13.
nōtil *st. n. (klein)vieh.*
  PW (*a*)*p* nōtilv *pecudes* 95.27.
nū *adv. nun, jetzt.*
  B nu 18.9.
  B* nu 17.17, 22.
  E° nu 52.24, *amodo* 60.25.
-nuhtsamitha *s.* gi-n.
nusk(i)a *f. spange.*
  P *ns* nufca *fibula* 86.6, [nusgia] *fibula* 74.23.
  P³ nufke *fibula* 88.15.
nutti *adj. nützlich, brauchbar, passend.*
  PW *ds* nuttimo (*serio*) 89.5.
nuwilendi [hd.?] *st. (n.) neubruch.*
  P *ns* nuuilendi *nouella* (*oliuarum*) 77.23.
[nuzzen] *v.*
  P ginuzziden *functis, defunctis* 86.5.

ō *interj.* o.
  PW ō 98.2, 104.30.

[obenu] *adv.*
  E° obenu 53.25.
oboro *adj. komp. der hintere, folgende.*
  A *b,usm* oboro [hd.?] 20.6.
obult *s.* orbulht.
ōhasa (hd.?) st. f. achselhöhle.
  P *p* ohhafe *ascellas* 74.22.
ōhusan (hd.?) sb. achselhöhle.
  P *s* ochafan (*sub*) *ascella* 77.25.
ohto *s.* ofto.
ok *konj. auch, und, doch.*
  B* ok *5 mal* z. b. 16.14.
  G ok *quoque* 63.16.
  PW ok 93.13, ók *tamen* 92.2, ók 101.9, 10, óc 92.14.
old *s.* ald.
onftondaulica *s.* anstandanlíko.
*opper-vano *sw. m. ein priesterliches kleidungsstück.*
  G¹ʰ *np* opperuanau *oralia.*
ōra *sw. n. ohr.*
  Pa *dp* oron 13.17.
orāl *sb. (weites) oberkleid.*
  P *ns* oral *peplum* 86.4.
*or-bulht *wut, zorn.*
  E° (*a*)*s* obult *furorem* 52.26.
ord *st. (m.) spitze.*
  PW *dp* órdon *angulis* 98.12.
or-drenkian *sw. v. tränken, trinken lassen.*
  P *1spi* ordrenko *debrio* 81.25.
ōr-hring (*m.*) *ohrring.*
  P *p* oringa *inaures* 75.25.
or-lōf *st. (m.) erlaubnis.*
  B* *as* orlof 17.6, 7.
ōr-slegi *st. (m.) ohrfeige.*
  PW *dp* orflecon *alapis* 92.10.
ōstana *adv. im osten.*
  E° (o)ftana *oriente* 60.5—6.
ōstar *adv. ostwärts, nach osten.*
  PW óftar *in ortum* 103.10.
ōthar *adj. ein anderer.*
  B* *apm* othra 16.19, 21, *ap* othra 17.14.
  FM *nsn* othar 36.37.
  G *dsm* otheremo 64.16-17, (otheremo) 64.12, *npm* othera *alii* 63.7.
  Pa *dsn* othe(rimu) 14.14.
ōther-half *adj. anderthalb.*
  FK *an* otherhalf 24.23, 32.37.
  FM *an* otherhalf 24.12, 29.13, 32.29.
-ōthi *s.* un-ō.

of konj. wenn.
  E° a(f) si (?) 53.21.
  G of si 62.15.
  PW of 93.16, óf si 96.15, 102.26, 104.3, af 92.3.
ovana adv. oben.
  E° ouana 55.18.
ovar präp. über; vgl. uvar.
  E° ouer super 53.15.
ovar-āt st. (m.) übermass im essen, schwelgerei.
  B⁵ gs Ouarataf 16.11.
ovar-drank st. (m.) übermass im trinken, trunkenheit.
  B⁵ gs ouerdrankaf 16.14.
ovar-drepan st. v. übertreffen.
  PW 3spi ofardripid eminet 92.11.
ovar-hōhi adj. höhnend, verachtend.
  E° ns ouerhoi contemptor 51.29.
*****ovar-ilian** sw. v. (vor)über eilen, schnell vorüber gehen (?).
  PP pc, ds houerhiliud (d. h. houerhiliudemu) subsistente (procella) 88.12.
ovar-mōdi st. (n.) übermut, hochmut.
  B⁵ gs Ouarmodiaf 16.12—13.
ovar-mōdig übermütig.
  PW b, nsm ovármódigo turgida 100.9—9.
ovar-rinnan st. v. entfliehen.
  VO pc ouerruunen (o. habbien euasisse) 112.1.
ovar-sāian red. v. übersäen.
  E° 3spk ófarfágia spargat 50.7.
ovelegi (?) sb. lob, preis.
  P s ofelene (l. ofeleie) eulogio, benedictione 80.32.
over(-) s. ovar(-).
of-huītan st. v. wegreissen.
  PW 2sip ófuit carpe 95.3.
-ōvian vgl. ungi-ōvid.
olliges st. n. abgabe (in lebensmitteln).
  FM np olligefo 40.31,30.
ōflik adj. gepflegt, verfeinert.
  PW kp, nsf ōflikara cultior 103.
-ōvo s. land-ō.
of-skerran st. v. abkratzen, wegkratzen.
  PW pc, nsf ófgifeórran (o. vvirthid abraditur) 95.31.
of-skīthan abscheiden, wegtrennen.
  E° pc, nsm ofgifeidan 60.18—19.

ofto adv. oft.
  PW ohto (vvél o. nonnumquam) 104.35.
ofthe konj. ob, wenn.
  PW ofthé -ne 91.6, ófthé si 92.14.
[**offan**] adj.
  P offan (o. bin liqueor) 87.30.
[**offena**] f. mönchkappe.
  P offena cuculla 82.13.

pāl st. m. pfahl, pflock, nagel.
  P ns pal paxillus 74.37.
panna f. pfanne; vgl. fiur-p.
  P ns panna patella 87.22, panne sartago 74.24.
pant st. (n.) pfand.
  P ns Pant arrhabo 73.10.
pappilla f. molra.
  S dp pappillan maluis 107.29.
parafridari st. m. reitender bote, kurier.
  P np barafridara veredarii 78.13.
*****pāscho** sw. m. ostern.
  FM d pafchon 42.13.
pāvos st. m. papst.
  B ns panof 18.3.
[**paffur**] sb. papyrus.
  P ns paffur (Niliacis) biblis (ed. note: Niliacis papyris) 86.36.
pedena sw. f. pfebe (melonenart).
  P ns pedena pepo 75.12, p pedenon melonum 76.9—10.
pellel st. (m.) kostbarer seidenstoff, gewand, decke, u. dgl. aus solchem.
  Gh p pelleles sericia.
pemeinta s. bimeinen.
penik st. n. eine hirsenart.
  FK gs penikas 24.24.
  FM gs penikaf 24.13, 29.13.
penning st. m. pfennig.
  F⁵ gp penningo 5 mal z. b. 25.22, penniggo 25.25, peninggo 24.25.
  FM us penning 43.13, np penninga 18 mal z. b. 43.5, penning 43.5, gp penningo 36 mal z. b. 32.7, penniggo 24.11, 25.3—4, 36.36, pinniggo 25.7,9.
perula f. perle.
  PW us perula calculus 93.33—34.
peterari st. m. kriegsmaschine zum schleudern von steinen.
  P ns peterari 85.23, petherari 83.7 aries.

[phāl] sb.
 V⁰ phali eallos 110.₅.
[phellō(t)] sb.
 P follo (l. fello) purpura 79.₇.
pik st. (n.) pech.
 FᴹM gs pikaf 43.₉.
pīleri st. m. pfeiler, gitter.
 P ns piliri cancellus 77.₃₂.
pin st. m. pinn, pflock, nagel.
 P ns pin paxillus 74.₂₇.
pinkoston f. pl. pfingsten.
 Eʰ d pincofton 21.₁₉.
 FᴹM d pinkiefton 42.₁₆.
pinniggo s. penning.
pīpa sw. f. pfeife; vgl. holondar-p.
 PW gp pipano fistolarum 94.₃₁.
plāstar st. n. pflaster; vgl. balftar.
 P ns plaftar cataplasma 76.₂₉.
[pleziliu] st. n. luppen, flicken.
 Eᵉ (a)s plefcilin conmissuram 49.₃₅.
plūmon sw. v. mit federn stopfen, polstern.
 P pc, s giplumor (l. giplumot) stragulatam 78.₁₁, giplumet plumea (indumenta) 85.₅.
porro sw. m. porree.
 P ns porro porrum 83.₉.
pravendi (f.) lebensunterhalt (der geistlichen); vgl. prevenda.
 FᴹM ap pranendi 43.₄.
prekunga st. f. stich, merkmal.
 PW (ap) precúnga fragitidas 97.₂₇.
presseri st. m. presser, kelter.
 P ns preffiri prelum 77.₃₂.
prēstar st. m. priester.
 Bˣ ap preftrof 17.₁₅.
 PW np preftera 101.₃₂.
prevenda st. f. lebensunterhalt (der geistlichen); vgl. pravendi.
 FᴹM ds preuenda 40.₃₅.
[pruanta] sb.
 P pruanta stips 79.₁.
[pruz] sb. maulesel.
 S ns pruz burdo 106.₁₅.
pund st. n. pfund.
 Eᵉ (a)p pund minas 56.₂₆.
 FᴹM as punt 41.₂₄, np punt 41.₂₃, ap pund 35.₃₄, punt 41.₂₂, a punt 41.₁₉.
 PW dp pund(a)n minis 100.₂₈.
pūsilin st. n. knäblein.
 P ns pufilin pusio, nondum nominatus infans 84.₅.

q- s. k-.

r- vgl. hr-.
rādan red. v. raten, erraten, beratschlagen; r. an anschläge machen gegen.
 Eᵉ 3spi radid 57.₄, 1ppi radad suadebimus 53.₃₁, 3ppti redun (dicebant) 60.₁₀, 2sip rad prophetiza 52.₂₈.
rādisli st. (n.) rätsel.
 P ns radifli problema 75.₂₆.
rādislo sw. m. rätsel.
 PW (a)p radiflon (per) enigmata 92.₂₀.
rādisson sw. v. mutmassen, raten, vermuten.
 P if radiffon conjicere 80.₁₃, 82.₁, coniectare 84.₂₃.
*rādo sw. m. raden, unkraut.
 Eᵉ np radan zizania 50.₁₁.
 P (np) radan lolium 84.₃₁.
rād-frāgon sw. v. um rat fragen.
 PW 1ppk rádfrágon consulamus 96.₂₉.
raka st. f. rechenschaft, angelegenheit.
 Bˣ as raka 16.₁₄.
rand st. (m.) rand, (schildjbuckel.
 P ns rand umbo 85.₂₂.
raskiton sw. v. funkeln.
 PW 3spti rafkitóda scintillat 98.₃₆.
rasta f. ruhe; vgl. godo-r.
 Pa ns rafta 12.₁₇.
 PW ns rafta quiete 103.₁₅.
[rātiri] sb.
 P ns ratiri coniectorem 75.₃₄.
rath st. (n.) rad.
 PW (a)s rath axem 93.₂₀,₂₀, raht axem 93.₂₆.
*rāwa st. f. weberschiffchen.
 V⁰ np ranua radii 111.₂₅.
*rāwian [hd.?] sw. v. anzetteln.
 P pc, nsm girauuit (g. vuurti ordirec) 77.₂₉.
[rebhuon] sb.
 P rephuan perdix 78.₃₃.
-rēda brande-r., scape-r.
-redo s. kni-r.
rēho sw. m. reh.
 V⁰ as reho caprea 112.₂₂.
reht st. (n.) recht, gerechtigkeit, pflicht; vgl. gi-r.

Bs ds rehta 16.₁₀.
Pa as r(e)ht 15.₁₁, ds rehte iustitia 15.₈.
reht adj. gerecht, gesetzlich; vgl. un-r.
FM b,apf retton 43.₄.
G gpm rehtero iustorum 63.₅.
rehto adv. in richtiger weise; vgl. un-r.
Bs rehto 16.₂₈.
Ee komp. rehtera iustum 58.₂₆—₂₇.
rekkian sw. v. erörtern, erklären.
PW 3spi rékid disserit 103.₉.
[recho] sb.
V⁰ recho rastrum 110.₃₀.
-rekon s. gi-r.
rēni-vano sw. m. rainfarn.
V⁰ ns reninano (?) panaceam (herbam) 114.₁₆—₁₇.
rennian sw. v. zusammenlaufen, zusammengehen.
S if rennian (r. te hopa glutinare) 107.₂₂.
restian sw. v. ruhen.
Pa if reftia(n) requiescere 12.₁₂.
retton s. reht.
rethi f. rede.
PW ns réthi oratio 96.₃₆.
rethinon sw. v. reden.
PW pc, dsm réthinánthémo disserente 95.₃₃, 3spi réthinod perorat 95.₂₅; pc, dp [rethinonden] dissertantibus 91.₂₀—₂₁.
rhúthon s. brûtho.
*ribbi st. (n.) rippe.
V⁰ (d)p ribbun costis 113.₂₆.
-ridan s. umbi-r.
riderodin s. hrideron.
[rienfo ferculum 78.₁₆ gewiss — s. note 12 — für mensa; vgl. die varianten tisc, disc A. Gl. 1: 552.₂₅, 553.₁₇.]
rietgraf s. hriod-gras.
[rigilſtap] st. (m.) richtscheit.
P ns rigilſtap norma 87.₅.
[rigen?] sw. v. anreihen.
P pc, dp girigeton sutilibus 84.₃₁—₃₅ (sal. l. girigenon? -ton dittographie nach dem vorhergehenden -ton in iachentou?).
[riban] v.
PW pc chirigenon sutiles 90.₂₇.
rihti (f.) regel, richtschnur.
PW ns rihti regula 95.₂₁.

rihtian sw. v. richten, lenken.
Ee pc, usm girihtid regitur 59.₃₉—₄₀.
rihtunga st. f. richtung, regel.
PW (a)s rihtúnga regulam 103.₈, brihtúngú (ad) normam 92.₃₁.
riki st. n. reich.
Ee ns riki regnum 54.₁₁.
rīkidōm st. (m.) reichtum.
PW ds rikidóma (ambitu) 100.₂₇—₂₈.
[richlih] adj.
PW rihelichen ditibus 93.₄.
-rimendi s. ungi-r.
-rind s. ûr-r.
rinda st. f. rinde, bast (innere rinde); hartes holz.
P rinda librum 77.₂₂.
V⁰ (d)s rinda robore 113.₂₇.
[ringan] v.
P ringo luctor 82.₆.
rinnan st. v. rennen, laufen; vgl. gi-r., ovar-r.
PW 3spi (rin)nid transcurrit 92.₁₁, pc, usm girúnnán (vvárth g. curritur) 101.₄₇.
riostra st. f. pflugsterz.
V⁰ (np) rieſtra aures (aratri) 110.₁.
rīsil sb. art schleier.
PW ns rifil flammeolum 93.₃₁, flammea 94.₂.
-rif s. gi-r.
-rōd s. brûn-r.
rōda (?) f. rute.
P ns rouda [hd.?] harundo, pertica 86.₂₉.
roggo sw. m. roggen.
FK gs rokkon 32 mal z. b. 25.₂₁, roggon 24.₂₀.
FM gs rokkon, rockon 144 mal z. b. 26.₁₅,₁₆, rockon 5 mal z. b. 26.₁₇, roggon 24.₉.
[roch?] st. (m.) (argwlist.)
P s roth (l. roch?) arte 83.₂₂.
rok st. m. obergewand.
V⁰ (a)s hroc pallum 112.₂₅.
rōkag adj. rauchig.
PW b, np rókagún (tuer) fuliginosi 94.₃₉.
rokkon s. roggo.
rōk-fat st. (n.) räuchergefäss.
V⁰ ns rocfat acerra, uas turis 113.₅₀.

rōmānisk *adj. römisch.*
 PW *b, dsm* romaniſcon *quirinali* 101.14.
-rōpiau *s.* bi-r.
rōsoli *adj. rosenfarben.*
 PW *(a)s* rótoli *roseolam* 102.42.
rost *st. m. rost.*
 P *ns* roſt *aerugo* 86.22.
rōst *st. m. rost.*
 P *ns* roſt *craticula* 82.19.
rōstunga *f. röstung.*
 P *ns* roſtunga *frixura* 81.3.
rother-stedi *st. f. rodung (?).*
 L *ds* rotherſtidiu *saltu* 67.16.
rouda *s.* rōda.
[rouhhus] *sb.*
 P rouhhuſ *tholus* 87.3.
ruden *s.* hrūtho.
rūgi *(f.) rauhes fell, grobe decke.*
 V⁰ *ns* ruge *rillosa* 111.36, hruge (liniu hr. *rilla*) 111.37.
rukkīn *adj. aus roggen.*
 FM *gsn* rukkīnaſ 40.13, 43.8,13.
rūmian *sw. v. räumen, raum machen.*
 V⁰ *?ppti* rumdun *cesserunt* 113.28, *spatium dedere* 114.23—24.
[rūnizari] *sb.*
 P runizari *susurro* 78.31.
[rūnizunga] *sb.*
 P runizunga *susurratio* 77.2.
rūnōn *sw. v. raunen, flüstern; vgl.* tō-r.
 E⁰ *?ppti* ruonodun *in aurem locuti estis* 55.11—12.
[runzilo] *sb.*
 P runcilo *rimula* 82.21.
ru(t)gr(a)s *s.* hriodgras.
rūwi *f. rauhes fell.*
 PW *ds* ruuui *(hispida) lanugine* 90.16.

[saban] *sb.*
 P faban *anoboladium, sindon* 75.27, ſabana 82.16, *linteolum* 87.14.
-sād *s.* smal-s.
saduleri *st. m. sattler.*
 L *ds* faduleriē *(canapario)* 67.23.
saharahi *st. (n.) rietgras.*
 P *ns* faherai *carex* 77.1.
sahs *st. (n.) messer; vgl.* sker-s.
 P *ds* ſahſe *cultro* 80.9.

-sāian *s.* ovar-s.
sak *st. (m.) sack.*
 P *(a)p* ſekki *fiscos* 86.9.
-sakan *s.* far-s.
sakkeri (hd.?) *st. m. scheiterhaufen.*
 PW *(as)* ſachēri *rogum* 101.29.
-sakon *s.* and-s.
sālig *adj. (glück)selig.*
 PW *b, nsm* ſaligo *beatus* 102.3.
salmo *sw. m. salm, lachs.*
 FK *as* ſalmon 24.24.
 FM *as* ſalmon 24.13.
 P *ns* ſalmo *esox* 80.31.
salm-sang (?) *st. m. psalmengesang.*
 Pa *np* f(al)m(ſan)ga(ſ) *psalmodia* 13.13.
salt *st. n. sal:.*
 FK *gs* ſaltes 33.21.
 FM *gs* ſaltef 33.1, 36.22.
 S *(a)p* ſalt *sales* 108.9.
-sam- *s.* gi-s.
sama *adv. ebenso, wie, ebenwie.*
 E⁰ ſama *quasi* 59.9, ſamo (f. fo *quasi*) 55.30.
 PW ſāma (f. fō *ut*) 102.37.
saman-fehtan *st. v. (zusammen) kämpfen.*
 PW *if* ſamanfēhtan *congredi* 99.24.
-samna *s.* te-s.
samnanga *s.* samnunga.
samni *(f.) versammlung.*
 PW *(a)s* ſāmni *coronam plebium* 96.27.
samnunga *f. gemeinde, convent, priesterschaft.*
 FM *ds* ſamnunga 34.1, 35.20, 39.35,38.
 Pa *ns* (ſamn)unga *ecclesia* 13.12, (f)a(m)nu(nga) 13.4.
sāmo *sw. m. same.*
 S *np* ſamon *semina* 107.2.
samo *adv. s.* sama.
sam-wurdig *adj. einwilligend.*
 E⁰ *nsm* ſamuurdig *(consensit)* 51.3.
sān *adv. alsbald, sogleich.*
 E⁰ ſan 50.1; *cito*, 53.20, ſān *mox* 51.32.
 M ſon *denno* 71.11.
sark *st. m. sarg.*
 PW *ns* ſārc *(aedicula)* 102.11.
se *s.* sia.
segal-lakan *st. (n.) segeltuch.*
 PW *ds* ſelgallākana (*l.* segallākana) *carbaso* 99.2.

segal-sēl *st. (n.) schiffseil.*
PW *ds* segalsela *rudente* 99.₁.
segela *st. f. (leinener) vorhang.*
P *np* segela vela, carbasu 86.₂₇.
segelāth *st. (m.) kostbarer stoff, feine leinwand.*
P *p* segelahti *carbasca* 85.₁₇.
segel-gerd *sb. rahe.*
Vᴼ *s* segelgerd *antennarum* 112.₇.
segesna *s.* segisna.
seggian *sw. v. sagen, nennen.*
Eᵒ *2spti* sagdun 58.₂₉.
PW *3spi* sagid *nocat* 102.₂₈.
segina *f. fischernetz.*
Eᵒ *ds* segina (themo f. *verwechslung mit* segin *masc.* segen?) sagene 50.₂₅.
segisna *f. sense.*
P *ns* segesna *falx* 87.₂₀.
S *ns* segisna *falx* 107.₃₆.
sēgno *adv. langsam.*
PW segno *tractim* 95.₁₇.
[**seh**] *sb.*
P seh *ligones* 77.₄.
seha *f. pupille.*
P *ns* seha pupula 85.₂, pupilla 85.₁₁, *speculum (oculorum)* 85.₂₄.
sehan *st. v. sehen, betrachten; vgl.* gi-s., up-s.
Eᵒ *2spi* sihif *considerans* 50.₂₄.
G *3spti* (sah) *intenderet* 65.₇.
*sehi (?) sb. seegras.
PW *dp* seón *algis* 94.₃₃.
seho *sw. m. augenstern, auge.*
PW *ns* seo *pupilla* 95.₉.
sehs *zahlw. sechs.*
FK sehf *10 mal z. b.* 33.₂₁.
FM sef *11 mal z. b.* 33.₄, sesse 33.₁.
sehsta-half *adj. sechstchalb.*
FK *an* sehstahalf 33.₂₈.
FM *an* sestahalf 29.₁₉, 33.₉.
sehstein *zahlw. sechszehn.*
FK sehstein 33.₂₃, sestein 24.₂₅.
FM sestein *18 mal z. b.* 24.₁₁.
[**seifa**] *sb.*
P seissa (l. seissa) *resina* 79.₁₁.
sek(k)il *st. (m.) säckel, beutel.*
P *ns* ekkil (l. sekkil) *loculus* 86.₁₆, *(a)s* seckil *saecculum* 81.₁₉, *dp* sekilon *cruminis* 86.₅.
PW *ds* sekila *marsupio* 100.₂₁.
sēl *st. (n.) seil; vgl.* segal-s.
Pᴾ (p) sel *lora* 88.₂.

sēla *sw. f. seele; vgl.* siola.
G *np* selon *animae* 63.₁₆.
selah (?) *st. (m.) seehund.*
Vᴼ (n)s elah (l. selah) *phoca* 110.₁₆.
[**selecho**] *sb.*
P selecho *toga* 80.₁₉.
-**sēlian** *s.* and-s.
[**sēlih**] *adj.*
P selih *maritima* 79.₁₆.
-**selitha** *s.* naht-s.
sellian *s.* far-s.
selskepi *st. (n.) gesellschaft, kameradschaft.*
PW *ns* selscipi *sodalitas* 97.₁₇.
[**seltan**] *adj. selten.*
Eᵒ *dsf* seltaneru *inaudito* 54.₅.
self *pron. selbst; mit art.* the selvo *derselbe.*
Bˢ b, *asm* selvon 17.₁₂.
Eᵒ *nsm* self 58.₁, b,*nsn* selva 51.₃₃, b, *apm* seluun (thia f. *eosdem*) 59.₁₆, *dp* seluon *ipsis* 52.₁₀.
FK *dsm* seluomo 24.₁₉, 32.₃₁, b, *asm* seluon 31.₂₃, b, *dsn* seluon *19 mal z. b.* 25.₂₈, 26.₂₄.
FM *dsm* seluamo 7 mal z. b. 36.₄, seluomo 24.₃, 31.₁₃, 32.₂₂, b, *asm* seluon 31.₁₁, b, *dsn* seluon *95 mal z. b.* 31.₂₂.
G *ysm* selvaf 65.₅, b, *np* seluon 64.₁₇—₁₈.
Sᶜ b, *nsm* seluo 19.₁₂.
selfhēd *st. f. das selbst.*
M *gp* selfedia *personarum* 71.₁₅.
self-kuri *st. (m.) freier wille, willkür.*
Pᵃ *ds* selfku(r)i *arbitrium* 15.₂₁.
self-sūhtitha *f. natürliche feuchtigkeit.*
PW *ns* selfsuhtitha *uligo* 97.₅.
self-wāgi *sb. eigene bewegung.*
Eᵒ *(a)s* selfuuagi *(aquae) motum* 59.₄, s selfuuagi *motionem (aquae)* 59.₅—₆.
sēm *st. (m.) seim, nektar.*
PW *ds* seme *nectare* 89.₂₂.
semithahi *st. (n.) ried.*
Vᴼ (ns) semithai *carecta* 110.₁₉.
[**sen-ādra**] *f. pulsader.*
P *ns* senadra *arteria* 80.₁₇.
sendian *sw. v. senden.*
G *3spti* send(te) (od. sendti; l. senda?) *missis* 63.₁₅.

senewa *sw. f. sehne, nerv; vgl.* sinewa.
P *(a)p* fenewuon *nervos* 84.25.
seukian *sw. r. senken.*
E° *3spti* feneta *in profundum trahebat* 50.26.
seo *s.* seho.
seón *s.* sehi.
sēr *adj. schmer; leidend, traurig.*
B° *apm* Sera 16.27.
sērag *adj. bekümmert, bestürzt.*
E° *npf* feraga *consternate* 58.26.
ses(-) *s.* selts(-).
ses-spilo *sw. m. totenklagelied, leichengesang.*
B° *ap* fefpilon 17.5.
PW *(a)p* feffpilon *nenias* 91.19.
-seta *s.* ang-s.
-setitha *s.* gi-s.
settian *sw. r. setzen; vgl.* nither-s.
P° *1spk* fette *ponere* 15.14.
sethal *st. (m.) sitz, sitzen.*
B° *gp* fethlo 17.5.
PW *s* fethal (in f. gan *obire, von sterven*) 91.25.
-sethlio *s.* ēn-s.
-seftian *s.* bi-s.
sia *pron. plur. sie.*
B° *gm* ira 16.26, *dm* im 16.26.
E *u* fia 47.11, *d* im 47.2.
E° *nm* fia *3 mal z. b.* 61.4, fi(a) 61.3, *nu* fia 55.16,17, *gm* iro *5 mal z. b.* 60.9, *gf* iro 60.6, *g* iro 50.4, iro 54.11, *dm* im *4 mal z. b.* 56.23, *d* im 48.29, 50.4.
FK *gm* iro 33.33, *gn* iro *5 mal z. b.* 33.31.
FM *nm* fie 37.18, *gm* iro *22 mal z. b.* 33.11, *gn* iro *10 mal z. b.* 33.12.
G *nm* fia 63.8,11, *n* fia 64.17, 65.14, *gm* (i)ro 63.8, iro 63.16.
M *np* fe 70.7.
Pa *nm* fia *4 mal z. b.* 15.22, *gm* iro *4 mal z. b.* 12.6.
PW *u* fia 92.28,32, 99.16, 103.18, *a* fia 92.17, 102.40, *g* iro 92.8, iru 91.14.
T *gm* hira 3.12.
sibbia *st. f. verwantschaft.*
E° *(a)s* fibbia *familiaritatem* 50.2.
sibbio *sw. m. verwanter.*
PW *(a)s* fibbion *consanguineo* 92.22.

sidu *st. m. sitte, art und weise.*
PW *ds* fida 102.40.
sidūni *sb. plur. sidonier.*
E° *gp* fidunio 53.5.
sie *s.* sia.
sigindri *sb. sakristei.*
P *ns* figindri *secretarium* 80.17.
sigiristo *sw. m. sigrist.*
PW *ns* figirifto 99.26.
sigitāri *sb. sakristei (?).*
P *ns* figitari *sacrarium* 87.9.
siglian *sw. r. siegeln.*
E° *if* figlian *signate* 56.5.
-siht(-) *s.* gi-s.
[sih] *pron. refl.*
E° fih 53.16.
[sichila] *sb.*
P fichila *falx* 79.30, *falcicula* 87.21.
sin *pron. poss. sein.*
B° *asf* fina 17.22, *dpf* finon 16.3, *dp* finan 17.23.
E° *gsn* [finef] 53.14.
FM *nsm* fiu 29.4, 36.1,28,24.
Pa *gsm* finef 14.4.
Sf *npf* fina 19.10.
[sinaf] *sb.*
P finaf *sinapi* 83.13.
sinder *st. (n.) metallschlacke.*
P *ns* finder *scoria* 76.12.
sinewa *f. sehne, nerv; vgl.* senewa.
P *s* fineuua *nervum* 85.26.
singan *st. r. singen.*
B° *1spti* fang 17.10.
sinu-wel *adj. ganz rund.*
V° *dp* finuuuellun *lunatis pellis, in modum lune factus* 114.26.
siok *adj. krank.*
B° *gp* Siakoro 16.26.
siola *sw. f. seele; vgl.* sēla.
Pa *ds* fialun *anima* 14.18, *(as) (f)ia(lun) animam* 14.5.
sise-gomo *sw. m. pelikan.*
P *ns* fifegomo *pellicanus* 77.19.
-sisu *s.* dōd-s.
[sitelih] *adj.*
P fidelichen *moralibus* 81.1.
[sitelōsa] *sb.*
P fitelofa *serva sine ritu* 80.23.
sittian *st. r. sitzen; vgl.* bi-s., up-s.
E° *2ppk* fittian *sedeatis* 57.16, *3ppti* fatvn 57.15, *pc, np* gifetana 51.9 *locate, 60.24.*

sīthon (?) *sw. v. reisen.*
E° *if* fīthon *fugite* (?) 49.₁₂ *(vgl. note 11),* fīth(o)u *fugere* (?) 54.₂₁ *(vgl. note 9).*
-**sīthskepi** *s.* gi-s.
siu *pron. pers. sing. sie.*
E *a* fia 46.₂₇, *d* iro 16.₂₆.
E° *u* fiu 51.₂₅, *a* fia 48.₁₂, 61.₁₅, *g* iro 54.₇, *d* iru 48.₁₁, [irō] 54.₃.
PW *u* fiv 95.₁, fiv 103.₂₃, *a* fia 92.₁₆, *g* ira 94.₂₂, *d* irv 104.₁₁.
S *u* fiu 107.₃₉,₄₀, *g* ira 107.₁₀.
siula *f. pfrieme.*
P *s* fiula *subula* 74.₁₇.
siuwian *sw. v. nähen.*
P *3ppik* fiuuidin *suerent* 81.₃.
sivon *zahlw. sieben.*
F^K fiuon 32.₃₃, 33.₃₅.
F^M fiuon *9 mal z. b.* 32.₂₅, fiuen 27.₃.
W^b fiuun 23.₁₃, ₁₄.
sivondo *zahlw. der siebente.*
E^b *asm* fiuondon 21.₁₉.
sivontein *zahlw. siebzehn.*
F^K fiuontein 33.₃₆.
F^M fiuontein *5 mal z. b.* 33.₁₉.
sivotho-half *adj. siebenthalb.*
F^M *an* fiuothohalf 41.₂₀.
skāla *sw. f. muschel(schale).*
S *np* fcalun *conchae* 107.₆.
[**skalken**] *v.*
PW kifcalcten *mancipatam* 91.₂₀.
skāp *st. n. schaf.*
F^K *as* fcap 24.₂₅, 33.₂₃.
F^M *as* fcap 24.₁₅, fcāp 29.₁₆, 33.₃, 37.₁₉.
S *np* fciep *oves* 106.₁₃.
skape-rēda *f. stellbrett, gestell.*
V^o *ns* fcaperede *toregma* 111.₃.
skapo *sw. m. art küchengeschirr.*
PW *ns* fcāpo *sartago* 96.₁, *np* fcāpon *sartagines* 95.₁₇.
-**skara** *s.* barm-s.
skāra *f. schere.*
P *ns* fcara *forpex* 87.₁₇.
[**scarasah**] *sb.*
P fcarafcah (*l.* fcarafah) *nomicula* 77.₁₀.
skarp *adj. scharf, rauh.*
PW *b*, *np* fcarpūn *scabri* 99.₂₇.
S *asm* fcarpan (*l.* fcarpan) *serratum* 106.₃₂.

skat *st. m. geld; vgl.* win-s.
E° *ns* feat 52.₃₆.
skatho *sw. m. schaden, schädigung.*
E° *ns* fcātha 53.₃₂.
skathon *sw. v. schaden.*
E° *3ppi* fcathod *calumniantibus* 49.₁₁.
skavan *st. v. schaben, kratzen.*
PW *3spi* fcāuid *scalpit* 100.₃₀.
skavatho *sw. m. schäbigkeit, räude.*
PW *as* fcāuathon *scabiem* 100.₂₂ *(mask. nach Schlüter, Unt. s. 32).*
-**skaft** *s.* gi-s.
[**skazgirida**] *st. f. gewinnsucht.*
PW *gs* Scazgiritha *ambitionis* 93.₁.
[**skazzen**] *v.*
PW fcazz(emef) *lucramur* 89.₇.
skeldari *st. m. schmäher, beschimpfer.*
E *gp* fcēldario *maledicorum* 46.₇.
skeld-waru *f. schildblach.*
V^o *ns* fceldunara *testudo* 113.₁₁-₁₂.
skenkian *sw. v. einschenken.*
P *3spi* fcenkio *propinabo* 76.₁₉, fcenko (*l.* fcenko) *propino* 82.₅.
skenki-fat *st. n. gefäss zum einschenken.*
P *(a)p* fcnkiphatu (*l.* fcenkiphatu) *calathos* 88.₇.
[**skenkivaz**] *sb.*
PW fceinkivaz *cyathos* 91.₁₁.
skenko *sw. m. schenk.*
P *ns* fcenko *pincerna* 80.₄₀.
[**skerdi-federa**] *sb.*
P fcerdifedera *testudo* 83.₁.
skerian *sw. v. bescheren, verleihen.*
E° *pe*, *ns* gifcērid 51.₁₂.
-**skern-** *s.* bi-s.
skerning *st. m. schierling.*
P *ns* fcerning *cicuta* 84.₃₂.
PW *(a)p* fcerningof *cicutas* 93.₃₂.
V^o *(n)s* fcherning *cicuta* 110.₁.
skernlik *adj. possenhaft.*
PW *ds* fcērnlikemo *mimico* 101.₁-₁₀.
skerunga *st. f. gaukelspiel.*
P *(a)p* fcerunga *mimica sollemnia* 86.₂.
skerpi *sw. f. schärfe, stachel.*
PW *dp* fcērpion *spiculis* 96.₁₀, fcerpion *spiculis* 99.₃₀.
skerpian *sw. v. schärfen, spitzen; vgl.* gi-s.

17*

PW *pc, bnp* gifcerptva *acuminata* 98.₁₄.
-skerran *s.* of-s.
sker-sahs *st. (n.) schermesser.*
PW *dp* fcerfahffen *novaculis* 97.₂₆.
-skervin *s.* havan-s.
skëth *st. (m.) unterschied, verschiedenheit; vgl.* gi-s., wege-s.
S *ds* fcetha *discrimine* 107.₃₁.
skëthan *red. v. scheiden, sondern, auslassen (von schmeer); vgl.* ûta-s.
FM *pc, asu* gifcethan 37.₁₇, gifcethan 39.₁₃, *gsu* gifcethanaf 32.₂₈.
skëthunga *st. f. scheidung, trennung.*
PW *(a)p* fkiethúnga *scismata* 102.₂₁.
scherning *s.* skerning.
sciep *s.* skåp.
skild-weri *(f.) schilddach.*
V⁰ *ns* fchildwerí *testudine* 112.₃₂.
skilling *st. (m.) schilling (rechnungsmünze, zwölf pfennige enthaltend); eine zahl von zwölf.*
FM *as* fcilling *18 mal z. b.* 36.₃₂, fchilling 32.₆, fcilling 31.₁₈, 32.₁₀, *ap* fcillinga *7 mal z. b.* 34.₁, fcilling 35.₂₀, ₃₂.
skimo *sw. m. schatten.*
S *ns* fcimo *umbra* 106.₁₀.
skimo *sw. m. licht, glanz, schein.*
PW *ns* fcimo *nitor* 98.₃₅, fcimo *fulgor* 101.₃₅, *gs* fcimón *nitoris* 103.₅.
skinan *st. v. scheinen.*
E⁰ *zspi* fcinid 60.₁₉.
skindela *s.* skindula.
-skindian *s.* bi-s.
skindula *sw. f. schindel, ziegelstein; vgl.* first-s.
P *ns* fcindela *laterenla* 82.₁₃.
V⁰ *(a)p* fcindulau *tubulas* 113.₁₃.
skinka *f. schenkel, bein.*
P *ns* fcinka *basis* 79.₂₁.
skiotan *st. v. schiessen, werfen.*
V⁰ *if* fkietan *(telo) seqni* 114.₂₆.
skip *st. n. schiff, kleines fahrzeug.*
P *ns* fcip (flat sc. *cymba*) 87.₇.
PW *ns* fcip *carina* 99.₁₃, *ds* fcipa *lembulo* 99.₅.
skipikin *st. n. schiffchen.*
PW *ds* fcipikina *(Argo)* 94.₁₈.
skipilin *st. n. schiffchen.*
PW *ds* fcipilina *faselo* 99.₁₁.

skïri *adj. rein, lauter.*
S *b, (a)pn* fcirion 108.₉.
[skirmen] *c.*
P fcirmento *(a) tuendo* 83.₂₀.
skirno *sw. m. (mimischer) schauspieler.*
P *ns* fkirno *histrio* 81.₈.
-skïthan *s.* of-s.
skïva *sw. f. scheibe, kugel, knauf.*
P *(a)p* fcinan *sphaerulas* 74.₂₅.
PW *ns* fciva *sphaera* 92.₃₂, *as* fcivvu *sphaeram* 96.₁.
fcïffa *s.* scifa.
fela(p)a(n) *s.* slapan.
skōh *st. m. schuh; vgl.* hand-s., skrid-s.
P *dp* fcoon *calceis* 80.₁₅.
PW *dp* fcōon *calceis* 94.₂₂.
skok *st. n. schock (anzahl von sechzig).*
FK *ap* fcok 24.₂₆.
FM *ap* fcok 24.₁₅.
skokka *st. f. (s. Schlüter, Unt. 103) schankelnde bewegung.*
V⁰ *(a)p* fcocga *oscilla* 110.₉.
skōni *f. schönheit, schmuck.*
P *s* fcoui *decoris* 85.₁₅.
fcoon *s.* skōh.
skopliko *adv. poetisch, dichterisch.*
S fcoplico *poetice* 107.₃₀.
-skornnga *s.* a-s.
skoton *sw. v. spriessen, aufschiessen.*
E° *ger, d* fcotonnia *(crevisset)* 50.₁₀.
-skrankon *s.* gi-s.
skrīan *st. v. schreien.*
E° *zppti* fcriun *clamaverunt* 50.₃₁.
skrid-skōh *st. m. fliegschuh (des Mercurius).*
V⁰ *(a)p* fcridfcof *talaria* 112.₂₆.
skrīkon *sw. v. schreien, zwitschern.*
S *pc, ns* fcricondi *garrula (avis)* 107.₂.
skrïvo *sw. m. schreiber.*
PW *ns* fcrivo *scriba* 92.₂₅.
[skubil] *sb.*
P fcubila *pessuli* 80.₂₀.
skuldian *sw. v. erschüttern.*
V⁰ *zppti* fcuddun *movebant* 113.₉.
skuddinga *f. ausschüttung.*
PW *ns* fcuddinga *excussus* 98.₁₇.
skulan *pt.-pr. v. sollen, werden.*
B⁰ *Ispti* fcolda *16 mal z. b.* 16.₁₆, Isptk fcoldi *3 mal z. b.* 16.₁₇.

E *2spi* fealt 47.₁, *3spi* feal 46.₁₉.
Eᶜ *2spi* fealt 49.₂,₄, *3spi* feal *3 mal z. b.* 51.₃, *3ppi* feulun 59.₁₀, *3ppti* fcoldun 52.₂₁, *3sptk* feóldi 51.₃₃.
Fᴹ *3spi* feal 36.₁, 41.₆, 43.₂₅, *3ppi* feulon *6 mal z. b.* 35.₃₇, feulun 35.₃₃.
G *lppi* fe(ulun) 65.₂₁—₂₂.
Pᵃ *1spi* feal *3 (4) mal z. b.* 12.₁₂, *lppi* feulun 14.₁₀.
Pᵂ *3spi* feal 99.₃₁, feál 104.₃₂.
skuld *st. f. schuld, abgabe.*
Eᶜ *as* feuld 53.₁₁.
Fᴷ *np* feuldi 24.₁ₓ, 31.₈₅, 32.₃₀.
Fᴹ *ns* feult 39.₉, *np* feuldi *7 mal z. b.* 37.₁₃. feulde 24.₇.
Pᵂ *ns* fevld *crimen* 97.₁₅.
skuld-hētio *sw. m. schultheiss.*
Eᶜ *ns* feulthetio *(centurio)* 58.₂₂.
-skuldian *s.* gi-s., far-s.
skuldig *adj. schuldig.*
Eᶜ *nsm* feúldig (f. unáf *debuit*) 53.₂₉—₃₀, feuldig *transgressor* 56.₁₃—₁₄, *npm* feuldig(a) 61.₄, *b,nsm* feuldigo *conscius* 52.₈, *kp, npm* feuldigerun 54.₆; *damnabiliores,* 55.₄.
G *npm* feuldige 63.₈,
Pᵂ *nsf* feúldig (fiv fe. *debet*) 95.₄, *ap* fevldiga *obnoxia* 98.₁₂.
skuld-lakan *st. n. laken, tuch, das als abgabe gegeben wird.*
Fᴷ *ap* feuldlakan 24.₂₄, 32.₃₅.
Fᴹ *as* feultlakan 40.₁₃, *ap* feuldlakan *5 mal z. b.* 24.₁₃.
[**scultira**] *sb.*
P feultira *scapula* 87.₈.
skundian *sw. v. anfeuern, antreiben.*
L *3ppk* feunde *suggereret* 67.₁₁.
Vᵒ *pe, nsm* gifeund *incensus* 113.₁₆.
[**skuobba**] *sb.*
P feuobba *squama* 79.₃.
-skurpian *s.* útgi-s.
skutala *sw. f. schüssel.*
L *(d)s* feutalan *lance* 67.₁.
-skutig *s.* fior-s.
-skufla *s.* wind-s.
[**skuzila**] *sb.*
Pᵂ feuzilon *fereubt* 93.₃.
-slago *s.* man-s.
slahan *st. v. schlagen;* vgl. a-s., gi-s., út-s.
Vᵒ *3spti* flog *verupul* 114.₈.
slaht *st. n. geschlecht;* vgl. thurh-s.
Eᶜ *gp* flata *generum* 59.₂₂.

-**slahta** *s.* man-s.
slango *sw. m. schlange.*
P *ns* flango *coluber* 73.₂₇.
slāpan *st. v. schlafen.*
Bᵃ *pe, nsm* flapandi 17.₂₀.
Pᵃ *if* fela(p)a(n) (feal f. *dormiam*) 12.₁₂.
-**slāpo** *s.* gi-s.
slata *s.* slaht.
slegi *st. (m.) totschlag;* vgl. ōr-s.
Eᶜ *(d)s* fleka *occisione* 50.₃₂.
slegi-brāwa *f. augenlied.*
P *ns* flegibrana *palpebra* 81.₂₃, *dp* fleibrauuon *palpebralibus* 85.₃₇.
sleibrauuon *s.* slegibráwa.
sleka *s.* slegi.
slengira *sw. f. schleuder, wurfmaschine;* vgl. staf-s.
P *ns* flengira *funda* 77.₁₂, *balista* 83.₂₇, *s* flengira *(cum) funda* 76.₂₃—₂₄.
Vᵒ *as* flengiran *fundam* 114.₁₉, *(d)s* flingirun *tormento* 114.₂₃—₂₄.
sleito *sw. m. faun.*
Pᵂ *(a)p* flétton *faunos* 94.₃₀.
sliht *adj. schlicht, zierlich.*
P *us* fliht *decorata (tunica)* 73.₁.
[**slichan**] *v.*
P flichu *repo* 81.₁₇.
-**slindan** *s.* far-s.
slinderi *st. m. schlinger, fresser.*
Pᵖ *(s)* flinderi *(gauearum)* 88.₁₀.
slingirun *s.* slengira.
[**slinto**] *sb.*
P flinto *ganeo* 85.₁₂.
slítan *st. v. zerreissen.*
Eᶜ *pe, n* giflita(n) *scissi* 59.₂₃.
sliumo *adv. rasch, schnell.*
Eᶜ fliumo 55.₄.
slūk *st. (m.) abgeworfene haut (der schlange).*
Eᶜ *(a)s* fluk *squamas* 49.₃.
slund *st. m. schlund.*
Pᵂ *(a)p* flúndof *haustus* 96.₂₈, [**fluntin**] *haustibus* 90.₇.
-**slútan** *s.* útbi-s.
slutil *st. (m.) schlüssel.*
Pᵂ *dp* flútilon *clanibus* 99.₂.
[**sluzzil**] *sb.*
P fluzzil *clunis* 82.₈.
smal-sād *f. kleine feldfrüchte.*
P *ns* fmalfad *infirmiora semina* 76.₂₁.

[smalz] sb.
P ſmalzze unguento 86.₅.
[smarz?] sb. brühe.
P ns ſmarz (l. ſmalz?) liquamen 87.₁₀.
smeltan st. v. schmelzen.
PW 3spti ſmált liquitur 98.₂.
[smelzen] v.
P pe, ns giſmelcit obri:um 77.₂₅.
smero st. n. schmer, fett.
FK gs ſmeraſ 24.₂₂.
FM gs ſmeraſ 5 mal :. b. 24.₁₁.
P ns ſunero arnina 77.₁₈.
smid st. m. schmied.
LV (a)p ſmidoſ ſerrarios 68.₃.
smithon sw. v. (künstlerisch) verfertigen.
PW 3spti ſmithoda ornanit 104.₉.
*snarh st. (f.) saite, strick, seil (als folterwerck:eug).
PW (a)p ſnâri fidiculas 96.₂, dp ſnârion fidibus 92.₃₆.
snegil st. m. schnecke.
V⁰ ns ſnegil murica 111.₅.
*sneig adj. schneeig.
PW b, ap ſnegigun ninguidos 102.₂.
[sneflizon?] sw. v. schluch:en, röcheln.
PW 3spti ſu(et)li)zod(a) singallat 91.₃₅.
sniht s. snithan.
snithan st. v. schneiden.
PW 2sip ſniht concide 95.₃₃.
sniumi adj. schnell, lebend.
PW nsm ſuiumi efficax 99.₁₉, b, gs ſniumon cibo 101.₂₁.
S (a)p ſniumia prepetes 107.₁₇.
snorling (??) st. (m.) eine art stiefeln.
V⁰ ns ſu(ri)orling pero 113.₂ (cgl. 152.₂₃; l. ſnorling? — ſtriorling zu lesen geht schon deshalb nicht, weil io in V⁰ als ie auf:utreten pflegt — vgl. die variante snuriheling A. (il. II : 711.₃₆); vielleicht hat der schreiber :uerst ſtrolling od. ſtropling — vgl. mnd. ſtröſſling — schreiben wollen?).
[snûzunga] f. lichtput:e.
P ns ſuuzunga emunctorium 78.₁₉.
sõ adv. u. konj. so, wie, als; so — so sowohl — als; vgl. sõ-sõ.
B fo 6 mal :. b. 18.₆.
Bᵉ fo 10 mal :. b. 16.₆.
E fo 5 mal :. b. 47.₂.
Eᵉ fo 26 mal :. b. 57.₁₉.

G ſo 64.₁,₂,₁₉, 65.₁₁,₂₁, quod? 64.₃, (fo) 63.₂,₃, 65.₂, ſ(o)th (l. ſo thiu?) 63.₁₆.
Pᵃ fo 14.₆,₂₄.
PW fo 4 mal :. b. 103.₁₇, fo 7 mal :. b. 103.₂₁.
S fo 5 mal :. b. 106.₁₀.
Sᶠ fo 19.₂₂.
ſóá s. sou.
sõgian sw. v. säugen.
Eᵒ pe, npf ſnoginda nutrientibus 56.₁₆.
sok st. m. socke, stiefelchen.
P ns foc caligula 82.₂₁, p ſocka udones 87.₃₀.
sõkian sw. v. suchen, untersuchen; vgl. undar-s.
G ger fo(cinu)a (te ſ. querendum est) 62.₃—₄.
PW 2pip ſõkiad rimamini 95.₁₃.
sõkuari st. m. einforderer, untersucher.
PW ns ſõeneri exactor 99.₂₈, ſõeneri executor 102.₄₁.
sõkuunga st. f. versuch.
PW ns ſõenunga periculum 96.₃₉, (a)s ſõenunga pericſum 101.₇.
sola sw. f. sohle.
PW (a)p ſólvn soleas 92.₂₄.
solari st. m. söller.
P ns ſolari tristigium 79.₁₇.
sõmâri st. (m.) saumtier, lasttier.
LV np ſomari sagmarii 68.₅.
fon s. ſân.
sõna f. gericht.
Eᵒ (a)s ſuona iudicium 51.₃₈.
-sõnan s. gi-s.
-sorgon s. bi-s.
sõ-sõ adv. u. konj. wie.
M fofo (= ?) 70.₇.
PW fofo rl 100.₂.
soster st. m. sechter (lat. sextarius) ein mass.
Eᵇ as ſuster 21.₁₁, ap ſoftra 21.₄.
sou st. (n.) saft.
PW ds ſoá sueo 92.₅.
spado sw. m. hacke.
P ns ſpado sarculum 76.₁₅.
PW (d)s ſpadon sarculo 93.₂₁, (d)p ſpadon rastris 93.₂₂.
[spah] st. (f.) reis, reisbündel.
P ns ſpah sarmentum 79.₄.

[spaltan] *v.*
P gifpaltan *fissa* 83.₃₀.

spanandelīk *adj. lockend, einladend.*
PW *asf* fpanandelica *inuitatorium* 89.₄.

spāni *adj. spanisch.*
PW *dp* fpānion *hiberis* 103.₁₂₋₁₃,
b, *usm* fpānio *(nasco)* 102.₅.

-spannan *s.* und-s.

sparon *sw. v. sparen, erhalten.*
PW *lspi* fpāron *differam* 101.₂₅.

sparro *sw. m. balken.*
P *ns* fparro *tignus* 81.₂₆.

speht *st. m. specht.*
V⁰ *ns* fpeth *picus* 111.₁₄.

[speicha] *sb.*
P fpeichun *radii* 76.₃, fpeicheno *radiorum* 85.₂₉.

spek *st. (n.) speck.*
P *ns* fpek *lardum* 87.₇.

spēka *f. speiche.*
P*r* *(ns)* fpeca *radiorum* 88.₉.
PW *gp* fpec(u)no, fpecono *radiorum* 93.₂₁.

spēkaldra *f. speichel.*
PW *(dp)* fpecáldron *saliuis* 101.₅₋₆.

spek-swīn *st. n. speckschwein.*
FK *as* fpekfuin 25.₂₆, *ap* fpekfuin 25.₂₂,₂₄, fpecfuin 24.₂₂, 32.₃₅, 33.₃₁.
FM *as* fpecfuin 25.₉, *ap 5 mal : b.* 29.₂₁, fpecfuin 29.₁₁, 33.₁₂, 37.₁₅.

spellunga *st. f. erzählung.*
PW *gs* spellunga *tragoediç* 97.₁.

spendunga *f. aufwand.*
P *s* fpendunga *(sine) inpensa* 78.₂.

spenniau *sw. v. entwöhnen.*
PW *pc, asm* gifpāndan *(lacte) depulsum* 96.₂₃.

-spensti *s.* gi-s.

spennla *st. f. schnalle;* rgl. spinela.
V⁰ *(d)s* fpenule *fibulu* 112.₂₁.

fpeth *s.* speht.

[spiāgal] *sb.*
PW fpiágal *speculum* 102.₁₂.

spikari *st. (m.) speicher.*
FM *as* fpikare *7 mal : b.* 35.₂₇,
fpicare 35.₃₀, 38.₂₇, fpikeri 37.₁₁,
fpikera 34.₁₁.

spil *st. (n.) musik.*

E⁰ *(a)s* fpil *(auliuit) symphoniam et chorum* 56.₈.

spildi *adj. freigebig.*
PW *ns* fpildi *prodiga* 99.₂₂.

spile-hūs *st. (n.) schauspielhaus.*
P *s* fpilehuf *theatrum* 79.₂₀.

[spilen] *v.*
PW fpilenter *ludibundus* 101.₁₂.

-spilo *s.* ses-s.

spind *sb. fett, speck.*
PW *ns* fpind *aruina* 90.₅.

spinela *f. haarnadel;* rgl. spennla.
P *ns* fpinela *crinalis acus* 86.₅.

spinnila *sw. f. spindel.*
PW *ap* fpinnilu *fusos* 94.₂.

-spiot *s.* evur-s.

[spiz] *sb.*
P fpiz *ueru* 78.₁₄.

spot *st. (m.) spott.*
PW *(a)s* spót *ludicrum* 89.₂₄.

spot-word *(st. n.) hohnwort.*
PW *dp* fpótvvórdon *ludicris* 101.₂₀.

sprāk-hūs *st. (n.) richthaus, rathaus.*
E⁰ *(a)s* fprakhuf *pretorium* 53.₁₈.
P *us* [fprakhuf] *sella curulis* 86.₁₄.
PW *(a)s* fprachuf *curiam* 101.₁₇.

sprāki *s.* bi-s.

sprāk-man *st. m. prätor.*
P [fpragman] *curialis* 82.₂₈.
PW *gs* fprákmánnaf *pretoris* 99.₄.

sprekan *st. r. sprechen;* rgl. gi-s., tō-s., fore-s.
B⁰ *lspti* fprak 17.₁₁.
E⁰ *3spti* fprak *interrogauit — dicens* 58.₁₂, *3ppti* fpra(kan) 57.₂₀.
Pᵃ *3ppi* fprekad *loquuntur* 14.₅.
PW *2sip* fprik *fare* 92.₁₁.

sprek-hūs *st. (n.) rathaus.*
P *ns* fprekhuf *curia* 87.₂₆.

-spring *s.* gi-s.

spriu (hul.?) *st. n. spreu;* rgl. hirsi-s.
P *s* fpriu *recrementum* 84.₃₀, *(p)* fpriu *plisune* 75.₂₁.
PW *(a)s* fpriu *recrementum* 94.₁₂.

-sprot *s.* gi-s.

-sprūtan *s.* ūt-s.

sprūtodi *adj. gesprenkelt.*
V⁰ *ns* fprutodi *guttatus* 109.₂₁.

[spurihalz] *sb.*
Sᵗ SPVRIHALZ *(l.* SPVRHALZ) 19.₄, SPVRIIAZ 19.₅.

*spuri-helti f. hinken (bei pferden).
  S⁶ ds fpurihelti 19.₁₃.
spuringa st. f. erforschung.
  L ds fp(uring)u indagine 67.₇.
spurnan st. v. ausschlagen.
  V⁰ pr, gs fpurnandief sternentis
  (equi) 114.₁₂.
stab (?) st. (m.) stab (buchstab).
  A is ftabu [lul.?] 20.₅.
-stada s. mark-s.
ftadlo s. stathal.
-stadon s. bi-s.
stamaron sw. v. stammeln.
  PW ⸮spi ftámärod ballutit 94.₅.
stamp st. (m.) stämpfel.
  P ns stamp pilum 74.₁₅, [ftampf]
  prelum 82.₂₃.
[stampferi] sb.
  P ftamfiri pilus 81.₁₂.
-stän s. vram-s.
[standan] s.
  P frandente locata 83.₂₉.
-standan(-) s. an-s.
stanga f. stange.
  E⁰ (d)p ftangun (cum) fustibus
  52.₁ₓ.₂₁.
stank st. (m.) wohlgeruch.
  G ns ftank odor 65.₁₂.
stark adj. stark; vgl. un-s.
  S ap ftarea prevalidos 107.₂.
stathal st. (m.) stehen, stellung.
  B⁸ gp ftadlo 17.₃.
stäthinn sw. v. stehen bleiben.
  L pc, ds ftathientimu stagnante
  (fluento) 67.₉.
staupa s. stouph.
staf st. m. stab.
  V⁰ ns ftaph nenalula 111.₂.
*staf-slengira f. wurfmaschine, womit
  grosse pfeile abgeschleudert wurden.
  V⁰ ns ftafflengrie (l. stafflengire
  Hb.) balista 112.₄, ftephftrengiere
  (l. stephflengiere A. Gl.) falarica
  113.₁₈₋₁₉.
staf-wurt st. (f.) diptam.
  S (a)s ftafuúrt dictamnum 106.₂₃.
stedi st. f. stätte, ort; vgl. hof-s.,
  rother-s., werr-s., win-s.
  E⁰ ds ftedi 50.₁₇.
  F^M ds ftida 39.₁₃.

stēgili sb. abschüssige stelle.
  PW np ftegili crepidines 91.₇₋₈.
stehli st. (n.) stahl.
  PW (a)s ftehli chalybem 93.₃₆.
[stein] sb.
  P fteinon lapidibus 75.₂₆.
stekal adj. rauh, steinicht.
  PW (a)p ftécula fragosa 102.₃₅,
  b,(a)p fteculun confragosa 90.₁₂.
[stechan] v.
  PW ftihiht (l. ftihhit) uibrat 91.₁.
  V⁰ (f)tichit (cornu) petat 113.₁₆,
  ftachi exigat (ensem) 113.₃₅.
-stekan s. ūt-s.
stekko sw. m. stecken, pfahl.
  P ns ftekko sudes 87.₁₈, np ftekeon
  stipites 75.₂₂, ftekkon sudes 84.₁₀.
stekuli sb. steile, abschüssigkeit.
  PW (a)p ftéculi prerupta 95.₂₄.
stelan st. v. stehlen; vgl. far-s.
  B⁸ 1spti ftal 17.₆.
stēn st. (m.) stein; vgl. dûvon-s.,
  mark-s., mulin-s.
  Pa dp ftenon 15.₁.
  PW ds ftena 95.₁₁.
stengil st. (m.) stengel.
  PW ds ftēngila thyrso 95.₈.
ftephftrengiere s. stafslengira.
steppon sw. v. stechen, zeichnen.
  V⁰ ⸮ppti steppodun notant 114.₂.
-sterro s. ávand-s.
stervan st. v. sterben.
  PW if ftérvan obire 102.₃₅.
ftida s. stedi.
[stiefsun] sb.
  P ftieffun prinignus 86.₈.
stigilla f. überstieg (über einen zaun).
  P ns ftigilla trauens 83.₁₅.
stiki st. (m.) stich.
  PW dp ftikion punctis 98.₃₈, 104.₂₁.
stil st. (m.) stiel, stengel.
  V⁰ ns ftil thyrsus 111.₁₈, (n)s ftil
  stipitem 111.₃₃.
-stillian s. gi-s.
stillo adv. im stillen.
  V⁰ ftillo gradatim 113.₃₁.
stior-wīth st. (f.) (seil)ring (zur be-
  festigung?) des steuerruders.
  V⁰ ns ftiернuith rudente, circulo
  gubernaculi 112.₉₋₁₀.
-stiuria s. heri-s.

[stiuffater] *sb.*
  P **ftiffader** *citricus* 86.₇.
stok *st. (m.) stock, stengel, (hölzerner) mörser.*
  P *ns* [ftoc] (bifanetcr ftoe *stips*) 80.₂₈, **ftok** *pila* 81.₁₁.
  PW *gs* **ftokkef** *stipitis* 98.₂₃.
  V⁰ *(a)s* **ftok** *caulem* 114.₁₅.
-**ftöl** *s.* thwerh.-s., faldi-s.
stollo *sw. m. fussgestell.*
  P *us* **ftollo** *basis* 79.₂₁.
stoppo *sw. m. krug, eimer.*
  V⁰ *ns* **ftoppo** *botholicula* 111.₁₀.
ftöri *adj. gross, berühmt.*
  PW *nsf* **ftöri** *inclyta* 96.₄, b, *nsm* **ftório** *inclyte* 98.₂₈.
stôtan *red. v. stossen; vgl.* te-s.
  V⁰ *3spti* **ftiet** *arietat* 114.₂₁.
[stouph] *sb.*
  P **ftouf** *cyathus* 85.₂₇.
  V⁰ *(np)* **ftaupa** (*Sciphuf parua — -a aus -i corr. —* **ftaupa**²; *od. ist* **ftanpa** *mlat?*) 111.₂₂.
sträl *st. m. kamm.*
  S *dp* **ftralon** *cristis* 107.₇.
sträla *st. f. pfeil.*
  Sᵗ *as* **ftrala** 19.₂₁.
-**strälit** *s.* ungi-s.
streorling *s.* snorling.
streunga *(st.) f. streuung, streu.*
  PW *(ap)* **ftréunga** *stramenta* 99.₁.
strid *st. (m.) streit.*
  Eᵉ *(a)s* **ftrid** *controuersiam* 54.₂₁.
-**strīdi** *s.* gi-s.
-**strīdig(-)** *s.* ēn-s.
[strih] *sb.*
  PW **ftricchin** *pediris* 89.₁₃.
strikko *sw. m. strich.*
  E *us* **ftrikko** *apex* 47.₇.
  Eᵉ *us* **ftrikko** *apex* 48.₂₇, **ftrikk(o)** *apex* 48.₂₈.
strota *sw. f. kehle.*
  PW *as* **ftrātun** *tubam, guttur* 97.₂₃.
stroton *sw. v. schnarzen; pr. pc. geschwätzig.*
  PW *pc. b. gs* **ftróthondion** *garruli* 97.₂₂.
-**ströian** *s.* ūt-s.
strūf *adj. struppig, rauh emporstehend (von haaren).*

S *s* **ftrūua** *(cauda) tortuosa* 107.₁, *p* **ftrua** *pilis in contrarium versis* 106.₃₁—₃₂.
strūvian *sw. v. sträuben.*
  V⁰ *3spti* **ftruuide** *inhorruit, erexit* 113.₃₆.
[stukken] *v.*
  PW **ftuckent** *lacessunt* 91.₁₂.
stukki *st. n. stück.*
  FM *ap* **ftukkie** 41.₂₃.
  PW *(a)p* **ftúkki** *frusta* 102.₂₃.
stukkilīn *st. n. stückchen.*
  P *ns* **ftukkilīn** *frustellum* 87.₁.
stunda *st. f. weile.*
  Eᵉ *ds* **ftaundu** 57.₁₈.
stunk *st. (m.) geruch.*
  S *ds* **ftunka** *olfactu* 106.₂₂.
[stuol] *sb.*
  P **ftual** *tripedica ubi uasa ponuntur* 82.₃₂.
[stuot] *sb.*
  PW **ftúot** *greges equarum* 93.₇.
[stuot-hruora ?] *sb. (vgl. A. Gl. II: 353 note 15).*
  P **ftuatrura** *sonestis (id est duodecim equae cum admissario)* 82.₃₀.
-**sturian** *s.* far-s.
-**stuthli** *s.* tand-s.
sū *st. f. sau.*
  P *us* **fu** *scrofa* 82.₃₂.
suga *st. f. sau.*
  PW *ds* **fúgu** *(parua . . eni)* 97.₁.
-**sūga** *s.* bini-s.
sūgan *st. v. saugen.*
  P *3spi* **fugo** *sugillo* 83.₁₉.
suht *st. f. krankheit; vgl.* gela-s.
  S *as* **fuht** *morbum* 107.₆.
suli *s.* sulih.
[sulih] *pron.*
  Eᵉ **fuli(e)hef**; *so gewiss mit St. A. Gl. IV: 298.₂₁ statt* **fuli thef** *oben 56.₁₇; zu lesen.*
sulik *pron. solcher, so beschaffen; vgl.* al-s.
  Bˣ *dsf* **fulikaru** 16.₂₀.
  Eᵉ *nsn* **fulig** *hoc* 50.₂₀.
  G *nsm* **fulik** 65.₁₂, *ns* **Sulik** (S. *fo sieuly* 63.₁₀.
  S *nsm* **fulic** 106.₁₀.
[sulza] *sb.*
  P **Sulza** *salsugo* 77.₂₂.

[sulzkar] sb.
 Ṕ fulzkar *parabsis* 86.₁₂.
sum *pron. indef. irgend einer, (der eine) — der andere.*
 P^W *usm* túm *ille* 92.₁, 100.₂₇, *asm* fúman *istum* 100.₂₂, 102.₂₆.
-sumer *s.* midden-s.
sumer-loda *sw. f.* lode, *(sommer)schüssling.*
 Ṕ fumerlode *virgultum* 73.₇.
 V⁰ *(a)p* fumerladan *virgulta* 114.₃₆.
-sun *s.* hwara-s.
sundia *st. f. sünde.*
 B^a *as* fundia 16.₆, *gp* fundiono 16.₁₋₅.
 E *ap* fundia 46.₉.
 E^e *ap* fundia 48.₂₃, 58.₂₁.
sundig *adj. sündig, sündhaft.*
 S *gp* fundigara *sceleratorum* 106.₁₇.
sundion *sw. v.* sünde tun, sündigen.
 B^a *1spti* fundioda 17.₈.
sunno (?) *sw. m.* sonne.
 G *s (f)*unno *solem* 62.₁₁.
sunnon-dag *st. m.* sonntag.
 B^a *as* funnundag 16.₂₃.
 F^M *ap* funnondage 42.₁₁.
sunnon-veld *st. (m.)* "sonnenfeld".
 V⁰ *(a)s* funnanueld *elysium* 113.₁₈.
sunu *st. m.* sohn.
 E^e *as* funu 61.₂₂, fun 54.₈.
 T *as* funo 3.₁₆,₁₇.
fuoginda *s.* sōgian.
[suochen] *v.*
 Ṕ fuachit *exigit* 77.₁₄.
surio *sw. m.* zwiebel.
 Ṕ *us* furio *cepe* 83.₁₁.
suster *s.* foster.
suval *st. (n.)* zukost.
 Ṕ *as* funal *pulmentum* 73.₂₆.
[súfan] *v.*
 Ṕ fuffo *sorbillo* 83.₁₅.
-súvarnussi *s.* un-s.
súvron *sw. v.* säubern; *vgl.* un-s.
 E^e *3spi* fufrod *(cribraret)* 57.₂₂.
súftunga *(st.) f.* seufzen.
 Ṕ *(a)p* fuftunga *suspiria* 86.₂₃.
swala *sw. f.* schwalbe.
 V⁰ *as* fualan *hirundinem* 109.₂₁.
swan *st. (m.)* schwan.
 P^W *(a)s* fuan *cygnum* 94.₈.
swanur (?) *sb.* schweineheerde? *(vgl. A. Gl. II.* 373 *note* 13).

Ṕ *s* fuanuf *(l.* suanur) *sonestis? (vielleicht zum folgenden "sex scrofas cum uerre")* 82.₃₀₋₃₁.
swär *adj.* ehrenvoll, rühmlich.
 P^W *gs* fuáraf *pulchre (necis)* 103.₁₇.
swarm *st. m.* schwarm, haufen.
 Ṕ *p* fuarma *examina* 84.₂₄.
-swart *s.* al-s.
-swäsi *s.* gi-s.
swäslik *adj.* einheimisch.
 Ṕ^P *us* fueflic *(discordia) ciuilis* 88.₄.
[swebon] *v.*
 Ṕ fuebont *(in aera) pendent uel natant* 86.₁₂.
swēgeri *st. m.* rinderhirt.
 F^M *dp* fuegeron 42.₃₄.
[sweiga] *sb.*
 P^W Sueiga *buculas* 93.₈.
[sweigeri] *sb.*
 Ṕ fueigeri *armentarius* 82.₁₁.
swelg *st. (m.)* (wasser)wirbel.
 P^W *dp* fvólgon *vorticibus* 104.₂₂.
swellan *st. v.* schwellen, anschwellen.
 S *3ppi* fuellad *obturgescunt* 106.₂₃.
-swemmla *s.* gi-s.
swēn *st. m.* schweinehirt.
 L *np* fuenaf *subulci* 67.₁₇.
swerd-drago *sw. m.* schwertträger.
 Ṕ *us* fuerdrago *spatarius, armiger* 82.₃₀₋₃₁.
swerdula *sw. f.* schwertelkraut.
 Ṕ *np* fuerdulon *spatulę* 74.₂₈.
 V⁰ *(n)p* funerdollon *(ulua)* 110.₃₉.
swerian *st. v.* schwören; *vgl.* bi-s., far-s.
 B^a *1spti* fuor 17.₇, *ger, g* Sueriannias 16.₁₁.
 E *if* fuerian *iuramenta reddere* 47.₂.
 E^e *if* fuerian (hardo f. perinrabis) 49.₁₋₂, *iuramenta reddere* 49.₄.
-swerkan *s.* gi-s.
sueflie *s.* swäslik.
swestar *st. f.* schwester.
 B^a *ap* fuestar 16.₁₉.
swefflan (?) v. riechen, stinken.
 P^W *3spi* fuéuid *(l.* fuékid? *Hk.) olet* 101.₇.
swibogo *sw. m.* schwibbogen.
 Ṕ *us* fuibogo *fornix* 84.₃, 85.₂₇, fuiboga *fornix* 75.₉.
 P^W *gs* fuibogon *fornicis* 98.₄, *(d)s* fuibógón *fornice* 102.₅.

swīgon *sw. v. schweigen.*
B⁸ *Ispti* fuigoda 17.₁₁.
-swīkan *s.* bi-s., gi-s.
swīl *st. (n.) schwiele.*
P^W *(a)s* fvil *callum* 98.₁₇.
V^O *(n)s* fnuil *callum* 111.₃₉.
-swīlon *s.* gi-s.
swīn *st. n. schwein;* vgl. bēr-s., kō-s., meri-s., spek-s.
F^K *as* fuin 24.₂₅, 33.₂₂, *ap* fuin *5 mal z. b.* 33.₃₁.
F^M *as* fuin *8 mal z. b.* 35.₃, fuin 29.₁₆, 33.₃, *ap* fuin *6 mal z. b.* 33.₁₂, fuin *7 mal z. b.* 25.₃.
P^W *ys* fuinaſ *suis* 103.₁.
-swindan *s.* far-s.
swindilōd *(hd.?) st. (m.) wirbel.*
P *ns* fuindilud *vertigo* 80.₇.
swinga *(st.) f. knüttel, keule.*
L^V *(a)p* fuinga *clauas* 68.₄.
-swīstrithi *s.* gi-s.
[**swizzen**] *v.*
P fuizta *resudat* 84.₂.
fvólgon *s.* swelg.

tala *(st.) f. zahl, summe;* vgl. gi-t.
P^W *ns* tala *summula* 100.₃₁.
tālhēd *st. f. gefährlichkeit* (?).
S *ns* tálhēd *(pernicitas)* 106.₃₉.
tam *adj. zahm.*
P^W *(a)pm* táma *subiugales* 95.₂₇.
-tāṃ (?) *s.* juk-t.
tand-stuthli *st. (n.) zahnreihe.*
P^W *ds* tánstúthlia *pectine (dentium)* 96.₂₈.
tanga *f. zange.*
P^W *ns* tanga *forceps* 95.₃.
tarpa *s.* thorp.
[**taska**] *sb.*
P daſga *sistarciζ* 75.₆.
tauerna *f. schenke.*
P *ns* tauerna *taberna* 87.₈.
-tafla *s.* wehsi-t.
te *adv. zu, allzu.*
E^e te 55.₂₁.
te *präp. c. dat. od. instr. zu, nach, in, an;* vgl. to-t.
B te *5 mal z. b.* 18.₈.
B⁸ te 17.₂₁, ₂₅.
E^e te *13 mal z. b.* 57.₁. (*c. instr.* 61.₁₇).
E^h te 21.₅, ₉, ₁₁, ₁₅, ₁₈, ₁₉.

F^M te *57 mal z. b.* 32.₁.
G te 62.₃, 64.₂, ₁₃, 65.₂₁.
M ti 70.₇, 71.₁₃.
P^a te 15.₃, (14.₉, 15.₁₃).
P^W te 102.₄₀, tē 95.₃, *ad* 97.₁₈.
S te 107.₂₂, 108.₁₀.
W^b te 23.₃, ₆, ₁₁, ₁₅.
te-brekan *st. v. zerbrechen, zerstören.*
E^e *Ispi* tebriku *destruam* 55.₂₁.
S *pe. usn* tibrokau (t. gleſ *citri fragmenta*) 107.₂₂.
te-dēlian *sw. v. zerteilen.*
P^W *pe, (npm)* tēdēlid (t. vvérthán *diuidi*) 95.₂₄.
tegnidda *s.* tēknian.
tegotho *sw. m. der zehnte.*
F^K *ds* tegathon 33.₃₀.
F^M *ds* tegothon 32.₂₄, ₃₃, tegathon 33.₁₀.
tehan, *tehin *zahlw. zehn.*
E^h tian 21.₁₈.
F^K tein *9 mal z. b.* 26.₂₁.
F^M tein *11 mal z. b.* 26.₁₂, thein 25.₁₃, ₁₅.
tein *s.* tehan.
tēknian *sw. v. bezeichnen.*
E^e *Ispti* tegnidda *(hoc) signum dederat* 57.₃.
-tēkniandelik *s.* bi-t.
telderi *st. m. zelter.*
V^O *np* Telderiaſ *tottolarii* 109.₅.
tellian *sw. v. zählen, erzählen;* vgl. undar-t.
E *if* tellian (t. fcal *numerabitur*) 46.₁₉.
E^e *if* tellian (t. fcal *numerabitur*) 48.₅.
S *3ppi* telliad *tradunt* 107.₁₈.
V^O *3spti* talde *recensebat* 113.₃₁.
-telliko *s.* un-t.
-telo *s.* ā-t.
te-lōsian *sw. v. auflösen.*
P^W *pe. nsm* tēlōſid (bivn t. *resoluor*) 103.₁₀.
tempal *st. m. od. n. tempel.*
P^a *ds* temple 14.₂₃, 15.₃.
temperon *sw. v. gehörig ausdrücken, messen.*
P^W *3spi* tempéroð *temperat* 92.₇.
tēn *st. (m.) stab.*
P^W *ns* tēn *regula* 98.₃₁.

teriam *sw. v. aufzehren, verbrauchen.*
B° *1spti* terida 16.16.
te-samna *adv. zusammen.*
E tefamna 46.12 (t. brahti *collationi*).
46.22-23, tefamne 46.3-4.
E° tefamna 48.1-3, 59.14, tefamna 48.7---.
te-stōrian *sw. v. zerstören, vernichten.*
E° *pe, nsn* teſtórid (t. uuértha *desolabitur*) 54.16.
te-stōtan *red. v. zersprengen.*
S *pe, ns* teſtotan *displosa* 108.2.
te-faran *st. v. zerfahren, zerfallen, auseinander gehen, hin und her laufen.*
S *3ppi* tefarad *fatiscunt* 108.17.
V° *3ppi* tiuarad *discurrunt* 114.21.
te-werpan *st. v. zerstreuen, zerstören.*
E° *3spi* teuuirpit *destruct* 50.1.
tī(-) s. te(-).
tian s. tehan.
tīd *st. f. zeit;* vgl. gi-t., hōh-gi-t., un-t·
B° *ds* tidi 17.21.
*tiegla *sw. f. ziegel.*
P *p* tieglan *lateres* 74.7-8.
timbar *st. (n.) zimmerwerk.*
S *ns* timbar 108.17.
-timbri s. uvar-t.
timbrian *sw. v. erbauen.*
Pa *pe, nsn* getimber(i)d 14.23.
timbro *sw. m. zimmermann.*
FM *ds* timmeron 41.17.
LV *(a)p* tymbron *fabros* 68.4.
timmeron s. timbro.
tins *st. m. zins.*
E° *as* tinſ 49.17.
-tiohan s. af-t., withar-t.
-tiug s. gi-t.
tō *präp. c. dat. zu, in, an;* vgl. hār-t., thār-t.
FK to 7 *mal z. b.* 33.30.
FM to *??? mal z. b.* 33.2, tó 34.19.
G to *(präf.?)* 65.1.
tō-dōn *sw. v. hinzutun, hinzuführen; zumachen, zuschliessen.*
PW *pe, nsn* tōgidnān (vvirth t. *adderet*) 98.30.
V° *3spti* todeda *admonit, adinuxit* 114.2, *pe, ds* togidanemo *conuerso (ordine)* 113.21.

tō-heftian *sw. v. anheften.*
E° *3ppti* tuohehtun *inposuerunt* 53.23.
tō-hlinon *sw. v. anlehnen, anstemmen.*
V° *nsm* tohlinandi *adfixus* 113.23.
tō-hnēgian (?) *sw. v. zuwiehern, anwiehern.*
PW *3spti* tohnethida (l. tohnechida, *Ilh.*) *adhinniuit* 94.1.
tolu *sb. zoll.*
E° *as* tolu 49.18.
tō-rūnon *sw. v. zuraunen, zuflüstern.*
E° *(pe)* tuohrunoda *(quod in aure auditis)* 49.15.
tō-sprekan *st. v. sprechen zu.*
E *3spti* toſprak 47.2.
E° *3spti* (t)noſprak 48.20.
tō-te *präp. c. dat. zu.*
Pa tote *3 mal z. b.* 12.5, tuote 15.10.
tou *st. (n.) docht.*
PW *ns* tou *stuppa* 90.22.
tō-ward *adj. zukünftig.*
G *(asf)* tōvuarda 63.1.
tō-wardig *adj. zukünftig.*
Pa *nsm* tuoyuardig 12.16.
trāg *adj. träge.*
PW *(a)pm* trága *ignauos* 96.11.
PWf *(a)pm* trágá *ignauos* 105.5.
S *npm* traga 107.5.
trāgi *f. trägheit, langsamkeit.*
B° *gs* tragi 16.13.
tresa-hūs *st. n. schatzhaus, schatzkammer.*
PW *ns* tráfahúſ *aerarium* 100.11-12.
trese-kamera *f. schatzkammer.*
P *s* treſecamere *(in) aerarium* 73.26.
treuwa *(st.) f. treue, bund, versprechen.*
PW *(a)s* treuua *fidem* 93.19, trévvva *fidem* 100.22, *(g)s* tréuuna *foederis* 99.36.
trithie s. thrītig.
triuwian *sw. v.; pc. vertraut, verbündet.*
PW *pe, ns* getriuvuid *foederatus* 94.8.
trōst *st. (m.) trost.*
G *ds* troſta *consolatione* 64.16.
trōstian *sw. v. trösten.*
B° *1spti* troſta 16.27.
G *3spi* troſtid *spem tribuit* 64.14.
tugithon *sw. v. gewähren, erhören.*
E° *2sip* tuitho 51.34.

tuht *st. (f.) sucht; unterhalt; vgl.*
āthum-t.
Eᵇ *(a)s* tuh't 50.₂₉, *ds* tuhti *nietum* 60.₂₂, *p* tuhti *usus* 50.₆.
-**tuhtig** *s.* missi-t.
tuitho *s.* tugithon.
tumig [hd.?] *adj. listig.*
PW *b, ns* tumiga *callida* 89.₂₀.
-**tumft** *s.* mis-t.
tunga *sw. f. zunge.*
Pᵃ *ns (t)*unga 15.₂₁.
PW *ds* tứngvn *lingua* 91.₁₅, tungu(n) *lingua* 96.₁₂—₁₃.
tuohehtun *s.* tō-heftian.
tuohrunoda *s.* tō-rūnon.
turf *st. (m.) rasen, rasenstück.*
PW *ns* túrf *cæspes* 104.₁₇, *ds* túrna *cæspite* 99.₄.
tuttili *st. (n.) brustwarze.*
PW *s* tuttili *papille* 90.₂₀.
tuelif *s.* twilif.
twēne *zahlw. zwei.*
Eᵇ *am* tuena 21.₄, *af* tua 21.₆,₁₂,₁₅, *an* tue 21.₁₃,₁₄.
Fᴷ *an* tue *24 mal* z. b. 24.₂₁.
Fᴹ *nm* tuene 37.₁₈, *am* tuene 35.₃₀,₃₂, 36.₂₇,₃₃, tuena 34.₆,₉, 39.₄, 43.₇, *an* tue *111 mal* z. b. 43.₅, thue 24.₁₀,₁₂,₁₄.
twēntig *zahlw. zwanzig.*
Eᵇ tuenteg 21.₁₂,₁₄.
Fᴷ tuentich *13 mal* z. b. 33.₂₉, tuentigh 24.₂₇.
Fᴹ tuentich *38 mal* z. b. 34.₂₀, tuentihe *10 mal* z. b. 30.₂₇, tuenthic *16 mal* z. b. 30.₅, tuenthig *17 mal* z. b. 26.₁, tuentigh 24.₁₇.
twi-hôbdig *adj. zweiköpfig.*
S *np* thuihobdiga *bicapites* 106.₁₀.
twilif *zahlw. zwölf.*
Fᴷ tuulif 24.₁₉,₂₁, 26.₂₃, 32.₃₁, tuilif 32.₃₁.
Fᴹ tuulif 24.₈,₁₃, 26.₃, 43.₇, thuulif 29.₁₁, *a* tuuliva 39.₁₃, tuelif 29.₈, tuilif 32.₂₃,₂₆.
twīo *adv. zweimal.*
PW túio *bis* 96.₅.
-**twiso** *s.* gi-t.
tuulif *s.* twilif.
tymbron *s.* timbro.
tyri *sb. pl. tyrier.*
Eᵇ *gp* tyrio 53.₇.

tha *s.* thô.
thābi *adj. irden.*
PW *ns* thái *fictile* 98.₁₄.
thābin *adj. irden.*
L *(a)p* thaine *testacia* 67.₁₉.
P *np* thabine *fictiles (muri)* 76.₂₂.
thakolon *sw. v. streicheln.*
PW *pc. (a)p* githákólóda *palpata* 102.₂₈—₂₉.
than *adv. u. konj. dann, als (auch nach komparativen).*
Bᵇ than *3 mal* z. b. 16.₁₆.
Eᵇ than 53.₁₂, *cum* 53.₂₄, 57.₁₀, tha(n) 57.₂₁.
G than 64.₇,₁₉.
PW than 93.₁₄, 100.₂₀, 101.₃,₃₁ *tunc,* thán 95.₃₀ *dum.* 96.₃₄, 99.₃₅ *cum,* 100.₁ *tum,* ₁₀ *cum,* ₃₉ *cum.* 101.₁ *tunc,* 104.₄.
thana *adv. davon, weg.*
PW thana [hd.?] 101.₃₆.
thana-kērunga *f. trennung, scheideweg.*
P *ns* thanakerunga *divortium* 84.₂₅.
thanan *adv. davon.*
Vᵒ thanan 114.₅—₆.
thanana *adv. von da an (zeitlich).*
B thanana 18.₁₁.
-**thane** *s.* ur-thank.
-**thanko** *s.* gi-th.
thankon *sw. v. danken.*
PW *ger* thancônna (te th. *debet*) 95.₃.
thanna *konj. wenn, (so oft).*
Eᵇ thanna *quando* 57.₂₁.
thanne *adv. dann.*
A thanne 20.₈.
thār *adv. u. konj. da, daselbst, wo; indem.*
B thar *4 mal* z. b. 18.₅.
Eᵇ thar *da 6 mal* z. b. 53.₂₅, *ubi* 56.₂₀, thár 51.₅, thá(r) *(rel.?)* 51.₃₃.
Fᴷ thar 33.₂₄.
Fᴹ thar 33.₅.
G thar 61.₉ *(auch rel.)*, ₁₄ *indem.* 65.₂,₁₁,₁₉.
Pᵃ *(auch rel.)* thar *3(?) mal* z. b. 12.₄, ther *1 mal* z. b. 12.₄.
PW thár 96.₃₁, *inde* 98.₁₀,₁,₃₅, 101.₂₇, 102.₁₃.
Vᵒ thar *quo* 114.₁₂.
tharm *st (m.) darm.*
PW *(a)p* thérmi *exta* 92.₂₀.

tharpa *s.* thorp.
thär-tō *adv. da:u.*
F^M tharto 41.22.
tharfag *adj. bedürftig. entbehrend.*
E^e *nsm* thärfag (th. unârd *indigebat*) 55.37.
that *konj. dass, auf dass, damit.*
B that *7 mal :. b.* 18.17.
B^s that *8 mal :. b.* 16.15.
E that 47.2.
E^e that *15 mal :. b.* 61.15, tháht 53.32, that *quod* 58.3.
G that 63.8.
M thet 70.7.
P^a that *6 mal :. b.* 14.10.
PW thát 92.12, 96.33, 99.7, 102.12.
thē *pron. dem., art., u. pron. rel. der, derjenige, dieser.*
A *nsm* the 20.13, *dsm* th(em)o 20.6.
B *us* the 18.11, *nsn* that 18.10, 12, *asm* thena 18.4, *asn* that 18.4 (*rel.*), *nsf* thiu 18.8, 9, *asf* thia 18.15, *gsm* thef 18.10, *dsn* themo 18.16, 18, *dsf* thero 18.15, *instr.* thiu 18.8, 16, *npm* thia 18.5, *gpm* thero 18.9, *gp* thero 18.17.
B^s *asm* thena 16.23, *asf* thia 16.23, *gsm* thef 17.21, *gsn* thef *8 mal :. b.* 17.5 (*rel.* 16.7, 17.19), *dsf* theru 17.14–15 *instr.* thiu 16.5, *apm* thia 16.29, 30, *ypf* thero 16.5.
E *apm* thiu 46.15.
E^e *nsm* the *4 mal :. b.* 57.3, *nsn* that *4 mal :. b.* 56.31, ? th(a)t 51.2, *asm* then 49.17, 51.16, thena 61.29, *asn* that *4 mal :. b.* 60.39, ? 58.25, *asf* thia *5 mal :. b.* 58.4, *gsn* thef *4 mal :. b.* 59.6, the(f) 55.34, *gs* thef 57.26, 58.27, *dsm* themo 57.1, *dsn* themo 53.18, thémo 51.12, 56.11, *ds* themo 50.25, *dsf* thero 55.30, *instr.* thiu *6 mal :. b.* 53.27, ? the 58.20 (bi the *ideo*), *npm* [thia] 54.4, thia 56.28, the 54.7, 55.1, *apm* thia 59.15, ? 57.9, *apm* thiu 48.4, 57.2, thia 60.39, *gpm* thero 58.2.
E^b *nsn* that 21.9, 10, *gpm* thero 21.10, *dpf* then 21.9, 11, 15.
F^K ? That 33.22, *gsm* thef 33.24, *dsm* themo 24.19, 32.31, 33.25, 27, *dsn* themo *22 mal :. b.* 25.25, *dsf* thero *5 mal :. b.* 24.24, *apm* thie 24.22, 33.21, 21, *npf* thie 24.18, 31.35, 32.30, *dpf* tben 33.25.
F^M *nsn* that 39.31 (*rel.*), *nsf* thiu 39.9, 43.16, 16 (*rel.*), *asm* thena *10 mal :. b.* 31.13, thena 35.36, then 31.11, 36.1, than 40.7, *asf* thie 40.5, *gsm* thef 33.5, 40.32, *gsn* thef 41.23, *dsm* themo *29 mal :. b.* 24.8, thamo 40.7, then 42.29, *dsn* themo *119 mal :. b.* 24.15, themmo 41.18, 20, themmo, themmo 29.14, 33.2, 41.21, 22, thiemo 24.7, then 43.23, *ds* themo 28.3, *dsf* thero *32 mcl :. b.* 28.29, *npm* thie 28.23, 43.10, *npm* thie 40.31, 36, *npf* thie *8 mal :. b.* 28.25, *apm* thie *6 mal :. b.* 29.14, *ap* the 43.4, *gp* thero 42.2, 6, 10, *dpm* then *10 mal :. b.* 42.31, *dpm* then 28.22, *dpf* then *5 mal :. b.* 29.19, than 42.31, 33, 43.3, *dp* then *10 mal s.* 42 *:. b. zeile* 1.
G *nsm* thi 64.6, 19, *asm* tehn (*l.* then) 64.20, *asn* that 65.1, (that) 65.8, *nsf* thiu 63.1, *gsn* thef 63.7, *gsf* therro 63.7, ther(a) 65.21, *dsn* (t)hemo 63.6—7, *instr.* thiu 63.11, 65.8, *npm* thia 63.6, *apm* thia 64.2, (*apm*) thia 62.16, *dpm* them 64.15, *d* them 63.10, ? the 65.8.
L *dsf* theru 67.15.
M *dsm* themu 71.22, *dpm* then 70.7.
P *ds* themu 76.35.
P^a *nsm* the *5 mal :. b.* 14.3, ? the 14.12, *asm* then 13.5, *nsn* that *11 mal :. b.* 13.4, *asn* t(h)at 14.3, ? 12.21, 13.9, 15.3, (13.17), *nsf* thiu *3 (5) mal :. b.* 14.25, *asf* thia *3 (4) mal :. b.* 14.3, *gsn* thef *3 mal :. b.* 15.1, *gsf* thero 15.4, ? 13 :-8, *dsm* themo 12.12, 15.19, thena 12.11, ? 15.21, *dsn* themo 13.7, (12.20, 13.6), *ds* themo 12.21, 13.9, 15.3, (13.17), *dsf* thero 12.5, 8, theru 15.4, *npm* thia 12.7, ? the 13.13, *apm* thia *2 (4) mal :. b.* 15.15, ? th(ia) 13.2, *gpm* thero 15.19, *gpm* thero 14.7, (14.15), *gpf* thero 12.8, (14.21), ? (th)ero 14.11, *dpm* them 12.5, then 15.1, *dpm* then 13.16, 15.11, *dpf* then 12.14, (12.9).
P^P *nsf* thiu 88.11.
PW *nsm* the 92.31, thé *16 mal :. b.* 92.33, *nsn* that 103.11, 11 (?), 104.30,

thát *4 mal* ≈. *b.* 104.₆, *nsf* thiu 98.₃₇, 99.₃₂, thiu *4 mal* ≈. *b.* 98.₃₉, thiv 102.₃₁, (t)h(iu) 103.₁₅, *asm* théna 98.₃₃, *asn* that 96.₃, 98.₃₇, 103.₂₂ *(rel.)*, thát *3 mal* ≈. *b.* 96.₁₉, *asf* thia *3 mal* ≈. *b.* 100.₁₃, *gsm* thef 99.₂₇, théf 97.₂₆, 103.₂, *gsn* théf *3 mal* ≈. *b.* 103.₁, *gs* thef 103.₁₆, théf 98.₃₁. *dsm* thémo *4 mal* ≈. *b.* 100.₂₀, *dsn* themo 99.₁₇, thêmo *3 mal* ≈. *b.* 92.₂₄, *ds* thémo *5 mal* ≈. *b.* 95.₈, *dsf* théru *4 mal* ≈. *b.* 103.₇, thérv 102.₁₄, théro 97.₁₉, 104.₇, *np* thia 91.₂₃, thi 99.₃₇, *apm* thia 102.₄₁, thia 102.₁₅, *apn* thia 95.₂₈ (?), 96.₂₀, *apf* thia 99.₁, *ap* thia *3 mal* ≈. *b.* 102.₄, thia *4 mal* ≈. *b.* 100.₅, *dpm* them 101.₁, thêm *3 mal* ≈. *b.* 103.₁₂, then 94.₁₆, *dpf* them 94.₁₀, thêm 99.₂₈, 100.₁₃, *dp* them 100.₁₇, thêm *7 mal* ≈. *b.* 98.₂₃.
S *nsm* the 106.₁₉, 107.₃₈, *dsn* themo 106.₁₂, *dsf* thero 108.₁₀, *npn* thia 106.₁₃, *gpm* thero 106.₁₁.
S^c *nsm* the 19.₁₂, thie 19.₁₂ *(rel.)*, ₁₃; *asm* thena 19.₁₂, *asn* that 19.₁₃, ₁₈, ₁₉, *asf* thia 19.₂₀, *dsn* themo *4 mal* ≈. *b.* 19.₂₀, *dsf* theru 19.₁₃, thera 19.₂₁.
T *dsm* them 3.₁₁.
V^o *asf* thea 109.₇.
W^b *nsn* that 23.₅, *nsf* thin 23.₃,₅,₆, *dsf* theru 23.₇.
the *rel. part. (vgl. thē pron. oben).*
B^s the *4 mal* ≈. *b.* 16.₅.
E^e the *13 mal* ≈. *b.* 61.₁₁, thé 51.₁₁.
F^K the *5 mal* ≈. *b.* 24.₂₂.
F^M the *12 mal* ≈. *b.* 24.₁₁.
G the 64.₁,₂,₉.
P^a the *9 (12) mal* ≈. *b.* 12.₇.
P^W thé 96.₂₀.
T the 3.₁₂.
V^o the 109.₅.
the *konj. als. da.*
B^s the (fan thiu the) 16.₆.
thegan *st. m. (streitbarer) mann.*
P^W *np* thégnof *uiri* 96.₁₃.
thein *s.* tehan.
thekina *f. decke, dach.*
S *ns* thecina 108.₁₅.
thenkian *sw. v. denken, gedenken; vgl.* bi-th., gi-th.

B^s *lspti* thahta 17.₁₄.
G *2pip* thenkad *ad mentem reducite* 63.₁₃.
ther *s.* thâr.
[therp] *adj.*
P therp *azima, panis sine fermento* 74.₁₀.
therva *(st.) f. bedürfnis.*
M *(a)s* thęrua *opus* 71.₆.
thervi *adj. ungesäuert (brot).*
P *(a)p* therui *lagana azyma* 74.₂₃.
*these *pron. dem. dieser.*
E^e *nsn* thit 52.₂₈, 61.₇, *nsf* thuf 53.₃₁, *i* thiuf 61.₁₉, *dsm* thefamo 53.₈, *dsn* thefemo 49.₁, ? thefa 55.₁.
F^K *nsn* Thit 24.₁₈, 31.₃₅, 32.₃₀.
F^M *nsn* thit *15 mal* ≈. *b.* 32.₂₂, *asn* Thit 36.₁, *gsn* Thefaf 43.₅.
P^a *nsn* thit 14.₁₀, *dpn* (*t*he)fon 13.₁₃, ? (the)f(a) 13.₂₁.
P^W *nsn* thit 104.₁₅, *nsf* thiuf 98.₈, *dsn* théfamo 92.₄, *np* théfa 100.₉.
S^c *nsf* thefa 19.₂₁.
thessalia *f. deichsel.*
V^o *ns* theffalia *limone* 111.₃₆.
thet *s.* that.
-thewiun *s.* far-th.
thie *s.* thē *pron.*
-thigen *s.* thurh-th.
thihan *st. v. gedeihen etc.; pc. pt. gediegen, fest, hart; vgl.* gi-th.
P *pc. p* githigenon *(lenigatis (lig-uis))* 73.₁₃₋₁₄.
thikki *f. dicke.*
P *ns* thikki *grossitudo* 75.₃₃.
thili *sb. bretterne erhöhung.*
P^W *(a)p* thili *pulpita* 97.₅.
thīn *pron. poss. dein.*
E *asf* thina 16.₂₂.
P^a *nsn* thin 15.₁₃, *asm* thin(a)n 15.₁₄, *asn* thin (14.₂₁), 15.₁₁, *dsn* thinemo 15.₈, (14.₂₂₋₂₃), *dsf* thinero 14.₂₂, 15.₉, thiner(u) 15.₁₀.
P^W *nsm* thin 95.₃₁. *dsm* thinemo 104.₂₃.
thing *st. (n.) ding, sache; ratsversammlung; vgl.* dage-th.
E^e *ns* thing *res* 56.₁, *(a)s* thing *concilium* 58.₁, 60.₉, *gs* thingaf 51.₃₇, *gp* thingo 58.₂₆. *dp* thingon *conciliis* 49.₂.
M *dp* thingun 70.₇.

-thingi s. gi-th.
-thingian s. far-th.
thinglīk adj. gerichtlich.
  PW ns thinclic forensis 89.6.
thiod st. (f.) volk.
  Ee gp thiadono gentibus 61.12.
-thionodliko s. unfor-th.
thionon sw. v. dienen.
  PW pe. ns thianónthi famulata 103.2, bspi thianon serviam 95.12.
thionust st. n. dienst.
  B ns thianuft 18.12.
  Ee (a)s thianuft ministerium 56.20.
  FK ds thienofte 33.22.
  FM ds thienofta 29.11, thienofte 33.2.
thionust-man st. m. diener.
  FM dp thieneftmannon 42.17.
thiori adj. dürr (?).
  Eh gsu thioref 21.4, 11.
-thiovon s. gi-th.
thīsla sw. (n. st.) f. deichsel.
  PW ns thifla 102.34, ys thiflun temonis 102.30.
  Vo ns thifle temo 109.11, (d)s thifle temone 114.18.
thistil st. (m.) distel.
  P ns thiftil palinrus 76.20.
  Vo ns thiftil carduus 110.20.
thiudisk adj. deutsch.
  S np thiudifca (th. lindi germania) 108.2.
thō adv. u. konj. da, nun, als.
  B tho 18.3, 9, 10.
  Ee tho 8 mal :. b. 61.6, tha 57.20.
  G tho 64.13, 18 iam. 65.3, 12, thuo 63.15.
  Pa (th)o 14.4.
  PW tho 101.26, thó 92.3, 101.2, dum. St tho 19.11.
thōh adv. doch, dennoch.
  E tho tamen 46.28.
  Ee tho tamen 48.13.
  G tho autem 63.11.
tholon sw. v. dulden, leiden.
  Ee lppi tholod 58.15.
  PW pe. nsm thólónthi passus 104.19.
thomda s. dómian.
thona f. ranke.
  P ns thona palmes 83.26.
thorn st. m. dornstrauch; vgl. agal-th.
  PW (a)p thornof damos 102.41.

thorp st. (n.) dorf.
  FK ds thorpa 18 mal :. b. 26.24, tharpa 26.29.
  FM ds thorpa 25.11, tharpa 93 mal :. b. 26.3, tarpa 35.15.
thrād st. (m.) faden.
  PW (a)p thradi fila 90.16.
thrāian sw. v. drehen.
  PW pe. asm thrāandian rotantem 94.29.
thrāsian sw. v. schnauben.
  Vo 3spti thrafida fremit 114.21.
thravon sw. v. traben; pe. pr.: traber.
  Vo pr. np thrauondi tottonarii 109.3 (vgl. s. 152.15).
thrēhslo sw. m. drechsler.
  Vo ns threslfa (l. thresla) tornarius 111.6.
*threia f. drehung.
  PW dp thrégon minis 99.29.
thrembilof s. drembil.
threslfa s. thrēhslo.
thrīe zahlw. drei.
  Ee an thriu 60.39.
  Eh an thriun 21.5, df thrim 21.5.
  FK an thru 24.21, 32.36, thriu 24.23.
  FM am thrie 34.1, 36.40, an thru 17 mal :. b. 29.3, thrun 24.10, thriu 24.12.
  G nf thria 65.15.
thrī-hendig adj. drei hände habend.
  S np thrihendiga trimanum 106.11.
-thring s. gi-th.
thrīo zahlw. dreimal.
  FM thrio 37.10.
-thriotan s. a-th.
thritig zahlw. dreissig.
  FK thritich 26.35, 31.29, 33.35, thritigh 25.29.
  FM thritich 10 mal :. b. 34.22, thrithic 5 mal :. b. 33.17, thrithie 34.18, trithic 31.6, thrithig 25.12—13.
[thritto] zahlw.
  A thri(tten) 20.5.
thriu-half adj. drittehalb.
  FM an thriuhalf 37.16, 39.13.
thriutein zahlw. dreizehn.
  FM thrutein 27.18, 34.13, thriutein 41.14.
thruh st. (f.) (fuss)fessel; vgl. hals-th.
  P ns thruth (l. thruch) compes 85.22.

thruhtigeno s. thurftig.
thrutein s. thrintein.
thrulla f. kelle, schöpfgefäss.
PW ns thrulla trulla 95.15.
*thrūvo (od. *drūvo ? vgl. thômda, thrembiloƒ in PW) sw. m. traube.
PW (a)p thrúfôn corymbos 95.6.
thū pron. pers. du.
B⁶ u thu 17.25, a thi 17.25, d thi 16.4, 17.24.
E n thu 47.1.
E⁶ u thu 3 mal z. b. 49.3, thu 49.23, (a) thi 49.10, 53.8, d thi 50.27, 60.18.
Pa u thu 5 mal z. b. 13.20.
PW u thu 102.2,31, thú 92.13, 102.30, thý 104.3,5, thiv (l. thv) 104.6, a thic 98.21, ? thi 104.3.
T n tu (nach -ƒ) 3.4, 11, 16, 18.
thūhian (?) sw. v. drücken.
PW 3spli thúcdád (l. thuida it? St. Anz. ƒ. d. alt. 4.156; l. thrucda?) adplicauit (caput) 96.13.
thuedad s. thūhian.
thūmo sw. m. daumen.
PW as thú(mon) pollicem 96.37.
thunkian sw. v. dünken, scheinen.
E⁶ 3spti thuhta 61.2.
PW 3spi thúnkid (mi th. uideor) 102.11.
thunni adj. dünn, schmal.
V⁰ (ap) thanni tenuia 109.11.
thuo s. thô.
thur(-) s. thurh(-).
thurh, thuru präp. c. acc. durch, wegen.
B thur 18.17.
E⁶ thuru propter 53.12, thur 58.8.
G thuro 65.1.
Pa thuru 3 mal z. b. 15.11, Thurug 14.23.
PW thúru per 102.13.
thurh-slaht (?) st. (ƒ.); ti th. durchaus. M ds thurfte(d)ti (ti th. — l. ti thurfletti? vgl. mate — praesertim) 71.12.
[thurhstechan] v.
PW pe, nsm thurfstechan perfossus 101.29—30.
thurh-thigen adj. vollkommen, sehr fromm.
Pa b, gsn (t)hurugthigen(on) perfectus 13.15—16.

thurh-flôtian sw. v. bespülen.
PW 3spi thurufflotid perluit 97.13.
thuro, thuru(g)(-) s. thurh(-).
thurvan pt.-pr. v. brauchen; vgl. bi-th.
E⁶ 2pptk thortun deberent 60.4.
-thurft s. nôd-th.
thurftig adj. bedürftig.
PW gpm thruhtigeno pauperum 100.20.
thus adv. so, also.
E⁶ thuf 57.5.
PW thuf 93.16.
thue s. twêne.
thwerch-hūs st. n. apside.
P ns thuerehhuf exedra 76.2.
thwerh-stôl st. (m.) querbank.
PW dp thuerftolon transtris 94.16—17.
thuihobdiga s. twihôbdig.
-thwindan s. bi-th.
-thwingan s. bi-th., gi-th.
[thwingen] v.
E⁶ iƒ thuingen 51.14.
thuulif s. twilif.
-thwungnussi s. bi-th.

[ubarāzzi] sb.
P ubarazzi crapula 86.1.
[ubarguldi] sb.
P ubarguldi obrizum 85.11.
ubar-timbri st. (n.) gebälk.
P ns ubartimbri contiguatio 78.15.
ūder st. (m.) euter.
V⁰ ds udere ubere 109.8.
um präp. c. acc. betreffs.
G um 65.3.
umbette s. undbētian.
umbi adv. um, herum.
E⁶ umbi circum 56.19.
umbi-hang st. (m.) umhang, vorhang, teppich.
P p ummiiank (hs.?) corting 74.21.
PW dp úmbihángon auleis 99.12.
V⁰ (a) umbihang aulaea 109.8.
umbi-hwarf st. (m.) umlauf, kreislauf.
S p umbinérbi circuitus 108.8—9.
[umbikēren] v.
P umbikeru giro 79.11.
umbi-leggian sw. v. umlegen.
E⁶ 3spk umbileggia 55.31.
umbi-lôkon sw. v. herumblicken.
S 3spi umbilocod 107.30, 10.

umbi-rīdan *st. r. am etwas herum reiten.*
V⁰ *3ppti* umbiridun *lustrauere (in equis)* 113.₁₀—₁₁.
umbi-fard *st. (f.) umweg.*
PW *(a)p* vmbiferdi *amfractus* 102.₃, *dp* vmbiferdion *amfractibus* 102.₂₂.
un *neg. präf.*
E⁰ un 54.₃₆.
PW vn *in-* 92.₁₂.
un- *präf. s.* und-; *vgl.* and-.
un-ar-wāniandilīk *adj. unvermutet.*
P⁰ *b, nsf* unaruuoniandilike *inopina* 88.₁₄—₁₅.
un-bardoht *adj. nicht bärtig, nicht mannbar.*
V⁰ *nsm* unbardbaht *impubis* 113.₇.
un-bilithunga *(st.) f. unförmlichkeit, ungestaltetes ding.*
PW *(ap)* vnbilithúngá *informia* 98.₁₄—₁₅.
un-biwandlondelik (?) *adj. unveränderlich.*
P⁰ *nsm* (unbeu)uandlondelik 12.₁₉.
un-dād (?) *(st.) f. untat, übeltat.*
P⁰ *as (und)*at 14.₁₄.
undar *adv. unten.*
PW úndar (thár ú. *subtus*) 98.₁₇, vńdar (thár v. *supter*) 98.₃₅.
undar *präp. c. dat. unter, zwischen.*
PW vndar *inter* 99.₁₇, vńdar *subter* 102.₇.
undar-neman *st. v. unterbrechen.*
V⁰ *pc, np* undarnumana *(opera) interrupta* 112.₁₇—₁₈.
undar-sōkian *sw. v. versuchen, prüfen.*
E⁰ *if* undarsokian 57.₁₉—₂₀.
undar-tellian *sw. v. unterrichten, zu verstehen geben.*
PW *3ppti* vúdartáldún *suggerunt* 94.₁₅.
undar-fard *st. (f.) unterbrechung.*
E⁰ *ns* undarfard *interruptio* 56.₂₁.
undar-werpan *st. v. unterwerfen.*
PW *pe, nsm* vúdarnuérpánthi *subiectus* 97.₁₀—₁₁.
PW *pe, nsm* undarnuerpant(hi) *subiectaus* 105.₅—₆.
und-bētian *sw. v. absitzen, abspringen (vgl. Schlüter, Altg. dial. 130).*
V⁰ *3spti* unbette *desiluit* 114.₁₆.

und-geldan *st. v. entgelten, büssen; vgl.* and-geldan.
V⁰ *if* ungeldan *expendisse, soluisse* 114.₃₀.
und-spannan *red. v. entspannen.*
V⁰ *pc, (a)p* unfpannane *laxos (arcus)* 114.₃₅.
[unerwendet] *adj.*
P unerunendit *inconuulsum* 83.₁₀.
ungar *st. m. ungar.*
V⁰ *ns* ungar *parthus* 114.₂₇.
un-gi-hōrsam *adj. ungehorsam.*
B⁰ *nsm* ungihorfam 17.₁₁.
un-gi-lovo *sw. m. "unwille", unabsichtlichkeit.*
B⁰ *ds* ungilouon 17.₁₉.
un-gi-mak *sb. unschicklichkeit.*
E⁰ *s* vngimak *(propter) importunitatem* 55.₆—₇.
un-gi-mak *adj. unbehaglich, feindselig.*
PW *nsm* ungimak *infestus* 99.₂₂.
un-gi-mālod *adj. schmucklos.*
V⁰ *ds* ungimelademu *pura (parma)* 114.₃₀—₃₁.
un-gi-mēdon *adv. eitel, vergeblich.*
PW ungimedon *incassum* 94.₂₆.
un-gi-met *adj. unangemessen.*
M *gsn* unimetef *incommodum* 71.₅.
un-gi-ōvid *adj. nicht gepflegt.*
E⁰ *np* vngiofda *(uestitu) inculti* 54.₃₆.
un-gi-rīmendi *adj. unzählbar, unberechenbar.*
P⁰ *gs* ungirimendef 12.₁₆—₁₇.
un-gi-strālit [bd.?] *adj. ungekämmt.*
P *nsf* ungiftralit *inpexa* 84.₁.
un-gi-fōgitha *(st.) f. unschicklichkeit, unpassende tat.*
PW *(ap)* (u)ngi(f)ogitha *inepta* 89.₃.
un-gi-fōri *st. n. beschwerlichkeit.*
P [ungifuari] *detrimentum* 80.₅, [ungifuri] *detrimentum* 80.₂₂—₂₃.
V⁰ *np* ungifuori *dispendia* 110.₁₁.
un-gi-war *adj. ungenau, nachlässig.*
E *dpm* ungiuuaron *incuriosis* 46.₁₀.
[ungizunft] *sb.*
P ungizunt *dissensio* 81.₂₃.
un-hiurlīk *adj. pl. substantiviert: ungeheuer, unholde.*
P⁰ *p* Uunhiurlihca (od. -lika) *eumenides* 88.₁₉.

*un-holdo sw. m. unhold, teufel.
T dp unholdum 3.₁₁.
un-hrēni adj. unrein.
Bˢ apm unhrenia 17.₅.
unimetef s. ungimet.
unka pron. poss. unser beider.
Eᵉ apf unca 58.₂₁.
unkrataga s. un-kraftag.
un-kraft st. (f.) unvermögen.
Eᵉ s uncraft imbecillitate 55.₂₂, (p) uncrefti (propter) imbecillitatem (apostolorum) 51.₅.
un-kraftag adj. kraftlos, schwach.
Eᵉ npm unkrataga imbecilles 55.₁₁.
un-kust st. (f.) list.
Eᵉ (a)s unkuft stropham 51.₃₀.
[unliumunt] sb.
Eᵉ (a)p unliumenti (aduersum te .. testimonia) 53.₅.
un-ōthi adj. schwer.
Vᵒ ns unothi miserum 114.₂₂.
un-reht st. n. unrecht.
Pa (a)s unreht 14.₁₁.
un-reht adj. unrecht, ungerecht.
Bˢ gsm Unrehtaf 17.₄, gsn unrehtaf 17.₁₁, Vurehtaf 17.₄,₄, gpm unrehtaro 17.₂,₃,₂, gpn unrehtaro 17.₂, unrehtoro 17.₂,₃, gpf unrehtaro 17.₃,₁, gp unrehtaro 17.₂₋₃.
Pw kp, nsm v́uréhtára nequior 91.₁₄₋₁₅.
un-rehto adv. auf unrechte, ungehörige weise.
Bˢ unrehto 17.₁₀, Vurehto 17.₁₀.
unfpanname s. und-spannan.
un-stark adj. schwach.
Eᵉ ns unftark infirma 52.₁₇.
Pw b,asn unftarka clumbe 100.₁₁.
-unst(ig) s. af-u.
un-sûvarnussi st. f. unreinheit, verunreinigung.
Eᵉ ns unfuuarnuffi contaminatio 61.₂.
un-sûvron sw. v. verunreinigen, beflecken.
Bˢ Ispli unfunroda 17.₁₃.
unt konj. bis.
Vᵒ unt dum 113.₂₂.
un-telliko adv. unausspreclich.
M untellica ineffabiliter 70.₁.
un-tīd st. f. unzeit, unpassende zeit.
Bˢ dp untidion 16.₁₁.

un-for-thionodliko adv. unverdient.
M unforthianadl(u)ca inofficiose 71.₁.
un-frāh adj. freudlos, betrübt.
Bˢ apm unfraha 16.₂₇.
un-werthig adj. unwürdig.
Pw b,nsm únvvérthigo peccator 102.₁₇.
un-wīglīk adj. unkriegerisch.
Pw b, ysm unvvielicon inbellis 99.₂₇₋₂₈.
un-witandi adj. unwissend, unwissentlich.
Bˢ nsm unvuitandi 17.₁₃.
un-wunni f. unfreundlicher, unangenehmer ort.
Vᵒ (ap) uuunni (l. ununnui) auerna 113.₁₇.
up adv. aufwärts, in die höhe.
Eᵉ vp 55.₁₆.
*up-kapan sw. v. aufgaffen, aufblicken.
Pw pe, nsm vpcapé(nth)i eminens 104.₁₅₋₁₆.
uppan präp. c. dat. u. acc. auf.
FM uppan 11 mal z. b. 35.₂₃, uppen 37.₁₁.
up-sehan st. v. hinauf sehen.
Pw ispli upfah suspicit 101.₁₃.
up-sittian st. v. sich aufsetzen.
Eᵉ if upfitti(an) sedere 55.₂₁.
up-wardas adv. aufwärts.
Eᵉ npuuardaf 54.₁₃.
up-wendian sw. v. nach oben wenden.
Pw ispi vpunendid supinat 97.₁₂.
ūr-rind st. (n.) urochs.
Vᵒ ns urriut urus 110.₈.
[ursagen] v.
P urfagenne (zi n. ad excusandas excusationes) 77.₂₇.
ur-thank st. m. beweis.
P np urthanca argumentum 85.₂₀.
ur-fūr st. m. verschnittener, kastrat.
Pw ns vrfúr spado 94.₂₅.
[urwerpf] sb. unzeitige geburt.
P ns uruuerpf abortiuum 79.₁₀.
[urzil] sb.
P ureil scyphus 84.₁₈.
ūse pron. poss. unser.
Bˢ gsm ufef 18.₇, ysf ufero 18.₇, dsm ufemo 18.₁₅.
Bˢ gsm Vfaf 16.₂₁.
Eᵉ gpm ufero 21.₆,₁₈.

G *ysm* ufaf 65.₂₄, *(ysf)* ufero 64.₁₆.
Sf *usm* ufe 19.₁₁.
ût *adv. heraus, hinaus.*
G ut 63.₁₅.
Sf ût 19.₁₇,₁₈, ut 19.₂₀,₂₁.
ût-a-lôsian *sw. v. ausreissen.*
PW *pe, dsf* vt(a)lôfdar(u) *eruta (lingua)* 96.₁₂.
ûtana *adv. auswendig.*
Eᵉ utana *foris* 52.₃, ûtana 54.₁₆.
ût-a-skêthan *red. v. ausscheiden, ausschliessen.*
PW *3spti* vtafcêht *excepit* 96.₃₉.
ût-a-wendian *sw. v. entwinden.*
Vᵒ *3spti* utauuende *extorquet* 114.₁₀.
*ût-bi-slûtan *st. v. ausschliessen.*
M *pe, (dp)* utbifloteuun *seclusis* 71.₁₈.
ût-blinwan *st. v. heraus schlagen.*
PW *3spi* vtblinnuid *exendit* 100.₃₉.
ût-bôsmian *sw. v. ausbauschen (?)*
PW *3ppi* vtbôfmênt *exsinuent* 102.₂₃.
ût-gedan *st. v. ausgiiten.*
Eᵉ *if* utgedan *colligere (:i:ania)* 50.₁₂₋₁₃, vtgedan *dass.* 50.₁₃.
ût-gi-halon *sw. v. hervorrufen, herausrufen.*
Vᵒ *3spi* utihal(a)d *(oder -od) ciet* 112.₂₉.
*ût-gi-innôthrian *sw. v. aus dem eingeweide herausnehmen.*
PW *pe, ds* vtgeinnathridimo *euisserata* 97.₂₀₋₂₁.
ût-gi-skurpian (?) *sw. v. ausweiden.*
PW *pe, ds* vtgifeu(rptimo) *euisserata* 97.₂₁.
uthledi *s.* ûtlêdian.
vtiándion *s.* ûthian.
utihal(a)d *s.* ûtgihalon.
ût-lêdian *sw. v. hinausleiten.*
Pᵃ *2sip* uthledi *dedne* 15.₇₋₈.
ût-lendes *adv. ausser landes, im auslande.*
Eᵉ utlendef *extra patriam* 55.₅₋₆.
ût-lêthition *sw. v. verabscheuen.*
PW *2sp* vtlethitiof *abhomineris* 98.₂₁.
ût-slahan *st. v. ausschlagen.*
E *2sip* utfla *(dentem) excute* 47.₅.
Eᵉ *3spk* utflaha 49.₆.
ût-sprûtan *st. v. hervorspriessen.*
Eᵉ *3spi* vtfprutit 52.₂₇.
ût-stekan *st. v. ausstechen.*
E *2sip* utftik *(oculum) eice* 47.₄.
Eᵉ *3spk* utfteca 49.₅.

ût-strôian *sw. v. ausstreuen.*
PW *3pptk* vtftréidin *sternerent* 98.₁₅₋₁₆.
ût-fliotan *st. v. ausfliessen.*
PW *3spk* vtfliáta *defluat* 96.₃₃₋₃₄.
ût-flôtian *sw. v. wegspülen, seihen.*
Eᵉ *3ppi* utflotiad *excolantes* 52.₁₋₂.
ût-wringan *st. v. ausringen, ausdrücken.*
PW *pe, asm* utgiuurungana *egestum (cruorem)* 94.₂₉.
ûthia *sw. f. welle.*
PW *ds* vthivn *fluctu* 104.₁₃.
ûthian *sw. v. fluten, rauschen.*
PW *pe, dpm* vtiándion *(l. vthiándion, St. An:. f. d. alt. 4,136) stridulis* 98.₃₉.
uvar *präp. c. acc. über (:eitl.), nach; vgl.* ovar.
Eᵉ ufar *post* 52.₂₅.
uvil *st. (n.) übel, böses.*
PW *gp* ûuilo *(û. giuuénnia insolescat)* 100.₇.
uvil *adj. übel, böse.*
Bˢ *dpm* uuilon 17.₁₂, *dpn* uuilon 17.₁₂,₁₂, *dpf* vuilon 17.₁₂.
[ûfslahan] *st. v. aufstecken.*
PW *pe, np* ufgeflegeno(n) *subfixa* 90.₂₅₋₂₉.
[ûfwänizen] *sw. v. erwägen (?)*
P *pe, us* ufuuanizenti *librans* 87.₁₉.
ûwila *f. nachteule.*
P *ns* Vuuila *noctua* 74.₂₆.
[ûzskrikken] *sw. v. hervorspringen, aufspringen.*
PW *3spti* huzfcricta *prosilit* 91.₆.
[ûzsnûzen] *sw. v. ausschnäuzen.*
P *1spi* uzfnuzo *emungor* 78.₉.

fader *st. m. vater.*
Bˢ *as* fader 16.₁₇, *ds* fadar 16.₅, 17.₂₃.
T *as* fadaer 3.₁₄,₁₅.
-fagiritha *s.* gi-f.
-fâhan *s.* and-f., bi-f., gi-f.
fakla *(st.) f. fackel.*
PW *ns* fácla *fax* 91.₂₅, *(dp)* faclon *facibus* 90.₁₅.
PP *(ap)* Facla *tedas* 88.₄.
fald *st. (m.) viehstall.*
Vᵒ *ns* faled *bouellium* 112.₂.
-fald *s.* vîf-f.

faldi-stōl *st. m. feldstuhl.*
 P *np* faldistolaſ *curules* 87.27.
u(a)ldon *s.* waldon.
-valdra *s.* vī-v.
faled *s.* fald.
ualetimo *s.* velgian.
falla *f. falle; vgl.* mūs-f.
 P *ns* falla *decipula* 77.19.
fallan *st. v. fallen; vgl.* nither-f.
 E^e *2pip* fallad *cadite* 58.16.
 S *pc, asf* uallandia *caducum* 107.5.
falu *adj. falb, fahlgelb.*
 PW *p* ualun *glauca* 93.7.
 S *ns* falu *fuluus* 106.25.
 V^o *ns* falu *gilbus (equus)* 109.15.
van *präp. c. dat. von, durch.*
 B^s fan 16.5.
 E^b Van *9 mal z. b.* 21.2.
 FK uan *16 mal z. b.* 27.26, Van *15 mal z. b.* 27.36.
 FM uan *72 mal z. b.* 30.1, Van *318 mal z. b.* 30.4, fan 35.35, 38.26, 40.29, 31, 41.18, 42.32, uuan 25.11, Vat (*l.* Van) 28.19, Azelimian (*l.* Azelin uan) 37.8.
 P^a fan 13.14, 14.
 PW fan 99.29, fan *5 mal z. b.* 100.26, S uan 107.12, 18.
 S^f fan 19.19, 20, 21.
 V^o fan 113.6.
 W^b fan 23.3.
fana *präp. c. dat. von.*
 S^f fana 19.18.
-fandi *s.* mōt-f.
-fang *s.* ana-f.
-fano *s.* gūth-f., hals-f., opper-v., rēui-v.
uar *s.* hwar.
far *präf.; vgl.* un-for-.
 E^e far 57.4.
 G fer 63.2.
fāra *(st.) f. nachstellung, gefahr.*
 E^e *(a)p* fara *seditiones* 56.36.
faran *st. v. verfahren; gehen, ziehen; vgl.* te-f., far-f.
 E^e *3spti* fuor 54.28, *2sip* far (f. ford *surge*) 53.5.
 V^o *3spti* for (thanan f. *cedebat, retrahebat*) 114.6.
farawi *sb. farbe, aussehen.*
 E^e *(a)s* farauui *faciem (caeli)* 50.20.

far-biodan *st. v. verbieten.*
 S *3ppti* uarbudun *retuerunt* 107.4.
far-brekan *st. v. auflösen, zu nichte machen.*
 E *3pptk* farbrakin *(preceptum) destruerent* 47.9—10.
 E^e *3pptk* farbrakin *(preceptum) destruerent* 48.30.
far-brestan *st. v. zerbrechen.*
 S^f *3ppti* uerbruftun 19.10.
 -fard *s.* umbi-f., undar-f., wīn-f., withar-f.
far-dōmian *sw. v. verurteilen.*
 E^e *3spk* fardnomia *indicat* 59.11.
far-dōn *sw. v. (sich an einem) versündigen.*
 E^e *2sip* uerduo 53.8.
far-dragan *st. v. vertragen, dulden.*
 E^e *if* fardragan (f. ſeal *patiar*) 51.9.
far-drīvan *st. v. vertreiben, hervortreiben.*
 E^e *3sptk* fardrīui *excluderet* 49.26.
 PW *3spti* fārdrēf *exegit* 99.23, *pc, nsn* fārdrīuāna *pulsa* 99.12.
far-geldan *st. v. auszahlen, bezahlen.*
 E^e *if* fargēldan *exsoluere* 51.32.
far-gevan *st. v. zuteilen, bescheren.*
 M *pc, ns* f(o)rgefen *concessum* 69.41.
far-gōmi-lōson *sw. v. vernachlässigen, versäumen.*
 B *1ppk* uergomeloſon 18.16.
far-kōpian *sw. v. verkaufen.*
 E^e *pc, ns* fercōft (uuirthid f. *uenūit*) 60.21.
 PW *pc, dpn* ferkopton *uenditis* 100.3—4.
far-lātan *red. v. verlassen (auf), versäumen.*
 B^s *gpf* farlatanero 16.12.
 G *if* fa(r)latan *(gaudeantur . . in)* 65.22.
far-liosan *st. v. ohne nutzen verwenden.*
 E^e *if* farliefan *expendere* 51.11.
*far-liusi *[lid.?] adj. verschwenderisch.*
 P *b, nsf* ferlieſa *prodiga* 85.23.
far-muunian *sw. v. verurteilen.*
 PW *2sptk* farmunidiſ *damnes* 104.4.
farn *st. (m.) farnkraut.*
 V^o *us* farn *filix* 110.5.
far-neman *st. v. vernehmen, hören, wahrnehmen, merken.*

E pe. np farnomana *intellegenda* 47.₆.
E° *3sptk* farnemat (*l.* farnema) *audiet*
49.₂₇, pe, asn farnoman (hadda f.
sensit) 50.₂₉, np farnomana *intelligenda* 48.₂₆.
P³ *if* f(e)rneman *intelligere* 14.₁₀,
pe, nsm (f)ernoma(n) (f. vuerthe *intellegatur*) 13.₁₅.
-varo s. missi-v.
fâron sw. r. (e. gen.) lauern auf,
(einem) fallstricke legen.
E° *3sptti* farodun 57.₂₆.
farra m. pl. pharisäer.
L np farra *pharisei* 67.₂₀.
far-sakan st. r. entsagen, verläugnen.
M pe, dp forsekenun *renuntiatis* 70.₅.
T *lspi* [forsacho] 3.₅, ₂, ₉, *2spi* [Forsaichif] 3.₄.
far-sellian sw. r. verkaufen.
M pe, dp forsaldun *distractis* 70.₂.
far-skuldian sw. r. verwirken.
E° *3sptti* farfculda *perdidit* 60.₂₄.
far-slindan st. r. verschlingen.
E *3spti* farfland *imbibit* 46.₄.
far-stelan st. r. wegstehlen, stehlen.
B° pe, asn farftolan 17.₆.
far-sturian (?) sw. r. verwirren, erregen.
E° pe, asm farftur(*iandan*) *subuertentem* 58.₉.
far-swerian st. r. falsch schwören.
V° pe, gsf forsuorenero *periurae* 113.₂₃.
far-swindan st. r. verschwinden.
P *lspi* narfuindu *dispareo, evanesco* 82.₂₋₃.
PW [uerfuint] *liquesce, euanesce* 90.₅₋₆.
far-thewian sw. r. verdauen.
E° pe, ns ferthenuid (unerthid f. in *neutrem nadit*) 50.₁₆.
far-thingian (??) sw. r. (durch vertrag) versprechen, vertauschen.
V° *if* (ir)thingian (*l.* uerthingian?) *pacisci* 113.₁.
[far-thinsan] st. r. wegschleppen, wegreissen.
PW *3sptk* uerthinfe *subtrahat* 91.₂₉.
far-faran st. r. vollständig durchfahren.
E° *3ppi* farfarad *consumabitis* 49.₇₋₁₀.

far-wirkian sw. r.; sik f. sich versündigen.
E° *lspti* faruuarta (ik f. mi *peccaui*) 56.₂, ₃.
far-witan pt.-pr. r.; sik f. verstand, einsicht haben.
PW *2sptk* farvviftif (thi f. *sapias*) 104.₄.
far-wurdi (?) f. untergang, verderben.
P³ as ferv(uur)d(i) *exitium* 14.₉.
vast adj. fest, stark.
P b, nsm uaftofto *uiolentissimum* (gluten) 73.₁₆.
vasta sw. f. fasten, fastenzeit.
F^M ds uafton 42.₁₁, ₁₂.
-fastnon s. gi-f.
-fat s. rök-f., skenki-f.
-fedara s. scerdi-f.
uegnium s. fëkni.
vegon sw. r. putzen, glätten.
V° *3ppti* uegadun *tergunt* 113.₂₆.
vëh adj. gemalt, bunt.
V° (npm) uehe *picti, pictus* 113.₃.
fehon sw. r. verzehren, essen.
B° *lspti* fehoda 16.₁₁, 17.₆.
vehtan st. r. fechten; vgl. saman-f.
E° *lppi* vehtad *percutiemus in gladio* 57.₇.
fehnlik adj. fürs vieh, vieh-.
E° ns felik *probatica* 59.₂.
[feichan] sb.
PW fehno *subdolum* 89.₁₀.
neir s. fior.
fëkanliko adv. in hinterlistiger weise.
E° fe(ca)n(l)ico 60.₃₄₋₃₅.
fëkni adj. falsch, listig, hinterlistig, verbissen.
P³ nsm fe(k)ni *dolosus* 14.₁₂.
PW asf feknia *subdolam* 95.₃₃, b, as uegniun *subtacitam* 93.₂₈.
veld-hōn st. (n.) feldhuhn.
S ns ueldhōn *ortigometra* 107.₁.
veld-hoppo sw. m. eine pflanze.
V° ns feldhoppo *bradigabo* 112.₃.
velga f. felge.
PW ns velga *flexura* (*rotarum*) 93.₂₄, uelga *uertigo* (*rotarum*) 93.₂₅.
velgian [hd.?] sw. r. erkennen, beschlafen.
E *3spti* nalct-imo *cognoscebat* 46.₂₀.
E° *3spti* nalct-imo *cognoscebat* 48.₁₁₋₁₂.
-felhan s. bi-f.

-felhari s. bi-f.
felik s. fehulîk.
-fellian s. a-f.
vendio sw. m. fuss-soldat.
P us uêndo pedissequus, pedestris 76.₁₉, neudo pedestris 79.₁₃.
feni sb. sumpf.
Eᶜ us feni palus 59.₃₂.
fenilîk adj. sumpfig.
Pᵂ b, dsm fenilicon palustri 99.₁.
fer(-) präf. s. far(-).
-ferdio s. fore-f.
ferio sw. m. fährmann.
P us ferio (Charon) 85.₂₇.
ferskang st. m. junges tier, ferkel, lamm.
Fᴷ ap ferscanga 33.₂₁, uerfcange 24.₂₂.
Fᴹ ap ferscanga 33.₁, uerfcange 24.₁₁, uerfcunga 29.₁₃.
fesa f. hülse, schote.
P ns fesa siliqua 83.₂₇.
festi adj. fest, befestigt.
Pᵂ apf fêsta fixos 99.₃₈.
vethera sw. f. flosse.
Sᶠ np uetheran 19.₁₀.
fêver st. m. feber.
Eᵉ p fefra (A. Gl. IV 296.₆₀ febra) febribus 55.₁₁.
uiarhteg s. fiortig.
uidarfinni s. widarsiuwan.
fîga sw. f. feige.
P np fîgon carica 80.₂₁.
fik-bôna st. u. sw. f. feigbohne, wolfsbohne.
P figbonun lupini 87.₂.
Vᵒ gs ficbane lupini 110.₁.
fila f. feile.
P ns fila lima 86.₂₁.
-fildi s. gi-f.
fillul st. m. patenkind.
Bˢ ap filluloſ 16.₂₂.
filo mfl. n. v. gen. n. adv. viel, sehr.
Eᵉ filu 4 mal z. b. 61.₁, filo 58.₁₉,₂₁, fi(lo) 58.₂₄.
Fᴹ uilo 27.₁₁, 30.₆, 35.₁,₃, 43.₁₁, uilu 40.₃₄.
G filo 64.₂, 65.₁,₃.
Pᵂ filo 98.₃₁, 101.₂₈, filo 98.₃₂, filu 102.₂.

filon sw. v. feilen.
P 3spi filot limat 85.₁₉.
fîla s. fîlo.
[filz] sb.
P filz sago 82.₂₉.
lindan st. v. finden; vgl. bi-vithan.
Pᵃ 3spi findid 15.₂₅.
uinning s. winding.
fiond st. m. feind.
Pᵃ ns fi(and) 15.₂₁, ap fianda 15.₁₂, (-).
fior zahlw. vier.
Eʰ uiar 21.₁,₄,₁₁,₂₀.
Fᴷ fier 6 mal z. b. 32.₃₅, uier 24.₂₁,₂₂,₂₂.
Fᴹ fier 23 mal von 29.₁₀ an, uier 25.₂,₃, 28.₁₁,₁₄, ueir 24.₁₀ (aus corr.), am fieri 37.₁₆, au fieri 37.₁₇, 39.₁₄.
fior-skutig adj. zerschnittenes (pferd).
Vᵒ ns fiarfcutig mannus 109.₂₂.
*fior-tehiu zahlw. vierzehn.
Fᴷ fiertein 25.₂₅.
Fᴹ fiertein 7 mal z. b. 34.₇, viertein 25.₈.
*fiortig zahlw. vierzig.
Eʰ uiarhteg (h aus t corr.?) 21.₆.
Fᴷ fiertich 32.₃₂, 33.₂₉, uiertih 25.₂₀.
Fᴹ fierthic 6 mal z. b. 29.₂₂, fiertich 29.₃, 34.₂₆,₃₃, 36.₉, fiertihc 34.₂₁, uiertih 25.₁.
fiortho-half adj. viertehalb.
Fᴹ an Fierthehalf 43.₃.
[vîra] sb.
Pᵂ uire feriç 90.₂₇.
[firdewen] v.
P fidennit digestum 81.₁₆.
[firdribunga] sb.
P firdribunga repudium 78.₂₇.
[firebben] v.
P firebbita deferbuerat 78.₁₁.
[firhouwen] v.
P firhounnid cappulauerit 83.₁₃.
firin-lusta f. sündliche lust.
Bˢ gp firinluftono 16.₁₂.
firion sw. v. feiern; müssig sein.
Bˢ 1spi firioda 16.₂₁.
Eᶜ 1ppk firion torpeamus 52.₃₀.
[firiwiz] sb.
P firiuuiz zelotypie 75.₆.
[firiwizgern] adj.
P firinuizgerner suspiciosus 82.₁₇.

[firiwizig] *adj. wissbegierig.*
　E *dpм* firiunizigon *curiosis* 46.₁₄₋₁₅.
[firkoufen] *v.*
　P fircoufe *rendat* 85.₂₆.
[firkouflih] *adj.*
　P fircoflingen *renalibus* 86.₁₉.
fircoflingen *s.* firkouflih.
vîron [hd.?] *sw. v. feiern, müssig sein.*
　P *Ispi* uiron *ferior* 80.₄, *pe* gefirat *feriatum* 83.₃₃.
[lrsehau] *v.*
　P firfio *respicio* 78.₂₇.
first *sb. first.*
　PW *dp* firftion *culminibus* 94.₁.
first-skindula *sw. f. dachschindel.*
　P *np* firftfcindelun *asseres* 78.₇.
[lirwâzan] *sb. verdammung.*
　P *s* firuuazan *anathema* 86.₁₄.
[firwäznissi] *f. verfluchung.*
　P *(a)s* firuuazniffi *anathema* 79.₁₄.
[firwizgerni] *sb.*
　P firuuizkerni *curiositas* 87.₂₈.
uiscbkapa *s.* fisk-köp.
fisk *sb. fiskus.*
　P *us* fife *fiscus* 80.₃₄.
visk *st. m. fisch.*
　Sᶠ *us* Vife 19.₆, *as* uife 19.₁₂.
visk-köp *st. (m.) einkauf von fischen.*
　FM *ds* uifchkapa *(dat. d. ɔiels)* 35.₃₁.
[lisklîh] *adj. zum fiskus gehörig.*
　P fifclih *fiscale* 79.₂₈.
fiteri *st. (m.) franse.*
　Eᵉ *(a)p* fiteri *fimbrias* 51.₂₂.
litil-vôt (?) *adj. weisse füsse habend (von pferden).*
　Vᴼ *us* fitilu.. *petihus* 109.₁₉ (*vgl. note u.* 152.₁₆), fitiluot (unaf f. *vestigia alba primi pedis*) 113.₉.
*viuhta (st.) f. fechten, kampf (?).
　Vᴼ *(d)s* uiuhta *acie* (= *schneide*) 109.₆ (*vgl. s.* 152.₁₅).
viuhta *sw. f. fichte.*
　Vᴼ *np* uiuhtau *piceae* 109.₄.
fiuhtia *st. f. fichte.*
　Vᴼ *np* fiuchtie *piceae* 113.₂₁.
fiur *st. (n.) feuer; vgl.* nôd-f.
　Eᵉ *us* fiur *igne* 57.₁₁, *ds* fiura *(ad) lumen* 57.₁₆.
fiur-gard (?) *st. (m.) feuergabel.*
　PW *(a)s* fi(u)rg(ar)d (*oder* fiurgardo, *furcam ferens, s. s. 104 note 2*) *furcam* 101.₁₅.

fiur-panna *f. feuerpfanne.*
　Vᴼ *us* fiurpannę *arula* 111.₂₆.
fif *zahlw. fünf.*
　Fᴷ uif 24.₂₇,25.₂₃, fif 32.₃₅.
　FM fif *8 mal von* 28.₂₉ *an, uif* 24.₁₆, 25.₅.
*vî-valdra *sw. f. schmetterling.*
　S *np* uiuoldaran *papiliones* 107.₂₈.
fifte-half *adj. fünftehalb.*
　FM *an* fiftehalf 27.₃₄, 41.₁₆.
fiftein *zahlw. fünfzehn.*
　FM fiftein *25 mal ɔ. b.* 29.₃₅, fifteiu (!) 28.₄.
*fiftig *zahlw. fünfzig.*
　Eʰ uiftech 21.₁₅.
　FM fiftich 31.₁₂.
vif-fald *adj. fünffach.*
　PW *dsm* viffóldámo *quino* 96.₆.
[fizza] *sb.*
　P fizza *licia* 87.₂₃.
flaka *sw. f. fusssohle.*
　PW *(d)s* flaevn *solo* 104.₂₀.
[llaska] *sb.*
　P flafga *ascopa* 78.₂₃.
flat *adj. flach, nicht tief, seicht.*
　P *us* flat (f. scip *cymba*) 87.₇.
flegil *st. (m.) dreschflegel.*
　Vᴼ *us* flegil *tribula* 110.₃₇.
flegilunga *f. dreschen.*
　P *us* flegilunga *tritura* 76.₃₁.
flêhon *sw. v. liebkosen, schmeicheln.*
　Eᵉ *pe, nsm* fleonthi *blandiendo* 52.₁₃.
flehflik *s.* flêsklik.
flchtan *st. v. flechten, verflechten.*
　Eᵉ [flehtente] *plectentes* 53.₂₀, *pe, us* giflotan *coniunctum* 59.₁₅.
　P *pe* giflohtan *plectiles (syllogismos)* 84.₂₇.
flconthi *s.* flêhon.
flêsk *st. (n.) fleisch.*
　FM *gs* fleffcaf 41.₃₅.
　Sᶠ *as* flefg 19.₁₉, *ds* flefgke 19.₂₀.
flêsklik *adj. fleischlich.*
　Pᵃ *gp* flehfcli(kero) *carnalibus* 12.₆.
[fliega] *sb.*
　P fliega *musca* 79.₃₁.
fliod [hd.?] *sb. harz.*
　P *us* fliod *resina* 79.₁₄.
fliohan *st. v. fliehen; vgl.* gi-f.
　PW *ɔspti* flô *fugerat* 99.₂₆.

fliotan *st. v. fliessen, von der strömung getrieben werden, schwimmen;* vgl. ût-f.
S*t* 3spi flot 19.9.
-flitan *s.* and-f.
flôd *sb. flut, strömung.*
V*o s* flod *aestuaria* 111.29.
flôkan *red. v. fluchen.*
B*s* ger, d flokanna 17.9.
-flôtian *s.* thurh-f., ût-f.
vloton *sw. v. schwimmen.*
V*o* 3spi vulotad *tranat* 112.27.
flugi *st. (m.) flug.*
PW *ds* flugia *volatu* 99.25.
[flugnezi] *st. (n.) fliegennetz.*
P *ns* fluguezi *conopeum* 78.25.
fluht-hûs *st. (n.) zufluchtstätte.*
PW *(a)s* fluhthuf *asylum* 94.21—22.
fluhtig *adj. flüchtig.*
PW *b, (a)pm* flûhtigûn *defugas* 97.11.
fluti *st. (m.) flüssigkeit.*
PW *ns* flûti *liquor* 102.38.
[fluz] *sb.*
PW fluzzen *natalibus* 90.32.
vogat *st. m. vogt.*
P *ns* uogat *uicedominus* 83.18.
-vôgitha *s.* gi-v., ungi-v.
folgon *sw. v. folgen.*
P*a* 3spi folgod *sequitur* 15.21.
folk *st. n. volk.*
B *ns* folk 18.10.
E*e ds* folca 51.12, folka 56.12.
follo *s.* phellô(l).
volo *sw. m. fohlen.*
PW *(a)p* volon *pullos* 94.19.
[fon] *präp.*
E*e* fon 52.37.
for- *präf. s.* far-.
fora- *präf. s.* fore-.
-foran *s.* bi-f.
vord *st. (m.) furt.*
P *(a)s* uord *vadum* 73.2.
vore-burgi *st. (n.) gebäude, stadtteil ausserhalb der burgmauer.*
P *ds* uoreburgi 76.33.
fore-sprekan *st. v. vorher sagen.*
E*e* 3spti forefprak *prevenit .. dicens* 51.17.
fore-ferdio *sw. m. vorgänger.*
E*e ns* foraferdio *processor* 57.11.
fore-werk *st. (n.) vorwerk.*
F*M ds* foreuuerca 31.15, forewerca 35.38, *dp* foreuuercon 28.22, foreuuerkon 40.36.
forhna *f. forelle.*
P *ns* forehna *tructa* 87.13.
forht *s.* forth.
forhta *st. f. furcht, ehrfurcht.*
B*s ds* forhtu 16.25.
E*e s* uorta (an u. uurthin *terrerentur*) 59.21.
P*a gs* forhtu *timoris* 15.3, *ds* fo(rh)to *timore* 14.22.
forhtian (?) *sw. v. fürchten;* vgl. and-v.
PW 3spi (forh)tid *metuit* 92.15.
-fôri *s.* ungi-f.
[formizzi] *sb. (runder) käse.*
P *ns* formizzi (*l.* formizzi) *formella casei* 75.14.
formo *adj. erste.*
A *(d)sm* forman 20.3.
forsekenun *s.* farsakan.
uorta *s.* forhta.
forth *adv. hervor, fortan.*
E*e* forth (hinan f. *ex hoc*) 58.2, forht (hinan f. *amodo*) 60.29, ford (far f. *surge*) 53.5.
PW fŏrth (fo f. fo *ut, je nachdem*) 91.14, forth (fo f. *adeo*) 101.22.
forth-brengian *sw. v. hervorbringen, aussprechen.*
PW *pe, ns* forthbrath *ructata* 92.8—9, *np* forthbrâhta *prodita* 91.25.
forthero *sw. m.; pl. vorfahren;* vgl. furthiro.
G *np* forthe(ron) *patres* 63.29.
vôster-môder *f. nehmutter.*
P *ns* uoftmoder *obstetrix* 73.17.
fôt *st. (m.) fuss.*
P*a ap* fuoti *pedes* 15.14.
S *np* uoti *pedes* 107.5.
vôther *st. n. fuder, wagenlast.*
E*b ap* uother 24.1, 5, 13.
fouruuga *s.* fuorunga.
frâ *adj. froh;* vgl. un-f.
B *nsm* fra 18.12.
E*e nsm* fra (*v. gen.*; uuarth f. *gauisus est*) 58.10.
-frâgon *s.* râd-f.
-framon *s.* gi-f.
vram-stân *st. v. hervorstehen, hervorragen.*
M *if* uromftan *distare* 70.1.

urano s. vrôno.
fravilliko *adv. starrsinnig.*
  PW franilico *obstinate* 94.11.
fravol *adj. hartnäckig.*
  PW *b, nsm* fránólo *contumax* 98.1.
[**fräz**] *sb.*
  P fraz *edax, denorator* 82.12, *glutto* 85.12.
[**fruzor**] *adj.*
  P frazorer *contumax* 82.10.
[**freh**] *adj.*
  PW frechiu, fregchiu *parca* 90.29.
frehti (?) *f. verdienst, tugend* (?).
  PP fre(hte) *uirtus* (?) 88.8.
fremithi *adj. fremd.*
  Pa *b, apm* (f)rem(i)tha(n) *alienum* 14.9.
fremmeri *st. m. förderer.*
  PW *ns* frémméri 99.18.
-**fremmian** s. gi-f.
***frêso** *sw. m.* (*s. Schlüter Unt. 50*) *gefährlichkeit.*
  PW *(a)p* frefon *dispendia* 90.11.
fretan *st. v. fressen, auf:ehren.*
  Ec *3spi* fritid *deuorat* 60.27.
  P *pe, (a)sn* nfetan *comestum* 74.20.
  PW *3spi* fritid *exedit* 95.29.
frêthi *adj. abtrünnig, flüchtig.*
  PW *b, (a)pm* frêthiƀu *defugas* 97.12.
frethu s. frithu.
frithu *st. m. friede.*
  Pa *ns* frithu 12.18, *ds* frethu *pace* 12.12.
friund *st. m. freund.*
  Bc *ap* friund 16.19.
friundlik *adj. freundlich.*
  VO *dp* friundlicun *amicis* 112.28.
friuthil *st. m. geliebter.*
  PW *gp* friuthilô *amasionum* 94.23.
uromftan s. vramstân.
frônisk *adj. herrlich, schön.*
  PW *npm* frônifka *uenufti* 100.17.
frônisko *adv. herrschaftlich, fein.*
  VO fronifco *urbane* 114.31.
frôno *indekl. adj. herrschaftlich, öffentlich.*
  Ec frono *publica* 49.17.
  FK urano 24.19.
  FM urano 24.7.
  PW frono *publicam* 97.19.
frûa *sw. f. frau.*
  B *gs* fruon 18.5.

fugul-klovo *sw. m. kloben z. vogelfangen.*
  VO *ns* fugulclouo *ancipula* 111.21.
füht *adj. feucht.*
  PW *asm* fûhtan *unidum* 101.6.
fûhtian *sw. v. netzen.*
  PW *3spk* fuhtia *riget* 94.39.
fûhtiunnga *f. feuchtigkeit.*
  P *ns* fuhtiunnga *humectus* 77.21.
-**fûhîftha** s. self-f.
ful *adj. voll.*
  FM *asn* ful 42.14.
-**ful** s. mûth-f.
fûlitha *f. fäulnis.*
  PW *ns* fúlithá *putredo* 95.30.
vullêst *sb. hilfe, erquickung.*
  M *a* nulluft *solatia* 70.23.
vullêsti *st. (m.) unterstützung, hilfe.*
  VO *ds* fulliftia *munere* 113.6.
vullêstian *sw. v. hilfe leisten, unterstützen; vgl.* gi-v.
  M *3ppk* nuliftien *(pauperes) foueant* 70.24.
fullian *sw. v. füllen, erfüllen; vgl.* gi-f.
  Pa *pe, npm* gifulda *completi* 12.9.
-**fullig** s. mên-f.
-**fullon** s. gi-f.
vulotad s. vloton.
funna *f. garu.*
  P funna *torte sele* 85.32.
[**fuora**] *sb.*
  P fuara *profectio* 80.31.
[**fuorunga**] *sb.*
  P fouronga *regctamina* 85.7.
[**fuozduoh**] *sb. fusstuch.*
  P *p* fuazduocha *pedules* 82.14.
-**fûr** s. ur-f.
[**füren**] *v.*
  P furen *eunuchizare* 82.17.
***vurhia** (*st.*) *f. föhre, kiefer.*
  VO *(d)s* uarie *picea* 113.6.
***furhuia** *f. forelle.*
  VO *ns* furnię *trueta* 111.17.
furhtu-werth (?) *adj. furchtbar, fürchterlich.*
  M *b, gs* fvrhtunerthan *(d. h.* furhtuwerthan?) *intremendi* 71.23.
furikelli [*hd.?*] *sb. vorbau.*
  P furikelli *proscenia, uestibulum* 85.14.
furist *adj. sup.* erst, vornehmst.

Eº b, nsm furifta maior 57.7, p
furifton (ex) principibus 59.36.
PW np furifti [hd.?] principalia
91.3.
VO ds furiftemo prima (acie) 114.9.
furka st. f. forke, gabel (als boots-
haken), art winde.
P ns furca trochlea 80.26.
VO np furke furcille 110.6,6, (a)p
furka trudes 111.7.
furnię s. furhnia.
furvian sw. v. reinigen, glätten.
PW pe, ns gifvrvid casta 92.26.
VO ds gifurinidemo lenato 113.3.
furthiro adj. komp. grösser, vornehmer;
vgl. forthero.
Eº b, nsm furthira maior 57.14.
fūst st. (f.) faust.
PW ns fuft rota 93.13.
fūstilīn st. n. kleine fauft.
PW gs fuftilinef pugilli 91.16.

w- vgl. hw-.
vndender s. wuoten.
wādi st. (n.) kleid, kleidung; vgl.
beddi-w., gi-w.
S ns uuadi restis 107.1.
waga f. wiege.
P (p) uuaga cunis, cunabulis 87.21.
wāga f. schüssel.
P ns uuaga lanx 84.23.
wagan st. m. der wagen (der grosse
bär).
PW ap vvagnof septentriones 95.23.
[waganleisa] sb.
P unaganleifa obrita 87.1.
wagan-lēsa f. wagengeleise.
PW ns vvágánliafa orbita 102.23-24.
-wagi s. self-w.
-wāgi s. bak-w.
wāgian sw. v. bewegen; vgl. withar-w.
S pe, nsm geuuagit commotus 107.29.
wagneri st. m. wagner.
LV (a)p vvaungerof carpentarios 68.2.
-wāgon s. nither-w.
-wahan s. gi-w.
wahs st. (n.) wachs.
PW dp uuahfon ceris 94.22.
wahsan st. v. wachsen, zunehmen.
Eº pe, ns gihuahfan (g. if produxerit
fructum) 53.28, np gihuahfana 55.22.
S ʒppi uuaffad turgescunt 107.5.

wahs-blank adj. wachsbleich.
VO ns uuahfbl(anc) aureus (equus)
109.14, uuafblanc album quod pal-
lori constat esse uicinum 110.8.
wahsdōm st. n. wachstum, zunahme.
S ds uuafdoma incremento lunae
107.7.
wahsian sw. v. wächsen.
P ʒspi uuahfit increat 84.33.
wakon sw. v. wachen.
Bs pe, nsm vuakondi 17.20.
wald st. (m.) wald.
VO ns uuald plaga (pinea) 114.15.
-wald s. gi-w.
-waldan s. bi-w.
waldon sw. v. bewältigen.
PW if u(a)ldon inpedire 104.3-4.
[walzunga] sb.
P rualzunga rolutabrum 82.4.
[wandalhūti] adj. "die haut ver-
änderud", verschlagen.
P s uuandalhuti versipelli 84.28-29.
wandlon sw. v. verändern; vgl. bi-w.
S ʒspi uuandlod mutent 107.40.
-wandlondelik s. unbi-w.
wanga sw. (n.) wange.
PW (d)p vvangon follibus 96.6.
vvangerof s. wagneri.
-wāni s. ana-w.
wānian sw. v. erwarten.
Eº if unanian expectandus 59.10.
-wāniandilik s. unar-w.
[wank] sb.
PW vuancha sinnamine 94.31.
wankon sw. v. wanken.
P ʒspi uuanco racillo, vagor mem-
bris 83.1.
VO pe, ap uuankonda titubata, cal-
cata 113.1.
-war s. ungi-w.
wār adj. wahr.
PW kp (a)sn vvárára verius 100.3-6.
-wara s. skeld-w.
ward st. m. wächter; vgl. griot-w.,
hova-w.
PW gs vvárdaf custodis 99.25.
warda st. f. wache, posten.
VO (d)s uuardu statione 113.5.
-wardas s. in-w., up-w.
-warderi s. duru-w.
-ward(ig) s. tō-w.
-wardon s. gisam-w.

20*

wārhēd *st. f. wahrheit.*
 Pa *ns* vuarhed *veritas* 15.19, *as* uuarhed *veritatem* 15.22.
warold *s.* werold.
waron *sw. r. bewachen.*
 Ee *if* unaron *observuare* 59.33.
-wāron *s.* gi-w.
vuarónthiou *s.* weron.
warp *st. (n.) aufzug des gewebes, zettel.*
 Vo *(a)s* uuarp *stamen* 109.22.
warta *f. brustwarze.*
 Vo *ns* uuarte *papilla* 111.25.
uuaf- *s.* wahs-.
waso *sw. m. rasen, erdklumpen.*
 Pw *ns* vváſo *gleba* 93.12, vuáſo *cæspes* 104.17.
waspa *(st.) f. wespe, hummel.*
 Vo *(a)p* uaſpe *fucos* 112.22.
watar *st. (n.) wasser.*
 Ee *gs* uuatareſ *aquę* 59.4,
 Pw uuatar *cyaneas (nymphas; also* uuatarmagathi *gemeint; vgl.* ēkmagathi) 94.25.
 S *ds* uuatara *aqua* 106.12.
 Sf *ds* uuatare 19.9.
watho *st. m. wade.*
 Vo *(a)p* uuathan *suras* 112.21.
[wāfansahs] *st. (n.) art messer.*
 P *ns* uuafanſahſ *culter* 74.19.
[wazzarkalb] *sb.*
 P uuazarkalb *hydrops* 80.6.
-webbi *s.* godo-w.
wedar *st. (n.) wetter, böses wetter.*
 Ee *s* uuedar *(per) hiemem* 60.26.
 S *gp* uuedaro *aurarum* 107.35.
weddi *st. (n.) pfand, bezahlung.*
 P *ns* uueddi *arrhabo* 73.11, vúeddi *foenus* 75.2.
 Pw *(a)p* vvéddi *pignera* 101.36.
weg *st. m. wey.*
 Pa *ns* vueg *via* 15.16, *as* vueg *viam* 15.2, *via* 15.11.
wegan *st. v. wägen, erwägen; vgl.* withar-w.
 Pw *pe, b,nsf* vvégana *perpensa* 95.26.
weg-brēda *f. wegebreit, eine pflanze.*
 Vo *ns* uuegbrede *arnoglussa* 112.14 *(vgl.* 152.25).
wege-skēth *st. (n.) wegescheide.*
 Pw *(ap)* uuégeſceth *divortia* 91.10.

S *(p)* uuegſceh *(l.* uuegſceth) *(per) compita semitarum* 106.18—19.
[wegewahta] *f. weylagerung.*
 P *ns* uuegeuuahda *lavina* 83.28.
weggi *st. (m.) keil.*
 P *ns* uueggi *cuneus* 86.34.
 Vo *ns* vuecke *[hd.?] cuneus* 110.33.
weggian *sw. v. bewegen, rütteln.*
 Vo *3spti* uuegida *sollicitat* 114.13.
wēgian *sw. v. quälen.*
 M *pe, npu* geuuegid *vexata* 69.5, *np* iunegde (i. uuerthan *uerberibus afficiantur)* 71.9.
uuegſceh *s.* wege-skēth.
wehsal *st. (m.) wechsel, tausch.*
 P *ns* uuchſal *commutatio* 77.7.
wehsi-talla *sw. f. wachstafel.*
 Pw *(a)p* vvéhſitálluu *pugillares* 104.1.
[weinen] *v.*
 P uueindi *vagiens* 82.24.
vuecke *s.* weggi.
wekko *sw. m. docht.*
 Vo *ns* uuocco *cicindila* 112.7.
wel *adv. wohl, gut.*
 Ee [uuél] 54.3.
 G vuel 64.13.
 Pw vvél 102.27 *bene,* 104.33, vuel 92.26.
-wel *s.* sinu-w.
welag *adj. wohlhabend, reich.*
 Pw *kp, nsm* vvélágára *ditior* 100.25—26.
[welk] *adj.*
 P uuelku *marcida* 85.24.
-wellan *s.* bi-w.
*wellian *(?) sw. v. (ein)rollen; vgl.* Gallée, *As. Gram.* 296).
 S *pc, ns* geuuelid 107.15.
wel-mehtig *adj. gesund.*
 Ee *dpm* vuelmchttigon *sanis* 49.32—33.
welo *sw. m. gut, reichtum.*
 Pw *gp* vuelono *opum* 100.24.
wemmian *sw. v. hervorquellen, hervorsprudeln.*
 Pw *pe, ns* vvémmánthi *scaturiens* 96.23, *b, (a)p* vuemmánthivn *scaturientes* 96.3—4.
wendian *sw. v. wenden; vgl.* bi-w., gi-w., up-w., ūta-w.
 Pw *pc, nsm* givvéndi *versus* 103.16.

-wendig s. mănuth-w.
wênk *interj. des leides.*
  PW vuenk (vuola vu. *o utinam*) 89.₉.
-wennian s. gi-w.
-wer s. brust-w.
werd *st. m. wirt; vgl.* wird.
  PW *ns* vvêrd *hospes* 97.₉.
  VO *ns* uu(e)rd *hospes* 113.₁₂.
-werdig s. withar-w.
-weri s. skild-w.
-werian s. bi-w.
werk *st. (n.) werk, tat; vgl.* fore-w.
  Bˢ *gp* uuerko 17.₂, *dp* uuerkon 17.₁₂.
  T *dp* nuercum 3.₈,₉₋₁₀.
-werki s. gi-w.
werkian s. wirkian.
werklîk *adj. geschäftig, tätig.*
  M *nsf* uuerklic *operosa* 71.₉.
werold *st. f. menschheit, erdkreis, welt.*
  B *ds* waroldi *(per) orbem terrarum* 18.₁₅.
  Eᵉ *ds* uuoroldi *seculo* 60.₁₆.
  G *gs* vuerold(a)f *saeculi* 65.₂₁₋₂₂.
weroldlîk *adj. irdisch.*
  G *dp* vueroldlikon *carnales* 64.₂.
weron *sw. v. dauern.*
  PW *pe, dp* vuarônthion (laugo vu. *niuacibus)* 97.₄, *pe, b,nsn* vverouthia (laugo vv. *niuax)* 104.₃₀₋₃₁.
-werpan s. nither-w., te-w., undar-w.
werr *st. n. wehr (querdamm in einem flusse, des fischfanges wegen).*
  Wʰ *ns* uuêrr 23.₇.
-werran s. gi-w.
werr-stedi *st. (f.) stelle in einem flusse, wo ein wehr errichtet ist.*
  Wʰ *np* uuerrstadi 23.₁₁.
werson *sw. v. übler machen, verführen; vgl.* gi-w.
  PW *3spti* vvêrfôda *corrupit* 96.₂₇.
werth *st. n. od. m. wert.*
  PW *ns* vvêrth *precium* 104.₂₆.
werth *adj. wert; vgl.* furhtu-w.
  Fᴷ *nsn* uuerth 32.₃₀, 33.₂₂, *asn* uuerth 25.₂₈,₂₇, 33.₂₇. uuerht 24.₂₇. 25.₂₂.
  Fᴹ *nsn* uuerth *5 mal* :. *b.* 33.₃, *asn* uuerth *8 mal* :. *b.* 33.₁₃, uuerht 24.₁₄, werht 25.₇,₉ wehrt 25.₄.
werthan *st. v. werden; vgl.* gi-w.
  B *3spk* uuertha 18.₉, *3spti* vuarth 18.₅, warth 18.₁₁, uuorthon 18.₅.

E *if* uuerthan 46.₂₆,₂₈₋₂₉, *3spti* nuarth 46.₂₀.
Eᵉ *if* uuerthan 48.₁₁, 60.₄, uuérthan 48.₁₄, *3spi* uuirthid 53.₁, uuirthid 60.₂₁, uuirthi(d) 53.₂₀, uuerthid 50.₃₅, vuerthid 51.₂₅, *3ppi* uuerthad 48.₂₉₋₃₀, *3spk* uuértha 54.₁₆, *3ppk* uúerthau 52.₅, *3spti* uuárd 55.₃₇, vuard 48.₆, uuarth 58.₁₉, *3sptk* vurthi 55.₁₇, *3pptk* nurthin 59.₂₁.
G *3ppti* vurthu(n) 63.₇.
L *2ppi* uuerthath 67.₂₂.
M *3ppk* uuerthan 71.₉, uuerden 71.₁₂.
P *2spi* [unerdif] 78.₅, *3spi* uuerthit 77.₃₀, *3ppk* [uuerdon] (*l.* uuerden) 77.₃₄₋₃₅, *1sptk* vuurti 77.₂₉, *2sip* [unird] 78.₃₂.
Pᵃ *if* vuerthan 12.₁₃,₁₅, *3spi* vnirthid 12.₁₅,₁₇, (14.₇₋₈), *3ppi* (*vuer*)thed 12.₅₋₆, *3spk* vu(*erthe*) 13.₁₅, *3ppk* uuerth(en) 13.₁₄.
PW *if* uuerthan 101.₉, vvérthan *4 mal* v. *b.* 103.₂₂, *3spi* vvirthid 95.₃₁, *3ppi* vuertha (*l.* vuerthad) 94.₂₄, *3ppk* vvérthau 98.₂, *2sip* vvirth 95.₇, vvirth 98.₃₀, *3spti* vvarth 98.₁₅, vvárth *4 mal* v. *b.* 98.₃₆, vuárth 97.₂₅, *3sptk* vvŕthi 98.₂₉.
S *3spti* uuarkt 107.₃₄, *3ppti* nurthon 106.₁₂₋₁₃.
Sᶠ *3spk* uuerthe 19.₂₂.
werthirian *st. v. vergleichen.*
E *pe, nsn* ginuerthirid (g. uuerthan *comparari*) 46.₂₅₋₂₆.
Eᵉ *pe, nsn* giuu(er)t(he)rid (g. nuerthan *comparari*) 48.₁₁.
werthlîko (?) *adv. nach verdienst.*
Eᵉ uuerth(lîco) *(digna)* 58.₂₀.
wesan *st. v. sein.*
A *2spi* if 20.₆.
B *3spti* uuaf 18.₃, waf 18.₁₂.
Bˢ *if* vuefan 17.₂₈, *1spti* uuaf 17.₁₁, *3sptk* uuari *8 mal* :. *b.* 17.₂₀.
E *3spti* uuáf 46.₂₀.
Eᵉ *if* uuefan 52.₁₃, *2spi* bift 50.₂₈, 51.₁, *3spi* if *8 mal* :. *b.* 53.₂₈, *2ppi* findun 52.₃, *3ppi* findun 56.₁₅, *3spk* fi 54.₁₅, fi 59, *3spti* uuaf *4 mal* :. *b.* 57.₁₃, uuáf 53.₃₀, uaf 57.₆, vuaf *4 mal* :. *b.* 58.₂₆, *3ppti* uuarun *5 mal* :. *b.* 61.₁, uuarun 56.₁₂, vuarun 61.₁₁, *3sptk* vuati 61.₂₂.

F^K 3ppi fint 24.15, 31.3_c, 32.30, 3spk fi 32.36, 33.23.
F^M 3spi if 39.9, 41.12, 43.46. 3ppi fint 10 mal z. b. 32.22, findon 41.25, fundon 43.3, 3spk fi 6 mal z. b. 33.5.
G 3spi if 64.5, 3ppti vuarun 65.14—15, 3sptk vu(ar)i 64.2—4.
P [bin] (offan b. liqueor) 87.30.
P^a 2spi bift 13.19,20, 3spi if 16 (17) mal z. b. 12.9, -if 15.19, 3ppi findun 12.9, 3sptk uua(ri) 15.16.
P^W pc, dsf vuenfandern (l. vuefandern) 94.7—8, dp vvéfánthion 100.11—12, 1spi bivn 103.19, 3spi if 8 mal z. b. 103.23, if 91.15, ift 91.25, 1ppi findun 101.11,12. 3ppi findvn 96.24, 3spk fi 104.13, 2spti vvari 104.6. 3sptk uuári 92.3, vvári 92.12, vv(a)ri 103.14, huuari 92.7.
S 3spti uuaf 106.11, 113.9, 2sip unef 107.11.
T 3ppi fint 3.12.

westar adv. westwärts, nach westen.
P^W vvéftar obitum 103.11.

wethar st. m. widder.
S gp uuetharo arietum 106.17.

weval st. (n.) einschlag (im gewebe).
P us Vueual subtemen 73.23.

wī pron. pers. wir.
B n vui 3 mal z. b. 18.16, wi 18.16.
E^s n uni 53.15,31, hui 50.17, hui 50.18, hvui 57.7, d uf 52.33, ? [unf] 51.22, a [unfik] 53.15.
G n uni 62.15, a uf 64.7,13, vf 65.22, d uf 64.6.
P^a n v(ni) 14.10.
P^W n vui 93.18, huuí nos 92.30, hvvi 96.19, g vfáro nostrum 98.19.

[wid] sb.
P unid retorta 83.12.

vu(id) s. with.

[widar-siuwan] sw. v. wieder wihen, ausbessern.
P 1spi uidarfiuui resarcio 81.27.

wisleri st. m. holzarbeiter.
F^M ds unidera 42.38.

wido-hoppa (st.) f. wiedehopf.
P (a)s unidohoppa upupam 74.32.
V^o (a)s uniduhoppe upupam 109.20.

wieda s. wihian.

[wiera] sb.
P Vuieron striatarum 75.32.

vuiethon s. wihetha.

-wiggi s. gi-w.

wig-gi-gerwi st. (n.) streitrüstung.
P^W ns vviggigéri procinctus 95.5—6.

wig-hers st. n. kampfross.
V^o gs uuihherfef bellatoris equi 114.8.

wig-hús st. n. festungsturm.
P p uuihhuf (per) propugnacula 85.24.

-wiglik s. un-w.

wig-man st. m. streiter, krieger.
P^W p vuichman perduelles 94.7.

wihetha f. reliquien der heiligen.
B^e dp vuihethon 16.4, vuiethon 17.7.

wihhéd (?) st. f. weihe, heiligkeit (?).
G ys vui(h)hedaf (reuerentiae) 65.17.

wihian sw. v. weihen, einweihen, einsegnen.
B 3spti wieda 18.6.
B^e asu giuuihid 16.15.

[wīhiri] sb.
P uuihiri piscina 79.22.

uniht s. with.

-wiht s. nio-w.

uuihta sb. s. viuhta.

uuihta v. s. winken.

-wika s. krúze-w.

[wichen] sw. v. weich machen.
P p, nsm giuuichiter per partes mollitus 80.15.

wikka (sw.) f. wicke.
P ns uuicca vicia 76.17.
V^o np [Vuicchun] viciç 110.29.

wildi adj. wild.
P^W (a)p vvildia feras 95.25—26.
S sm uuildi 108.15.

wilgia f. weide.
P^W ns vvilgia salix 96.32, dp uuilgion (inter) salicta 94.10—11.

vuillan s. willio.

willian sw. v. wollen.
B^e 2sp(p vuilliaf 17.26.
E^s 3spk uuillia uult 49.11, pc, nsm uillindi 53.23.
P^W 2spk vvilliaf 102.30, vvilliaf 102.31.

willig adj. willig.
V⁰ nsf uuillich laeta 114.₁₃.
willio sw. m. wille, wohlgefallen; vgl. hör-w.
Bˢ ds uuillion 17.₁₉, ? uuillion 17.₂₄.
G ds vuillan ex voluntate 64.₁₈.
Pᵃ ns (c)uil(l)o affectus 13.₁₅.
[**willon**] v.
P uuillot (mir uu. nauseo) 87.₃₁.
wimpal sb. art schleier.
P ns uuimpal theristrum 73.₆.
-**wina** s. lang-w.
winda f. wedel, fächer.
P ns uuinda flabrum 84.₁₂.
-**windan** s. ed-w.
windila f. binde.
P ns uuindila strophium, reuersio 86.₇.
winding st. (m.) binde.
V⁰ s uuunding (l. uuinding?) uitta 113.₂₉, ns uinning fasviola 111.₃₄.
wind-skûfla sw. f. wurfschaufel.
PW (d)s vvindſcûflûn uentilabro 91.₂₀.
win-god st. (m.) weingott.
PW gs vvingodaſ (Liberi) 95.₇.
wini-lioth st. (n.) volkslied.
V⁰ (a)p uuinilieth plebeios, seculares psalmos 112.₁₄.
[**winiscaffen**] sw. v. abrede treffen.
P nsm uuiniſcaffender pactus 87.₁₅—₁₆.
[**winken**] sw. v. winken, wanken, zittern.
PW 3spti uiuhta (l. uuihta) nutabat 89.₈.
winnan st. v. gewinnen, erlangen; vgl. gi-w.
E pe, nsn giuunnan 46.₂.
Eˢ pe, nsn giuûnnian 48.₁₃, pc, giuunnian 56.₂₀.
win-skat st. (m.) weinsteuer.
FM ds uuinſcatte 34.₅₀.
win-stedi st. f. weingarten, weinberg.
PW (a)p (vu)inſtedi uineta 94.₄.
[**wint**] sb.
P g uiuntes (l. uuintes, uu. brut vertigo) 80.₇.₈.
[**winta**] sb.
P uuinton (des palmite 86.₄.
wint-berga [bd.?] mauer:inne.
P ns uuintberga pinna 87.₆.

wintbrâwia (?) [bd.?] f. wimper.
P ns uuintbra auia superrilium 86.₃₄.
[**wintwerfen**] v. wind auf etwas erregen.
P Ippti uuineuuere fetemeſ (l. uuintuuerefetomeſ) rentilabimus 77.₅.
win-fard st. f. reise zur herbeischaffung von wein.
FM ds uuinfard 40.₆, ds uuinuard 43.₆.
win-wurm st. (m.) weinmücke.
S np uuinuurmi bibiones 107.₃₂.
wîp-gi-garwidi sb. frauenschmuck.
PW dp Vuipgegaridion monilibus 90.₂₃.
wird [bd.?] st. m. wirt; vgl. werd.
PW ns vuird hospes 92.₄.
wîre-brûn adj. kastanienbraun.
V⁰ ns uuirebrun myrteus 109.₂₃.
wirkian sw. v. tun, machen, bauen; vgl. far-w.
Bˢ if uuerkian 16.₆.
Eˢ pc, npm giuuarta (vp g. culminibus subdimata) 55.₁₃, pc giuuarta 49.₁₈.
Pᵃ ger vuerke(nne) operari 14.₁₉, 3spti (vujorkid operantur 14.₃
wirsisto adj. sup. der schlimmste.
Eˢ b.nsm uuirriſto 52.₁₄.
wirthig adj. wert, schuldig; vgl. unwerthig.
Eˢ nsm vuirthig dignus 49.₂₁.
V⁰ asm uuirthigen merentem 112.₃₀.
[**wirz**] sb.
P uuirz plisanne, sucus pirorum (l. pirorum?) 78.₇.
wîs st. f. art und weise.
S ds uuiſ (te thero uu. instar) 108.₁₀.
wîs adj. weise.
PW np vviſun sophistica 91.₂₃—₂₄.
wîsa st. f. weise.
Eˢ ds huuiſu modo 59.₂₂.
Pᵃ ns vuiſa 12.₁₃.
wîson sw. v. besuchen; vgl. gi-w.
Bˢ Ispti uuiſoda 16.₂₆.
-**wisso** s. gi-w.
wistlîk adj. zum lebensunterhalt gehörig.
M np uuiſ(ti)ico stipendiarię 70.₂₂—₂₃.

witag (?) *adj. wissenswert.*
G *nsn* (ui)tab *sciendum* 64.₅.
witan *pt.-pr. v. wissen; vgl.* far-w.,
unwitandi.
Bᵉ *pc, nsm* nuitandi 17.₁₈.
Eᵉ *pc, ns* ginnitan *cognita* 59.₂₇.
witnari *st. m. marterer, peiniger.*
PW *np* vuitnera *tortores* 101.₃₂.
witnon *sw. v. peinigen, strafen.*
Eᵉ *3spi* úuitnod *corripit* 51.₆.
PW *3spi* vvitnod *afficit* 101.₂.
-wito *s.* gi-w.
-witskepi *s.* gi-w.
-witti *s.* gi-w.
wittoto [*hd.?*] *sw. adj. mit einer* vitta
(kopfbinde) umbunden.
PW *b, nsm* nuittoto *uittatus* 101.₃₇.
with *präp. gegen, nach.*
Eᵉ uniht *(c. instr.) secundum* 60.₈.
Pᵃ vu(id) *(od.* vuith, *s. s. 8, note
12; c. acc.)* 14.₉.
-with *s.* stior-w.
withar *adv. wieder, zurück, gegen.*
B wither 18.₁₂.
G vuithar (thar vu. *at contra*) 65.₂₀.
withar *präp. c. dat. wider, gegen.*
Bᵉ vuithar *5 mal z. b.* 16.₇, unithar
3 mal z. b. 17.₁₉.
G (u)uithar ? 62.₇.
withar-ilian *sw. v. zurückeilen.*
E *ns* unithariliandi *recurrens* 46.₁₆-₁₇.
withar-tiohan *st. v. zurückziehen.*
PW *3ppi* vvithartiáhád *retraxerint*
97.₁₄.
withar-vard *st. f. rückfahrt.*
PW *ds* vvitharvérdi *reditu* 102.₁₀.
*withar-wāgian *sw. v. zurückfluten,
überfluten.*
PW *3spi* vuithaidvváid *(l.* vuithar-
vváid*? vgl. s. 97, note 3) restagnat*
97.₁₆.
PWⁱ *3spi* uúitháruñaid *restagnat*
105.₇.
withar-wegan *st. v. eins gegen das
andere wägen, wiedervergelten.*
PW *3ppi* vuitharvvigid *compensat*
98.₃₂.
withar-werdig *adj. widersetzlich.*
PW *b, ns* unitheruuerdiga *(uersuta)*
89.₁₉.
wither(-) *s.* withar(-).

with-quethan *st. v. entsagen.*
PW *pe, np* vvithquuéthána *abdicata*
103.₁₉.
withumlik *adj. zur mitgift gehörig.*
Vᵒ *apm* uuithumlica *dotales* 112.₁₉.
wif *st. n. weib.*
Eᵉ *ns* unif 55.₂₇ *mulier, np* unif
58.₁₃.
G *gp* vuivo *femine* 65.₄.
-wivil *s.* gold-w.
wlōh *st. (f.) flocke.*
Vᵒ *(ns)* uunloo *flocci* 111.₄₁ *(s. A.
Gl. IV. 245 note 1).*
uuocco *s.* wekko.
wōkrian *sw. v. gewinnen, erwerben.*
Eᵉ *pe* ginuokrid 56.₂₉.
wola *interj.*
Eᵉ Vuola *euge, interiectio letantis*
52.₃₅.
Pᵃ vuola 15.₇,₉.
PW vuola (vu. vuenk o *utinam)*
89.₉, uuola o 102.₂.
wōlian *sw. v. zu grunde richten.*
E *3ppi* uuoliad *demoliuntur* 47.₉.
wolnu *interj. wohlan.*
PW vvólnú́ *age* 92.₁₁, vuólnu *age*
97.₂₈.
-wonohéd *s.* gi-w.
word *st. n. wort; vgl.* spot-w.
Bᵉ *yp* uuordo 17.₂, *dp* uuordon 17.₁₂.
E *ap* uuord 46.₁₉.
Eᵉ *ap* vuord 48.₄, vuord 57.₂.
Pᵃ *ds* uuorde 12.₂₀, *dp* vu(o)r(don)
uerbis 13.₁₃.
T *dp* uuordum 3.₁₀.
vuorkid *s.* wirkian.
wormo *sw. m. wurm.*
P *ns* uuormo *coccus, uermiculus*
81.₂₅.
wormon *sw. v. pc. pt.* = bunt.
P *pe* giuuormot *uermiculata* 78.₁₅.
uuoroldi *s.* werold.
wōsti *adj. wüst, öde.*
Fᴹ *b, dsn* unoftun 31.₂₁, *b, dsf*
unoftun 31.₁₉.
wōstian *sw. v. wüst machen.*
E *pe, ns* iuuoftid *(uuarth i. deserta
est)* 46.₂₁.
Eᵉ *pe, ns* giuuoftid *(vuard g. deserta
est)* 48.₆.

wrāka *st. f. rache, vergeltung.*
 E⁰ *as* uuraka 58.₅ *(In den A. Gl.
 IV 300.₁₉ wird dieses wort zu
 homicidium Lucas 23,25 gestellt).*
 PW *ns* vvráka (vv. éndi giuuáld
 fulmen) 92.₁₈, *(a)s* vvraka *fulmen
 (crucis)* 90.₂₂.
wrekan *st. v. rächen, vergelten.*
 E *2spk* uurekaſ *rependas* 47.₇.
 E⁰ *if* uurekau *(defendere)* 60.₃₇, *2spk*
 uurekaſ *rependas* 49.₈.
wrēnio *sw. m. hengst.*
 V⁰ *ns* uurenio *burdo* 112.₆.
wrēnisk *adj. leichtfertig, geil.*
 V⁰ *ns* uurenifc *petulans* 112.₁₆.
wreno (-ē-?) *sw. m. muskel.*
 PW *(a)p* vvrēnon *toros* 98.₆.
-wringan *s.* ût-w.
wrîtan *st. v. schreiben.*
 A *pc, ns* uurita(n) 20.₇.
*wrîtolon (-î-?) *sw. v. pe, p.: ge-
 schwätzig.*
 PW *pe, bp* hûuŕitolonthion *garru-
 lorum* 96.₄₁₋₄₂.
*wrōgian *sw. v. anfhetzen, entzweien.*
 E⁰ *pe, nsn* givurôhtid *(in se ipsum)
 diuisum* 54.₁₅, giuuŕohtid *dass.* 55.₉.
uuuloo *s.* wlôh.
wunder *st. (n.) wunder.*
 E⁰ *gs* vunderef 53.₁₁.
uuunding *s.* winding.
-wunni *s.* un-w.
[wuoten] *v.*
 P *pe, nsm* Vuadender *furibundus*
 76.₂₉.
-wurdi *s.* far-w.
-wurdig *s.* sam-w.
wurgarin *st. f. erwürgerin.*
 PW *ns* vvrgarin *strangulatrix* 97.₃₁.
-wurm *s.* horu-w., wîn-w.
wurm-bētig (?) *adj. wurmbeissig,
 wurmstichig.*
 PW *(apn)* uuurmbetid *(l.* uuurm-
 betich) *cariosa* 91.₁₄.
-wurt *s.* bini-w., ēttar-w., hwite-w.,
 staf-w.

yrias *sb. (pl. ?)*
 1 *De pagano cuesu quem* yriaſ
 *nominant scissis pannis uel calcia-
 mentis* 66.₂₇.

[zabelon] *v.*
 P zabelota *palpitat* 86.₁₅.
 PW zauolunde *palpitans* 91.₃₂.
[zagilih] *adj.*
 PW zagilichon *soporos* 89.₁₅.
[zāhi] *adj.*
 PW zahe *tenaces* 91.₁₆.
[ze] *präp.*
 E⁰ ce 53.₆,₁₆.
[zehanfalt] *adj.*
 P zehanfalt *decuplo* 79.₃₁.
[zehōn]
 P zeheta *tinxit* 84.₂₁.
[zein] *sb.*
 P zein *ales, arundo* 85.₂₅.
[zeinna] *sb.*
 P zeinna *canistrum* 73.₂₂.
[zeizo] *sb.*
 P zeizo *pusio* 82.₂₃.
[zi] *präp.*
 P zi 77.₂₇, 83.₃₄, ci 83.₂.
[zibrochida] *f. zerbrechung.*
 P *(dp)* zibrochidon *(anfractibus)* 84.₂₈.
[zidarpin] *sb.*
 P zidarpin *plectrum* 86.₂₃.
[ziegela] *f. ziegel.*
 P *(d)s* ziegelon *limo* 85.₂₀, *(a)s* zie-
 gelon *laterem* 81.₂.
[zimbar] *sb.*
 P zimbar *metallum* 84.₂.
[zin] *sb.*
 P cin *stagnum* 80.₁₄.
[zins] *sb.*
 E⁰ ciuſ *didragma* 51.₁₅,₁₆.
[*ziquebben] *sw. v. aufschwemmen.*
 P *pe, pn* ziquebit *turgida, tumida*
 87.₁₂₋₁₃.
cirkil *st. (m.) zirkel.*
 P *ns* circil *circinus* 76.₂₁.
[zisamene] *adv.*
 P ziſameue (z. gi-[renno]) *congelauero*
 79.₆.
[zisamenerinnan] *v.*
 P ziſamenegirau *conglutinata est*
 81.₂₈₋₂₉.
[zisezzen] *v.*
 P ziſazza *(l.* ziſazta) *destituit* 84.₁₇.
[zispizen] *v.*
 P ziſpizit *terit (pede)* 81.₂₂.
[zitdruas] *sb.*
 P zitdruaſ *impetigo* 81.₁₅.

[zoubar] *sb.*
  P zoubar *præstigium* 79.₅.
[zuht] *sb.*
  E^e *ds* zuhti 51.₁₇.
[zundra] *sb.*
  PW zundra *alimoniam* 90.₂₁.
[zwēne] *zahlw.*
  E^e zuena 52.₃₈.

[zwīg] *sb.*
  P zuig *surculus* 84.₃₆.
[zwiro] *zahladv.*
  P zuiro *bis* 81.₂₆.
[zwisgili] *sb.*
  P ziuufgili (*l.* zuuisgili) *duplicitas* 81 ₉.